5490

ŒUVRES COMPLÈTES

DE

CHATEAUBRIAND

XIV

Lagny. — Typographie de Vialat et Cie.

ŒUVRES COMPLÈTES

DE

CHATEAUBRIAND

AUGMENTÉES

D'UN ESSAI SUR LA VIE ET LES OUVRAGES DE L'AUTEUR

 — DISCOURS, OPINIONS —

PARIS

P.-H. KRABBE, LIBRAIRE-ÉDITEUR

12, RUE DE SAVOIE

M DCCC LII

POLITIQUE

OPINIONS ET DISCOURS

PRÉFACE

DES OUVRAGES POLITIQUES

(1826.)

J'ai dit dans l'*Avertissement général* de l'édition de mes Œuvres complètes, que mes écrits politiques contiennent l'*Histoire abrégée de la Restauration*, et que, *rangés par ordre chronologique, ils représentent, comme dans un miroir, les hommes et les choses qui ont traversé l'ère récente de la monarchie.*

J'ai dit encore dans ce même Avertissement : *Mes ouvrages politiques se diviseront en trois parties : les Discours prononcés aux Chambres, les Ouvrages politiques proprement dits, et la Polémique.*

Les *Discours* et les *Opinions* que je donne aujourd'hui dans ce volume, offrent le tableau des lois promulguées ou proposées en France depuis ma nomination à la Chambre des pairs, c'est-à-dire depuis le retour de Gand.

Les ouvrages proprement dits *Politiques*, et qui touchent aux circonstances du jour, sont une sorte de relation des événements : l'histoire de la restauration est, pour ainsi dire, renfermée entre le petit écrit *de Buonaparte et des Bourbons* et la brochure intitulée : *Le Roi est mort : vive le Roi !* Le temps qui sépare ces deux écrits est rempli par les *Réflexions politiques*, le *Rapport fait au Roi dans son conseil à Gand, la Monarchie selon la Charte*, etc., etc.

Ces ouvrages ont exercé sur les événements une influence qui n'a point été niée : Louis XVIII avait la bienveillante générosité de dire, que la brochure *de Buonaparte et des Bourbons* lui avait valu une armée. On sait assez quelle tempête éleva contre moi *la Monarchie selon la Charte*.

Enfin, ce que j'appelle la *Polémique*, choix des divers articles de controverse politique échappés à ma plume, est l'histoire des opinions en France, depuis le commencement de la restauration, jusqu'au jour où j'écris cette Préface (1826).

Ces trois genres d'ouvrages divers se placent dans un principe commun, dans celui des libertés publiques; les vérités fondamentales de la monarchie constitutionnelle y sont sans cesse rappelées : mes seuls chapitres, articles et opinions relatifs à la liberté de la presse, forment peut-être sur cette matière le corps de doctrine le plus complet qui existe.

Les muses furent l'objet du culte de ma jeunesse; ensuite, je continuai d'écrire en prose avec un penchant égal sur des sujets d'imagination, d'histoire, de politique, et même de finances [1]. Mon premier ouvrage, l'*Essai historique*, est un long traité d'histoire et de politique. Dans le *Génie du Christianisme*, la politique se retrouve partout, et je n'ai pu me défendre de l'introduire jusque dans l'*Itinéraire* et dans les *Martyrs*. Mais, par l'impossibilité où sont les hommes d'accorder deux aptitudes à un même esprit, on ne voulut sortir pour moi du préjugé commun, qu'à l'apparition de *la Monarchie selon la Charte*. Les imprudences ministérielles, en essayant d'étouffer cet ouvrage, ne le firent que mieux connaître, et les journaux anglais, bons juges en fait de gouvernements constitutionnels, achevèrent ce qu'une irritation, d'ailleurs excusable, avait commencé.

Il y a loin sans doute d'*Atala* à la *Monarchie selon la Charte*; mais mon style politique, quel qu'il soit, n'est point l'effet d'une combinaison. Je ne me suis point dit : « Il faut, pour traiter un sujet d'économie sociale, rejeter les images, éteindre les couleurs, repousser les sentiments. » C'est tout simplement que mon esprit se refuse à mêler les genres, et que les mots de la poésie ne me viennent jamais quand je parle la langue des affaires. Plusieurs volumes de politique réunis dans cette édition de mes œuvres attesteront cette vérité.

Quoi qu'il en soit, ces *Opinions*, ces *ouvrages* sur *les choses du jour*, cette *Polémique*, rangés par ordre de dates, formeront un monument de quelque utilité pour l'histoire.

Considérés sous un autre point de vue, ces discours attesteront les progrès de la société; ils prouveront que nous ne sommes plus aux éléments de la politique, et que des vérités qui auraient semblé téméraires à Montesquieu lui-même, sont devenues des vérités usuelles et communes.

Je commence le premier volume de la *Politique* par la publication des *Opinions* et des *Discours*. Si je n'avais trouvé en moi les sentiments manifestés dans ces opinions, il m'aurait suffi d'être membre de la Chambre des pairs pour avoir appris à soutenir les intérêts d'une politique généreuse.

Le principe de l'aristocratie est la liberté, comme le principe de la démocratie est l'égalité; mais, par une suite de la révolution, le corps aristocratique, nouvellement reconstruit en France, a eu besoin d'un plus grand effort et d'un concours singulier de circonstances, pour défendre son noble principe.

L'aristocratie est fille du temps; elle sort du droit politique, elle peut être anéantie; tandis que la démocratie, qui vient du droit naturel, et qui réside dans les masses populaires, ne périt point et est toujours présente, active ou passive à toutes les révolutions d'un État. Séparée de l'aristocratie, la démocratie ne tend à la liberté qu'en courant vers son principe, l'égalité : la liberté n'est pas pour elle un but, mais un moyen. Aussitôt que la démocratie a rencontré l'égalité qu'elle cherche, elle fait bon marché de la liberté. Or, comme le pouvoir d'un seul s'accommode admirablement du nivellement des rangs, il consent très-volontiers à l'union avec le peuple, et le despotisme s'établit par le haut et le bas de la société.

L'aristocratie est donc la source la plus sûre de la liberté. Mais l'aristocratie, ouvrage des siècles, ayant été renversée parmi nous, il était à craindre qu'elle fût lente à se régénérer, et que, conséquemment, une des principales sauvegardes de la liberté se relevât avec peine. Par un bonheur extraordinaire, il est arrivé que les qualités

---

[1] Voyez dans l'*Essai historique* la note suivante :
« Je n'ai pas attendu à être membre de la Chambre des pairs pour m'occuper de l'économie politique : on voit que je savais ce que c'était que la liquidation d'une dette et un fonds d'amortissement, quelque trentaine d'années avant que ceux qui parlent aujourd'hui de finances sussent peut-être faire correctement les quatre premières règles de l'arithmétique. »

individuelles ont suppléé, dans la Chambre héréditaire, à ce qui lui manquait en années : l'aristocratie des talents a formé l'anneau de la chaîne qui rattachera la pairie nouvelle à l'aristocratie des temps.

D'un autre côté, la plupart des grands noms historiques et des hautes dignités sociales sont venus se joindre aux capacités naturelles, et former avec celles-ci les racines de la nouvelle aristocratie. Il s'est élevé un arbre d'une espèce inconnue sur ces racines, et cet arbre a déjà porté des fruits excellents.

Des éléments en apparence hétérogènes, et qu'on n'aurait jamais crus susceptibles de s'amalgamer, avaient des affinités secrètes. Quand les partis qui ont administré le royaume, voulant ou servir des amis, ou neutraliser des adversaires, ont introduit successivement dans le premier corps de l'État les talents de la France, ils ne se doutaient guère de ce qu'ils faisaient. Ces talents n'ont pas plutôt été en présence les uns des autres qu'ils se sont reconnus et mêlés. Toutes les gloires sont solidaires : la Chambre héréditaire, qui, en renferme de diverses sortes, s'est trouvée forte d'une aristocratie individuelle à laquelle le pouvoir ministériel n'avait point pensé.

Il manque cependant à la Chambre des pairs deux choses : l'influence qui résulte de la grande propriété et la publicité des débats parlementaires.

Quant au premier point, il n'est pas aussi fâcheux qu'il le semble au premier coup d'œil. D'abord, de très-grands propriétaires de l'ancienne et de la nouvelle France sont membres de la pairie ; ensuite le temps des grandes propriétés est passé, là où ces grandes propriétés ont été détruites.

Les grandes propriétés européennes et même américaines ont eu trois sources : la conquête, une prise de possession sans titre, la confiscation et la violence des lois ; elles se sont encore accrues aux dépens de la petite propriété, par les successions de famille et par les acquisitions particulières. Or, la grande propriété ayant été morcelée en France, il n'est plus possible de la réunir, puisqu'il faudrait, ou qu'une partie de la nation fît la conquête de l'autre, ou que l'on confisquât les immeubles au profit du petit nombre, ou qu'enfin une conquête étrangère vînt imposer un nouveau partage inégal des terres.

Les substitutions, que je voudrais voir établies plus impérieusement pour la pairie, ne recomposeront que lentement les propriétés, si elles les recomposent jamais ; car elles sont aujourd'hui opposées au penchant des mœurs et à l'esprit des familles. L'industrie, le commerce, l'économie, le hasard, la faveur du prince, élèveront sans doute encore quelques grandes fortunes ; mais elles seront isolées, mais elles n'amèneront point un système de grande propriété, et, au bout d'une ou deux générations, ces fortunes rentreront, par la loi de l'égalité des partages, dans la catégorie des propriétés moyennes.

Enfin, la différence entre les propriétés particulières avant la révolution, et les propriétés particulières depuis la révolution, n'était pas aussi grande en étendue qu'on se l'imagine. Si les corps étaient riches dans l'ancien régime, les individus l'étaient peu. Dans l'aristocratie, par exemple, c'est-à-dire dans la noblesse, cent cinquante familles, tout au plus, possédaient de grandes propriétés territoriales ; encore ces familles étaient-elles à moitié ruinées, comme on a pu s'en convaincre par l'état des dettes fourni aux débats de la loi d'indemnité. Quant au reste de la noblesse, lorsqu'un gentilhomme avait de vingt-cinq à trente mille livres de rente, il était cité dans sa province ; dix mille livres de rente passaient pour une fortune ; à mille écus de rente on était réputé très à l'aise, et un cadet qui avait quinze cents francs à dépenser par an était *richissime*. La pauvreté du gentilhomme était devenue proverbiale, et cette pauvreté était le plus bel ornement de l'ancienne noblesse. La révolution a plus détruit de colombiers que de châteaux : aussi son crime social n'est pas d'avoir violé tel genre de propriété, mais la propriété elle-même. Celui qui a été dépouillé de la chaumine de son père a été plus maltraité, et éprouve peut-être des regrets plus amers que celui à qui l'on a ravi des foyers de marbre.

Tout considéré, si l'on réunit les grandes fortunes militaires actuelles, les grandes fortunes qui se sont formées par un moyen quelconque depuis une trentaine d'années, les grandes fortunes de banque, les grandes fortunes conservées de l'ancien régime, on trouvera que la grande propriété individuelle est à peu près aussi considérable en 1826 qu'elle l'était en 1789.

On dit que la grande propriété est favorable à la liberté : cela demande explication. Jetez les yeux autour de vous en Europe, vous verrez qu'il n'y a presque point d'État, si faible et si petit qu'il puisse être, où les grands propriétaires ne soient plus nombreux, proportion gardée, qu'en France. Dans ces pays où la grande propriété existe (l'Angleterre exceptée), les nations sont-elles plus libres? La grande propriété maintient la liberté chez les peuples régis par des lois constitutionnelles ; elle favorise le despotisme dans les gouvernements absolus.

Pour résumer tout ceci et pour conclure : l'absence de la grande propriété dans une partie de la Chambre héréditaire ne nuit pas autant à l'esprit aristocratique qu'elle le devrait faire, à cause de la diminution générale de toutes les fortunes de la France, et parce que les individus de l'ancien corps aristocratique étaient en général assez pauvres. Il y a cependant parmi les pairs des indigences qui, bien qu'honorables aux personnes, n'en sont pas moins scandaleuses pour la dignité de la couronne, la grandeur de la monarchie et la considération de la première dignité de l'État.

Mais s'il y a quelque raison, dans l'ordre actuel des choses, à la médiocrité de la propriété d'une partie de la Chambre des pairs, il n'y a point de compensation au défaut de publicité des séances de cette noble assemblée. La France perd les instructions qu'elle recevrait si elle était témoin des débats admirables qu'amène la présentation des lois à la tribune des pairs : science, clarté, convenance, éloquence improvisée ou écrite de toutes les sortes, brillent au plus haut degré dans ces débats. La Chambre héréditaire renferme dans son sein la plupart des hommes qui, depuis trente années, à différentes époques, ont déployé des talents utiles à la patrie. La religion, les lois, la guerre, les sciences, les lettres, l'administration ont leurs représentants dans ce corps illustre. Il serait difficile de traiter un sujet, de quelque nature que ce soit, qui ne trouvât sur-le-champ un pair capable de l'approfondir.

J'ai assisté aux séances du Parlement britannique au temps des Burke, des Sheridan, des Fox et des Pitt; j'ai vu attaquer et défendre, il y a peu d'années, à Westminster, la question de l'émancipation des catholiques : les discussions dans la Chambre des pairs en France sont indubitablement plus fortes que les discussions dans la Chambre des pairs en Angleterre.

C'est une grande erreur de la Charte d'avoir fermé la Chambre des pairs lorsqu'elle ouvrait la Chambre des députés. Même dans le système de précaution qui dictait cet article, on se trompait encore ; car si l'on craint les effets de la tribune, ce ne sont pas les séances secrètes de la Chambre héréditaire qui feront le contre-poids des séances publiques de la Chambre élective.

La publicité des séances de la Chambre des pairs diminuerait encore les inconvénients qui résultent de l'article 38 de la Charte, combiné avec la septennalité. Cet article fixe à quarante ans l'âge éligible du député. La septennalité, excellente en principe, mais pernicieuse sans le changement d'âge et sans une plus grande garantie des droits électoraux, est venue ajouter son vice au vice de l'article 38. De sorte que le citoyen qui n'est guère élu député avant d'avoir atteint quarante-cinq ou cinquante ans, et qui charge encore ces années de la période septénaire, peut difficilement avoir appris ou conservé l'éloquence. On ne commence point une carrière à quarante-cinq ans ; quelques exemples extraordinaires ne font point règle. La septennalité, telle qu'elle est établie, frappera nécessairement d'une paralysie ministérielle la Chambre élective. Cette Chambre s'enfoncera tellement dans la vieillesse, qu'un homme qui serait élu deux fois sous l'empire du renouvellement septennal, pourrait regarder sa seconde élection comme un arrêt de mort.

La Chambre des pairs, au contraire, se rajeunit par l'hérédité : ses membres ont non-seulement voix délibérative à trente ans, mais ayant le droit de parler avant cet âge (à vingt-cinq ans), ils peuvent ainsi, au milieu d'une assemblée savante et expérimentée, se former de bonne heure aux affaires et à l'éloquence politique.

La Chambre héréditaire a déjà joué un grand rôle ; chaque jour l'importance de ce rôle augmentera. Elle a opposé, en certaines occasions, des résistances décentes et courageuses à des lois qui lui semblaient contraires aux intérêts publics. Outre que ces résistances étaient fondées en justice, elles résultaient encore de l'indépendance naturelle à l'aristocratie, fortifiée de cette autre indépendance qui naît de la conscience du talent.

Élevé à cette noble école, j'ai prononcé, comme pair ou comme ministre, les opinions qu'on réunit ici sous les yeux du public : membre de l'opposition, je défends dans ces discours les principes de la religion, de la légitimité et des libertés publiques ; ministre, je m'efforce de maintenir les droits de la France et la dignité de la couronne. Je puis me rendre du moins ce témoignage à moi-même : la liberté et l'honneur de mon pays n'ont point péri entre mes mains [1].

DISCOURS

PRONONCÉ LE 22 AOUT 1815

A L'OUVERTURE DU COLLÉGE ÉLECTORAL, A ORLÉANS.

Messieurs, lorsque Louis XVI, de sainte et douloureuse mémoire, convoqua les états généraux, il voulut remédier à un mal que la France regardait alors comme insupportable, mais qui nous paraît bien léger, aujourd'hui que l'expérience nous a rendus meilleurs juges de l'adversité. Comme il arrive presque toujours aux médecins peu habiles, d'une blessure facile à guérir nous fîmes une plaie incurable. L'assemblée constituante eut des intentions sages, mais le siècle l'entraîna. Avec moins de talents et plus d'audace, l'assemblée législative attaqua la monarchie, que la Convention renversa. Les deux conseils se détruisirent par leurs propres factions. Sous le tyran, le peuple se tut, et ne retrouva la voix que sous le roi légitime. Au retour de Buonaparte, la Convention sembla sortir avec lui du tombeau : les deux fantômes viennent de rentrer ensemble dans l'abîme, laissant, en témoignage de leur apparition, des calamités sans nombre, et six cent mille étrangers sur le sol de France.

---

[1] Il ne manque à cette collection de mes *Opinions* que mes deux opinions relatives *aux délits commis dans les Echelles du Levant :* elles sont placées avant l'*Itinéraire*, avec ma Note sur la Grèce.

Si l'on ne considérait, messieurs, que les résultats de ces assemblées, on pourrait se sentir découragé; mais nos fautes doivent nous servir de leçons. Le moment est venu d'employer à l'affermissement de la monarchie cette même force populaire qui a servi à l'ébranler. Jamais les députés de la nation n'ont été rassemblés dans des circonstances plus graves : le roi a voulu les avertir lui-même de l'importance des fonctions qu'ils auront à remplir, en rapprochant le peuple du trône, en confiant quelques colléges électoraux au noble patronage des princes de son sang.

Mais il ne faut pas vous le dissimuler, messieurs, tout dépend des choix que la France va faire. L'Europe nous attend à cette dernière expérience; elle est venue, pour ainsi dire, se placer au milieu de nous, afin d'assister à des résolutions qui décideront de son repos autant que du nôtre. Le peuple français va voir des rois aux tribunes de ses conseils : après avoir jugé les princes de la terre, il sera jugé par eux à son tour. Il s'agit de savoir si nous serons déclarés incapables de nous fixer à ces institutions que nous avons cherchées à travers tant d'orages, si nos succès seront regardés comme un jeu de la fortune, nos calamités comme un châtiment mérité; ou si, nous renfermant dans une liberté sage, nous conserverons l'éclat de notre gloire et la dignité de nos malheurs.

Que faut-il faire, messieurs, pour arriver à ce dernier but? Une chose facile : choisir les bons, écarter les méchants, cesser de croire que l'esprit, le talent, l'énergie, sont le partage exclusif de quiconque a manqué à ses devoirs, et qu'il n'y a d'habile que le pervers. Que la France appelle à son secours les gens de bien, et la France sera sauvée. L'Europe ne se sentira complétement rassurée que quand elle entendra nos orateurs, trop longtemps égarés par des doctrines funestes, professer ces principes de justice et de religion, fondement de toute société; nous ne reprendrons notre poids dans la balance politique qu'en reprenant notre rang dans l'ordre moral.

Permettez, messieurs, que je vous parle avec la franchise du pays où je suis né : ce n'est plus le moment de garder des ménagements qui pourraient devenir funestes. Sans doute il faut éteindre les divisions, cicatriser les blessures, jeter sur les fautes de nos frères le voile de la charité chrétienne, nous interdire tout reproche, toute récrimination, toute vengeance, et, à l'exemple de notre roi, pardonner le mal qu'on nous a fait. Mais il y a loin, messieurs, de cette indulgence nécessaire, à cette impartialité criminelle qui, obligée de faire un choix, le laisserait tomber également sur le bon ou sur le mauvais citoyen, ne mettrait aucune différence entre les principes et les opinions, les actions et les paroles. Si, en dernier résultat, il était égal d'avoir commis ou de n'avoir pas commis de crime, d'avoir gardé ou d'avoir violé son serment; si, lorsque l'orage est passé, on traite de la même sorte et celui qui a produit cet orage et celui qui l'a conjuré; si l'un et l'autre jouissent du même degré de confiance, de la même part de dignités et d'honneurs, l'honnête homme, messieurs, ne sera-t-il pas trop découragé? Ne rendons pas le devoir si difficile. Voulons-nous réparer les désastres de la patrie, ne laissons plus dire à ceux qui profitaient de nos revers, que la vertu est un *métier de dupe*, expression dérisoire qui échappe quelquefois à la lassitude du malheur, comme à l'insolence de la prospérité. Enrichissons-la, cette vertu, de notre estime et de nos faveurs; elle nous rendra nos dons avec usure.

Laisser à l'écart les artisans de nos troubles, c'est justice. La justice n'est point une réaction, l'oubli n'est point une vengeance. Il ne faut pas qu'un homme se croie puni parce qu'il n'est pas récompensé du mal qu'il a fait. Ceux qui ont amené dans vos murs ces étrangers que le bras de vos aïeux arrêta jadis à vos portes, mériteraient-ils d'obtenir vos suffrages? Toutefois, si de tels hommes se fussent rencontrés parmi vous, vous auriez pu les voir se présenter, et même avec un front serein; car, dans ce siècle, le vice a sa candeur comme la vertu, et la corruption sa naïveté comme l'innocence.

Mais, grâce à l'excellent esprit de ce département, vous ne serez point, messieurs, réduits à faire ces distinctions pénibles : on ne compte ici que des sujets dévoués à leur roi. Déjà vos colléges d'arrondissements présentent à votre élection des candidats aussi distingués par leurs talents que par leur conduite courageuse et leur noble caractère. Heureux embarras des richesses, qui ne vous laissera que le regret de ne pouvoir tout nommer et tout choisir! La fidélité au trône de saint Louis est chez les Orléanais une vertu héréditaire : ils conservèrent leurs remparts pour Charles le Victorieux, comme ils ont gardé leur cœur pour Louis le Désiré. Qui ne sait, messieurs, que votre ville, pendant nos tempêtes, fut le refuge de tous les Français persécutés? Le prêtre fugitif y trouva un autel, le serviteur du roi, un asile, pour y prier leur Dieu, pour y pleurer leur maître! N'est-ce pas vous encore qui, les premiers, demandâtes la liberté de l'illustre orpheline, aujourd'hui l'orgueil et la gloire de la France?

Pour moi, messieurs, je regarderai comme un des plus beaux jours de ma vie celui où j'ai été appelé à présider votre collége électoral. Le roi, qui tient compte à ses fidèles sujets, même de leur zèle, a trop payé par cet honneur mes faibles services. J'ai dû au moins quelque titre à votre bienveillance; car j'ose croire qu'il n'y a point d'homme qui entre mieux que moi dans vos sentiments, qui apprécie davantage votre loyauté. Comme vous, je donnerais mille fois ma vie pour le meilleur des princes; et mon cœur a toujours battu, mes yeux se sont toujours remplis de larmes au cri d'amour et de salut, au cri français de *Vive le roi !*

OPINION

SUR LA RÉSOLUTION

RELATIVE A L'INAMOVIBILITÉ DES JUGES,

PRONONCÉE A LA CHAMBRE DES PAIRS, LE 19 DÉCEMBRE 1815.

§ Ier.

Messieurs, la *résolution* qui vous a été transmise par la Chambre des députés mérite toute votre attention; la controverse qu'elle a excitée, les discours remarquables qu'elle a produits, annoncent assez que ce n'est pas une de ces propositions qu'on doive adopter ou rejeter légèrement.

Je vais essayer de la traiter à fond, d'en développer les différentes parties avec exactitude, fidélité, impartialité. Si j'ose aujourd'hui paraître à cette tribune avec un peu de confiance, c'est que, depuis plusieurs années occupé de recherches historiques, je me trouve sur un terrain qui m'est assez connu, et où je crains moins de m'égarer. Je serai long, beaucoup trop long, peut-être : c'est une espèce de rapport complet que je vais vous faire. Je vous demande, messieurs, toute votre patience : la gravité du sujet me servira d'excuse auprès de vous.

Dans la *résolution* soumise à vos lumières, on doit examiner deux choses distinctes, et qui pourtant ont entre elles une liaison intime : premièrement, l'inamovibilité des charges de judicature en France ; secondement, les raisons pour lesquelles on pourrait désirer que cette inamovibilité fût suspendue pendant un an.

Ceux qui sont d'avis d'adopter la *résolution*, ceux qui veulent la rejeter, conviennent tout d'abord que l'*inamovibilité* est une chose excellente ; mais ils ne sont pas d'accord sur le moment où elle s'est introduite dans notre magistrature : chacun s'est fait un système plus ou moins favorable au sentiment qu'il veut établir. Voyons si, en remontant aux sources, nous ne parviendrons pas à fixer nos idées de manière à pouvoir, en toute connaissance de cause, accueillir ou repousser la *résolution*.

Messieurs, je vais d'abord vous surprendre, car je m'écarte de toute opinion reçue ; mais j'espère bientôt appuyer la mienne sur des faits irrécusables.

Je soutiens donc que de tous temps la magistrature a été amovible et inamovible en France ; les deux principes ont été constamment placés l'un auprès de l'autre. Depuis Clovis jusqu'à Philippe de Valois, ces deux principes marchèrent ensemble ; depuis Philippe de Valois jusqu'à Charles VII, l'inamovibilité disparut de fait, bien qu'elle existât de droit. On essaya vainement, sous Louis XI, de la remettre en vigueur, en la faisant passer à une autre classe de citoyens. Elle triompha sous François Ier, se fixa sous Charles IX, et régna seule enfin sous Henri IV.

Ainsi, l'inamovibilité de notre justice n'a point été en France, comme on l'a avancé, un développement des lumières et de la prérogative royale ; bien au contraire, car lorsque la prérogative l'étendit sous les Valois, le côté amovible de la magistrature prit le dessus. Les Grecs et les Romains, si éclairés d'ailleurs, n'ont point connu l'inamovibilité des charges de judicature. L'Égypte, où on la retrouve, lui dut peut-être la permanence de ses institutions, comme l'éternité de ses monuments. Presque toutes les nations modernes l'ont ignorée, et les Anglais ne l'ont reçue qu'en 1759 : ainsi leur belle constitution a fleuri pendant soixante-dix années, sans être appuyée sur l'inamovibilité judiciaire. Celle-ci est née parmi nous au milieu de la barbarie (ce qui est fort engendre ce qui est durable) ; elle a été suspendue dans les âges moyens, et, chose étrange ! cette *inamovibilité* qui fait notre gloire, après être sortie, comme on va le voir, des sources les plus pures, n'a été rétablie que par la corruption et la vénalité.

L'inamovibilité de la justice, qui a donné à notre magistrature tant de grandeur, tire parmi nous son origine de trois principes sacrés et inamovibles : la royauté, la propriété, la religion.

La royauté, héréditaire sous la première race, troublée sous la seconde par des révolutions, héréditaire de mâle en mâle sous la troisième, en vertu de la loi salique, est la première source de notre immuable justice. Les rois, chez les Francs et chez les Germains leurs pères, étaient les premiers magistrats : *Principes qui jura per pagos reddunt*, dit Tacite. Ainsi, quand saint Louis et Louis XII rendaient la justice au pied d'un chêne, ils ne faisaient que siéger à l'ancien tribunal de leurs aïeux. La justice devint naturellement inamovible dans ces grands magistrats héréditaires ; elle prit ainsi dans son air quelque chose d'immortel et d'auguste, comme ces générations royales qui la portaient dans leur sein et la faisaient régner sur le trône.

La seconde source de notre magistrature inamovible est, comme je l'ai dit, la propriété. Voici, messieurs, une chose remarquable et qui distingue les peuples d'origine germanique de toutes les nations de l'antiquité. Ils attachèrent la justice au sol ; ils en firent une fille de la terre, et la rendirent immuable comme la propriété. Sous la première race, les *leudes* ou les *fidèles*, appelés par Tacite *les compagnons du prince*, avaient le droit de juridiction dans les domaines qu'ils possédaient en *propres*. On en voit la preuve dans une ordonnance de 595, aux Capitulaires de Baluze. Le droit de juridiction dans les *propres* se composait, pour le leude ou le seigneur, du droit de magistrature, inamovible en sa personne, et des différents droits d'amende judiciaire au civil et au criminel, tels que le *fredum* et autres. Ensuite les rois, en distribuant des terres aux leudes, concédèrent avec ces terres le droit de justice. La première Charte où l'on trouve une pareille concession est du règne de Dagobert Ier, en 630. Trente ans après, l'usage de donner des justices en propriété était devenu général, comme on l'infère des *Formules* de Marculfe.

Enfin on aperçoit encore sous la première race la troisième source de la magistrature inamovible, je veux dire la religion. Le clergé, à cette époque, possédait des *propres* ; il pouvait hériter, il jouissait en outre des biens de l'Église, et, dans ces deux natures de propriétés il exerçait comme juge inamovible tout droit de juridiction. Les évêques et les abbés, qui avaient tant contribué à l'établissement des Francs dans les Gaules, obtinrent aussi, comme les leudes, de grands fiefs, avec ce droit de juridiction qu'emportait toujours la terre, même lorsque le domaine était encore amovible. Tout cela se confirme par le traité des Andelys, dans Grégoire de Tours, et par plusieurs chartres mérovingiennes, sans s'appuyer sur celle de Clovis de 496, que dom Bouquet croit supposée.

Voilà pour la première race.

Au commencement de la seconde, l'inamovibilité resta la même dans le roi, les prélats et les grands possédant des *propres*. Il paraît même que Charlemagne rendit une loi en faveur de l'immutabilité des offices de judicature : sous les successeurs de ce grand homme, l'établissement des fiefs et de la noblesse multiplia considérablement la magistrature inamovible et héréditaire. L'orgueil, ou, si l'on veut, la vanité, avait donné lieu à un phénomène historique qui ne s'est reproduit chez aucune autre nation. Des priviléges particuliers se trouvant attachés aux concessions du prince, les leudes imaginèrent de changer leurs *propres* ou leurs *alleux* en bénéfice, c'est-à-dire de donner leur propriété au roi, pour la recevoir ensuite de sa main : alors la noblesse se trouva investie d'une magistrature inamovible à double titre, et par le roi et par la propriété. De là cet axiome de l'ancien droit français, que la justice est patrimoniale. Le droit de juger découlait si invinciblement de la seigneurie, qu'il passait même aux femmes, héritières de ces seigneuries : en 1315, la comtesse Mahaut siégea comme pair de France dans le procès du trop fameux Robert d'Artois.

Voilà pour la seconde race.

Sous la troisième, cette magistrature ne fit d'abord que se confirmer et s'étendre. Les ducs, les comtes, les barons, les évêques, les abbés, devenus presque indépendants de l'autorité royale, furent plus que jamais des juges inamovibles. L'établissement de la première pairie, sous Hugues Capet, vers la fin du dixième siècle, consolida de plus en plus le fondement de notre justice ; car la pairie, en variant dans ses différents âges, n'en conféra pas moins à chaque pair de France le droit d'une magistrature inamovible et héréditaire.

Tel est, messieurs, le principe de l'inamovibilité, et je crois l'avoir suffisamment établi. Quel caractère auguste ne dut-il point faire prendre à notre justice, lorsqu'elle se montra aux yeux des peuples ainsi appuyée sur le sceptre, l'épée et la croix ! Aussi régla-t-elle tout en France. Chez les autres nations de la terre, le droit civil naquit du droit politique ; chez nous seuls, et par l'effet de notre magistrature inamovible, le droit politique découla du droit civil. Nous devons tout aux ordonnances de nos rois-magistrats, aux arrêts de nos cours de judicature ; rien, ou presque rien aux assemblées de la nation. C'est dans cet esprit, messieurs, c'est par cette route qu'il faut étudier et chercher le secret de nos mœurs. En faisant naître nos constitutions de la garantie et des résultats de notre magistrature inamovible, on comprendra pourquoi la forme du gouvernement a été si stable chez les Français; pourquoi ce gouvernement a présenté cette longue suite de rois héréditaires; pourquoi nous n'avons presque jamais montré de jalousie du pouvoir politique, excepté comme par hasard, et dans des moments de vertiges. Le peuple voyait dans ses chefs, à commencer par le roi, des juges et non pas des maîtres : de là son attachement aux corps de judicature, et son indifférence pour nos états généraux. Il trouvait dans notre magistrature inamovible tous les biens qu'il pouvait réclamer : droits de citoyen, sûreté de propriété, maintien des lois, défense contre l'oppression : chose admirable ! la justice était pour nous la liberté !

Le principe général et les trois origines particulières de notre inamovibilité judiciaire étant reconnus, j'espère, messieurs, vous montrer maintenant, avec la même clarté, l'existence de notre magistrature amovible.

On la trouve, messieurs, auprès de la première, dans le berceau de la monarchie, à la cour, chez les leudes et parmi le clergé : elle y offre un singulier spectacle. Les rois de la première race rendaient la justice, comme les anciens Hébreux et les Pélasges, à la porte de leur palais. Autour du roi étaient placés les officiers de la couronne, les ducs, les comtes, les farons ou les barons; deux officiers recevaient les requêtes. Un comte-juge était le rapporteur. Ce conseil s'appelait *placita*, dont notre mot *plaids* conserve l'étymologie. Ces juges ou conseillers de la justice du roi, étaient temporaires et amovibles; ils prononçaient sur tout ce qui regardait l'ordre public, et connaissaient des appels dans les causes particulières.

Tandis que le roi, magistrat inamovible, entouré des juges amovibles, exerçait cette justice paternelle à la porte de son palais, le leude offrait dans ses bois le spectacle de la justice armée. L'épée à la ceinture, la hache dans une main, le bouclier dans l'autre, il dictait ses arrêts sur le prix d'une tête abattue, sur la longueur et la profondeur d'une blessure. Il était assisté à ce tribunal militaire par des juges appelés *rachinburges* et *scabini*. Ils devaient être au moins au nombre de sept : *Congreget secum septem raginburgios*, dit la loi salique. Ces rachinburges étaient choisis par le peuple, et amovibles, *populi consensu*. Pour les élever au nombre de douze, on choisissait des notables, *boni homines*. Les ordonnances des Mérovingiens, les lois salique et ripuaire règlent dans le plus grand détail les devoirs de ces magistrats amovibles.

Enfin, auprès de la justice paternelle du roi, de la justice armée du comte, était placée la justice chrétienne du prélat. Celui-ci se faisait assister dans ses fonctions par un vidame et des clercs, juges amovibles à la volonté de l'évêque. Il prononçait le plus souvent ses sentences pacifiques au pied de l'autel, dans quelque église où des affranchis avaient reçu la liberté. Les crimes moraux tombaient sous sa compétence, et les malheureux ressortissaient de droit à son tribunal : les veuves et les orphelins étaient sous sa juridiction particulière. Il jugeait d'après le droit romain ; et dans les terres de ses bénéfices, régies par les lois des Barbares, il apportait les adoucissements d'un esprit éclairé. La sainteté de la vie de ces premiers évêques des Gaules, leurs lumières, leur charité, rendirent leurs décisions vénérables, et donnèrent une grande prépondérance à la juridiction ecclésiastique.

Sous la seconde race, des cours d'assises furent régulièrement établies. Des envoyés royaux, *missi dominici*, *missi regii*, furent chargés par Charlemagne de l'administration de la justice amovible. Le chef du domaine royal, *major villæ*, devint juge ; le comte du palais, *comes palatii*, fut le président de la justice du prince pour les laïques, et l'apocrisiaire pour les ecclésiastiques. Ces officiers étaient amovibles ; ils délibéraient en présence de Charlemagne, magistrat inamovible, qui, au rapport d'Hincmar et d'Éginard, rendait si admirablement la justice dans son palais d'Héristal : *lite cognita, sententiam dicebat.* Les comtes, de leur côté, imitèrent dans leurs domaines cette forme de la justice du prince; mais ce bel ordre se perdit sous Charles le Chauve. Les seigneurs n'obéirent plus aux envoyés royaux; on ne porta plus les jugements en appel à la cour du roi; les lois salique, ripuaire, bourguignonne, romaine, s'ensevelirent dans l'oubli; et des coutumes bizarres devinrent les lois des Français.

Alors commence la troisième race : elle jeta les fondements de nos mœurs dans les ténèbres les plus épaisses de la barbarie. Ce fut au foyer du château, près du chêne allumé pour la fête, au milieu des guerres de seigneur à seigneur, dans les chasses et dans les bois, que s'établit le patronage de la féodalité; source d'une infinité de lois fantasques, mais principe d'un grand nombre de vertus. On vit sortir de la nuit féconde qui couvrait la France, des rois d'une majesté naïve, des pontifes qui mêlaient l'honneur chevaleresque à la sainteté de la tiare, des chevaliers qui joignaient la candeur du prêtre à l'héroïsme du guerrier, des magistrats simples et incorruptibles, qui seuls représentaient la gravité chez une nation brillante et légère.

Chaque seigneur conserva dans ses domaines des cours d'assises où il était juge souverain, inamovible et héréditaire. Quand il tenait ses assises, il appelait ses *pairs;* il en fallait au moins deux pour rendre un jugement. Lorsque le seigneur ne pouvait siéger, il déléguait un magistrat amovible, appelé *bailli,* d'un mot grec qui signifie précepteur. Outre ces cours d'assises seigneuriales, il y avait encore dans l'ordre de la noblesse des justices féodales, dont les juges amovibles prononçaient en matière de fiefs.

Les juridictions ecclésiastiques continuèrent à être administrées comme elles l'étaient sous la seconde race, mêlant le droit romain au droit coutumier, parce que les prélats étaient à la fois princes de l'Église et seigneurs de fiefs.

La magistrature nationale, ou, ce qui était la même chose, la magistrature royale, se forma sous les mêmes principes que celle des seigneurs. Le parlement succéda aux *placita* de Grégoire de Tours et de Frédégaire, au *mallum imperatoris* des Capitulaires, différent lui-même du *publicum mallum* qui se tenait d'abord au mois de mars, et que Pépin le Bref fixa au mois de mai. Une ordonnance de l'an 1294, citée par Budée, nous montre le parlement de Paris à peu près tel qu'il existait au commencement de la révolution. C'est vers l'an 1000 que l'on trouve le mot barbare *parlamentum* employé pour *colloquium,* et pour signifier en particulier le conseil de la justice; tandis qu'auparavant il voulait dire ces assemblées populaires que l'on réunissait au son de la trompe ou de la cloche, *ad sonum tubæ, ad sonum campanæ.*

Dans ce parlement ancien nous voyons des juges inamovibles et des magistrats amovibles, savoir : le roi lui-même, qui y assistait souvent; les pairs, les barons, les chevaliers, les prélats, tous sous le nom de *conseillers-jugeurs;* ensuite des hommes instruits tirés de la classe des clercs et des bourgeois, et appelés *conseillers-rapporteurs.* D'ambulatoire qu'il était, le parlement devint permanent à Paris, en vertu de l'ordonnance de Philippe le Bel, du 18 mars 1303. Ce même roi voulut aussi rendre les offices inamovibles dans la justice de robe; ses intentions ne furent pas suivies. Au reste, à cette époque, le parlement n'était pas perpétuel. Il y avait par an deux parlements : l'un commençait à l'octave de Pâques, l'autre à l'octave de la Toussaint. Ces deux classes de *conseillers-jugeurs*, juges inamovibles, et de *conseillers-rapporteurs,* magistrats amovibles, établirent peu à peu la distinction de la noblesse d'épée et de la noblesse de robe. Celle-ci ravit bientôt à la première cet exercice du droit de juger, qui avait fait sa grandeur féodale, et auquel elle devait une partie de son origine. La renaissance du droit romain, la multiplication des titres écrits, le conflit des juridictions ecclésiastiques et laïques, les appels de *défaut de droit*, de *faux jugement* et *d'abus*, l'extension des justices royales; tout cela rendit impossible et insupportable aux nobles l'exercice des fonctions judiciaires : ils abandonnèrent peu à peu le parlement, et Philippe le Long en exclut les prélats, *se faisant scrupule*, dit-il, *de les empêcher de vaquer à leurs spiritualités*.

C'est ici l'époque, messieurs, d'une grande révolution dans l'ordre judiciaire en France; ici se perd, par la retraite des nobles et des prélats, l'inamovibilité de la magistrature. Non que le principe ne subsistât toujours dans le roi et dans les pairs, mais il *dormit*, pour me servir d'une expression que l'on employait en parlant de la noblesse, lorsqu'elle avait dérogé momentanément. Tout passa dans les mains des juges amovibles, et au parlement et dans les justices seigneuriales.

Sous Charles V, les conseillers et les présidents du parlement ne tenaient point leurs charges à titre d'offices. Les gens de robe, devenus juges, n'avaient que de simples commissions; ils étaient payés par jour, selon leur travail, et le roi les changeait comme il le voulait.

Les troubles du règne de Charles VI, sans rendre les juges inamovibles, rendirent le parlement perpétuel. On fit encore un pas vers l'inamovibilité, et la noblesse de robe attira peu à peu dans ses mains l'héritage complet de la noblesse d'épée. Dans les désordres où les Anglais, le duc de Bourgogne et Isabeau de Bavière plongeaient la France, on oublia de renouveler les rôles de conseillers et de juges; ceux-ci, profitant de cet oubli, se perpétuèrent dans leurs commissions; toutefois ces commissions ne furent point des offices à vie : ce furent seulement des offices tenus pendant le règne du prince qui les avait accordés. Des hommes habiles et très-instruits d'ailleurs, n'ont pas suivi rigoureusement la vérité historique lorsqu'ils ont avancé que l'inamovibilité fut établie, ou, pour parler plus correctement, fut rétablie dans le parlement sous Louis XI. Il est vrai qu'il donna, en 1467, un édit pour rendre perpétuels les offices de judicature; mais il n'en tint compte : on le voit changer sans cesse les officiers du parlement par pur caprice, et pour prouver, comme le dit un historien, *qu'il était le maître*. Si, dans l'ordonnance du 21 septembre 1468, il commande que l'on entretienne *en charge sans aucunement les muer* ceux qui les possèdent, il ajoute : *sinon toutefois qu'aucuns d'eux soient trouvés autres que bons et loyaux*. Si, en 1483, quelque temps avant sa mort, il fit promettre à son fils de conserver en charges tous ceux qu'il en avait pourvus, il n'en est pas moins vrai qu'à la fin de l'édit de 1468 il avait ordonné que les charges et offices fussent confirmés à l'avénement de son fils à la couronne. Il n'y a donc point encore là, messieurs, de véritable inamovibilité dans la magistrature de robe.

Sous les règnes de Charles VIII et de Louis XII, et même sous celui de Louis XI, la vénalité des charges, si fâcheuse dans son principe, si avantageuse dans ses conséquences éloignées, commença à s'introduire, puisque les arrêts de 1493 et de 1508 proscrivirent la vente des offices de judicature, et que les états généraux firent des remontrances à Louis IX sur ce sujet; mais ce ne fut que sous le règne de François Ier que la vénalité de ces offices devint légale. Elle fut consacrée sous Henri II par l'ordonnance de 1554. François II l'attaqua, ou plutôt Catherine de Médicis, qui, par des vues politiques, voulut rendre au parlement son ancienne forme d'élections. Deux édits de Charles IX, de 1568 et 1569, confirmèrent la vénalité. Henri III, nonobstant son ordonnance, dite de Blois, renouvela les dispositions des édits de Charles IX. Les charges de judicature tombèrent aux parties casuelles, et devinrent un objet de commerce entre les particuliers. Il ne manquait plus pour compléter le système, que de rendre les charges héréditaires; c'est ce que fit Henri le Grand par son édit de 1604 :

tout officier de judicature payant chaque année au roi le soixantième de la finance de sa charge, pouvait faire passer cette charge à sa veuve et à ses héritiers. Louis XIV et Louis XV mirent la dernière main à cet ouvrage du temps et du gouvernement de tant de rois. Et voilà, messieurs, ainsi que je l'ai annoncé dans l'exposé de ce discours, comment on revint, par les voies les moins pures, au principe si pur de l'inamovibilité. Vous voyez à présent jusqu'à quel point sont fondés en raison ceux qui, pour mieux combattre la proposition soumise à votre examen, se font un système complet de magistrature inamovible, et ceux qui pour la soutenir seraient tentés de nier ce principe.

§ II.

Or, maintenant, messieurs, la première partie de la question étant bien connue, les raisons que l'on peut donner pour rejeter la *résolution* de la Chambre des députés me semblent perdre de leur importance. En effet, la conséquence de la *résolution*, si vous l'adoptez, sera de mettre pendant un an l'ordre judiciaire dans l'état où il s'est trouvé durant tant de siècles ; je veux dire qu'il restera à la fois amovible et inamovible : inamovible de droit par la Charte, comme il l'était autrefois dans le roi, les pairs et les juges d'épée ; amovible de fait, mais pour le court espace d'un an, tel qu'il existait dans les juges de robes. Or, si notre magistrature a été pendant cette position depuis Clovis jusqu'à Charles IX, sans qu'on ait éprouvé ces malheurs, qui seraient aujourd'hui, nous dit-on, le résultat d'une amovibilité temporaire, espérons que la France ne périra pas pour être sous le rapport de la justice, pendant douze mois, précisément comme elle a été pendant douze siècles.

Si je descends du principe général aux raisons particulières de ceux qui combattent la *résolution*, il me paraît qu'elles ne sont pas tout à fait sans réplique. En commençant par celles qu'on tire de la Charte, on dit que la *résolution* est inconstitutionnelle, qu'elle empiète sur la prérogative royale. S'il en était ainsi, messieurs, il faudrait la rejeter à l'instant. Heureusement de telles assertions sont faciles à détruire. Qu'il me soit permis de rappeler que j'ai un peu étudié la Charte ; j'en ai été le premier commentateur ; je l'ai défendue lorsqu'elle était attaquée ; je crois donc avoir acquis le droit d'en parler librement, sans qu'on puisse me soupçonner d'y être moins attaché que ceux qui combattent la *résolution*.

Hé bien ! messieurs, cette *résolution* ne donne pas, selon moi, la plus petite atteinte à la Charte. Il est certain, comme on l'a remarqué, que l'article 57, comparé à l'article 58, laisse une certaine liberté, et que la proposition peut être regardée comme un moyen terme qui sert à lier ces mots de *nomination* et d'*institution* employés dans les deux articles.

Mais, sans tenir à cette interprétation, il est de principe qu'on ne viole pas la Charte parce qu'on supplie l'autorité royale d'en suspendre temporairement un article. Vous-mêmes, messieurs, ne venez-vous pas de concourir à la formation de quelques lois dont le but est d'arrêter l'action de plusieurs dispositions de la Charte, notamment des dispositions 4 et 8 ? Combien d'ordonnances nécessaires sans doute, et toutes autorisées par l'article 14, n'ont-elles pas néanmoins dépassé les limites du pouvoir constitutionnel ! La Chambre des députés a-t-elle le droit de demander qu'on ajoute une nouvelle dérogation à ces dérogations que le temps et nos malheurs ont impérieusement exigées ? Qui oserait le nier ? L'article 19 de la Charte accorde aux deux Chambres *la faculté de supplier le roi de proposer une loi sur quelque objet que ce soit, et d'indiquer ce qui leur paraît convenable que la loi contienne.*

Vous ne voulez pas sans doute, messieurs, vous priver d'un aussi beau privilége qui ajoute à votre dignité, parce qu'il annonce une pleine confiance en votre raison : contester aux Chambres le droit de proposition, ce serait une véritable infraction à la Charte.

D'ailleurs, il faut faire une distinction entre une constitution établie, et une constitution qui commence : on doit craindre de toucher à la première; mais pour mettre la seconde en mouvement, on est quelquefois obligé de se placer en dehors de cette même constitution. N'est-ce pas ce qu'on a fait cette année pour la formation de la Chambre des députés? Cette Chambre n'aurait pas pu exister telle qu'elle est, si la prévoyance du roi, qui s'élève si haut, avait cru qu'il n'était pas possible de s'éloigner de la lettre de la Charte. Il en est ainsi, messieurs, de la partie de la constitution qui regarde l'ordre judiciaire : cette partie n'est pas achevée; elle n'a pas encore reçu son entière exécution. Il ne s'agit pas d'enlever aux juges, par la suspension temporaire de l'institution royale, un caractère déjà imprimé; il s'agit de savoir comment on les revêtira de ce caractère. La Charte pose en principe l'inamovibilité; mais elle ne dit pas dans quel délai, avec quelle précaution on appliquera ce principe : elle en laisse le soin à la prudence de la loi. C'est donc une loi sur cet important sujet que la *résolution* demande; elle cherche très-justement à diriger notre attention vers le choix des juges. L'inamovibilité, inconnue dans les gouvernements républicains et dans les empires despotiques, convient aux monarchies tempérées, qui se composent de pouvoirs indépendants; elle est dans l'intérêt de l'État, dans l'intérêt des justiciables; mais son excellence dépend de la bonté des choix, car si les choix sont mauvais, l'inamovibilité, le plus grand des biens, deviendrait le plus grand des maux.

Voilà les raisons qui établissent la légalité et le but constitutionnel de la *résolution*. Quant à la prérogative royale, loin que cette *résolution* la resserre, elle tend visiblement à l'augmenter. Le roi, par la Charte, ne peut nommer que des juges inamovibles : avec la *résolution*, il joindra à ce pouvoir celui de l'amovibilité. Et quel pouvoir! qu'il est immense! disons-le franchement, qu'il serait dangereux, s'il était confié à tout autre prince qu'à un roi dont l'Europe entière admire la modération et la sagesse! Vous ne doutez pas, messieurs, que lorsque le roi, par l'article 27 de la Charte, pouvait nommer des pairs à vie et des pairs héréditaires, la prérogative royale ne fût plus étendue que quand l'ordonnance du 18 août a semblé restreindre cette prérogative à la faculté de conférer la seule pairie héréditaire. La *résolution* des députés fait pour la justice, en sens contraire, tout justement ce qu'a fait l'ordonnance du 18 août pour la pairie; elle ne retranche pas, elle ajoute à la prérogative royale.

Mais enfin, des propositions multipliées ne servent, dit-on, qu'à inquiéter le gouvernement. Jusqu'ici je n'en connais que deux qui aient été portées d'une Chambre à l'autre Chambre : personne ne nie d'ailleurs qu'il n'y ait des inconvénients attachés à notre genre de constitution. Si nous nous plaignons à présent, que sera-ce quand la presse et les journaux seront libres; quand le public se mêlera de nos débats, blâmera, approuvera nos discours, censurera les lois, les nominations, les ministres, les actes du ministère? Il faudra bien pourtant, tôt ou tard, arriver là, car nous voulons un gouvernement représentatif.

On ajoute encore « que des *résolutions* annoncent une défiance peu respectueuse;
« qu'elles sont pour les ministres une espèce de leçon, un reproche tacite fait à leur
« vigilance; qu'il n'est pas bon que le pouvoir législatif prenne l'initiative dans des
« mesures qui sont du ressort du pouvoir exécutif. »

Je n'ignore pas tous ces raisonnements : on pourrait même, pour les fortifier, citer ce qui se passa il y a quelques années dans le parlement d'Angleterre. Le gouvernement britannique avait fait de mauvais choix; l'opposition attaqua le ministère;

Le ministre laissa parler les orateurs; ensuite il se leva et dit : « Les choix sont mau-
« vais, très-mauvais, plus mauvais peut-être encore qu'on ne le suppose ; mais qui
« oserait soutenir dans la Chambre des communes que le gouvernement n'a pas le
« *droit* de faire de mauvais choix? »

La réponse est péremptoire; elle est tirée de la nature même de la monarchie;
toutefois serait-elle bonne pour les circonstances où nous nous trouvons? Quand cette
réponse fut faite, la constitution anglaise existait-elle depuis longtemps, ou était-elle
nouvellement établie? Fallait-il créer un ordre de choses tout entier, expliquer, fonder, fixer cet ordre par des lois urgentes, nées des besoins du moment? Avait-on
été obligé de violer tant d'articles du pacte constitutionnel? Était-ce après vingt-sept
ans de malheurs, de bouleversements, de révolutions inouïes dans l'État et dans les
mœurs, que le ministre anglais tenait ce langage?

D'ailleurs, messieurs, il n'est pas question ici d'attaquer des choix; on cherche
seulement un moyen de les rendre plus faciles au chef honorable de la justice. Je ne
vois rien dans les *propositions* des Chambres qui sorte des bornes de la plus stricte
convenance. N'est-il pas tout simple que, dans la multitude des affaires qui accablent
les ministres, quelques-unes se dérobent à leur sollicitude? Qui songe à leur en faire
un crime? N'est-il pas tout simple que les Chambres, sans cesse occupées du bien
public, suppléent par une *résolution* à ce qui semble avoir échappé à l'œil du gouvernement? Je suppose qu'avant la loi sur la suspension de la liberté individuelle, un
pair eût sollicité cette suspension, aurions-nous trouvé détestable, comme proposition, ce que nous avons déclaré excellent comme loi? Enfin si le droit de proposition
ne doit pas être exercé, pourquoi est-il dans la Charte? Il y est comme droit de nature, il y est comme une sorte de faculté consultative du pouvoir législatif au conseil exécutif, comme un soulagement à l'attention, un aide aux travaux des ministres.
Après tout, une proposition des Chambres, souvent utile, ne peut jamais être dangereuse au gouvernement, puisqu'il en demeure le dernier juge : s'il la trouve
bonne, il la fait vivre en la changeant en loi; s'il la condamne, elle expire au pied
du trône. Usons donc, sans en abuser, de tout ce que la Charte nous a permis, et ne
voyons pas le mal où il n'est pas.

On s'écriera peut-être : « Hé bien! nous admettons que la *résolution* n'est pas inconstitutionnelle; vous conviendrez du moins qu'elle est de nature à produire les résultats les plus funestes. » Je n'en conviens pas du tout; mais je sais qu'on élève
beaucoup d'objections. Pour montrer mon impartialité, je vais moi-même proposer
une difficulté considérable, qui jusqu'ici avait été oubliée, mais qu'un pair vient
d'indiquer dans son discours.

On pourrait dire : « Vous demandez la suspension de l'institution royale pendant un
« an, sous prétexte qu'il y a de grandes réformes à faire parmi les juges, et qu'après
« les bouleversements de la révolution, il faut se donner le temps de connaître et de
« bien choisir les hommes. Mais est-ce la première fois que l'on a vu des troubles en
« France? et nos rois ont-ils jamais ordonné les réformes dont vous parlez? Sous
« Charles VI, Isabeau de Bavière créa un parlement; Morvilliers en fut le premier
« président. Ce parlement reçut le serment de fidélité que les Parisiens prêtèrent à
« Henri V, roi d'Angleterre ; il procéda à la condamnation du Dauphin, légitime
« héritier du trône; cependant le Dauphin, devenu Charles VII, pardonna tout et
« ne changea pas les magistrats. Après la Ligue, après la Fronde, aucun membre
« du parlement ne perdit sa place : on pourrait dire, il est vrai, qu'à cette dernière
« époque les juges étaient inamovibles. »

Voilà, je pense, messieurs l'objection historique dans toute sa force. Mais, malgré l'autorité de ces exemples, comment comparer les temps et les hommes que nous venons de rappeler avec les temps et les hommes que nous avons vus? Qu'y a-t-il de commun entre la Fronde et nos derniers malheurs? Sous Charles VI, sous Henri IV, pendant la minorité de Louis XIV, il y avait faction et non pas révolution en France : les esprits étaient agités, les mœurs restaient immobiles; la morale, la religion surtout, étaient entières. On peut se relever de tous les crimes quand les bases de la société ne sont pas détruites; on peut revenir à toutes les vertus quand l'esprit de famille n'est pas changé, quand les mœurs domestiques sont demeurées les mêmes malgré les altérations du gouvernement. Si au contraire la révolution est faite dans la famille comme dans l'Etat, dans le cœur comme dans l'esprit, dans les principes comme dans les usages, un autre ordre de choses peut s'établir; mais il ne faut plus s'appuyer sur des analogies qui n'existent pas, et prendre le passé pour la règle du présent.

Quels avaient été, messieurs, les principes et l'éducation de ces juges factieux sous les règnes de Charles VI, Henri IV et Louis XIV? quelles étaient les lois particulières auxquelles ils se soumettaient? les mœurs, la religion qu'ils conservaient dans leur famille, la morale qu'ils transmettaient à leurs fils? les exemples de vertus domestiques qu'ils donnaient, tout en étant emportés par les tempêtes de l'Etat? A l'époque des calamités du quatorzième siècle, ils ne recevaient ni présents, ni visites, ni lettres, ni messages, relativement aux procès. Ils ne mangeaient ni buvaient jamais avec les plaideurs; on ne pouvait leur parler qu'à l'audience : le commerce leur était défendu. Les juges ne pouvaient être sénéchal, prévôt ni bailli dans le lieu de leur naissance. La justice était gratuite; les conseillers au parlement recevaient cinq sous parisis par jour de service, le premier président avait mille livres, les trois autres présidents, cinq cents livres : joignez à cela deux manteaux qu'on donnait chaque année à ces magistrats; voilà quelle était leur fortune. Il fallait trente ans de service pour obtenir, à titre de pension, la continuation d'un traitement si modique. Lorsque ces légistes n'étaient point de service, et que conséquemment ils n'étaient point payés, ils retournaient enseigner le droit dans leurs écoles. Aussi le roi Jean disait d'eux : « *De quels gages, tout modiques qu'ils sont, la modeste « sincérité des officiers de notre cour est contente.* » Sous Charles VI, les juges étaient si pauvres, que le greffier du parlement ne put dresser le procès-verbal de quelques fêtes qui eurent lieu à Paris, parce qu'il n'avait pas de parchemin, et que sa cour n'était pas assez riche pour en acheter. Toutes les dépenses du parlement, vers le milieu du quatorzième siècle, s'élevaient à la somme de onze mille livres, qui, à quatre livres quatre sous le marc, faisaient environ cent soixante-cinq mille francs de notre monnaie d'aujourd'hui.

Plus tard, et en se rapprochant de notre siècle, Henri de Mesme, fils du premier président de Mesme, nous fait connaître ainsi ses mœurs et ses études : « L'an 1545, « dit-il, je fus envoyé à Toulouse pour étudier en lois, avec mon précepteur et mon « frère, soubs la conduite d'un vieux gentilhomme tout blanc, qui avoit longtemps « voyagé par le monde. Nous estions debout à quatre heures, et, ayant prié Dieu, allions « à cinq heures aux études, nos gros livres sous le bras, nos écritoires et nos chande-
« liers à la main.

« Les mœurs innocentes de ces magistrats, dit Mézeray, et leur extérieur même, « servaient de lois et d'exemple..... Un grand fonds d'honneur faisait leur princi-
« pale richesse : ils croyaient leur fortune sûre et honorable quand elle était mé-
« diocre et juste. »

Les factions de l'État pouvaient quelquefois, messieurs, égarer de pareils hommes; mais l'expiation suivait de près la faute : l'ambitieux Brisson mourut pour son roi.

Pairs de France, j'aperçois au milieu de vous les descendants de ces magistrats vénérables! Ils pourraient vous dire qu'à l'époque même de la révolution ils retrouvaient dans leurs familles cette religion, ces bonnes mœurs, cette science, cette gravité, cet amour de la justice, qui commençaient à disparaître dans les ordres de l'État. Les Nicolaï, les Lepelletier, les Lamoignon, les Molé, les d'Aligre, les Séguier, les Barentin, les d'Albertas, les d'Aguesseau, s'étaient conservés comme les antiques monuments de la monarchie : vieillis auprès de la loi, ils étaient restés purs et inaltérables comme elle.

Ah! messieurs! quel plaisir nous trouverions à comparer, s'il était possible, la magistrature que la révolution a fait naître, à cette magistrature qui rendit le dernier soupir avec Malesherbes! Autrefois en France, lorsque le roi, grand justicier de son royaume, venait à mourir, toute justice était suspendue; il fallait renouveler les offices de judicature : le parlement paraissait aux obsèques du prince, et entourait le cercueil. Bientôt le cri de la perpétuité de notre empire : *Le roi est mort : vive le roi!* se faisait entendre. Les tribunaux se rouvraient, et la justice renaissait avec la monarchie.

Messieurs, les tribunaux ne se sont point rouverts après la mort de Louis XVI; on n'a point entendu autour de son cercueil le cri de *vive le roi!* Comme autrefois, les magistrats ont suivi le monarque au lieu de la sépulture, mais on ne les en a point vus revenir : ils se sont ensevelis dans la tombe de leur maître ; et, pendant quelques années, la justice est remontée au ciel avec le fils de saint Louis.

Les troubles sous Charles VI, la Ligue et la Fronde, n'avaient point détruit le parlement et bouleversé les sanctuaires de nos lois. De nos jours, au contraire, notre antique justice a fait naufrage comme le reste de la France. Il s'est formé de ses débris des tribunaux où tout est nouveau, jusqu'au code d'après lequel ils prononcent sur l'honneur, la vie et la fortune des citoyens. Qui vous répond de vos juges? La religion? mais n'est-elle pas aujourd'hui séparée de tout, comme elle était autrefois dans tout? La morale? mais pourrait-on dire que sous le rapport des mœurs nous sommes ce qu'étaient nos pères? L'éducation? mais les bonnes études n'ont-elles pas péri au milieu de nos discordes? Parmi les magistrats qui composent le nouvel ordre judiciaire, il en est sans doute qui auraient fait honneur, même à notre ancien barreau; cependant nous ne pouvons pas nous le dissimuler, la voix publique s'élève de toutes parts. Tant d'hommes depuis vingt-cinq ans ont échappé à la vue dans le tourbillon révolutionnaire! Ne leur demandons pas des vertus qui ne sont pas de leur siècle; faisons une ample part au temps et au malheur; oublions beaucoup de choses, usons d'une grande indulgence : mais sera-ce employer trop de rigueur que de vouloir connaître un peu les juges avant de les choisir? et pour les connaître, ne faut-il pas prendre le temps nécessaire? Trop d'empressement nous exposerait à donner à l'iniquité l'inamovibilité de la justice.

On nous dit : Si vous retardez l'institution royale, vous jetterez l'inquiétude dans une multitude de familles : le juge, pendant un an, ne saura comment juger : dénoncé par la partie condamnée, il craindra toujours d'être dépouillé. D'une part, vous ferez des juges hypocrites; de l'autre, vous vous exposerez à perdre des magistrats recommandables. En France, on ne veut point rester incertain de sa destinée. Aucun homme ne se souciera d'occuper une place qu'une calomnie peut lui ravir : il refusera de se soumettre à cette honteuse défiance de la loi.

Voilà de grandes paroles, messieurs; mais tout cela est-il bien juste? Je ne sais si les magistrats se soulèveront contre ce délai d'une année; je sais qu'ils n'ont point murmuré quand Buonaparte s'est donné cinq ans pour confirmer l'inamovibilité. De plus, une mesure générale n'est insultante pour personne : on n'est pas persécuté, parce qu'on n'est pas définitivement fixé dans la place que l'on occupe. Si l'amovibilité était une chose si fâcheuse, on n'accepterait jamais de places amovibles, et elles le sont presque toutes en France. Dans l'ordre des choses mêmes dont nous parlons, les juges de paix sont amovibles, les tribunaux de commerce et une partie des cours prévôtales sont amovibles, les conseils de guerre sont amovibles; et pourtant dans toutes ces sortes de magistratures on ne se croit pas déshonoré. Enfin, messieurs, si les juges réclamaient contre la suspension momentanée de l'institution royale, combien le ministre de la justice devrait se plaindre, lui qui, magistrat suprême, est placé à la tête d'une inamovibilité dont il ne partage pas les honneurs!

Quant à ces hommes qui jugeront contre leur conscience, si je ne me trompe, ce n'est pas la question. Il ne s'agit pas de ce que le magistrat fera, mais de ce qu'il a fait, mais de sa conduite passée, mais de savoir s'il n'a point commis de crimes qui le rendent indigne de s'asseoir sur les fleurs de lis. Si un an d'inquiétude suffit pour en faire un juge prévaricateur, il faut convenir qu'il était bien près de la corruption. De bonne foi, perdra-t-il sa place au bout de l'année, parce qu'il aura été dénoncé par un plaideur mécontent, parce qu'il se sera trompé dans le jugement d'un procès? Non, sans doute. Mais il la perdra si l'on vient à découvrir ce qu'on ne sait pas aujourd'hui; s'il a surpris la religion du ministre de la justice; si l'on apprend que dans le cours de la révolution il a tenu une conduite honteuse; si la morale, l'humanité, la justice, ont de graves reproches à lui faire.

La suspension de l'institution royale ne servira, dit-on, qu'à rendre le juge hypocrite! Ce juge a donc des vices à cacher, des vertus à feindre? Nous craignons avec raison l'hypocrite d'un an; craignons donc aussi de donner l'inamovibilité à cet hypocrite, puisque nous n'en ferions qu'un juge vicieux, et vicieux tout à son aise le reste de ses jours à la tête des tribunaux.

D'ailleurs, messieurs, l'objection tombe par un seul fait. Les juges depuis le retour du roi, à l'exception de quelques cours, sont demeurés amovibles. Toujours menacés d'être renvoyés avant d'avoir reçu l'institution royale, en ont-ils plus mal jugé? Leur reproche-t-on des prévarications insignes? Ont-ils montré cette inquiétude dont on fait tant de bruit? Non, messieurs : ils sont restés tels qu'ils étaient, ni meilleurs, ni pires. Ceci nous amène à remarquer que la suspension de l'institution royale pendant un an ne changera presque rien à l'état de votre magistrature actuelle : il y a en effet dix-huit mois que cette magistrature, inamovible par le droit, est amovible par le fait.

Allons plus loin; admettons, ce que je ne crois pas, que la suspension de l'institution royale jette en effet quelque désordre dans la magistrature. Mais ce mal passager, ce mal d'un an, pourrait-il être comparé à ce mal dont on ne sortirait que par la mort; à ce mal qui empoisonnerait peut-être pour toujours les sources de la justice, si l'on venait à se tromper sur les choix, par une de ces erreurs qui peuvent échapper à l'attention la plus soutenue comme à la volonté la plus sage?

Suspendre pendant un an l'institution royale n'est pas une chose insolite en France. Nous avons une foule de lois relatives aux choix des magistrats. « *Voulons*, dit une « ordonnance du 5 février 1388, *que nul ne soit président et conseiller, si premie-* « *rement, il n'est tesmoigné à nous par nostre chancelier et par les gens de nostre* « *parlement, estre suffisant à exercer ledit office.* » L'ordonnance de Moulins, de 1566, recommandait, pour la haute magistrature, une *enquête de capacité et de prud'homie des pourvus*. L'ordonnance de 1560 avait établi cette enquête pour les juges inférieurs.

Ce droit d'enquête existait de temps immémorial dans les parlements; il s'étendait souvent, pour le magistrat proposé, au delà d'une année. Les cours souveraines exerçaient ce droit sur les tribunaux subalternes, comme elles l'exerçaient sur elles-mêmes. Il fallait faire preuve de bonne vie et mœurs, d'attachement au roi et à la religion. L'institution eût-elle été donnée, si l'enquête n'était pas favorable, les parlements refusaient l'enregistrement des *provisions*, et le ministère n'insistait pas.

Et pourtant, messieurs, de quoi s'agissait-il alors? De nommer çà et là quelques juges à quelques places vacantes dans les tribunaux existants. Aujourd'hui il n'est question que de recréer tous les tribunaux, et de constituer à la fois quelques milliers de juges. Une sage suspension dans les choix semble, en pareil cas, naturellement indiquée. L'intégrité du ministre de la justice, favorisée par cette longueur de temps, pourrait alors établir en France des tribunaux dignes de la gravité des Harlay et des Lhôpital, et de la science des Loyseau, des Pasquier et des du Tillet. En précipitant la nomination des juges inamovibles, on contrarierait toutes les traditions, tous les usages, et toutes les lois de nos aïeux. Il y a une chose curieuse à observer : tandis que la Chambre des députés adoptait la *résolution* pour la suspension de l'institution royale, on prenait la même mesure dans un royaume voisin, où notre ordre judiciaire a naguère été établi. Ce pays avait aussi autrefois son sénat inamovible, presque héréditaire, et le corps judiciaire le plus renommé de l'Europe après les parlements de France.

« L'enquête, objecte-t-on, avait lieu autrefois avant la nomination ; elle était donc sans inconvénient, puisqu'elle ne menaçait que le juge ; mais la suspension, venant après la nomination, tourne contre le justiciable. » Pour le prouver, on ajoute que le juge, incertain de son sort, deviendra très-dangereux, surtout dans un moment où des lois terribles ont été remises entre ses mains.

Ceci, messieurs, n'est qu'un nouveau développement de l'objection générale à laquelle j'ai déjà essayé de répondre. C'est toujours supposer que, par la suspension de l'institution royale, les juges vont devenir des espèces de démons; qu'ils se hâteront de faire tout le mal possible ; qu'ils persécuteront la veuve, dépouilleront l'orphelin, favoriseront la richesse et le pouvoir, condamneront l'indigence et la faiblesse. Grand Dieu! s'il en est ainsi, ne rendons jamais de pareils juges inamovibles, de peur qu'ils ne fassent toute leur vie le mal qu'ils vont faire dans une année.

Pour nous rassurer, on soutient que l'inamovibilité transformera tout à coup leur caractère ; les bons deviendront excellents ; les médiocres, meilleurs ; les méchants, moins mauvais. Hé bien ! je reconnais ces heureux effets de l'inamovibilité ; mais je dis qu'elle ne les opère qu'avec le temps, que ces métamorphoses ne sont ni l'ouvrage d'un jour ni même d'une année ; tout ne changera pas comme d'un coup de baguette, parce que vous vous hâterez d'instituer à la fois les juges, au risque de faire des choix funestes. L'inamovibilité ne confère pas si vite toutes les vertus ; je pourrais trop aisément le prouver.

On s'est jeté enfin sur les principes généraux : on a affirmé, dans l'une et l'autre Chambre, que l'indépendance de la justice est la sauvegarde de la liberté ; que toutes les espèces de tyrannie, la tyrannie du forum comme celle du sérail, ont toujours essayé de décroître l'inamovibilité.

Tout cela est vrai, mais pourquoi perdre son temps à le soutenir, puisque personne n'avance le contraire? D'un bout à l'autre de ce discours je n'ai cessé, messieurs, de vanter l'inamovibilité : j'ose le dire, aucun de vos orateurs ne l'a admirée plus que moi, et n'en a fait un aussi grand éloge. Mais encore une fois attaque-t-on l'inamovibilité, parce qu'on demande un an pour trouver des hommes dignes de veiller à l'arche sainte des lois? Puisqu'on met en avant les principes généraux, qu'on se souvienne donc aussi, que si la liberté se conserve par la justice, elle peut se perdre par le juge. Que nous servirait une magistrature inamovible, si nous avions des magistrats infidèles, prêts à violer leurs serments, à se précipiter dans les bras du premier tyran heureux, à lui porter en présent une inamovibilité changeante comme la fortune? Nous n'avons pas besoin, ajoute-t-on, de recourir à cette suspension afin d'apprendre à mieux connaître le juge : s'il trahit ses devoirs, il est des lois pour le punir. Hé! s'agit-il de se mettre en garde contre des délits ordinaires? Nous pouvons frapper un juge prévaricateur; mais aurions-nous quelque moyen de l'atteindre, si, faute de le connaître, nous avions eu le malheur de le consacrer? Un magistrat ennemi du gouvernement, qui empoisonnerait l'opinion autour de lui, userait de son influence secrète pour corrompre la multitude, protégerait ou ne punirait pas les rebelles, sans toutefois se compromettre légalement, et n'aspirerait qu'au moment de se rendre coupable d'une de ces hautes forfaitures qui ruinent les peuples et font périr les rois? Nous châtierions ce magistrat pour son iniquité dans de petites causes; mais il serait hors de notre puissance, quand il aurait précipité sa patrie dans ces grands procès que l'on finit par perdre à l'appel des nations, comme au tribunal de Dieu.

Voici mes deux dernières considérations : c'est dans l'intérêt du ministre de la justice lui-même que la *résolution* doit être accueillie. Si elle était rejetée, surtout après avoir été connue du public, de quel poids immense le ministre ne se trouverait-il pas chargé? Au contraire, la responsabilité qui pèse sur sa tête sera considérablement allégée par la suspension de l'institution royale.

Enfin, messieurs, c'est ici la première *résolution* que vous recevez de la Chambre des députés : elle est grave, utile dans son but; elle a été pesée avec maturité, soutenue et attaquée par les hommes les plus respectables, adopté après un long examen. Je pense qu'il serait heureux qu'une conviction intime vous la fît recevoir à votre tour : toute concordance de sentiments entre les deux Chambres est désirable, et d'un bel exemple aux Français.

Je me résume : la résolution pour la suspension de l'inamovibilité n'est point opposée au système de notre ancienne justice amovible et inamovible à la fois : elle n'est point contraire à la Charte; elle augmente la prérogative royale; elle donne le temps de faire de bons choix; elle est favorable au ministre de la justice. Je vote pour son adoption, à moins que quelques-uns de messieurs les pairs, ou les ministres eux-mêmes, n'aient un meilleur projet de loi à nous proposer.

OPINION

SUR LA RÉSOLUTION DE LA CHAMBRE DES DÉPUTÉS

RELATIVE AU DEUIL GÉNÉRAL DU 21 JANVIER,

PRONONCÉE A LA CHAMBRE DES PAIRS LE 9 JANVIER 1816.

Messieurs, qu'il me soit permis de vous rappeler, dût-on m'accuser d'un peu d'orgueil, que je reçus l'année dernière, à pareille époque, une bien douce récompense de ma fidélité à mon souverain légitime. Cette récompense fut d'être officiellement chargé d'annoncer la pompe funèbre que la France allait célébrer en mémoire du roi martyr, et les monuments que la piété de Louis XVIII voulait fonder pour éterniser ses regrets. Je fus redevable de ce choix à un ministre dont l'amitié m'honore, et qui, s'il a des ennemis, doit en chercher le plus grand nombre parmi les ennemis du roi. Vous aurez sans doute oublié, messieurs, ou peut-être n'aurez-vous jamais lu le programme que je traçai alors de la fête expiatoire : comme il renferme des dispositions qui se rattachent à la *résolution* de la Chambre des députés, comme ces dispositions sont à moitié l'ouvrage du roi, souffrez que je remettre sous vos yeux quelques traits du tableau.

« Tandis que les restes mortels de Louis XVI et de Marie-Antoinette seront portés à Saint-Denis, on posera la première pierre du monument qui doit être élevé sur la place Louis XV.

« Ce monument représentera Louis XVI, qui déjà, quittant la terre, s'élance vers son éternelle demeure. Un ange le soutient et le guide, et semble lui répéter ces paroles inspirées : *Fils de saint de Louis, montez au ciel!* Sur un des côtés du piédestal paraîtra le buste de la reine dans un médaillon ayant pour exergue ces paroles si dignes de l'épouse de Louis XVI : *J'ai tout su, tout vu, et tout oublié.* Sur une autre face de ce piédestal on verra un portrait en bas-relief de Madame Élisabeth; ces mots seront écrits autour : *Ne les détrompez pas*, mots sublimes qui lui échappèrent dans la journée du 20 juin, lorsque des assassins menaçaient ses jours en la prenant pour la reine. Sur le troisième côté sera gravé le testament de Louis XVI, où on lira, en plus gros caractères, cette ligne évangélique :

JE PARDONNE DE TOUT MON CŒUR
A CEUX QUI SE SONT FAITS MES ENNEMIS.

« La quatrième face portera l'écusson de France avec cette inscription : *Louis XVIII à Louis XVI*. Les Français solliciteront sans doute l'honneur d'unir au nom de Louis XVIII le nom de la France, qui ne peut jamais être séparée de son roi...

« Ce monument ne sera pas le seul consacré au malheur et au repentir. On élèvera une chapelle sur le terrain du cimetière de la Madeleine. Du côté de la rue d'Anjou, elle représentera un tombeau antique; l'entrée en sera placée dans une nouvelle rue que l'on percera lors de l'établissement de cette chapelle. Pour mieux envelopper les différentes sépultures, l'édifice entier se déploiera en forme d'une croix latine, éclairée par un dôme qui n'y laissera pénétrer qu'une clarté religieuse. Dans toutes les parties du monument on placera des autels où chacun ira pleurer une mère, un frère, une sœur, une épouse, enfin toutes ces victimes, compagnes fidèles, qui, pendant vingt ans, ont dormi auprès de leur maître dans ce cimetière abandonné. C'est là qu'on viendra particulièrement honorer la mémoire de M. de Malesherbes. On nous pardonnera peut-être d'associer ici le nom du sujet au souvenir du roi. Il y a dans la mort, le malheur et la vertu, quelque chose qui rapproche les rangs.

« Le roi fondera à perpétuité une messe dans cette chapelle; deux prêtres seront chargés d'y entretenir les lampes et les autels. A Saint-Denis, une autre fondation plus considérable sera faite au nom de Louis XVI, en faveur des évêques et des prêtres infirmes, qui, après un long apostolat, auront besoin de se reposer de leurs saintes fatigues. Ils remplaceront l'ordre religieux qui veillait aux cendres de nos rois. Ces vieillards, par leur âge, leur gravité et leurs travaux, deviendront les gardiens naturels de cet asile des morts, où eux-mêmes seront près de descendre. Le projet est encore de rendre à cette abbaye les tombeaux qui la décoraient, et auprès desquels Suger faisait écrire notre histoire, comme en présence de la mort et de la vérité. »

Voilà, messieurs, ce qui fut commandé par le roi. Une ordonnance déclara de plus, qu'à l'avenir le 21 janvier serait un jour consacré par des cérémonies religieuses. La première pensée de ce grand sacrifice de paix appartient donc à notre souverain, comme tout ce qui s'est fait de bon et de noble depuis la restauration de la monarchie. Et pourtant, dans le programme dont je viens de lire quelques passages, que de choses déjà vieillies, que de réflexions qui ne sont déjà plus applicables au moment où je vous parle! *Dum loquimur, fugerit invida œtas!* Combien, lorsque je retraçais la pompe de Saint-Denis, il y avait alors d'espoir au milieu du deuil de la patrie! Combien le repentir de quelques hommes paraissait sincère! Qu'il était doux pour le roi de leur pardonner!

Mais, quand leur seconde trahison nous forçait de quitter le sol natal, auraient-ils jamais cru que nous nous retrouverions ici, à cette époque du 21 janvier, pour célébrer la seconde fête expiatoire? ils espéraient n'entendre plus parler de ces morts qui les accusent à la face du Dieu vivant. Ce Dieu pour les confondre, a renfermé dans le court espace d'un an des événements qu'un siècle entier pourrait à peine contenir; les hommes et les choses se sont précipités, se sont écoulés comme un torrent : toute la terre a, pour ainsi dire, passé en France entre deux pompes funèbres. Partis d'un tombeau, nous sommes revenus au pied de ce tombeau; et de tant de projets conçus, il n'est resté que ceux que Louis XVIII avait formés pour les cendres du roi son frère.

La chambre des députés veut partager les œuvres de notre souverain; elle veut unir la douleur du peuple à celle du roi : elle nous invite à nous joindre à son touchant hommage. Pairs de France, vous qui tenez la place de l'antique noblesse, à l'exemple du pieux Tanneguy, vous vous empresserez de concourir aux obsèques d'un monarque que des ingrats abandonnèrent. J'ai vu, messieurs, les ossements de Louis XVI mêlés dans la fosse ouverte avec la chaux vive qui avait consumé les chairs, mais qui n'a pu faire disparaître le crime! J'ai vu le squelette de Marie-Antoinette, intact à l'abri d'une espèce de voûte qui s'était formée au-dessus d'elle comme par miracle! La tête seule était déplacée! et dans forme de cette tête on pouvait encore reconnaître (ô Providence!) les traits où respirait avec la grâce d'une femme toute la majesté d'une reine! Voilà ce que j'ai vu, messieurs! voilà les souvenirs pour lesquels nous n'aurons jamais assez de larmes; voilà les attentats que les hommes ne sauraient jamais expier! Quand vous élèveriez à la mémoire de ces grandes victimes un monument pareil aux tombeaux qui bravent les siècles dans les déserts de l'Égypte, vous n'auriez encore rien fait : tout cet amas de pierres ne couvrirait pas la trace d'un sang qui ne s'effacera jamais!

Mais remarquez-vous, messieurs, la puissance de la religion, de cette religion appelée à notre secours par notre monarque et par la Chambre des députés! Elle seule peut égaler les marques de la douleur à la grandeur des adversités; elle n'a besoin pour cela ni de pompes magnifiques, ni de mausolées superbes : quelques larmes, un jeûne, un autel, une simple pierre où elle aura gravé le nom du roi, lui suffiront. Laissons-la donc mener le deuil : cherchons seulement si dans la *résolution* soumise à votre examen, ainsi que dans les adresses que l'on prépare, rien n'a été oublié.

Je crois, messieurs, apercevoir une omission. Au milieu de tant d'objets de tristesse on n'a pas assez également départi le tribut de nos larmes. A peine dans les projets divers a-t-on nommé ce roi enfant, ce jeune martyr qui a chanté les louanges de Dieu dans la fournaise ardente. Est-ce parce qu'il a tenu si peu de place dans la vie et dans notre histoire, que nous l'oublions? Mais que ces souffrances ont dû rendre ses jours lents à couler, et que son règne a été long par la douleur! Jamais vieux roi, courbé sous les ennuis du trône, a-t-il porté un sceptre aussi lourd? Jamais la couronne a-t-elle pesé sur la tête de Louis XIV descendant dans la tombe, autant que le bandeau de l'innocence sur le front de Louis XVII sortant du berceau? Qu'est-il devenu ce pupille royal laissé sous la tutelle du bourreau, cet orphelin qui pouvait dire, comme l'héritier de David : « Mon père et ma mère m'ont abandonné ! » Où est-il le compagnon des adversités, le frère de l'orpheline du Temple? Où pourrais-je lui adresser cette interrogation terrible et trop connue : *Capet, dors-tu ? lève-toi !* — Il se lève, messieurs, dans toute sa gloire céleste, et il vous demande un tombeau. Malédiction sur les scélérats qui nous obligent aujourd'hui à tant de réparations vaines ! Qu'elle soit séchée la main parricide qui osa se lever sur cet enfant de saint Louis, roi oublié jusqu'ici dans nos annales, comme il le fut dans sa prison ! La France rejette enfin les hommes qui ont eux-mêmes rejeté une amnistie sans exemple. Ils ont méconnu leur second père : la patrie ne les connaît plus ! Leur propre fureur a effacé la clause du testament de Louis XVI qui les mettait à l'abri : la justice a repris ses droits, et le crime a cessé d'être inviolable.

Je vote, messieurs, pour l'adoption pleine et entière de la *résolution* de la Chambre des députés, et je regrette que nos règlements nous interdisent de la voter par acclamation. Je propose, en outre, d'ajouter à la *résolution* cet amendement qui complétera les expiations du 21 janvier :

« Le roi sera humblement supplié d'ordonner qu'un monument soit élevé à la mémoire de Louis XVII, au nom et aux frais de la nation. »

OPINION

SUR LA RÉSOLUTION RELATIVE AU CLERGÉ,

PRONONCÉE A LA CHAMBRE DES PAIRS, LE 10 FÉVRIER 1816.

Messieurs, une idée aussi funeste qu'elle est étrange tomba dans la tête de quelques-uns de ces milliers de *législateurs* qui découvrirent tout à coup qu'après une existence de quatorze siècles, la France n'avait pas de constitution : ils imaginèrent de séparer entièrement l'ordre religieux de l'ordre politique, et cela fut regardé comme un trait de génie. Dieu, qui a fait l'homme, ne se trouva plus mêlé aux actions de l'homme, et la loi perdit ce fondement que tous les peuples ont placé dans le ciel. On fut libre de recevoir ou de rejeter le premier signe du chrétien, de prendre une épouse à l'autel de Dieu ou au bureau du maire, de choisir pour règle de conduite les préceptes de l'Évangile ou les ordonnances de police; d'expier ses fautes aux pieds du prêtre ou du bourreau; de mourir dans l'attente d'une autre vie ou dans l'espoir du néant : tout cela fut réputé *sagesse*.

Et néanmoins, tandis qu'on renonçait à la religion on prétendait à la liberté. Mais qu'y eut-il de plus libre et pourtant de plus religieux que Rome et Athènes? tout peuple qui ne cherche pas dans les choses divines de garanties à son indépendance finit toujours par la perdre, quelles que soient les révolutions dans lesquelles il se plonge pour la conserver. Hé! sans le roi, messieurs, que nous fût-il resté de nos excès et de nos malheurs? — des crimes et des chaînes!

Si l'Angleterre, malgré les tempêtes dont elle fut agitée sous Charles Ier, parvint à fonder sa constitution, c'est qu'à cette époque les Anglais étaient chrétiens. C'était la Bible à la main qu'ils prêchaient l'indépendance; loin d'être irréligieux ils étaient fanatiques. Avec le fanatisme, leurs niveleurs établirent la liberté; avec l'impiété, nos révolutionnaires arrivèrent à la servitude. N'est-ce pas une chose singulière, messieurs, que d'avoir été esclaves sous des républicains philosophes, et de nous retrouver libres sous un roi très-chrétien?

Ce titre nous rappelle que nous nous sommes enfin soumis à l'autorité de ces princes qui nous ont placés au premier rang de la religion, comme au premier degré de la gloire. Si l'Église nous a reconnus pour ses fils aînés pendant un aussi grand nombre de siècles, ne cesserons-nous point d'être ingrats envers notre mère? La *résolution* que la Chambre des députés nous a transmise a pour but de rendre au clergé, non l'éclat qu'il avait autrefois, mais cette indépendance sans laquelle le culte n'est plus qu'un fardeau pour le peuple : cette *résolution* d'une haute nature mérite, messieurs, la plus sérieuse attention.

Nous avons un privilège, dans la Chambre des pairs, qu'on ne sera peut-être pas tenté de nous disputer : c'est d'appartenir, par la maturité de notre âge, à des temps qui ne sont plus. Nous pouvons raconter aux générations nouvelles quelle était jadis la splendeur de nos temples. Comment cette Église des Gaules, si puissante et si vénérable, a-t-elle été détruite? Vous le savez, messieurs. Les raisonnements les plus forts, les calculs les plus précis, l'éloquence la plus énergique ou la plus entraînante, tout échoua contre les passions. Un homme, devenu depuis trop fameux, s'opposa lui-même au premier envahissement du patrimoine de l'Église. « Ils veulent être libres, s'écria-t-il, et ils ne savent pas être justes! » Mot qui condamne aujourd'hui cet homme, ses adhérents et ses œuvres.

Un reste de pudeur ne permit pas de plonger d'abord le clergé tout entier dans la misère. On accorda aux prêtres desservants quatre-vingt-un millions sous le titre de salaire; soixante-douze millions furent destinés à des pensions religieuses. Ces deux sommes excédaient les revenus ecclésiastiques, qui s'élevaient à peu près à cent cinquante millions : elles ne furent pas longtemps payées. Les révolutions forcent presque toujours à achever le mal quand on l'a commencé; il semble à tout oppresseur qu'il se condamnerait en réparant : il est trop vrai que, chez les hommes, souvent une demi-injustice accuse, et une iniquité complète absout.

Vinrent ensuite, messieurs, ces temps de terreur, où l'on aurait pu dire ce qu'un orateur disait de la persécution sous Dioclétien, que l'Église tout entière quittait la terre pour monter au ciel. Au massacre des Carmes succéda la déportation de plus de trente mille prêtres. Le clergé se divisa en deux grandes classes de persécutés : l'une suivit le monarque dans son exil, l'autre resta cachée dans les ruines de la monarchie. Les consolations de la religion furent ainsi partagées entre le sujet et le roi. J'ai vu cette Église errante qui pleurait au bord des fleuves étrangers : *Super flumina....... sedimus et flevimus!* Vous avez vu, messieurs, celle qui gémissait dans les débris du temple : tous les témoins des tribulations de l'Église sont donc rassemblés ici; et il est inutile de peindre des malheurs qui sont les nôtres.

L'Église gallicane chancelait, affaiblie par ses blessures. Tout à coup un homme arrive d'Égypte; ses destinées sont mystérieuses comme celles de ces monuments du désert où sont gravés des caractères que l'on n'entend plus. Une vieille forteresse en ruine l'a empêché de conquérir l'Asie, il vient conquérir l'Europe. Il a vu les Sphinx, les Pyramides, la plaine des Tombeaux; il s'est entretenu avec les peuples de l'Aquilon et de l'Aurore. Il prend tous les masques, parle tous les langages, affecte tous les sentiments. En arrivant, il gagne une grande bataille, assassine un grand prince, étouffe la voix de son crime par celle de ses victoires, met les rois de la terre à ses pieds, force le souverain pontife à passer les Alpes, et présente à l'huile sainte un front qui n'était point courbé sous le triple poids du bonnet rouge, du turban et de la couronne.

De toutes les choses entreprises par Buonaparte, celle qui lui coûta le plus fut indubitablement son concordat. Personne, ou presque personne autour de lui, ne voulait le rétablissement des autels; et il était beaucoup moins ennemi des prêtres que son conseil. Supérieur aux hommes qui l'environnaient, il sentait qu'il ne pouvait rien fonder sans la religion; mais, au milieu des esprits forts qui lui avaient ouvert le chemin du trône, il se croyait obligé de conserver les honneurs de l'impiété. Contraint de marcher dans cette route tortueuse, avec ceux-ci il se moquait de la religion, mais il disait qu'il était bon de s'en servir comme d'un moyen politique; avec ceux-là il déclamait contre les athées, promettait de rendre à l'Église tout son éclat, mais faisait entendre qu'il se trouvait forcé de garder d'abord certains ménagements. Il trouvait ensuite dans son propre caractère des obstacles invincibles à une véritable restauration du culte. Si, d'un côté, la force de sa tête et son intérêt personnel lui faisaient apercevoir les avantages qu'il tirerait de la religion, de l'autre sa jalousie de tout pouvoir le poussait à persécuter ce clergé qu'il prétendait rétablir. Ainsi, détruisant lui-même son ouvrage, il a plus nui tout seul à la religion que les révolutionnaires ensemble. Cet homme, si parfait dans le mal, était incomplet pour le bien; rien ne sortait pur de ses mains. Il étendit sur les prêtres ce système d'avilissement dans lequel il n'était que trop habile. Comptant peu sur l'attachement des âmes nobles, il cherchait à créer autour de lui la bassesse pour faire naître la fidélité : il esperait que la vertu tombée serait obligée de le suivre, comme l'innocence déshonorée n'a souvent d'autre ressource que la protection de son corrupteur.

Les prétendues lois qui devaient rétablir la religion en France furent de véritables lois de proscription. Par les lois organiques du concordat (lois que la cour de Rome n'a jamais reconnues), les évêques se virent enlever l'organisation de leurs séminaires. La conscription fut établie jusque dans le Saint des saints, et bientôt on la vit figurer comme un article de foi dans le catéchisme.

Ce n'était pas assez que la révolution eût dépouillé les autels, il fallait encore s'opposer à ce que les églises pussent jamais posséder : les deux fameux articles 73 et 74 de ces mêmes lois organiques rassurent toutes les craintes de la sagesse du siècle. Par ces articles, les fondations qui ont pour objet l'entretien des ministres et l'exercice du culte, ne peuvent consister qu'en rentes sur l'Etat : les immeubles ne sont point susceptibles d'être affectés à des titres ecclésiastiques.

Un décret du 30 décembre 1809, article 40, fixe le traitement des vicaires à cinq cents francs au plus, et à trois cents francs au moins : presque partout on a pris le *minimum*. Plusieurs autres lois et décrets portent que les pensions ecclésiastiques seront précomptées sur les traitements des desservants : elles l'étaient avec rigueur sur ce misérable viager de trois cents ou de cinq cents francs.

Les écoles secondaires ecclésiastiques furent soustraites à la puissance ecclésiastique : la religion cessa d'exercer une autorité salutaire sur les vivants ; et l'on voulut priver les morts eux-mêmes des respects dont le christianisme se plaît à environner la tombe. Buonaparte, qui versait le sang des Français pour sa gloire, s'empara de leurs cendres à son profit; il mit les cimetières en régie, et afferma nos funérailles.

Dieu a brisé son fléau; mais sommes-nous instruits par le châtiment? Qu'avons-nous fait, depuis que nous sommes libres, pour le rétablissement de la religion? Au sortir de la captivité, ne voulons-nous point rebâtir le temple? Jetons les yeux autour de nous et considérons l'état de l'Eglise.

Depuis que la France est rentrée dans ses anciennes limites, elle ne renferme plus, d'après les circonscriptions établies par le Concordat, que cinquante diocèses, neuf archevêchés, et quarante et un évêchés. Le nombre des desservants se compose environ de cent neuf vicaires généraux, de quatre cent vingt chanoines, de quatre cent quatre-vingt-dix curés de première classe, de deux mille quatre cents curés de seconde classe, de vingt-six mille six cent soixante succursalistes.

Il y a dans ce moment cinq archevêchés et huit évêchés vacants, et à peu près cinq mille succursales.

La totalité des places à remplir, y compris celles des vicaires et prêtres employés dans les hôpitaux, maisons de charité, etc., était en 1815 d'environ quarante-six mille; il n'y avait que trente-quatre mille prêtres en état d'être employés : il en manquait donc douze mille.

Or, messieurs, si vous calculez la probabilité des décès, douze années suffiront pour emporter ces trente-quatre mille vieux prêtres, qui, brisés par un long martyre, retournent chaque jour à ce Dieu pour lequel ils ont tant combattu. Il peut se faire qu'en 1828 il ne reste pas un seul membre de l'ancien clergé, calcul d'autant plus effrayant que, depuis 1804 jusqu'à ce jour, les ordinations n'ont donné que six mille prêtres.

Quant au traitement, le trésor fournit pour les cardinaux, archevêques, evêques, grands vicaires et chanoines, un peu plus de un million quatre cent mille francs; pour les curés de première et de seconde classe, et pour les succursalistes, à peu près onze millions. Les bourses, les congrégations religieuses, et autres petites dépenses, emportent environ six cent mille francs. Cinq millions sont affectés de plus au paiement de quelques pensions ecclésiastiques. Les départements contribuent en outre aux frais du culte pour deux millions six cent mille francs. En réunissant toutes ces sommes, on trouve que l'État fait au clergé, en 1816, une rente viagère de vingt millions six cent mille francs : et l'on a dépouillé ce clergé d'une propriété qui rapportait en 1789 cent cinquante millions de revenus! et l'assemblée constituante elle-même lui avait alloué par an la somme de cent cinquante-trois millions!

Les archevêques, évêques, grands vicaires, chanoines et curés, ont donc aujourd'hui des traitements qui suffisent à peine, chez les uns à la décence, chez les autres aux premiers besoins de la vie.

Les succursalistes, avec cinq cents francs, sont dans la misère.

Les vicaires, ne recevant rien du trésor, vivent d'aumônes ou meurent de faim.

Cinq mille paroisses sont privées de tout secours religieux. Dix mille sont sans presbytère. Le cinquième des diocèses est sans maison épiscopale, sans édifices pour les séminaires.

Les églises presque partout tombent en ruine, et des calculs, dont on ne peut contester l'exactitude, démontrent qu'avant peu d'années les deux tiers de la France seront sans prêtres et sans autels.

« En 1799, disait l'abbé Siéyès dans un projet de décret sur le clergé, il sera fait « un dénombrement exact des évêques, curés et vicaires survivants; leurs revenus nets « seront convertis en rentes viagères. » Je viens, messieurs, de faire ce dénombrement seize ans après l'époque fixée : que vous semble-t-il du revenu *net* et des *survivants!*

Dans la triste situation de nos finances, qui ne nous permet pas de venir immédiatement au secours des pauvres prêtres, la *résolution* de la Chambre des députés nous offre du moins une première ressource. Il s'agit d'autoriser les églises à recevoir des dotations en fonds de terre. Tant que la religion ne possédera rien en propre, elle se montrera toujours aux yeux de la foule sous la forme d'un impôt, et non avec les charmes d'un bienfait. « Rendez sacré et inviolable l'ancien et nécessaire do- « maine du clergé, dit Montesquieu ; qu'il soit fixe et éternel comme lui. » Qu'est-ce, en effet, que des prêtres salariés, messieurs? Que peuvent-ils être pour le peuple, sinon des mercenaires à ses gages, qu'il croit avoir le droit de mépriser? Reconnaître que la religion est utile ; interdire en même temps aux églises le droit de propriété, est-ce raisonner conséquemment? Soyons de bonne foi, et disons plutôt : « Nous ne « voulons pas de religion. » Mais disons aussi : « Nous ne voulons pas de monarchie. » Dans ce cas, c'est même trop que de payer les prêtres : il est inutile de grever le peuple d'un impôt pour une chose qui n'est bonne à rien. Qu'après l'exil, la déportation, le massacre du clergé, on combatte encore vaillamment contre sa puissance tombée ; qu'en voyant la misère profonde de nos ecclésiastiques sans abri, sans pain, sans vêtements, on leur rappelle la pauvreté des apôtres, tout en jouissant soi-même d'un abondant superflu, c'est là, il faut en convenir, du dévouement et du courage ! S'apitoyer, au contraire, sur les malheurs du clergé, en faire des tableaux touchants, dire qu'il faut qu'il soit bien traité, qu'il ait de bonnes pensions : tout cela pour conclure par le fameux *mais*, n'est-ce point, au fond, la même opinion? On pourrait alors s'épargner tous ces frais d'éloquence.

Mais pourquoi les prêtres ne seraient-ils pas salariés? répondent ceux qui combattent la *résolution*; les militaires, les juges, les administrateurs le sont bien.

Si l'on veut traiter la religion comme une institution humaine, ne discutons plus · nous ne pouvons plus nous entendre. Alors s'il plaît au gouvernement, sous un prétexte quelconque, de retrancher le salaire des prêtres, tous les temples vont se fermer. Le gouvernement ne supprimera jamais ce salaire? Mais l'assemblée constituante avait solennellement déclaré que la première dette de la France, que la dette la plus sacrée, la plus inviolable, était celle que nous avions contractée envers l'Eglise : le vent a emporté toutes ces belles déclarations ! Il faudra donc que la religion, toujours à la veille de sa ruine, suive le cours de nos révolutions et ne soit pas même à l'abri du caprice d'une législature, ou de l'humeur d'un ministère. On supprime un tribunal, on licencie une armée, sans exposer la sûreté d'un royaume; mais chasse-t-on les pontifes du sanctuaire sans mettre la société en péril? La prêtrise n'est point un état, c'est un caractère : ne confondons point des choses si différentes. Un soldat, un magistrat, que le trésor public ne soutient plus, peuvent changer de profession et se créer un nouveau moyen d'existence : mais le prêtre, privé de son traitement, que deviendra-t-il? *sacerdos in æternum !*

On nous objecte encore que, n'étant plus un corps politique, le clergé serait dangereux s'il acquérait une existence considérable.

Sans doute, le clergé n'est plus un corps politique; mais c'est parce que nous raisonnons toujours comme s'il l'était, que nous tombons dans une confusion d'idées d'où naissent ensuite nos objections. Distinguons les choses, pour nous bien comprendre nous-mêmes.

Le clergé a perdu des droits qui le rendaient un ordre dans l'État; il n'est plus *corps*, mais il est demeuré *corporation*. A ce dernier titre, il peut administrer, comme toute autre communauté, les biens attachés aux fondations qu'il dessert. Et remarquez que ce n'est même jamais que comme *corporation*, et non comme *corps*, qu'il a géré les biens des églises. Son rang politique dans nos états généraux, était étranger à son administration.

Cela, bien entendu, nous explique pourquoi en Angleterre, sous une constitution libre, l'Eglise est encore un propriétaire riche et puissant sans que le royaume en soit troublé. C'est que, dans ce royaume, le clergé a cessé d'être *corps*, et qu'il est resté *corporation*, ainsi que le nôtre aujourd'hui. Les évêques anglicans sont admis, il est vrai, dans la Chambre des pairs; mais ils y siègent comme individus, et non comme représentants d'un corps politique. Toutes les objections s'évanouissent par cette simple explication.

Le clergé, cessant d'être un ordre, n'est plus que l'organe nécessaire d'une religion qui n'est ennemie d'aucune forme de gouvernement : les seuls États démocratiques existants aujourd'hui en Europe, les petits cantons suisses, professent la religion catholique; ainsi la plus ancienne religion a produit la plus ancienne liberté. « Nous « devons au christianisme, » dit encore l'auteur de l'*Esprit des Lois*, « et dans le « gouvernement un certain droit politique, et dans la guerre un certain droit des « gens, que la nature humaine ne saurait assez reconnaître. »

A en juger par les inquiétudes que l'on affecte de répandre, il semble que, si l'on permet les dotations en faveur des églises, le clergé va soudain envahir toutes les propriétés de la France.

Les conjectures s'évanouissent devant les faits; examinons les faits. Depuis l'année 1804 jusqu'à l'année 1816, les legs en faveur des hospices se sont élevés à la somme de vingt millions. Les églises deviendront-elles plus riches dans le même nombre d'années, surtout lorsque la France, diminuée d'un tiers, ne possède plus cette pieuse Belgique à qui l'on doit plus de la moitié de ces dons faits à nos hôpitaux? La loi de Buonaparte, qui est à peu près celle que l'on vous propose ici, excepté qu'elle ne permet qu'en rentes sur l'État, ce qu'on vous demande de permettre en biens-fonds; cette loi a-t-elle apporté des trésors aux établissements religieux? En admettant que les églises soient aussi favorisées que l'ont été les hospices pendant les seize dernières années, elles se trouveront propriétaires de vingt millions dans seize ans d'ici, c'est-à-dire qu'elles auront huit cent mille livres de rentes. Si vous supposez qu'à cette époque il existe quarante-six mille prêtres en France, autant qu'il y a de places à remplir, chaque prêtre jouira d'un revenu d'à peu près dix-sept livres par an, de vingt-neuf sous par mois, et de neuf deniers par jour. Que de richesses, messieurs! combien il faut se mettre en garde contre la future opulence de l'Église!

Rassurons-nous cependant. C'est un des caractères de ce siècle de craindre les maux impossibles et d'être indifférent à ceux qui vivent pour ainsi dire au milieu de nous. Ces terreurs de la puissance à venir du clergé ressemblent à celles que Buonaparte prétendait avoir de l'autorité du saint-siége. Il était maître de Rome, il tenait Pie VII dans la plus odieuse captivité, et il ne parlait que de l'ambition de Grégoire, des Boniface et des Jules. « Ceux qui crient aujourd'hui au papisme, disait le docteur John-« son, auraient crié au feu pendant le déluge. »

Les confesseurs sont un autre sujet d'alarmes. Chaque confesseur, affirme-t-on, deviendra le spoliateur secret d'une famille : nulle sûreté désormais pour les fortunes; on va commettre de toutes parts le crime de restitution! Mais, messieurs, fréquente-t-on beaucoup dans ce siècle les tribunaux de la pénitence! Je ne sache pas que jusqu'ici nous ayons infiniment à nous plaindre des dangers du repentir. Hélas! j'ai tout une autre crainte, et je la crois mieux fondée. Je pense que les dotations seront rares, faibles, insuffisantes; nous ne changerons pas l'esprit du siècle. Ceux qui craignent de voir renaître le fanatisme peuvent se tranquilliser : pour être fanatique, il faut croire en quelque chose; on n'est pas persécuteur quand on est indifférent; et, lorsqu'on a affecté de si grandes frayeurs sur les divisions du Midi, que l'on prétendait être religieuses, on ne se souvenait pas que nous sommes bien plus près de faire la guerre à Dieu que pour Dieu.

On nous dit souvent que, sous les rapports politiques, il faut marcher avec le siècle; qu'il faut suivre le mouvement de l'Europe, et ne pas essayer de faire rétrograder l'esprit humain : je suis complétement de cette opinion; mais soyons donc conséquents, et suivons aussi le mouvement de l'Europe sous les rapports religieux. Quel exemple ne nous offre-t-elle pas dans ce moment même ! L'empereur de Russie vient de donner une constitution à la Pologne : on sait que ce prince professe en politique, comme en toute autre matière, les opinions les plus généreuses. Or écoutez, messieurs, l'art. 30 de cette nouvelle constitution.

« Les catholiques romains, ainsi que les ecclésiastiques du rit grec uni, auront, au
« lieu des sommes que le gouvernement leur payait sous le nom de *compétence*, un
« revenu annuel de deux millions de florins polonais en biens nationaux. Ils en use-
« ront comme d'une propriété inaliénable. Ces nouveaux fonds, joints à ceux que le
« clergé possédait déjà, seront répartis entre toutes les églises, de façon que le sort
« des pauvres prêtres soit amélioré, que l'entretien du culte, des séminaires et des
« maisons d'éducation soit assuré.... Les champs et prés que l'on avait pris au clergé
« comme biens nationaux, pour les incorporer au domaine de la couronne, seront
« rendus à l'Église. On retranchera des lois et des ordonnances tout ce qui pourrait
« porter atteinte à la discipline de l'Église et à ses droits reconnus. »

Voilà, messieurs, comme on fonde les empires ; voilà comme on établit la liberté en établissant la religion, en réparant les injustices. Alexandre d'ailleurs se montre aussi magnanime que sage, car il n'est pas même de la communion dont il se déclare le protecteur. Et qu'on ne dise pas que c'est ici une mesure dictée par la nature des choses en Pologne ; non, messieurs : c'est le résultat de l'esprit qui anime en ce moment les souverains : témoin ce fameux traité où les maîtres de trois puissants empires s'associent sous la protection du Dieu des chrétiens, reconnaissent que toute puissance vient de lui, et que les malheurs qui frappent les rois et les peuples naissent de l'oubli de la religion. Ainsi nous sommes sûrs que l'Europe entière applaudira à tout ce que nous ferons en faveur du culte de nos pères ; que les souverains alliés croiront notre révolution finie ; qu'ils seront plus prompts à retirer leurs soldats, quand ils nous verront retourner à ce Dieu qu'ils adorèrent au camp des Vertus, au milieu de leurs bataillons prosternés.

Si j'examinais les divers articles de la *résolution*, j'aurais quelques amendements à proposer : je désirerais, par exemple, que les donations fussent faites aux églises, aux établissements religieux, et non pas nominativement au clergé. C'est bien, il est vrai, le sens général de la *résolution*, mais la pensée du législateur n'y est pas assez clairement exprimée. Soyons toujours justes dans le mot, il n'y aura rien de faux dans la chose. C'est par une locution vicieuse qu'on dit *les biens du clergé*. Le clergé n'a jamais rien possédé ; il ne peut posséder rien. Ce sont les églises qui sont seules propriétaires ; le clergé n'est que l'administrateur d'un patrimoine dont un tiers appartient à l'autel, un tiers aux pauvres, et dont le dernier tiers est destiné à l'entretien des ministres.

Voilà les principes, messieurs ; il est nécessaire de s'en écarter moins que jamais, car on ne peut se dissimuler qu'il est survenu de graves changements dans les relations extérieures de l'Église de France. Homme privé, je suis sans alarmes sur les prétentions de la cour de Rome ; pair de France et ministre d'État, je ne puis oublier que les parlements n'existant plus, que le concordat ayant étendu en deçà des Alpes l'action immédiate du saint-siége, les libertés de l'Église gallicane sont plus exposées, et le clergé plus nécessairement placé sous l'influence d'une autorité temporelle étrangère. Peut-être même que, sans faire une loi expresse sur les dotations en fonds de terre, il eût mieux valu rapporter simplement l'ordonnance de 1749 et les art. 73 et 74 des lois organiques du concordat, en laissant subsister l'art. 15 de la convention du 15 juillet 1801, l'art. 809 du livre III, titre II, du Code civil, quelques règlements particuliers sur les fabriques qui semblent autoriser les donations en général sans en spécifier la nature, et l'ordonnance du roi du 10 juin 1814. L'Église se fût ainsi retrouvée dans la situation où elle était en 1748, pouvant acquérir avec l'agrément du roi : on eût évité par là des explications inutiles et des détails de loi qui peuvent avoir aujourd'hui des difficultés.

Enfin, il me paraîtrait juste que l'on pût léguer aux autels où nous venons expier nos passions, tout ce que la loi permet de donner à l'objet même de ces passions.

Mais ce n'est ici qu'une *résolution* de la Chambre des députés, et non un projet de loi du gouvernement. Perdre le temps à l'amender me semble tout à fait inutile. Cette *résolution* sera transmise au roi, qui la modifiera selon les desseins de sa sagesse. Il est même à désirer que le gouvernement transforme en un seul et unique projet de loi les propositions diverses sur le clergé, dont les Chambres s'occupent aujourd'hui. Ces propositions s'enchaînent si naturellement, que la question du divorce et de l'éducation publique peuvent en partie s'y rattacher : réunies sous un même titre, elles composeraient une espèce de code ecclésiastique qui consoliderait la piété et assurerait le sort de la religion.

Il ne s'agit donc dans ce moment que d'adopter le principe renfermé dans la *résolution :* le gouvernement fera le reste. Oui, messieurs, pour la gloire de la religion et la perpétuité de l'autel, reconnaissons vite que les églises de France peuvent reprendre parmi nous cet antique droit de propriétaire dont elles étaient investies, même avant l'établissement de nos aïeux dans les Gaules. Quoi! le plus pauvre de nos paysans possède souvent un champ, un sillon, un arbre; et le clergé, qui a défriché nos forêts, planté nos vignes, enrichi notre sol de tant d'arbres étrangers; qui a transporté l'abeille de l'Attique sur les coteaux de Narbonne, et le ver à soie de la Chine sur les mûriers de Marseille; le clergé ne glanera pas un épi dans ces vastes campagnes si longtemps fécondées de ses sueurs, et quelquefois arrosées de son sang! Serons-nous donc pour le prêtre plus avares que la mort? Elle lui donnera au moins quelques pieds de terre, qu'elle ne lui reprendra jamais! Quoi! ceux qui élevèrent tant de monuments utiles à la patrie, qui bâtirent des villes entières, n'auront pas un toit à eux pour y soigner leur vieillesse! Quoi! ces hommes qui, dans les jours de paix, s'occupaient à creuser nos canaux, à tracer nos chemins, à jeter des ponts sur nos fleuves; ces hommes qui, dans les temps de calamités, payaient la rançon de nos rois, rachetaient les esclaves, secouraient les pestiférés, versaient généreusement le trésor de l'Église au trésor de l'État, ces hommes recevront l'aumône dans les hospices qu'ils ont fondés! Qui voudra se dévouer aux fatigues de l'apostolat, si les prêtres, comme les parias des Indes, n'ont à espérer que la pauvreté et le mépris? et qu'ont-ils fait pour être traités de la sorte? — Ce qu'ils ont fait? ils ont été nos pères et nos législateurs, eux qui sont aujourd'hui nos victimes! Notre monarchie est, pour ainsi dire, l'ouvrage de leurs mains. Depuis ce premier évêque qui baptisa Clovis, jusqu'à ces derniers évêques qui suivirent Louis XVI à son baptême de sang, le clergé n'a cessé de travailler à la grandeur, ou de s'associer aux malheurs de la France. C'est lui qui a adouci la férocité de nos mœurs; c'est lui qui nous a transmis les lumières de Rome et de la Grèce. Nos meilleurs et nos plus grands ministres, Suger, d'Amboise, Richelieu, Mazarin, Fleury, sont sortis de son sein; la France lui doit une foule de savants, d'orateurs et d'hommes de génie; et, pour compter le nombre de ses bienfaits, il faudrait pouvoir compter le nombre des misères humaines.

Messieurs, je vous l'avouerai, je désire ardemment que le principe de la *résolution* soumise à votre examen soit adopté pour l'honneur de notre patrie, pour l'honneur même de cette Chambre. Qui protégera les autels, si ce ne sont les pairs de France? La noblesse a conservé son rang : le clergé l'a perdu : ne reconnaîtra-t-elle plus dans leur adversité les antiques rivaux de sa puissance? ne tendra-t-elle point la main aux anciens compagnons de sa gloire? Il y a vingt-cinq ans que les tribunes de nos assemblées ne cessent de retentir de lois spoliatrices, sacriléges, inhumaines : hélas! elles ont toutes été accueillies! Aurions-nous le malheur de rejeter la première proposition religieuse qui semble annoncer la fin de cette longue série d'injustices, et signaler notre retour aux principes de l'ordre social? Il y a vingt-cinq ans que toutes les fois qu'on parle de réparation, on vous dit que le temps n'est pas propice; qu'il faut aller doucement, avec prudence; qu'il faut attendre, qu'il faut ajourner la proposition : et toutes les fois qu'il s'agissait de dépouiller les citoyens, de les bannir, de les égorger, il y avait toujours urgence; il fallait passer les nuits : un jour de perdu mettait la patrie en danger! Le moment du mal est toujours venu; le moment du bien, jamais! Un peuple qui a proscrit les prêtres, pillé les temples, profané les vases sacrés, violé les tombeaux, dispersé les reliques des saints, ne serait-il pas marqué du sceau d'une réprobation éternelle, si, quand cet affreux délire est passé, il repoussait encore toute idée de religion? A quoi nous aurait donc servi notre expérience? Serions-nous condamnés, après la destruction de la monarchie, après le meurtre de Louis XVI, à entendre faire contre la religion les mêmes raisonnements, les mêmes plaisanteries que l'on faisait avant ces horribles malheurs? Alors il ne reste plus qu'à s'envelopper dans son manteau, et qu'à pleurer la fin prochaine de la France.

Éloquents défenseurs de l'Église, vous que j'aperçois ici, vous qui soutîntes les premiers assauts de l'impiété dans notre première assemblée, que disiez-vous alors? Qu'un royaume est perdu quand il abandonne le culte de ses aïeux; que la chute de l'autel entraîne la chute du trône. On vous traitait de fanatiques, de petits esprits, d'hommes agités par vos intérêts personnels. Hé bien! trop véridiques prophètes, qui oserait dire aujourd'hui que vous vous êtes trompés? Et vous qui étiez si ardents à solliciter le triomphe d'une fausse sagesse, qu'êtes-vous devenus? mes yeux vous cherchent en vain; l'abîme que vous aviez ouvert s'est refermé sur vous!

Ah! messieurs! si, par une fatalité inexplicable on devait encore reproduire les sophismes de Thouret, de Barnave, de Chapelier, de Mirabeau, je m'écrierais, en empruntant ces belles paroles d'un pair de France, de M. l'abbé de Montesquiou :

« Quel génie destructeur a passé sur cet empire? Voyez les malheurs qui se ré-
« pandent! Il semble qu'il y ait ici le département des douleurs! Il y a des hommes
« qui se sont consacrés à accabler de chagrins leurs concitoyens. Dès qu'on les voit
« paraître, on dit : Allons! encore un sacrifice! encore un malheur de plus!... Qu'allez-
« vous faire? me disait-on quand je suis monté à cette tribune. Le sort en est jeté :
« des comités particuliers ont tout décidé. Eh bien! il faut descendre de cette tri-
« bune, et demander au Dieu de nos pères de vous conserver la religion de saint
« Louis, de vous protéger! Les plus malheureux ne sont pas ceux qui souffrent l'in-
« justice, mais ceux qui la font. »

Et moi aussi, messieurs, je descends de cette tribune, mais non pas accablé de douleur comme jadis l'orateur du clergé : j'espère que votre décision va remplir l'Église de joie. Tout annonce que nous commençons à revenir à ces vérités éternelles dont on ne s'écarte jamais impunément. La religion n'est plus un objet de risée; on ne rougit plus de s'avouer disciples de l'Évangile; et chacun interrogé sur sa foi, ose faire la réponse des premiers fidèles : Je suis chrétien.

Considérant que le gouvernement, en nous représentant la *résolution* sous la forme d'un projet de loi, y pourra faire les changements qui me semblent indispensables, je vote pour la *résolution* : mais si quelques-uns de messieurs les pairs avaient à proposer un amendement qui consistât à réduire les divers articles de la *résolution* à un seul article renfermant le principe des dotations en fonds de terre, et la liberté entière de l'administration ecclésiastique, je me rangerais à cet amendement.

DISCOURS

PRONONCÉ A L'OCCASION DES COMMUNICATIONS

FAITES A LA CHAMBRE DES PAIRS

PAR M. LE DUC DE RICHELIEU,

DANS LA SÉANCE DU 22 FÉVRIER 1816.

Messieurs, un mois juste s'est écoulé depuis le moment où vous fûtes appelés à Saint-Denis : vous y entendîtes la lecture du testament de Louis XVI. Voici un autre testament : lorsqu'elle le fit, Marie-Antoinette n'avait plus que quatre heures à vivre. Avez-vous remarqué dans ces derniers sentiments d'une reine, d'une mère, d'une sœur, d'une veuve, d'une femme, quelques traces de faiblesse? La main est ici aussi ferme que le cœur; l'écriture n'est point altérée : Marie-Antoinette, du fond des cachots, écrit à Madame Elisabeth avec la même tranquillité qu'au milieu des pompes de Versailles. Le premier crime de la révolution est la mort du roi; mais le crime le plus affreux est la mort de la reine. Le roi du moins conserva quelque chose de la royauté jusque dans les fers, jusqu'à l'échafaud : le tribunal de ses prétendus juges était nombreux; quelques égards étaient encore témoignés au monarque dans la tour du Temple; enfin, par un excès de générosité et de magnificence, le fils de saint Louis, l'héritier de tant de rois, eut un prêtre de sa religion pour aller à la mort, et il n'y fut pas traîné sur le char commun des victimes. Mais la fille des Césars, couverte de lambeaux, réduite à raccommoder elle-même ses vêtements, obligée, dans sa prison humide, d'envelopper ses pieds glacés dans une méchante couverture, outragée devant un tribunal infâme par quelques assassins qui se disaient des juges, conduite sur un tombereau au supplice, et cependant toujours reine!... Il faudrait messieurs, avoir le courage même de cette grande victime pour pouvoir achever ce récit.

Une chose ne vous frappe-t-elle pas dans la découverte de la lettre de la reine?

Vingt-trois années sont révolues depuis que cette lettre a été écrite. Ceux qui eurent la main dans les crimes de cette époque (du moins ceux qui n'ont point été rendre compte de leurs œuvres à Dieu) ont joui pendant vingt-trois ans de ce qu'on appelle prospérité. Ils cultivaient leurs champs en paix; comme si leurs mains étaient innocentes; ils plantaient des arbres pour leurs enfants, comme si le ciel eût révoqué la sentence qu'il a portée contre la race de l'impie. Celui qui nous a conservé le testament de Marie-Antoinette avait acheté la terre de Montboissier : juge de Louis XVI, il avait élevé dans cette terre un monument à la mémoire du défenseur de Louis XVI; il avait gravé lui-même sur ce monument une épitaphe en vers français à la louange de M. de Malesherbes. N'admirons point ceci, messieurs; pleurons plutôt sur la France. Cette épouvantable impartialité qui ne produit ni remords, ni expiations, ni changements dans la vie; ce calme du crime qui juge équitablement la vertu, annoncent que tout est déplacé dans le monde moral, que le mal et le bien sont confondus; qu'en un mot la société est dissoute. Mais admirons, messieurs, cette Providence dont les regards ne se détournent jamais du coupable. Il croit échapper à travers les révolutions; il parvient au bonheur et à la puissance : les générations passent, les années s'accumulent, les souvenirs s'éteignent, les impressions s'effacent; tout semble oublié. La vengeance divine arrive tout à coup; elle se présente face à face devant le criminel, et lui dit en l'arrêtant : « Me voici! » En vain le testament de Louis XVI assure la grâce aux coupables : un esprit de vertige les saisit; ils déchirent eux-mêmes ce testament; ils ne veulent plus être sauvés! La voix du peuple se fait entendre par la voix de la Chambre des députés : la sentence est prononcée; et, par un enchaînement de miracles, le premier résultat de cette sentence est la découverte du testament de notre reine!

Messieurs, c'est à notre tour à prendre l'initiative. La Chambre des députés a voté une adresse au roi, pour protester contre le crime du 21 janvier; témoignons toute l'horreur que nous inspire le crime du 16 octobre. Ne pourrions-nous pas en même temps renfermer dans cet acte de notre douleur la proposition de M. le duc de Doudeauville? Dans ce cas, la *résolution* de la Chambre pourrait être ainsi rédigée :

« La Chambre des pairs, profondément touchée de la communication que Sa Majesté a daigné lui faire par l'organe de ses ministres, arrête :

« Que son président, à la tête de la grande députation, portera aux pieds de Sa Majesté les très-respectueux remercîments des pairs de France. Il lui exprimera toute la douleur qu'ils ont ressentie à la lecture de la lettre de la reine Marie-Antoinette, et toute l'horreur qu'ils éprouvent de l'épouvantable attentat dont cette lettre rappelle le souvenir; il dira en même temps à Sa Majesté que la Chambre des pairs se joint de cœur et d'âme à celle des députés, dans les sentiments exprimés par cette dernière Chambre, relativement au crime du 21 janvier; suppliant le roi de permettre que le nom de la Chambre des pairs ne soit point oublié sur les monuments qui serviront à éterniser les regrets et le deuil de la France. »

OPINION

PRONONCÉE A LA CHAMBRE DES PAIRS LE 12 MARS 1816,

SUR LA RÉSOLUTION DE LA CHAMBRE DES DÉPUTÉS,

RELATIVE AUX PENSIONS ECCLÉSIASTIQUES

DONT JOUISSENT LES PRÊTRES MARIÉS.

Messieurs, vous avez entendu le rapport de votre commission sur la *résolution* de la Chambre des députés, relative aux pensions ecclésiastiques dont jouissent les prêtres mariés. C'est à regret que je viens combattre ce rapport. J'aurais aimé à céder à l'autorité des hommes distingués dont j'ai le malheur de ne pas partager l'opinion; mais, dans tout sujet qui intéresse ou la conscience ou l'honneur, quand on n'est pas convaincu, il est impossible de garder le silence. J'espère donc que mes honorables collègues me pardonneront de vous exposer des doutes que j'avais déjà soumis à la supériorité de leurs lumières.

Je suivrai, messieurs, dans l'ordre de mon discours, les deux divisions admises par votre commission. J'examinerai la *résolution* : 1° sous le rapport des lois ou de la justice légale; 2° sous le rapport de la religion ou de la justice morale.

Pour parler d'abord du premier, sans rechercher si le sacrement de l'Ordre était un empêchement dirimant au mariage des prêtres dans le douzième siècle, j'irai droit au but, et je ne remonterai pas plus haut que l'année 1789. A cette époque, les biens des églises de France furent envahis, et l'État fit au clergé des pensions et des traitements. Nous n'avons à nous occuper que de ce qui regarde les pensions.

A qui furent-elles accordées, ces pensions? Elles le furent aux archevêques, évêques, aux chanoines prébendés ou semi-prébendés, aux officiers ecclésiastiques pourvus de titres dans des chapitres supprimés; à tous autres bénéficiers, comme abbés, prieurs, etc., etc.; aux curés qui avaient des bénéfices; aux religieux et religieuses de tous ordres.

Faisons deux grandes classes de ces ecclésiastiques pensionnés, et disons, ce qui est la vérité, que les pensions furent données aux religieux et aux religieuses, et aux prêtres bénéficiers; les organistes et autres officiers laïques sont hors de la question.

Pourquoi fit-on des pensions aux religieux et religieuses? Parce qu'ils avaient apporté des dots en entrant dans certains ordres monastiques; parce qu'on leur avait au moins ravi une propriété commune, le toit qui les mettait à l'abri, l'asile où ils passaient leurs jours.

Pourquoi les bénéficiers furent-ils pensionnés? Parce qu'ils remplissaient ou étaient censés remplir des fonctions religieuses particulières; fonctions pour lesquelles ils touchaient les revenus de leurs bénéfices. En les privant de ces revenus, sans avoir eu le droit de les affranchir de leurs engagements spirituels, il parut juste de leur donner un salaire qui leur tînt lieu de revenu supprimé.

La loi supposa en outre que les bénéficiers ne vivaient que de leurs bénéfices; que, ne pouvant comme prêtres embrasser une profession civile, il fallait bien les nourrir, puisqu'on leur ôtait tout moyen d'existence.

La preuve que ce fut là l'esprit de la loi, c'est que les prêtres qui n'avaient point de bénéfice n'eurent point de pension, parce qu'ils furent considérés comme ne remplissant aucune fonction religieuse particulière, et parce que, vivant sans le secours d'un bénéfice, ils furent censés jouir d'un patrimoine qui suffisait à leurs besoins.

Or, messieurs, je soutiens, contre l'avis de la commission, que tout prêtre, anciennement bénéficier, aujourd'hui pensionné, qui a contracté mariage, n'a plus sa part dans le contrat que la nation a passé avec les églises; je soutiens qu'il a perdu les deux titres de sa possession.

Il a perdu le premier titre, celui en vertu duquel il recevait une somme subrogée au revenu qu'il touchait, pour les fonctions ecclésiastiques dont il était chargé comme bénéficier, puisqu'en effet il a cessé de remplir ces fonctions.

Il a perdu le second titre, celui qui provenait de son impossibilité de vivre sans bénéfice, puisque, ayant renoncé à son caractère de prêtre, il a recouvré la faculté de gagner sa vie par une profession civile.

Votre commission me répond, messieurs, que la pension n'a point été faite pour l'acquittement d'une fonction; que cette pension est individuelle et indépendante de toute considération étrangère. Si le prêtre a manqué à ses devoirs religieux, la loi civile ne peut connaître de ce délit. Elle ne voit qu'un fait : un prêtre a reçu une pension du gouvernement : que ce prêtre soit devenu l'homme le plus méprisable du monde, n'importe, il est toujours le créancier de l'État.

Cette réponse, messieurs, ne me semble pas péremptoire : en mettant en avant un principe, on en oublie un autre, pour le moins aussi sacré.

Un contrat entre deux parties est toujours synallagmatique lorsque le contraire n'est pas déclaré par une clause précise. De plus, un contrat entre deux parties est fait d'après des conditions expresses ou tacites : *expresses*, il n'y a pas matière à discussion ; *tacites*, elles sont sujettes à être interprétées.

Si dans le contrat bilatéral une des parties manque à ses engagements, l'autre partie est nécessairement déliée de ses obligations. Or, j'espère prouver dans un moment que le prêtre bénéficier marié a manqué à ses engagements, quoiqu'on ait essayé d'établir le contraire.

Dans le contrat passé entre l'État et les églises, les conditions tacites sont d'une extrême évidence ; elles sont même expresses, ainsi que je le montrerai bientôt ; mais je veux bien, dans ce moment, ne les considérer que comme tacites. L'intention des deux parties contractantes a nécessairement été que les pensions et les traitements du clergé fussent départis selon l'esprit et les principes de l'administration ecclésiastique ; car l'État, en prenant les biens de l'Église, n'a pas pu prétendre changer la destination de ces biens, représentés par les traitements et les pensions qui les ont remplacés. Ces traitements et ces pensions doivent donc toujours former ces trois parts si connues, savoir : les frais du culte, le soulagement des pauvres, l'entretien des desservants de l'autel.

On dira peut-être que cette supposition probable est pourtant gratuite de ma part. Non, messieurs ; et je l'appuie sur un témoignage irrécusable : ce témoignage sera celui-là même dont votre commission s'est servie pour établir une opinion contraire à la mienne. Qui connaîtra l'esprit de la loi, si ce ne sont les législateurs qui l'ont faite ? Or, écoutez Mirabeau ; il suffira seul : « Qu'il soit déclaré, » dit-il dans la fameuse séance du 2 novembre 1789, « que tous les biens ecclésiastiques sont à la dis-
« position de la nation, à la charge de pourvoir d'une manière convenable *aux frais*
« *du culte, à l'entretien de ses ministres, et au soulagement des pauvres.* » Cette opinion passa à la majorité de cinq cent soixante-huit voix contre cinq cent quarante-six.

Voilà donc, messieurs, le principe bien reconnu dans le contrat primitif. Il est donc clair que les pensions ont été faites aux bénéficiers aux mêmes titres qu'ils recevaient les revenus de leurs bénéfices. Si vous supposiez qu'il y a quelque chose de personnel ou d'individuel dans la pension, il faudrait reconnaître que les membres du clergé étaient propriétaires, principe que vous n'admettez pas. Lorsqu'un abbé avait autrefois résigné son bénéfice, il n'en retirait plus rien, parce qu'il ne remplissait plus les fonctions qui le faisaient jouir de ce bénéfice : d'où l'on doit conclure que, si un prêtre bénéficier s'est marié, en se débarrassant de ses obligations religieuses, il a résigné de fait la pension qui représentait les émoluments de ses charges ecclésiastiques. Les canons sont d'accord avec cette doctrine : un prêtre bénéficier qui se fût marié, outre les autres châtiments, eût encore été privé de ses bénéfices ; il doit donc perdre aujourd'hui, en se mariant, la pension subrogée à ses bénéfices. Ce sont tellement là les notions du sens commun, que, même pendant la Terreur, les autorités locales voulaient retenir les pensions ecclésiastiques des prêtres mariés : votre commission vous a rappelé ce fait curieux.

Pressé de toutes parts par les principes, on croit y échapper en disant : « On pou-
« vait peut-être admettre ce que vous soutenez avant la promulgation de la loi qui
« autorise le mariage des prêtres : mais, après la publication de cette loi, vous n'avez
« plus aucun droit de dépouiller les prêtres mariés, puisqu'ils n'ont fait qu'user
« d'une faculté que vous leur avez donnée. »

Loin d'être contre moi, cet argument est en ma faveur. On a permis aux prêtres d'opter entre la prêtrise et le mariage ; ils ont choisi le dernier : donc on ne leur doit plus la pension qui leur était accordée en partie sur ce fondement, que la loi primitive, les renfermant dans leur profession religieuse, les privait de tout moyen d'exister par une profession civile.

On dit encore (et, en vérité, je ne puis me défendre d'une certaine honte en agitant cette question), on dit que la femme du prêtre n'a peut-être épousé ce prêtre que parce qu'il avait une pension; qu'elle a contracté de bonne foi, que des enfants sont survenus, etc.

Des enfants! messieurs, pardonnez tout ceci, c'est bien malgré moi que j'en parle; mais dans la thèse que je soutiens, je suis obligé de prévoir les objections. J'ai lieu de craindre qu'on ne m'oppose celles que je viens d'indiquer, car elles m'ont déjà été faites; j'accours donc au poste où mon expérience m'a appris que je pourrais être attaqué.

Eh bien! messieurs, les femmes, les enfants des prêtres ont donc des droits aux pensions de leurs maris et de leurs pères? Peut-on manquer de foi à ces innocentes familles? Non, il ne faut manquer de foi à personne; mais on ne doit rien aux femmes et aux enfants des prêtres mariés. Dans l'usage ordinaire, lorsqu'un homme pensionné par l'État vient à mourir, on paie à sa veuve le quartier de la pension commencé et non échu au moment de la mort du défunt. Il ne peut être ici question des droits de succession, de douaire, de reprises matrimoniales. Que la femme d'un prêtre l'ait épousé à cause de la pension dont jouissait ce prêtre, c'est un motif qui n'est ni fort touchant pour lui, ni fort puissant devant la loi. Nos pères, messieurs, étaient aussi bons justiciers que nous; ils ne firent point de pension aux prêtres qui s'étaient mariés pendant les troubles de la Ligue; les enfants de ces prêtres ne réclamèrent point la survivance des bénéfices paternels. Par une suite de la licence qu'amènent les guerres civiles, les bénéfices se trouvèrent placés entre les mains de quelques seigneurs protestants; mais cet abus fut de courte durée.

On prévoit un autre embarras : on imagine que le prêtre marié aura peut-être emprunté sur sa pension; qu'il aura peut-être donné pour gage le titre de cette pension : que va devenir la créance? Peut-on léser les intérêts du créancier? En vérité, c'est se forger des difficultés à plaisir. On trouve quelquefois le moyen de se faire faire une avance à courte date sur des appointements considérables; mais que peut-on avoir emprunté sur des pensions de deux à trois cents francs? Une pension de deux cents livres de rente, qui s'éteint à la mort du titulaire, peut-elle même devenir un gage solide et réel, surtout quand cette pension était déclarée *insaisissable*, comme votre commission vous l'a dit? De plus, si un homme a fait de mauvaises affaires, si un créancier, par avidité, a risqué des sommes sur de mauvais titres, la loi doit-elle entrer dans toutes ces considérations? Enfin, de deux choses l'une : ou le prêtre marié a quelque chose au delà de sa pension, ou il n'a rien : s'il a quelque chose, le créancier a son recours naturel sur les biens du débiteur; s'il n'a rien, la *résolution* de la Chambre des députés laisse au prêtre dépourvu une pension à titre de secours : voilà le gage du créancier. Si vous dites que cette pension à titre de secours deviendra insaisissable comme étant alimentaire, ne dites donc plus qu'on a pu emprunter sur les anciennes pensions ecclésiastiques, lorsque vous soutenez que ces pensions n'étaient elles-mêmes qu'individuelles et alimentaires.

Voici un autre raisonnement : « Les délits des prêtres mariés sont une pure affaire
« de discipline religieuse. Ce n'est que par les saints canons ou dans le for de la con-
« science qu'un prêtre marié peut être condamné. Avait-on le droit de décréter le
« mariage des prêtres? Le prêtre a-t-il pu se croire dégagé de la loi ecclésiastique par
« la loi civile? Ce n'est pas là la question. Il suffit qu'à tort ou à raison vous ayez au-
« torisé le mariage des prêtres, pour qu'il vous soit interdit de punir la faute que
« votre loi a non-seulement permise, mais encouragée. »

Eh bien! j'admets un moment ce raisonnement. Puisque vous convenez que le délit du prêtre marié est de la compétence de l'autorité ecclésiastique, je demande que ce prêtre marié soit replacé sous la juridiction de son évêque : renfermé dans un séminaire, et soumis aux pénitences canoniques, rien ne s'opposera alors à ce qu'il touche sa pension. Vous sentez, aussi bien que moi, messieurs, combien tout ceci est dérisoire. On parle de discipline ecclésiastique ; mais si l'évêque voulait user de son pouvoir sur le prêtre marié, que celui-ci réclamât la liberté du citoyen, n'est-il pas clair qu'il échapperait à la poursuite spirituelle? Sa femme même viendrait le redemander et le disputer à l'autel. Voyez donc dans quelle jurisprudence vous vous trouvez engagés : une de vos lois autorise le scandale ; et, si vous dites que c'est à l'Église à le faire cesser, une autre loi est là pour le protéger contre l'Église.

Écoutons maintenant un syllogisme singulier : un prêtre s'est marié sous la protection de la loi civile ; mais la loi ecclésiastique rendant son caractère ineffaçable, il est toujours prêtre ; donc il a toujours droit à sa pension ecclésiastique.

Ainsi pour lui conserver cette pension, on fait valoir deux lois opposées, la loi civile et la loi ecclésiastique. La loi civile qui lui dit : « Mariez-vous ; et comme je vous en « donne la permission, je n'ai plus le droit de vous ôter la pension que vous recevez « à titre ecclésiastique. »

La loi ecclésiastique, qui lui dit : « En vain vous vous êtes marié ; vous n'avez « pas cessé d'être prêtre, et à ce titre, vous avez droit à votre pension ecclésiastique. »

N'est-ce pas une chose satisfaisante et tout à fait merveilleuse de voir un homme qui ne peut, quoi qu'il fasse, échapper à une pension, et qui la reçoit, bon gré, mal gré, comme étant prêtre, et comme n'étant plus prêtre?

Ici finit, messieurs, ce que j'avais à dire touchant la *résolution* considérée sous le rapport des lois ou de la justice légale. Il me semble démontré, dans toute la rigueur du principe, que vous avez le droit de retirer les pensions ecclésiastiques dont jouissent illégalement les prêtres mariés. Combien ce droit va vous paraître encore plus incontestable, quand il sera appuyé de toutes les raisons tirées de la religion ou de la justice morale.

Éloignons, j'y consens, l'indignation, les souvenirs, les tableaux pathétiques ; mais vous ne pouvez cependant rejeter les considérations morales. Ce n'est pas le tout d'envisager une loi sous le rapport du principe abstrait, il faut encore considérer les effets moraux de cette loi. S'il existait dans notre Code une loi qui favorisât l'assassinat, l'adultère, l'impieté, le mensonge, ne vous hâteriez-vous pas de faire disparaître cette loi ? Eh bien! vous en avez une qui consacre l'assassinat de la morale publique, qui applaudit au sacrilège, qui souille l'autel, qui autorise la violation des serments les plus sacrés : cette loi, c'est la loi qui permet le mariage des prêtres. Voulez-vous faire croire que vous en adoptez les principes, en laissant les oblations de l'autel à ces lévites qui ont abandonné le Dieu de Jacob pour suivre des femmes étrangères? N'y a-t-il pas dans ces seules expressions, *pensions ecclésiastiques aux prêtres mariés*, une alliance de mots révoltants? Voulez-vous encore une fois violer les mœurs pour respecter la loi? C'est ce que l'on fit à Rome sous Tibère, lorsque le bourreau outragea la fille de Séjan, afin de maintenir la loi qui défendait de mettre une vierge à mort.

Étudiez, messieurs, les lois qui permettent aux prêtres de se marier, lois que votre commission vous a pertinemment énumérées, vous verrez qu'elles ne se contentaient pas d'ouvrir aux religieux les voies du siècle, mais qu'elles accordaient encore des espèces de primes d'encouragement pour le sacrilège, les mauvaises mœurs et le scandale. Elles voulaient que les prêtres mariés continuassent à célébrer les saints mystères, non pour conserver, mais pour détruire la religion. Le peuple, même dans ces temps d'impiété, chassa du temple cette race impure. Voulons-nous, messieurs, continuer les primes de la Convention? Laisserons-nous toujours au prêtre marié des pensions d'autant plus odieuses que les vicaires ne reçoivent rien du gouvernement? Quels termes de comparaison offerts aux yeux de la foule! Un homme dépouillé pour avoir rempli tous ses devoirs, un homme récompensé pour les avoir violés tous!

On a adopté une singulière manière de raisonner. S'agit-il des prêtres qui ont respecté leur caractère, on vous dit : « Oui, ils sont pleins de vertu, nous compatissons « à leurs peines, il faudra trouver un jour le moyen de faire quelque chose pour eux; « mais à présent cela n'est pas possible. »

S'agit-il des prêtres mariés, on vous dit : « Oui ce sont des hommes dignes de mé- « pris; il est même fâcheux qu'on ait parlé d'eux, car c'est leur donner une im- « portance qu'ils ne méritent pas; l'opinion en a fait justice, personne ne les défend; « mais il ne faut pas leur retrancher leurs pensions. »

Ainsi, messieurs, accordons tout au prêtre apostat, refusons tout au prêtre fidèle!

Je sais qu'à l'égard de celui-ci on insiste beaucoup sur les vertus apostoliques; on le renvoie à ces trésors de l'Évangile qui coûtent si peu à prodiguer! Que l'on cesse enfin de nous présenter ce lieu commun dérisoire. Il ne nous est pas permis, à nous qui avons proscrit et immolé les prêtres; il ne nous est pas permis, les mains pleines de leurs dépouilles, les pieds pour ainsi dire dans leur sang, de nous ériger en prédicateurs, pour recommander le détachement des biens du monde aux malheureux qui survivent. Ne faisons point l'éloge de la douleur à ceux qui souffrent; ne parlons point d'abstinence à ceux qui ont faim; ne disons point à ceux qui ont froid qu'un manteau est inutile, et à ceux qui portent le poids de la chaleur du jour que l'ombre n'est pas désirable. Les hommes généreux trouveront peut-être quelque justesse dans ces réflexions, et ils n'emploieront plus un langage qui n'encourage à la vertu qu'en blessant l'humanité.

Il me serait trop facile, messieurs, de vous faire la peinture du pauvre vicaire persécuté pendant nos troubles, et toujours fidèle à son Dieu, consacrant aujourd'hui à nos autels le reste de ses jours et de son martyre, sans recevoir la moindre rétribution de l'État. J'opposerais à cet homme vénérable le prêtre marié, apostat, persécuteur pendant la révolution, aujourd'hui pensionné, défendu comme un honorable créancier de l'État, excitant pour sa famille illégitime une pitié que l'on n'accorde pas au prêtre réduit à l'aumône. Et dans quel amas de boue et de sang a-t-on été obligé de fouiller pour retrouver des titres déplorables? Quelles lois votre commission a-t-elle été obligée de citer à l'appui d'une cause qu'elle soutient en gémissant? Les lois de la Convention! Messieurs, on vous a lu, il y a quelques jours, le testament de la reine; aujourd'hui on vous parle du mariage des prêtres : voilà le fruit des lois de 93! Et dans cette année de malédiction ne trouverez-vous pas, au nombre des juges de votre roi, quelques prêtres affreux, auteurs et complices de ces lois qui permettent aux ecclésiastiques d'enfreindre leur premier devoir? Joseph Lebon n'était-il pas un prêtre de cette tribu? N'était-il pas un prêtre aussi ce François Chabot marié à une religieuse, qui ne voulait pas qu'on donnât des défenseurs à Louis XVI, qui demandait contre les émigrés une loi *si simple, qu'un enfant pût les mener à la guillotine?* N'était-ce pas encore un prêtre apostat ce Jacques Roux, qui, refusant de recevoir le testament de Louis XVI, répondit à l'infortuné monarque : « Je ne suis chargé que de « te conduire à la mort. » Tels furent ces prêtres législateurs, ces prêtres qui décrétèrent à leur profit le sacrilège, qui publièrent les lois en vertu desquelles ils jouissent encore aujourd'hui de ce déshonneur légal que personne ne leur conteste.

Faut-il, pour compléter le tableau, placer à côté de ces prêtres abominables, ceux qui semblent un peu moins odieux, à force d'être ridicules? Non, messieurs, ce serait descendre trop bas : je vous épargnerai le récit des turpitudes de ces curés-époux, comme les appelle la commission, qui chantaient l'office divin auprès de leurs femmes assises avec eux dans le sanctuaire, qui se présentaient avec ces mêmes femmes à la barre de la Convention, qui se montraient à la suite de ces pompes où l'on faisait boire dans les vases sacrés des ânes revêtus d'ornements pontificaux. Sommes-nous désormais à l'abri de tous ces scandales ? Nous devrions l'être ; mais il n'en est pas ainsi : il n'y a pas plus de quinze jours qu'un prêtre s'est présenté chez un vicaire d'une paroisse de Paris pour faire publier les bans de son mariage. Un autre prêtre argumentant aussi de la loi, a voulu adopter son fils naturel. Inscrivons vite le nom de ces honnêtes gens sur la liste des pensionnaires ecclésiastiques.

On prétend que parmi les prêtres mariés il s'en trouve quelques-uns plus faibles que coupables : la lâcheté est une méchante excuse d'une mauvaise action ; et je ne sais si l'on est en France plus indulgent pour la bassesse que pour le crime. Quoi qu'il en soit, il y a sans doute des prêtres mariés qui sont dignes de pitié ; j'en connais qui se condamnent eux-mêmes, qui ont horreur de ce qu'ils ont fait : aussi ne demandent-ils point leur pension ; ils sont les premiers à convenir qu'ils n'y ont plus aucun droit. De tels hommes méritent qu'on les plaigne : ils sortent, comme je l'ai dit ailleurs, de la classe des coupables, pour entrer dans celle des infortunés. Malheureusement ils sont en bien petit nombre ; on n'aperçoit dans la plupart des prêtres mariés aucun signe de repentir ; loin d'abjurer leurs erreurs, ils les justifient. Ils sont et doivent être, par leur position ennemis d'un ordre de choses qui les condamne. On les rencontre à chaque pas dans nos troubles politiques ; ils corrompent nos administrations partout où ils se trouvent. Objets de scandale pour la morale publique, il est à craindre qu'ils n'élèvent leur famille hors de cette religion qu'ils ont trahie. Ne protégeons donc plus les hommes qui, dans toute la vérité du langage chrétien, ont immolé leur Dieu, tandis qu'on immolait leur roi : abandonnons à eux-mêmes les déicides comme les régicides.

Pour me résumer, messieurs, je dirai donc :

1° Que les prêtres mariés, en manquant à leurs devoirs, en cherchant un nouveau moyen d'existence dans la vie civile, ont renoncé d'après tous les principes de la justice légale, à leurs pensions ecclésiastiques : ces pensions leur avaient été données aux mêmes titres que les bénéfices, comme on le voit par l'analogie des choses, et par les expressions mêmes du contrat primitif : ils auraient été autrefois privés de leurs bénéfices, s'ils s'étaient mariés ; donc ils doivent perdre aujourd'hui leurs pensions, pour la faute qui leur aurait enlevé leurs bénéfices.

2° Ils ont perdu incontestablement leurs droits à une pension ecclésiastique, par tous les principes de la justice morale : l'intérêt de la religion et des mœurs ne permet pas qu'on leur continue cette pension.

J'ajouterai, messieurs, une troisième considération tirée de vous-mêmes. Certainement tout ce que vous ferez sera bien fait ; si vous croyez qu'on doive laisser les pensions ecclésiastiques aux prêtres mariés, vous n'obéirez sans doute qu'à ce que vous croirez être la stricte justice, et vous vous mettrez au-dessus des vains murmures de l'opinion. Mais enfin vous ne pouvez pas faire que cette opinion n'existe pas ; vous ne pouvez pas même l'attribuer à l'esprit de parti, car personne n'estime les prêtres mariés ; vous ne pouvez pas non plus traiter certains sujets aussi librement que vous en traiterez quelques autres, parce qu'ils touchent aux points les plus délicats de la religion, de la conscience et de l'honneur. Ceci doit être l'objet de mûres réflexions, surtout la *résolution* que vous examinez ayant passé dans l'autre Chambre à une majorité immense : malgré les diverses manières de considérer les objets, on s'est réuni sur ce point. Rien n'est plus satisfaisant pour les bons Français qu'un accord parfait de principes entre les branches de la législature : les députés viennent de nous donner un nouvel exemple de l'esprit de conciliation qui les anime, en adoptant l'amendement unique auquel nous avons réduit leur *résolution* sur les dotations du clergé.

Heureux si la déférence qu'ils ont témoignée pour vos lumières incline votre esprit à recevoir leur nouvelle *résolution* ! Je sais qu'il en coûte toujours un peu d'adopter une mesure lorsqu'elle a quelque apparence de rigueur : après tant de divisions, il est tout simple que l'on désire la concorde ; après tant de fautes, il est naturel d'invoquer l'oubli. Moi-même, messieurs, qui ai fait entendre des vérités sévères, pensez-vous que je n'aie pas souffert en parlant ainsi ? Je connais toute notre fragilité ; je ne suis point assez insensé pour demander que nous soyons tous des héros de vertus; les hommes ne sont point faits comme cela : aujourd'hui forts, demain faibles, le moins imparfait est celui qui peut dire : Je fus brave un tel jour. Cependant des législateurs sont quelquefois obligés de mettre des bornes à leur indulgence : défenseurs de la morale et de la religion, nous ne devons pas soutenir ceux qui les blessent si nous voulons sauver la société, et rendre le repos à notre patrie.

Par toutes ces considérations, messieurs, et malgré mon respect pour l'autorité des nobles pairs, mes collègues, je ne puis conclure comme la commission : je me crois obligé, en conscience, à voter pour la *résolution,* telle qu'elle nous a été transmise par la Chambre des députés.

Je vote donc pour la *résolution*.

OPINION

SUR LE PROJET DE LOI RELATIF AUX ÉLECTIONS,

PRONONCÉE A LA CHAMBRE DES PAIRS, SÉANCE DU 3 AVRIL 1816.

Messieurs, je parais à cette tribune lorsque la Chambre fatiguée, est suffisamment instruite ; j'y parais à l'instant où l'un de vos orateurs les plus éloquents vient d'en descendre. Je sens tout le désavantage de cette position : mais aussi n'est-ce pas un motif de plus à votre indulgence ? Beaucoup de patience fait supporter un peu d'ennui ; daignez m'écouter.

Intégralité du renouvellement de la Chambre des députés, nécessité d'une loi d'élection ; tels sont les deux points principaux dont je vais avoir l'honneur de vous entretenir.

Le renouvellement partiel change le principe du gouvernement représentatif, composé des trois pouvoirs, monarchique, aristocratique et démocratique; il en fait disparaître le dernier. Il donne à la Chambre des députés une perpétuité d'existence de la plus dangereuse nature ! il tend à faire des députés eux-mêmes des espèces de pairs populaires, comme nous sommes des pairs royaux ; ainsi il y a chaos et confusion dans les éléments.

Si vous dites que le pouvoir de dissoudre la Chambre des députés, dont le roi est investi, rétablit la nature des choses, on répond que ce pouvoir, placé contradictoirement auprès du renouvellement partiel, ne peut être exercé que par une espèce de coup d'État. Ce pouvoir, toujours manifesté au moment de la tempête, sera donc placé dans notre constitution comme ces signaux de détresse employés par les vaisseaux en péril, et qui ne servent trop souvent qu'à annoncer le naufrage.

Par le renouvellement partiel, vous entretiendrez une fièvre lente dans la France ; vous laisserez la carrière ouverte à l'intrigue et à l'ambition ; vous placerez les ministres dans la position la plus pénible : chaque année, étrangers, pour ainsi dire, à la Chambre des députés, comment connaîtront-ils l'esprit de cette Chambre ? comment seront-ils jamais sûrs de la majorité ? A peine commenceront-ils à s'entendre et à marcher avec les nouveaux députés, que le renouvellement partiel viendra tout détruire, déranger toutes les combinaisons, briser tous les liens de la concorde, changer la face de l'avenir. Le ministère, toujours harcelé, toujours incertain du lendemain, sera dans l'impossibilité d'étendre ses vues au delà d'une année. Il lui faudra renoncer à ces vastes plans, qui se déroulent avec lenteur, et qui ne peuvent s'accomplir qu'autant que le gouvernement est stable, et l'opinion publique fixée.

Ainsi point de ministère durable, ou du moins tranquille, avec le renouvellement partiel : point d'hommes de génie dont les desseins soient assurés. Si ce système, à la fois changeant et perpétuel, s'oppose, par son côté mobile, au repos et à la gloire d'un État, par son côté fixe il peut produire les plus grands malheurs. Qui nous garantit qu'un jour il ne se formera pas une coalition fatale entre un ministère ambitieux et une Chambre ambitieuse et perpétuelle ? Dans ce cas, le cinquième que cette Chambre recevrait tous les ans serait facilement ou séduit, ou enfin divisé, de manière à n'offrir qu'une opposition impuissante. Toutes les libertés de la France périraient dans cette combinaison oligarchique, qui donnerait des tuteurs aux rois et des maîtres au peuple. Prenons-y garde, messieurs, une assemblée populaire qui ne se renouvelle point en entier, tend elle-même à la tyrannie, ou devient l'instrument du despotisme : le Long Parlement d'Angleterre et le Corps législatif de Buonaparte vous offrent l'un et l'autre un exemple de cette effrayante vérité.

Mais une Chambre élue pour cinq ans ne voudra-t-elle pas aussi gouverner l'État ? Se confiant en sa durée, ne voudra-t-elle point se mêler d'administration, faire et défaire les ministres selon son humeur et ses caprices ? Et comment le pourrait-elle, puisque le roi peut toujours la dissoudre ?

Toutes les grandes raisons sont donc pour le renouvellement intégral ; mais il arrive que l'on fait contre le renouvellement le raisonnement que je vous ai déjà dénoncé au sujet de quelques autres projets de lois. On l'admet en théorie : on le loue, on l'estime, on le considère, mais on n'en veut point. « Vous avez raison, nous dit-on, « cent fois raison ; mais il nous faut le renouvellement partiel. » Et pourquoi, puisque vous convenez que l'intégral est meilleur ? les *circonstances !*

Voici encore les *circonstances*. Me serait-il permis de les examiner un peu ?

Il y a des gens, excellents d'ailleurs, mais faibles, qui, ne s'étant pas fait une idée bien nette du gouvernement représentatif, s'effraient à la plus petite résistance, à la moindre chaleur dans les propositions ou dans les discours. Ils croient que tout est perdu si un projet de loi a subi des modifications, s'il n'a pas passé précisément tel que l'ont présenté les ministres, si les ministres eux-mêmes ont été l'objet de quelque attaque ; comme si tout cela n'était pas de la nature du gouvernement représentatif ! Il faut ou abolir cette sorte de gouvernement, ou prendre son parti. Vous n'empêcherez jamais un homme de penser tout haut à la tribune, si vous lui donnez le droit d'y paraître. Vous n'empêcherez jamais une Chambre d'amender une loi, si vous ne parvenez pas à en diriger la majorité ; si ce sont là des maux, ils sont sans remède.

Ces personnes timides disent donc : « Les circonstances exigent du calme : cette

« Chambre des députés est admirable, mais ne pourrait-on la rendre encore meilleure?
« Usons du renouvellement partiel; par ce moyen nous verrons bientôt arriver des
« hommes comme il nous les faut; alors la majorité sera tranquille, et la Chambre
« des députés, perfectionnée. »

Ceci est une manière de voir les objets aussi bonne qu'une autre : examinons seulement si ceux qui raisonnent ainsi en faveur du renouvellement partiel ne se font aucune illusion, s'ils obtiendraient le résultat qu'ils espèrent, si en voulant la fin ils ne se trompent pas sur les moyens.

Et d'abord les séries sortantes doivent être tirées au hasard à la fin de la session, dans le sein de la Chambre.

Quels noms la main du hasard choisira-t-elle dans l'urne? Aveugle qu'elle est, la fortune ne pourra-t-elle pas exclure ce que l'on désirerait conserver, et conserver ce que l'on voudrait exclure?

Est-on sûr ensuite que les députés sortis ne seront pas réélus, ou qu'ils ne seront pas remplacés par des hommes d'une opinion peut-être encore plus vive?

Je n'entre point dans des mystères dont on a cependant parlé assez clairement pour qu'il me fût permis de soulever quelques voiles; mais je pense qu'on se tromperait complétement si l'on comptait sur des influences dont l'événement prouverait le peu de force. Il y a dans l'esprit français une certaine liberté qui échappera presque toujours à une direction étrangère, et une variété qui tourne au profit de l'indépendance des opinions. Rien ne serait, à mes yeux, plus légitime qu'une influence exercée pour éloigner de la tribune publique tout homme exagéré dans ses sentiments; mais cette influence serait de nul effet, et par la nature du caractère français, et par la position des choses. Il n'y a dans nos provinces que des hommes d'une opinion franche et prononcée; ceux que nous appelons si improprement des modérés, c'est-à-dire d'aveugles complaisants de la puissance, indifférents au bien et au mal, pourvu qu'ils conservent leur repos; ceux-là, s'il en existe dans les départements, n'auraient pas une voix aux élections.

Si donc vous récapitulez toutes les probabilités, vous verrez que le renouvellement partiel ne vous donnera, à la prochaine session, qu'à peu près les mêmes députés que vous avez aujourd'hui.

Si ce ne sont pas les mêmes hommes, à coup sûr ce seront des hommes dans la même opinion, ou dans une opinion diamétralement opposée.

Enfin, si l'on pouvait supposer une chose impossible; si l'on admettait que les quatre-vingts députés sortants fussent tous ceux dont l'opinion est la plus animée; que les quatre-vingts députés rentrants fussent tous nouveaux et tous choisis dans l'opinion intermédiaire, cela ne produirait pas encore un changement de majorité, dans le sens de l'opinion que cette majorité manifeste aujourd'hui.

Il ne me reste plus qu'à combattre l'objection constitutionnelle.

Votre commission a établi que les Chambres n'ont pas le droit de prendre l'initiative, surtout quand il s'agit de changer un article de la Charte, c'est une théorie, très-bonne peut-être; mais enfin, c'est une théorie : aucun article de la Charte n'interdit en effet, dans ce cas particulier, l'initiative aux deux Chambres, et il reste toujours l'article 19, en vertu duquel elles ont la faculté de proposer une loi sur quelque objet que ce soit. Voilà un fait et un droit; et un fait et un droit valent mieux que des doctrines ingénieuses uniquement fondées sur une manière particulière de voir. Or, si les Chambres ont la faculté de proposer une loi sur quelque objet que ce soit (et la Charte n'est pas exceptée), à plus forte raison peuvent-elles se permettre d'amender un article dans un projet de loi.

De plus, je crois qu'on n'a jamais contesté en principe le droit que les trois branches de la législature (et chacune d'elle en particulier) ont de proposer la modification des lois constitutionnelles. Allons plus loin encore, et disons que la véritable doctrine sur cette matière me semble être précisément le contraire de celle que la commission veut établir; car si l'initiative peut être quelquefois accordée aux Chambres, c'est précisément en ce qui concerne la constitution. Ce sujet, par sa nature même est de leur directe et absolue compétence. Quand l'opposition en Angleterre, fit la fameuse motion de la réforme parlementaire (réforme qui portait surtout sur les élections), s'avisa-t-on jamais de lui répondre qu'elle demandait une chose inconstitutionnelle? Non sans doute; on écartera seulement la motion par le vote de la majorité.

Nous disons donc en principe rigoureux, comme en vertu de l'article 19 de la Charte, que la Chambre des députés eût été parfaitement autorisée à faire usage de l'initiative touchant la loi qui nous occupe. Mais ce raisonnement n'est que surérogatoire; car enfin, ce n'est pas la Chambre, c'est le roi qui a pris l'initiative sur la question du renouvellement intégral : on vous l'a prouvé; je vais le prouver encore.

L'argumentation la plus subtile ne peut, messieurs, détruire l'autorité de cette fameuse ordonnance du 13 juillet, qu'on vous a déjà tant de fois citée.

On cherche à en éluder la force, en disant que le projet de loi d'élection, rentrant par son article 15 dans la disposition de l'article 37 de la Charte, maintient le renouvellement partiel, et neutralise ainsi l'ordre de révision sur lequel repose une partie de notre système.

Mais, messieurs, cette ordonnance du 13 juillet n'a point été rappelée, elle n'a pu l'être; elle est devenue une espèce de loi fondamentale de l'État, puisque la Chambre actuelle des députés n'existe que par l'autorité de cette ordonnance. Comment donc l'une de ses principales dispositions serait-elle détruite, parce que dans un projet de loi il se trouve un article en opposition avec cette disposition? Les ministres eux-mêmes ont si peu pensé que cette disposition fût anéantie, qu'ils n'ont pas fait la moindre observation lorsque les députés ont amendé l'article du projet, et substitué au renouvellement partiel le renouvellement intégral, en usant du droit de révision accordé par l'ordonnance du 13 juillet. Si les ministres avaient cru que la Charte était attaquée, l'initiative du roi en péril, ils se seraient sans doute hâtés de prendre la parole; et pourtant, dans tout le cours de la discussion, ils n'ont pas monté une seule fois à la tribune! Les croyez-vous moins zélés que vous pour le maintien de la Charte? Et prétendez-vous être plus scrupuleux que les auteurs mêmes du projet de loi? Par une autre conséquence d'un autre principe, tout projet de loi qui est présenté aux Chambres tombe de droit sous la puissance de l'amendement. Or, comment soutiendra-t-on que, dans un projet de loi, il y a tel article qui peut être amendé et tel article qui ne le peut pas? Établira-t-on en principe que quiconque propose un amendement sans en avoir reçu l'ordre, prend traîtreusement l'initiative? Alors, il faut prier le gouvernement d'avoir l'extrême bonté de mettre à la marge de ses projets une marque qui nous enseigne notre devoir, et nous apprenne ce qui nous est permis et ce qui nous est défendu; cela lui épargnerait beaucoup de soins, et à nous beaucoup de discours.

On a bien entrevu cette objection; et, pour la prévenir, on explique le mot amender. Amender, dit-on, c'est modifier, et non pas remplacer un principe par un principe directement opposé.

Et voilà comme les meilleurs esprits, les esprits les plus raisonnables et les plus éclairés, les hommes les plus recommandables sous tous les rapports, peuvent errer en voulant échapper à une vérité qui les presse! Il suivrait de cette définition des amendements qu'il y a des articles non amendables, et nous retournerions par cette route à la doctrine curieuse des amendements permis et non permis. En effet, messieurs, il y a tels articles d'une loi pour lesquels il n'existe aucune nuance, et qu'on ne peut amender qu'en les changeant. C'est ce qui arrive, par exemple, dans le cas actuel : il est clair que le renouvellement doit être partiel ou intégral ; il n'y a pas de milieu. Si l'on ne voulait pas que cet article fût atteint par l'amendement, il fallait l'omettre ; on eût inféré du silence de la loi que le roi tenait, sur le point du renouvellement, au principe établi par la Charte ; mais dès lors que le roi a permis que l'article du renouvellement partiel fût introduit dans le projet de loi, cet article, par une conséquence nécessaire, se trouve soumis au droit d'amendement et à la révision commandée par l'ordonnance du 13 juillet.

Enfin, si le roi avait trouvé inconstitutionnels les amendements de la Chambre des députés, il les eût gardés, et il n'eût pas envoyé la loi amendée à la Chambre des pairs. Bannissons donc toute crainte. Le roi a pris évidemment l'initiative sur la question du renouvellement intégral : le roi n'a point rejeté les amendements ; le roi paraît désirer que nous nous occupions de la loi d'élection, puisqu'il a daigné nous en soumettre le projet.

Je sais que l'on a été jusqu'à murmurer officieusement que les ministres désirent nous voir repousser la loi. Messieurs, cela n'est pas possible : il serait aussi trop bizarre de supposer que les hommes d'État sollicitent eux-mêmes le rejet de leur propre loi ; car alors pourquoi l'avoir faite, ou pourquoi ne pas l'avoir retirée ? Il ne faut donc attacher aucune importance à ces propos de la malveillance ; des calomnies ne valent pas la peine d'être réfutées.

Examinons maintenant ce qui arriverait si nous adoptions l'avis de la commission, c'est-à-dire si nous rejetions le projet de loi amendé.

La loi fondamentale du gouvernement représentatif n'existant pas, nous serions régis par l'article 37 de la Charte, qui consacre le renouvellement.

Or, comment ce renouvellement s'exécutera-t-il sans loi d'élection ? On aurait recours à une ordonnance. Une ordonnance a pu suffire au commencement de la présente session, parce qu'il y avait force majeure, parce que les événements commandaient ces mesures extraordinaires, que l'article 14 de la Charte autorise dans les temps de danger ; mais aujourd'hui quelle nécessité si violente justifierait un pareil coup d'État ?

Vous ne voulez pas, dites-vous, manquer à la constitution en admettant le renouvellement intégral ; par cette raison vous écartez la loi proposée, et vous ne vous apercevez pas qu'en rejetant cette loi, vous allez bien autrement compromettre la Charte! Car, de deux choses l'une : ou la prérogative royale sera suspendue, et par conséquent la Charte blessée, si vous n'exécutez pas le renouvellement ordonné chaque année par la Charte ; ou, si vous exécutez ce renouvellement, vous ne pouvez le faire qu'en convoquant des colléges électoraux qui sont hors de la Charte, et en vertu d'une ordonnance contraire également à la lettre et à l'esprit de cette Charte.

Nous ne pourrez jamais sortir de ce dilemme : quoi que vous fassiez, la Charte sera violée, si vous n'adoptez pas la loi d'élection. Êtes-vous libres d'ailleurs de refuser cette loi ? Le préambule de l'ordonnance du 13 juillet dit positivement qu'une loi d'élection sera faite dans le cours de la présente session. Fidèle à l'esprit de son ordonnance, le roi a proposé cette loi ; il a consenti à la recevoir amendée par la Chambre des députés ; enfin, il vous a saisis vous-mêmes de cette loi par son ordonnance du 4 mars : quelle suite de volonté ! quelle persévérance ! Pouvez-vous méconnaître ces ordres réitérés, et vous dérober au plus pressant des devoirs ?

Vous avez si bien senti dans le premier moment le poids de vos obligations, que vous n'avez pas pensé à faire la moindre difficulté sur la manière dont la loi vous est parvenue. Est-ce aussi pour rejeter cette loi que vous avez nommé une commission de sept membres? Hâtons-nous, messieurs, de sortir des exceptions et de rentrer sous l'empire de la loi. Il est temps et plus que temps de mettre un terme à cet état provisoire dans lequel nous vivons. Que le gouvernement soit sobre de mesures extraordinaires; qu'on cesse de nous placer éternellement entre la Charte et une ordonnance, dans la crainte de nous faire manquer malgré nous à l'une ou à l'autre. De nouvelles élections, exécutées sans loi dans ce moment, soit qu'elles fussent partielles, soit qu'elles fussent générales, enlèveraient la France au pouvoir légal de la Charte, pour la livrer à l'empire d'une espèce de dictature ministérielle. Croyez-vous, après ce qui a été dit dans la Chambre des députés, que les amis de la liberté constitutionnelle ne soient pas justement alarmés! Dans quel principe le projet de loi a-t-il été fait? de quelle manière l'a-t-on interprété et défendu? J'honore les ministres, je remettrais volontiers mon sort entre leurs mains; mais, messieurs, ni vous ni moi ne serions disposés à leur faire le sacrifice des libertés de la patrie, sacrifice qu'ils ne demandent point, et qu'ils n'accepteraient pas sans doute.

Vivement émus, les députés ont senti qu'il fallait mettre le plus tôt possible la France à l'abri du caprice des hommes. Nous convient-il, messieurs, quand le roi veut lui-même nous sauver de l'arbitraire en nous proposant une loi; quand la Chambre des députés nous demande cette loi au nom de tous les citoyens; nous convient-il de la refuser à notre généreux monarque, aux interprètes des besoins du peuple? Vous sentez-vous assez de courage pour prendre sur votre responsabilité tout ce qui peut arriver dans l'intervalle d'une session à l'autre, dans le cas où vous repousseriez la loi d'élection? Ah! si par une fatalité inexplicable, des colléges illégaux, convoqués par une ordonnance illégale, allaient nommer des députés dangereux pour la France, quels reproches ne vous feriez-vous point? Pourriez-vous entendre le cri de douleur de votre patrie? pourriez-vous ne pas craindre le jugement de la postérité?

Le puissant orateur qui a parlé avant moi à cette tribune vous a dit qu'il fallait renouveler prochainement un cinquième de la Chambre des députés : il veut donc une loi d'élection; car il est trop noblement attaché aux principes de la liberté constitutionnelle pour réclamer une ordonnance.

Un autre noble orateur a demandé du ton le plus solennel, si, quand les passions s'agitent; si, lorsque toutes les calamités pèsent sur nous, c'est bien le moment de s'occuper d'une loi d'élection.

Ces paroles sombres et mystérieuses veulent dire, sans doute, que dans ce moment il serait dangereux d'assembler les colléges électoraux.

Mais alors, messieurs, pourquoi ceux qui manifestent cette crainte soutiennent-ils le renouvellement partiel? Car ce renouvellement admis, avant trois mois, la session finie, il faudra convoquer les colléges électoraux. Au reste, si comme on vous l'a dit, le roi seul donne la loi, à quoi bon tant de raisonnements, et que font ici les pairs de France, puisqu'on n'a pas besoin d'eux pour faire des lois?

Je ne relève pas, messieurs, les rapprochements inattendus entre les gouvernements révolutionnaires promettant la liberté et changeant le gouvernement, et les Chambres actuelles examinant avec respect quelques articles de la Charte; je ne relève pas ce qu'on a dit de l'Europe attentive. Quant à moi, messieurs, je dois sans doute au sang français qui coule dans mes veines cette impatience que j'éprouve quand, pour déterminer mon suffrage, on me parle des opinions placées hors de ma patrie; et si l'Europe civilisée voulait m'imposer la Charte, j'irais vivre à Constantinople.

Mais cette Charte, messieurs, c'est le descendant de saint Louis, c'est le frère de Louis XVI, c'est un Français qui nous l'a donnée. Je la chéris comme le garant de ma liberté, comme le présent de mon roi ! C'est pour cela que je la veux tout entière; c'est pour cela que je demande une loi d'élection.

J'espère, messieurs, que vous ne désavouerez pas ces sentiments. Plus le haut rang de la pairie semble nous éloigner de la foule, plus nous devons nous montrer les zélés défenseurs des priviléges du peuple. Attachons-nous fortement à nos nouvelles institutions, empressons-nous d'y ajouter ce qui leur manque. Pour relever l'autel avec des applaudissements unanimes, pour justifier la rigueur que nous avons déployée dans la poursuite des criminels, soyons généreux en sentiments politiques ; réclamons sans cesse tout ce qui appartient à l'indépendance et à la dignité de l'homme. Quand on saura que notre sévérité religieuse n'est point de la bigoterie ; que la justice que nous demandons pour les prêtres n'est point une inimitié secrète contre les philosophes ; que nous ne voulons point faire rétrograder l'esprit humain : que nous désirons seulement une alliance utile entre la morale et les lumières, entre la religion et les sciences, entre les bonnes mœurs et les beaux-arts; alors rien ne nous sera impossible, alors tous les obstacles s'évanouiront, alors nous pourrons espérer le bonheur et la restauration de la France. Trois choses, messieurs, feront notre salut : le roi, la religion et la liberté. C'est comme cela que nous marcherons avec le siècle et avec les siècles, et que nous mettrons dans nos institutions la convenance et la durée.

Je vote pour la loi amendée, me réservant de proposer moi-même quelques amendements quand on en viendra à la discussion particulière des articles.

PROPOSITION

FAITE A LA CHAMBRE DES PAIRS

DANS LA SÉANCE DU 9 AVRIL 1816,

RELATIVE AUX PUISSANCES BARBARESQUES.

(La Chambre a décidé qu'il y avait lieu de s'occuper de cette proposition.)

Messieurs, je vais avoir l'honneur de vous soumettre un projet d'adresse au roi. Il s'agit de réclamer les droits de l'humanité, et d'effacer, j'ose le dire, la honte de l'Europe. Le parlement d'Angleterre, en abolissant la traite des noirs, semble avoir indiqué à notre émulation l'objet d'un plus beau triomphe : faisons cesser l'esclavage des blancs. Cet esclavage existe depuis trop longtemps sur les côtes de la Barbarie; car, par un dessein particulier de la Providence, qui place l'exemple du châtiment là où la faute a été commise, l'Europe payait à l'Afrique les douleurs qu'elle lui avait apportées, et lui rendait esclaves pour esclaves.

J'ai vu, messieurs, les ruines de Carthage ; j'ai rencontré parmi ces ruines les successeurs de ces malheureux chrétiens, pour la délivrance desquels saint Louis fit le sacrifice de sa vie. Le nombre de ces victimes augmente tous les jours. Avant la révolution, les corsaires de Tripoli, de Tunis, d'Alger et de Maroc, étaient contenus par la surveillance de l'ordre de Malte : nos vaisseaux régnaient sur la Méditerranée, et le pavillon de Philippe-Auguste faisait encore trembler les infidèles : profitant de nos discordes, ils ont osé insulter nos rivages. Ils viennent d'enlever la population d'une île entière; hommes, femmes, enfants, vieillards, tout a été plongé dans la plus affreuse servitude. N'est-ce pas aux Français, nés pour la gloire et pour les entreprises généreuses, d'accomplir enfin l'œuvre commencée par leurs aïeux? C'est en France que fut prêchée la première croisade; c'est en France qu'il faut lever l'étendard de la dernière, sans sortir toutefois du caractère des temps, et sans employer des moyens qui ne sont plus dans nos mœurs. Je sais que nous avons pour nous-mêmes peu de chose à craindre des puissances de la côte d'Afrique; mais plus nous sommes à l'abri, plus nous agirons noblement en nous opposant à leurs injustices. De petits intérêts de commerce ne peuvent plus balancer les grands intérêts de l'humanité; il est temps que les peuples civilisés s'affranchissent des honteux tributs qu'ils paient à une poignée de Barbares.

Messieurs, si vous agréez ma proposition, et qu'elle se perde ensuite par des circonstances étrangères, du moins votre voix se sera fait entendre ; et il vous restera l'honneur d'avoir plaidé une si belle cause. Tel est l'avantage de ces gouvernements représentatifs par qui toute vérité peut être dite, toute chose utile proposée : ils changent les vertus sans les affaiblir; ils les conduisent au même but, en leur donnant un autre mobile. Ainsi nous ne sommes plus des chevaliers, mais nous pouvons être des citoyens illustres ; ainsi la philosophie pourrait prendre sa part de la gloire attachée au succès de ma proposition, et se vanter d'avoir obtenu dans un siècle de lumières ce que la religion tenta inutilement dans des siècles de ténèbres.

Veuillez maintenant, messieurs, écouter ma proposition :

PROJET D'ADRESSE AU ROI.

Qu'il soit présenté une adresse au roi par la Chambre des pairs : dans cette adresse, Sa Majesté sera humblement suppliée d'ordonner à son ministre des affaires étrangères d'écrire dans toutes les cours de l'Europe, à l'effet d'ouvrir des négociations générales avec les puissances barbaresques, pour déterminer ces puissances à respecter les pavillons des nations européennes, et à mettre un terme à l'esclavage des chrétiens.

PROPOSITION

FAITE A LA CHAMBRE DES PAIRS,

DANS LA SÉANCE DU 23 NOVEMBRE 1816.

Et tendante à ce que LE ROI soit humblement supplié de faire examiner ce qui s'est passé aux dernières élections, afin d'en ordonner ensuite selon sa justice;

SUIVIE DES PIÈCES JUSTIFICATIVES

ANNONCÉES DANS LA PROPOSITION.

AVERTISSEMENT.

Dans la proposition que j'eus l'honneur de faire à la Chambre des pairs, le 23 du mois dernier, j'annonçai des pièces justificatives. La proposition ayant été écartée, il me restait à prouver, par respect pour messieurs les pairs, que je n'avais rien annoncé légèrement. Il m'importait encore de montrer aux personnes qui m'avaient remis les pièces justificatives que j'avais fait tout ce que j'avais pu faire, que je n'avais trompé ni l'intérêt de la chose publique, ni l'estime qu'elles m'avaient témoignée en voulant bien me confier une affaire d'une si haute importance.

J'avais envoyé en conséquence à l'imprimeur de la Chambre des pairs, ma proposition, les pièces justificatives annoncées dans la proposition, et l'analyse de ces pièces. Étant allé lundi, 2 de ce mois, à dix heures du matin chez M. Didot pour corriger des épreuves, je le trouvai alarmé des menaces qu'on était venu lui faire relativement à l'impression de ma proposition. Il me représenta qu'étant père de famille, il craignait de se compromettre en continuant cette impression. Je respectai ses motifs; je ne voulus point exposer à des persécutions un homme estimable, et dont les talents font tant d'honneur à son art. En conséquence, M. Didot me rendit deux cent cinquante exemplaires déjà tirés de ma *Proposition* et de l'*Analyse* des pièces justificatives : il me remit encore une épreuve des pièces justificatives elles-mêmes, et le reste du manuscrit.

Mon imprimeur, M. Lenormant, ayant déjà été poursuivi pour la publication d'un de mes ouvrages, je ne voulus pas l'exposer aux nouvelles chances de ma fortune. Je cherchai, et je trouvai enfin un imprimeur *assez hardi* pour imprimer la *Proposition d'un pair de France*.

Je crois devoir rappeler l'état actuel de notre législation relativement à la liberté de la presse.

L'article 8 de la Charte déclare « que tous les Français ont le droit de publier et de faire imprimer leurs opinions, en se conformant aux lois qui doivent réprimer les abus de cette liberté. »

La loi relative à la liberté de la presse, du 21 octobre 1814, dit, article 1ᵉʳ : « Que tout écrit de plus de vingt feuilles d'impression pourra être imprimé librement et sans examen ou censure préalable; »

Articles 2 et 5 : « Qu'il en sera *de même, quel que soit le nombre de feuilles, des opinions des membres des deux Chambres.* »

Une ordonnance du roi, du 20 juillet 1815, exempte même de la censure tout écrit au-dessous de vingt feuilles d'impression.

Si malgré ces lois, un pair de France, en plein exercice de ses fonctions, ne peut pas faire imprimer ses opinions chez l'imprimeur de la Chambre même, sans exposer cet imprimeur à être inquiété dans sa famille et menacé dans son état; si, au moins, dans le cours d'une session, nous n'avons pas la liberté de penser, de parler, d'écrire sur les affaires qui occupent les Chambres, et de publier ce que nous avons pensé et écrit, alors, je le demande, où sommes-nous ? où allons-nous ? que devient la Charte ? que deviennent les lois et le gouvernement constitutionnel ?

Je ne me plains pas, en ce qui me touche personnellement, de ce nouveau genre d'abus; pas plus que je ne me plains des libelles qu'on imprime tous les jours contre moi, avec ou sans la protection de la police. Je trouve très-bon qu'on m'attaque, quoique je ne puisse me défendre; mes intérêts ne me feront jamais abandonner mes principes. Je suis donc charmé que la liberté de la presse existe pour quelqu'un : cela empêche du moins la prescription. Mais je me plains dans ce moment, pour l'honneur des Chambres, pour la dignité de la pairie, pour les droits de tous les Français. Ce qui m'arrive aujourd'hui peut arriver demain à tout pair, à tout député qui aurait le malheur de faire une proposition ou d'émettre une opinion contraire aux vues des ministres. Les deux Chambres vont s'occuper d'une loi sur la liberté de la presse : je livre le fait que je viens de raconter aux méditations de leur sagesse.

PROPOSITION

FAITE A LA CHAMBRE DES PAIRS.

Messieurs, les meilleures lois sont inutiles, lorsqu'elles ne sont pas exécutées : elles deviennent dangereuses, lorsqu'elles le sont mal. Vous allez bientôt vous occuper de donner à la France un bon système d'élection ; il importe que vous le mettiez à l'abri des passions qui tendraient à le détruire. C'est pour cette raison que j'appelle aujourd'hui votre attention sur la manière dont les élections ont été conduites. Je ne viens point vous proposer de porter une accusation ; vous ne pouvez jamais être accusateurs. Espérons que vous ne serez plus forcés de reprendre la noble, mais terrible fonction de juges? Je ne viens point non plus vous demander d'examiner la légalité des dernières élections; la Chambre des députés les a reconnues valides, et conséquemment elles le sont. On vous dirait d'ailleurs que ce n'est pas de votre compétence. Mais il est du devoir de chaque branche de la législature, et plus particulièrement de celui de la Chambre des pairs, de veiller à ce qu'aucune atteinte ne soit portée aux lois constitutives de l'État. Vous êtes, messieurs, les gardiens héréditaires de la Charte. Il paraît que la liberté des dernières élections a été violée; que plusieurs citoyens ont été désignés nominativement à l'exclusion, et privés ainsi arbitrairement du plus beau de leurs droits. Vous ne pouvez pas être tranquilles spectateurs d'un délit qui attaque nos constitutions dans leurs fondements.

J'ai donc l'honneur de vous proposer, messieurs, de présenter une adresse au roi. Dans cette adresse, le roi sera humblement supplié de faire examiner ce qui s'est passé aux dernières élections, afin d'en ordonner ensuite selon sa justice.

Si vous croyez, messieurs, devoir délibérer sur ma proposition, j'aurai l'honneur d'en développer les motifs le jour qu'il vous plaira de fixer, et de déposer sur le bureau les pièces justificatives ; elles sont importantes et nombreuses.

Paris, ce 23 novembre 1816.

(La Chambre a déclaré qu'il n'y avait pas lieu de s'occuper de la proposition.)

ANALYSE

DES PIÈCES JUSTIFICATIVES.

Les pièces et les documents annoncés dans la proposition précédente sont de deux espèces.

Les uns peuvent être appelés généraux, pour ne pas les nommer officiels. L'authenticité d'un grand nombre de ces documents est déjà prouvée par ce qui s'est passé à la Chambre des députés : ce sont des circulaires de ministres, des lettres de préfets, des réclamations de plusieurs électeurs et de différents individus; réclamations faites auprès du ministre de la justice, du ministre de l'intérieur et du ministre de la police.

Les autres documents consistent en récits, notes et lettres particulières. Ces récits, notes et lettres, dont j'ai les originaux, forment une masse de renseignements par lesquels on aurait pu remonter aux preuves, établir les faits et indiquer les témoins.

On trouve d'abord dans les documents généraux une espèce de circulaire, signée du ministre de la police générale. Je ne puis dire si elle a été envoyée dans tous les départements, ce qui semblerait probable; mais je suis sûr du moins qu'elle l'a été dans un très-grand nombre.

On se demande pourquoi une lettre du ministre de la police, à propos des élections libres d'un peuple libre? Que la police écrive secrètement à ses agents secrets pour les engager à veiller à la tranquillité publique pendant le cours des élections, elle fait ce qu'elle doit; mais est-ce bien à ce ministère qu'il convient de parler publiquement de l'esprit dans lequel les élections doivent être faites? Cela n'est-il pas choquant pour la dignité nationale? Que dirait-on en Angleterre si le magistrat de *Bown-Street* et de *Old-Bailey* s'avisait de donner des avis aux comités au moment des élections parlementaires? Quel singulier maître que la police en fait de morale, de constitution, de liberté!

On lit dans cette circulaire : « Sous le rapport de la convocation, point d'exclusions « odieuses ; point d'applications illégales des dispositions de haute police, pour écarter « ceux qui sont appelés à voter. »

On lit encore : « Sous le rapport des élections, ce que le roi veut, ses mandataires « doivent le vouloir; il ne faut que des députés dont les intentions soient de marcher « avec le roi, avec la Charte et avec la nation; les individus qui ne possèdent pas ces « principes tutélaires ne doivent pas être désignés par les autorités locales Sa Ma- « jesté attend des préfets qu'ils dirigent tous leurs efforts pour éloigner des élections les « ennemis du trône et de la légitimité, qui voudraient renverser l'un et écarter l'autre, « et les amis insensés qui l'ébranleraient en voulant le servir autrement que le roi « veut l'être. »

Qu'on ne se permette pas d'exclusions odieuses, tout le monde est de cet avis. Qu'on évite toute application illégale pour écarter ceux qui sont appelés à voter, c'est fort bien. Il ne faut dans aucun cas d'application *illégale* contre qui que ce soit, de quelque mesure que ce puisse être. La police avouerait-elle que les personnes rendues libres pour les élections étaient *illégalement* arrêtées? On aimerait à voir cette conscience à la police. Quoi qu'il en soit, beaucoup de surveillances ont été levées; mais n'est-ce pas une chose unique que les hommes frappés de mesures de haute police se soient tous trouvés coupables, ou, si l'on veut, tous innocents au même degré ; de sorte que les diverses surveillances sous lesquelles ils étaient placés ont expiré tout juste le même jour et à la même heure? Ainsi devenus libres, tout simplement parce que le temps de leur détention était fini, ils ont pu aller aux élections jouir de leurs droits de citoyen. C'est dommage que quelques exceptions embarrassantes dérangent ce système. Tel, mis en liberté pour aller voter, a été remis ensuite en surveillance : cela faisait toujours une voix, et il ne faut rien négliger. Tel autre, arrivé en poste au collége électoral au moment où l'opération était finie, a demandé au collége acte de sa présence : il avait sans doute ses raisons.

Les personnes en surveillance ont-elles toutes été mises en liberté, parce qu'on n'a pas voulu les priver de leur droit de suffrage, sans égard aux différents degrés de leur culpabilité? Mais je vois dans la même circulaire que les préfets *doivent diriger tous leurs efforts pour éloigner des élections les ennemis du trône et de la légitimité qui voudraient renverser l'un et écarter l'autre.*

Or, la plupart de ces hommes rendus à la société, afin qu'ils concourussent aux *élections*, n'étaient-ils pas en surveillance précisément pour leur conduite politique?

La circulaire produit donc l'un ou l'autre de ces deux maux : par le premier paragraphe (qui fait cesser les mesures de haute police pour le cas particulier des électeurs) elle a pu jeter dans les élections des ennemis de la légitimité, ennemis qui ont un intérêt naturel à nommer des mandataires semblables à eux : par le second paragraphe (qui ordonne d'écarter les *ennemis de la légitimité* et les *amis insensés du trône*) elle ravit arbitrairement à deux classes de citoyens leurs droits de suffrages. De plus, il y a contradiction manifeste dans les deux passages; enfin il est odieux de frapper du même anathème et l'ennemi de la légitimité, souvent couvert de tous les crimes, et l'ami du roi, qui n'a d'autre tort peut-être que l'ardeur de son zèle et la plénitude de son dévouement : laissons à l'Italie son ancien supplice, et n'attachons pas un vivant à un mort. On dira peut-être que les hommes dont nous parlons n'étaient pas en surveillance, à cause de leur conduite politique : on les avait donc arrêtés pour des délits que je n'ose qualifier de leur nom? Point de milieu : ou ces hommes étaient les ennemis du trône, ou Dieu sait de qui ils étaient ennemis.

Cet exemple prouve qu'il faut que chacun se mêle de ce qui le regarde. La police, arbitraire de sa nature, a voulu parler principes; et, pour joindre la pratique à la théorie, elle a levé la consigne des gendarmes.

Si le droit de suffrage aux élections est le plus beau, le plus cher, le plus imprescriptible des droits du citoyen; si la police, persuadée elle-même de cette vérité, a poussé la libéralité jusqu'à lever les surveillances des électeurs suspects au roi ou à la justice, pourquoi a-t-on fait refuser des congés à d'anciens députés couverts de blessures reçues au service du roi, à des officiers royalistes, de sorte qu'ils n'ont pu se rendre aux élections? Ce sont des faits de notoriété publique.

Peut-être les royalistes étaient-ils compris dans la seconde classe d'exclusion de la circulaire; ils étaient du nombre des *amis insensés du trône*. Mais les anciens jacobins arrivés aux élections n'étaient-ils pas rangés dans la première classe exclue? La justice doit être égale pour tout le monde : ou il fallait lâcher dans les élections *les ennemis de la légitimité* et *les amis insensés du trône*, ou retenir les uns et les autres. Si l'on a fait le contraire, n'a-t-on pas montré une étrange partialité? et de quel côté, grand Dieu! a-t-on fait pencher la balance!

Deux classes de citoyens sont donc exclues par la circulaire, qui commence toutefois par dire qu'il ne faut exclure personne.

Mais voici encore d'autres exclusions. La circulaire parlant aux *autorités locales*[1] leur ordonne de *ne pas désigner* certains individus. On jugera s'il est légal que des autorités locales désignent ou ne désignent pas des individus à l'élection, et par conséquent privent ou ne privent pas ces individus de leur droit de citoyen.

Comme les opinions sont diverses, comme chacun peut voir le salut du roi, de la Charte et de la nation autrement que son voisin, quel chaos ne résulterait-il point de toutes ces autorités locales prononçant d'après leurs passions du degré d'amour de chaque électeur pour le roi, la nation et la Charte?

De plus, je trouve quelques variantes dans la lettre de la police. Une version porte : « *Les individus* qui ne professent pas ces principes tutélaires ne sauraient donc être « désignés. » On lit dans une autre version : « *Les députés* qui se sont constam- « ment éloignés de ces principes tutélaires. » Voilà donc des députés, je ne sais lesquels, désignés comme ne pouvant être réélus, et signalés comme ne voulant pas marcher d'accord avec le roi, la Charte et la nation.

Ce ne sera pas la faute des administrations, si les élections ne sont pas excellentes, car, dans ces administrations, il paraît qu'on s'en est beaucoup mêlé.

Après la police arrivent les finances, et de même que la police enseigne à ses affidés comment il faut avoir des élections libres, des députés vertueux, le ministre des

---

[1] Voyez la note sous le n° 11 des pièces justificatives, à la fin des *Opinions et Discours*.

finances apprend à ses agents comment ils doivent concourir à la liberté et au perfectionnement des élections.

Une lettre signée *Barairon* adresse à divers agents une circulaire signée *Corvetto*. Au fond de cette double circulaire se trouve déposée la circulaire du ministre de la police. Le ministre des finances invite chaque agent à donner connaissance des principes renfermés dans la circulaire de M. le comte Decazes *aux personnes qui* seront dans le cas d'en faire un usage convenable. Un directeur de l'enregistrement et des domaines, nommé Langlumé, en envoyant les pièces ci-dessus énoncées à un de ses subalternes, finit ainsi : « L'intention du roi et de ses ministres est que tous les fonc-
« tionnaires publics contribuent de tous leurs moyens à ce qu'il soit fait de bons
« choix : je suis convaincu qu'ils useront de toute leur *influence* pour arriver à ce
« but si désirable; et je crois inutile de prévenir messieurs les employés que, si un
« fonctionnaire public s'écartait de ses devoirs, *il perdrait sans retour la confiance*
« *du gouvernement.* » Je ne sais pas quelle est la ligne des devoirs de messieurs les employés par rapport aux élections; mais il me semble que M. Langlumé les menace de *destitution*, s'ils n'usent pas de toute leur influence dans les élections.

La circulaire de M. Corvetto n'a pas borné ses effets à un seul département. Une lettre datée de Montbrison, 7 octobre, dans les renseignements particuliers, s'exprime ainsi : « Pour vous faire juger, monsieur, du terrain qu'embrasse la circulaire de
« M. le ministre des finances, vous saurez qu'elle est de Paris, datée des 17 et 18
« septembre, signée Corvetto, contre-signée par le secrétaire général des finances Le-
« febvre, envoyée au conservateur des eaux et forêts de Grenoble, et par ce conser-
« vateur à l'inspecteur de l'Ain, par ce dernier au sous-inspecteur de Montbrison,
« qui ne l'a reçue qu'après qu'il n'était plus temps d'en faire usage. Si réellement cette
« lettre a suivi sa destination dans les autres pays, chez les receveurs généraux, il
« n'est pas de percepteur qui n'ait reçu la sienne, et ensuite de garde forestier qui
« n'en ait reçu une. »

Si des ministres nous descendons à leurs agents, nous trouverons que des commissaires ont été envoyés dans les départements pour travailler les élections, avec des pouvoirs dont l'étendue n'est pas connue. Ces pouvoirs paraissent avoir été de deux sortes : les uns, écrits et exprimés en termes généraux, semblent avoir été faits pour être montrés aux autorités; les autres consistaient en instructions secrètes, soit écrites, soit verbales. C'est du moins ce qui résulte de la lecture des pièces justificatives. Combien comptait-on de ces commissaires? quel nombre de départements chacun a-t-il parcouru? qu'ont-ils dit et fait à leur passage? C'est ce qu'on ne pourrait savoir complètement que par une enquête juridique : voici seulement quelques faits.

Un M. A.... a traversé à peu près neuf à dix départements : le Loiret, la Nièvre, l'Allier, Saône-et-Loire, la Loire, la Haute-Loire et l'Aveyron. Partout il se présentait aux autorités, déployait ses pouvoirs et parlait contre la majorité de l'ancienne Chambre. Dans l'Aveyron, ce M. A.... paraît avoir demandé au préfet l'éloignement momentané du commandant de la gendarmerie qu'il regardait comme trop royaliste; il défendait impérativement de nommer MM. de Bonald et Clausel.

A Digne (Basses-Alpes), on trouve un autre commissaire, se faisant appeler R...., nom véritable ou supposé. Il menaçait les autorités de destitution, dans le cas où M. de Vitrolles serait réélu. Il engageait les hommes les plus connus par leur conduite révolutionnaire et par leur infidélité pendant les Cent-Jours, à se présenter aux élections, à en écarter les *nobles* et les anciens serviteurs du roi.

A Dijon, un autre commissaire-voyageur prétendait avoir l'ordre de faire exclure des élections MM. de Grosbois et Brenet.

A Auch, même scène, même conduite. Un commissaire demandait l'expulsion de M. de Caltelbajac.

Un sieur le C.... s'est montré à Caen avec plusieurs autres agents; on lui donnait le titre d'*inspecteur d'opinion*, et il déclamait contre les anciens députés.

A Beauvais, deux autres commissaires ont paru. Le sieur B... ou la B..., l'un de ces deux commissaires, étant inspecteur de la trésorerie, menaçait de destitution les employés des finances qui ne se déclareraient pas contre M. de Kergorlay. Le sieur la B... s'est aussi montré à Amiens.

Je ne finirais pas si je voulais parler de tous ces agents. Les choses ont été poussées si loin, que la police, effrayée du zèle de ces ardents citoyens, se serait vue dans la nécessité de les désavouer, d'ordonner même à quelques autorités de les faire arrêter; mais par une de ces fatalités qui détruisent l'effet des meilleures intentions, ses ordres sont parvenus trop tard.

Passons maintenant aux préfets.

Le premier qui se présente est celui d'Arras; sa circulaire contient ce passage, maintenant si connu : « Je suis autorisé à le dire, à le répéter, à l'écrire, le roi verra « avec mécontentement siéger dans la nouvelle Chambre ceux des députés qui se sont « signalés dans la dernière session par un attachement prononcé à la majorité opposée « au gouvernement....

« A votre arrivée à Arras, monsieur, faites-moi l'honneur de venir chez moi; moi « seul peux vous faire connaître la pensée du roi et ses véritables intentions. »

Les commentaires sont inutiles. Un des membres du collége électoral du département du Pas-de-Calais crut devoir demander le dépôt sur le bureau, et la mention au procès-verbal, de la lettre inconstitutionnelle de M. le préfet; mais la parole lui fut interdite. Un autre électeur de ce département a dénoncé au ministère de la justice le discours d'un président de collége d'arrondissement.

M. le préfet de Vaucluse semblerait avoir poussé les choses pour le moins aussi loin que M. le préfet du Pas-de-Calais. Il aurait exclu M. de Forbin, et présenté aux élections M. de Liautaud, en se servant du nom du roi. Les faits sont attestés dans une lettre de M. de Forbin, écrite en réclamation aux ministres de l'intérieur, de la police générale et de la justice.

M. le comte de Clermont Mont-Saint-Jean, ancien député, a également porté plainte à M. le procureur général Bellard, contre M. le préfet de Seine-et-Marne, qui l'avait (lui M. de Clermont Mont-Saint-Jean) exclu nominativement des élections.

On sait ce qui s'est passé à Cahors. Les pièces relatives à cette affaire ont été soumises à la Chambre des députés. Par ces pièces, M. le préfet du département du Lot serait accusé d'avoir mis en usage les moyens les plus illégaux pour exclure des élections les députés de la dernière Chambre. M. le préfet a cru devoir se justifier dans les papiers publics. On a refusé d'insérer dans les mêmes journaux la réplique de MM. Syrieys et Lachaise-Murel. Tel est l'état où se trouve la presse sous un gouvernement constitutionnel. Dans les pièces justificatives on trouvera une nouvelle protestation de quarante et un électeurs du département du Lot, qui n'est pas encore connue.

Plusieurs autres préfets que je pourrais citer, ont donné l'exclusion nominative à plusieurs autres candidats en parlant à la personne même de ces candidats. Ils ont de plus employé les menaces et les promesses, et effectué les unes et les autres.

Les présidents des colléges électoraux doivent être plus impassibles par la nature de leurs fonctions, par leur indépendance personnelle et les engagements solennels qu'ils contractent en acceptant la présidence. L'ordonnance royale qui leur confère cet honneur, porte textuellement, « que MM. les présidents..... ne doivent tolérer

« aucune coalition tendante à capter ou gêner les suffrages; qu'ils ne doivent rien « faire par haine ou par faveur ; qu'ils doivent exercer leurs fonctions avec zèle, « exactitude, fermeté et impartialité. » Un serment écrit répétant mot pour mot les paroles de l'ordonnance, est envoyé par les présidents au ministre de l'intérieur. C'est du moins ce qui eut lieu pour les élections de 1818. Je ne saurais croire qu'il y ait eu des présidents capables d'oublier ou de mal comprendre des engagements aussi sacrés : serait-il vrai que MM. de Kergorlay, Michaud, Villèle et plusieurs autres eussent à se plaindre ?

Il semble donc résulter des divers rapports parvenus de toutes les parties de la France, que des commissaires chargés des ordres de la police ont été envoyés dans les départements; qu'il y a eu des exclusions formelles, des désignations non moins formelles, prononcées par des autorités constituées; que des surveillances ont été levées pour laisser aller aux élections des électeurs d'une certaine espèce, et que des permissions ont été refusées à des électeurs d'une autre espèce. Quel a été le fruit de tant de soins? Des colléges électoraux d'arrondissements et de départements se sont séparés sans avoir pu terminer leurs opérations. Trois départements ne sont point du tout représentés. D'autres n'ont complété que le tiers ou la moitié de leurs élections : ainsi se trouve encore affaiblie une représentation déjà faible par le nombre, ce qui peut avoir les plus graves inconvénients, tant pour l'indépendance des votes que pour la discussion des lois.

Outre ce premier malheur, ces intrigues en ont produit un autre encore plus grand : elles ont mis les partis en présence; elles ont ranimé des factions prêtes à s'éteindre. L'opinion, qui devenait excellente, a sensiblement rétrogradé vers les principes révolutionnaires. Les royalistes ont été consternés; et comment ne l'auraient-ils pas été à la vue de ces commissaires de police, parmi lesquels ils remarquaient des hommes trop connus dans la révolution et pendant les Cent-Jours, par leurs erreurs politiques, par leur haine contre les Bourbons? Pouvaient-ils croire que de tels agents eussent dû être choisis pour apôtres de la légitimité? Pouvaient-ils comprendre quelque chose à ce renversement d'idées? Les jacobins, poussant un cri de joie, qui a été entendu de tous leurs frères en Europe, sont sortis de leurs repaires : ils se sont présentés aux élections tout étonnés qu'on les y appelât, tout surpris de s'y voir caressés comme les vrais soutiens du trône.

Des hommes destitués, en raison de leur conduite, se sont trouvés avoir dans le département de la Haute-Garonne les qualités requises pour présider des colléges d'arrondissements. On s'est permis, dans le département du Gers, de choisir pour scrutateur un ex-membre du comité révolutionnaire.

Dans le même département, trois jacobins fameux, à l'égard desquels il avait été pris des mesures de haute police, ont été mis en liberté au moment des élections, et ils n'ont pas manqué de répandre leur esprit autour d'eux. Il sera utile de faire observer que, tandis qu'on jetait ainsi dans la société des hommes capables de corrompre l'opinion, on déplaçait subitement des hommes attachés à la cause royale ; on leur ordonnait de partir dans vingt-quatre heures, comme si l'on eût craint le contre-poids de leur influence.

Le roi était déjà à Senlis : les généraux qui se trouvaient au camp de La Villette adressèrent aux *représentants de la nation* une lettre où on lisait ces mots : « Les « Bourbons sont rejetés par l'immense majorité des Français ; si on pouvait sous- « crire à leur rentrée, rappelez-vous, représentants, qu'on aurait signé le testament « de l'armée... Les Bourbons n'offrent aucune garantie à la nation. » Un des signataires de cette lettre est venu porter son vote à Cahors.

À l'époque du mouvement de Grenoble, il se fit un mouvement correspondant à Millau : un homme fut soupçonné d'en être le chef, et d'entretenir des intelligences avec les rebelles de l'Isère ; la police crut devoir le mettre sous la garde des autorités de Millau : le temps des élections est arrivé, et l'on a permis à cet émule de Didier d'aller voter à Rodez.

Un membre de la Chambre des représentants avait fait, pendant les Cent-Jours, une proposition de loi. Il demandait qu'on saisît les biens des Français armés pour la cause royale : « Soient mis hors de la loi, s'écria-t-il, ces brigands, leurs ascendants et leurs descendants » Les représentants eux-mêmes ne purent se défendre d'un mouvement d'horreur. Depuis la rentrée du roi, la police avait mis en surveillance l'auteur de cette proposition : c'est lui dont j'ai déjà parlé, et qui, mis en liberté pour aller voter à Ploërmel, a été remis ensuite en surveillance.

Beauvais a été étonné de la présence de l'ancien chef de division de la police secrète sous Fouché et Rovigo : homme qui a fait peur si longtemps à ses propres maîtres. Il est venu, libre et autorisé, voter contre un homme qui vota si courageusement contre l'Acte additionnel : sous la monarchie légitime, Desmarets était appelé, et Kergorlay était exclu.

Dijon a vu siéger des électeurs tout récemment échappés aux tribunaux, où ils avaient été traduits pour crimes présumés de trahison [1].

A Nevers, on a signalé avec effroi un électeur accusé d'avoir été juré dans le procès de la reine Marie-Antoinette !

Un juré du même tribunal s'est mis sur les rangs à Arles pour être candidat, et on l'a souffert ! et on n'a pas permis à M. de Béthisy de se rendre à son collège électoral à Lille, bien sûr sans doute que l'on était qu'il n'en sacrifierait pas moins sa vie *pour le roi, quand même !*

Presque partout dans les départements les royalistes ont été représentés par les commissaires de police comme les ennemis du roi. Les élections se sont faites dans plusieurs provinces au cri d'*à bas les prêtres ! à bas les nobles !* cri qui fut le signal de la révolution, et qui annonça tous les malheurs. Les propos les plus odieux ont été tenus contre la famille royale, dont on sépare toujours la cause de celle du roi, selon l'abominable système des ennemis de la légitimité. A Épinal on chantait la *Marseillaise*, et l'on a trouvé affichés au coin des rues des placards épouvantables.

On n'apaise pas les passions comme on les soulève ; on ne remue pas impunément la lie d'un peuple corrompu par vingt-cinq années de révolution. Si tant de soins n'avaient été pris que pour se procurer une faible majorité dans une nouvelle Chambre, il ne faudrait pas appeler cela de l'habileté ; ce ne serait qu'une incapacité déplorable, les résultats obtenus n'étant point en proportion des moyens employés, la vue de l'auteur de ce système n'ayant pas eu la force d'en embrasser toutes les parties, d'apercevoir ce qui allait se trouver au delà du terme qu'il avait marqué.

Si au contraire la vue s'était portée au delà du but ; si l'on avait calculé le changement qu'allait produire dans l'esprit public cet appel aux ennemis du trône ; si l'on avait prévu le danger qui peut résulter pour la couronne du triomphe des révolutionnaires sur les royalistes ; si l'on avait voulu à la fois exalter les premiers et décourager les seconds, remplacer ceux-ci dans la condition où ils se trouvaient sous Buonaparte, les remettre sous le joug des mêmes hommes qui les ont si longtemps opprimés ; si l'on s'était plu à changer en terreur et en inquiétudes le repos dont nous commencions à jouir ; si dans la France, aigrie par ses anciennes factions et ses calamités

---

[1] Voyez le *Journal de la Côte-d'Or.*

récentes, on n'avait pas craint de mettre tout en problème, je ne nommerais plus cela incapacité : je l'appellerais trahison, haute trahison.

Je n'ignore pas ce que l'on dit, ou plutôt de quoi on se vante : on dit que l'on saura bien contenir les flots dont on a rompu la digue; qu'on écrasera les jacobins après s'en être servi; qu'on serait charmé qu'ils remuassent pour avoir le plaisir de les frapper; que si la Chambre nouvelle n'eût pas été modérée dans un sens ou dans un autre, on l'eût cassée comme la dernière. Puérile jactance, vaines paroles de gens qui ne connaissent ni la puissance des affaires ni celle des hommes, ni ce que la France est en état de supporter!

Les dangereux personnages appelés aux élections sont d'autant plus à craindre, qu'on a passé toutes les bornes de la prudence en leur témoignant de l'estime. « Buo-
« naparte, disait dernièrement un homme d'État, se servait, pendant les Cent-Jours,
« des révolutionnaires en les méprisant; on a voulu s'en servir aujourd'hui en les
« honorant. » Remarque aussi juste que profonde.

Après tout, ces tentatives coupables sur la liberté des élections vont même contre la chose que l'on cherchait à prouver, tant elles ont été mal calculées. Que prétendaient, l'année derrière, ceux qui s'élevaient contre l'ancienne Chambre des députés? ils prétendaient qu'elle n'était point dans le sens de l'opinion; qu'elle ne représentait point les véritables sentiments de la France : cependant elle avait été librement élue. Que répondrait-on aujourd'hui aux ennemis de la Chambre nouvelle (en supposant qu'elle trouve des ennemis), s'ils disaient qu'elle ne représente point les véritables sentiments de la France, qu'elle n'est que le fruit d'une intrigue? Essaierez-vous de répliquer? on vous citera et les circulaires des ministres, et les lettres des préfets, et les commissaires de police, et les exclusions formelles, et les destitutions de places, et les refus de congés, et la levée des surveillances. Serait-on reçu à rejeter la faute sur quelques agents particuliers dans quelques départements isolés, lorsque la liberté des élections a été attaquée par un système général, depuis Perpignan jusqu'à Lille, depuis Brest jusqu'à Strasbourg? Si ce sont des autorités locales qui ont outre-passé leurs pouvoirs, pourquoi ces autorités n'ont-elles pas été cassées à l'instant même? Les préfets qui ont violé la liberté des élections conservent leurs places, tandis que d'autres préfets (si l'on en croit la voix publique) ont été destitués, parce qu'en obéissant à leur conscience ils ont agi en opposition aux intentions de la police.

Grâce à cette Providence qui veille sur le trône de saint Louis, grâce au bon esprit de la France, tout n'a pas été perdu, comme il aurait pu l'être, et la nouvelle Chambre se montrera digne de succéder à la première. Les royalistes, qui ne doivent exister nulle part, se sont présentés partout; ce parti (c'est ainsi qu'on l'appelle), pour lequel il ne faut rien faire, parce qu'il est si faible qu'on ne doit pas le compter; ce parti s'est pourtant trouvé assez fort pour lutter seul, sans secours, sans soutien, contre toute la puissance ministérielle, secondée de tous les intérêts révolutionnaires, armée de ce nom sacré qui conduisit souvent les Vendéens à la victoire, et qui seul aujourd'hui peut les vaincre.

Mais, quel que soit le but qu'on s'est proposé en se rendant maître des élections, était-il permis de violer les premières lois de l'État pour atteindre à ce but? Sans doute partout où il y a des élections il y a cabales, intrigues, mouvements d'opinions et de partis : c'est un mal qui sort de la chose; il est inévitable. Sans doute un gouvernement peut et doit employer des influences morales : des ministres, des préfets, des présidents, ont le droit de dire qu'il faut préférer les hommes de modération, de probité et de vertu; qu'il faut écarter les hommes immoraux, les scélérats, les parjures; mais un ministre doit-il exercer une puissance directe et coërcitive sur les élections? doit-il désigner les individus? doit-il priver par une mesure arbitraire un citoyen de l'exercice de ses droits? Est-ce avec des circulaires, des commissaires de police, des menaces aux autorités, des destitutions, des mutations de places, qu'il doit diriger les élections d'un grand peuple? Doit-il, moralement et politiquement parlant, grossir les colléges électoraux de tout ce qu'il avait cru nécessaire de retrancher de la société? Est-ce le vote d'un traître ou d'un pervers qui doit donner au roi et à la France des représentants dignes de lui, faits pour elle?

Et si, en cassant la dernière Chambre, si en troublant les élections, on n'a songé qu'à conserver des places qu'on a cru mal à propos menacées, à quelle estime pourrait prétendre celui qui n'aurait pas craint de jouer le sort de sa patrie contre la conservation de sa place ; celui qui n'a pas senti qu'en se retirant il honorerait son caractère, et se préparerait même un chemin plus beau comme plus sûr au pouvoir?

Sans la liberté des élections il n'y a plus de gouvernement représentatif, il n'y a plus de Charte. Il est d'autant plus nécessaire de la protéger, cette liberté, que la liberté individuelle et la liberté de la presse sont suspendues. Par la loi qui arrête la première, le ministre est le maître de retenir ou de relâcher à son gré tels ou tels électeurs. Il pourrait ainsi remplir une Chambre législative de ses créatures et non des mandataires du peuple. Par la loi qui entrave la liberté de la presse, la police peut se servir des journaux pour corrompre l'esprit public au moment des élections, créer une opinion factice propre à favoriser non les intérêts de la France, mais les systèmes d'un parti. A ces moyens d'oppression, s'il est encore permis de joindre des entreprises directes contre la liberté des suffrages, que deviendrait la représentation nationale?

Ne nous laissons pas dominer par nos opinions particulières; attachons-nous aux principes, pour ne pas tomber dans les passions. Je le demande à ceux qui seraient tentés d'approuver qu'on eût violé la liberté des élections, afin d'avoir des députés d'une certaine sorte, s'il leur conviendrait qu'un autre ministère employât un jour des moyens coupables pour en faire nommer d'une autre espèce ? C'est aux pairs de France, qui n'ont rien à craindre des ambitions et des intrigues, parce que l'électeur royal qui les nomme est au-dessus de toutes les influences comme de toutes les erreurs; c'est à eux de veiller au maintien des lois. Qu'ils leur donnent la stabilité dont ils jouissent eux-mêmes, et ne permettent pas que le gouvernement représentatif de la France devienne la risée de l'Europe.

On ne peut se le dissimuler, des doctrines funestes à la liberté se répandent autour de nous. On murmurait l'année dernière, on dit tout haut cette année que les Chambres ne doivent être que des conseils obéissant aux ordres ministériels ; que nous ne sommes point faits pour un gouvernement constitutionnel; qu'il faut nous conduire avec des ordonnances; que nous n'avons pas besoin de lois. Et qui sont ceux qui soutiennent ces doctrines ? Une partie de ceux-là même qui, pendant vingt-cinq ans, ont crié à la constitution et à la liberté. Ils ont bouleversé la France pour quelques lettres de cachet, et ils trouvent aujourd'hui très-bon qu'on fasse des élections avec des commissaires de police. Ces anciens partisans de la liberté de la pensée déclament contre la liberté de la presse; ils la voulaient pour détruire, ils ne la veulent plus réparer; ou plutôt ils la veulent encore, mais pour eux seuls, mais au profit de leur vanité, de leurs intérêts, de leurs passions, et par le moyen de la police. Ils ne savent comment allier leurs vieux principes et les nouvelles doctrines; ils se mettent à la torture pour combattre et défendre à la fois le gouvernement représentatif; embarrassés qu'ils sont dans la théorie qu'ils avouent et dans la pratique qu'ils craignent. Ils voudraient aujourd'hui qu'on nous retirât d'une main ce qu'on semblerait nous donner de l'autre. C'est précisément ce qui a eu lieu dans tout le cours de la révolution : une constitution n'était pas plutôt achevée qu'on la proclamait comme un chef-d'œuvre; mais à l'instant même on en suspendait la partie la plus essentielle : libres par la loi, esclaves par l'administration, voilà notre histoire depuis vingt-cinq ans.

Heureusement il est resté des hommes d'un esprit élevé, d'un caractère noble, qui n'ont point désavoué leurs principes; ils se réunissent à tous ceux qui professent des opinions indépendantes, sans acception de partis et de personnes ; conséquents dans leurs systèmes politiques, comme ils l'ont été dans leur conduite, ils ne veulent pas que le gouvernement représentatif en France soit un vain nom : ils le veulent réellement et de fait dans tous ses rapports, dans toute sa plénitude. La Charte, toute la Charte, sans arrière-pensée, sans suspension, sans restriction, voilà ce qu'il nous faut. La liberté constitutionnelle nous a coûté trop cher pour perdre le fruit de nos sacrifices : qu'elle nous excuse dans l'avenir, et que du moins elle honore nos neveux, si elle n'efface pas nos crimes! Quant à moi, je combattrai éternellement pour tout ce que réclament la dignité et le bonheur de la France, la religion, la légitimité, la liberté; de même que je ne cesserai jamais, quoi qu'il m'en puisse coûter, d'avertir mon roi et ma patrie des périls dont ils me paraîtront menacés.

Et où prétendrait-on nous mener, si l'on parvenait à nous priver peu à peu de nos libertés constitutionnelles? Dans l'ancien régime, lorsque les états généraux ne s'assemblèrent plus, deux grands corps, la noblesse et le clergé, restèrent et s'interposèrent entre le suprême pouvoir et le peuple. Venaient ensuite les parlements avec leurs remontrances et leurs doléances ; enfin les états de provinces, les provinces elles-mêmes ; les corporations, les villes privilégiées, formaient de toutes parts des obstacles à l'autorité arbitraire.

Aujourd'hui, que tout cela est détruit, comment nous défendrions-nous, si on pouvait impunément violer les principes de la Charte? Nous arriverions au despotisme pur; et ce despotisme ne serait pas le despotisme royal, mais le despotisme ministériel, le pire de tous, parce qu'il est de sa nature variable, craintif et soupçonneux comme la faiblesse; intolérant, exclusif et haineux comme un parti; peu noble et petit dans ses vengeances, comme toute faction civile dont le champ de bataille est un bureau. Ce despotisme sans dignité est aussi dangereux pour le roi que pour le peuple, surtout dans un siècle où l'administration paie tout et a tout envahi. Que ne ferait point, par exemple, un ministre, s'il pouvait hautement, publiquement, s'emparer des élections et nommer les députés; chose d'autant plus facile à l'avenir qu'il n'aurait plus à travailler sur la surface entière de la France, mais seulement chaque année sur un cinquième des élections?

C'est le pouvoir ministériel qui renversa la première race, comme le pouvoir aristocratique précipita la seconde, comme le pouvoir démocratique a pensé perdre la troisième : tâchons de ne pas revenir au point de départ.

Je sais qu'il paraît difficile qu'un despotisme quelconque s'affermisse aujourd'hui : on n'arrête pas les progrès des choses; les principes politiques de la Charte resteront, en dépit de ce qu'on pourrait faire pour les détruire; mais on peut troubler l'État en les attaquant; on peut perdre le gouvernement, sans réussir à vaincre le siècle. Il faut le dire, pour nous inspirer une frayeur salutaire, un gouvernement serait en danger si un ministre pouvait mépriser demain la loi proclamée aujourd'hui ; si l'ambition n'était arrêtée par aucune considération ; si l'extrême audace, qui touche à l'extrême faiblesse, heurtait également dans sa course les hommes et les lois. L'opinion, que l'on aurait comprimée d'abord, s'échapperait enfin : lorsque le bras de fer du dernier tyran n'a pu la tenir terrassée, lorsqu'il n'a pu l'enchaîner dans sa gloire, serait-ce les faibles mains de quelques agents obscurs qui pourraient la retenir. La police apprendra qu'on ne met point l'opinion au secret.

Je termine ici l'analyse des pièces justificatives. En parcourant et les documents généraux et la correspondance particulière, on voit que toutes les pièces sont uniformes dans leur contenu ; qu'elles disent à peu près les mêmes choses, savoir : qu'on a tenté presque partout de violer la liberté des suffrages dans les dernières élections ; que les révolutionnaires ont été appelés contre les royalistes au secours de la royauté ; que partout, et au même moment, on a tenu contre la famille royale des propos dont il serait aisé de découvrir la source. La loi des cris séditieux n'a-t-elle été faite que contre les royalistes ? Les lâches calomniateurs de nos princes et de leurs vertus ont-ils le privilège de l'injure, quand les victimes de la fidélité et de l'honneur n'ont pas celui de la plainte ?

On a demandé quel était le but de ma proposition, puisque je reconnaissais que les élections étaient valides.

Je ne conçois pas, moi, qu'on ait pu faire une pareille question. Parce que les élections sont valides, s'ensuit-il qu'on n'ait pas voulu les corrompre ? En matière criminelle, un homme est-il innocent parce qu'il n'a pas pu consommer le crime qu'il avait tenté de commettre ? Mais s'il y a eu commencement de crime politique, pouvais-je, comme pair de France, devenir accusateur ? Non. Aussi n'ai-je pas demandé à la Chambre de porter une *accusation* contre tels ou tels individus, mais de présenter une humble adresse au roi, pour le supplier de *faire examiner ce qui s'était passé aux dernières élections, afin d'en ordonner ensuite selon sa justice*. Je n'avais d'autre dessein, en agissant de la sorte, que de fixer l'attention de la Chambre des pairs sur des délits qui attaquent la Charte par ses fondements ; que de dénoncer ces délits à l'opinion publique, et d'empêcher ainsi qu'ils se renouvellent à l'avenir. Dans un gouvernement représentatif, il s'agit bien moins de jugements légaux que de jugements prononcés par l'opinion. Toute proposition qui peut arrêter un mal, dût-elle être repoussée, doit être faite : celui qui l'a faite dans cet esprit a atteint son but et rempli son devoir [1].

OPINION

SUR LE PROJET DE LOI RELATIF AUX JOURNAUX,

PRONONCÉE A LA CHAMBRE DES PAIRS, DANS LA SÉANCE DU 22 FÉVRIER 1817.

Messieurs, si l'on veut se former une idée juste du projet de loi maintenant soumis à votre examen, il ne faut jamais perdre de vue la nature de notre gouvernement. On a signalé les dangers et les abus de la liberté de la presse, considérée par rapport aux papiers publics (dangers et abus que personne ne conteste) ; mais on ne s'est point enquis si un gouvernement représentatif pouvait marcher sans cette liberté ; si l'asservissement des journaux ne détruisait pas l'équilibre de la balance constitutionnelle, et si les maux que produit cet asservissement ne sont pas plus grands que ceux qui adviendraient de la liberté des journaux. Cependant, messieurs, la forme du gouvernement ne peut être oubliée dans cette matière. Les raisonnements sur la liberté des journaux seraient-ils les mêmes pour des gazettes qui paraîtraient sous un gouverne-

---

[1] Voyez les pièces justificatives, à la fin des *Opinions et Discours*.

ment despotique, et pour des gazettes imprimées sous une monarchie constitutionnelle? Des journaux libres à Constantinople pourraient renverser la constitution ; des journaux esclaves à Paris pourraient anéantir la Charte. Dans ces deux cas si divers, nous servirons-nous d'arguments semblables pour abolir ou pour conserver la censure?

On se place ensuite sur un terrain où l'on n'est point appelé à combattre : on raisonne comme si nous demandions la liberté illimitée et non pas la liberté légale des journaux; on se récrie contre le mal que nous ont fait les papiers publics, et l'on ne remarque pas qu'ils étaient dans une position différente de celle où nous voudrions les placer. Il y a toujours eu en France, depuis la révolution, oppression des journaux; et, ce qu'il y a de remarquable, c'était cette oppression qui produisait leur licence. Nous voulons que la presse soit sous l'empire d'une loi, et non dans la dépendance d'un homme.

Cette loi que nous demandons est-elle donc si difficile à faire? Je ne le crois pas. Cautionnement considérable donné par le journaliste; jury spécial pour connaître des délits de la presse, et prononçant sur la question intentionnelle (seul moyen d'atteindre la calomnie); amendes ruineuses pour les auteurs et pour les libraires; peine de prison, peines infamantes pour toute calomnie d'une certaine nature (car quiconque cherche à déshonorer doit être déshonoré); voilà tout le fond de la loi. On pourrait la compléter en empruntant quelque chose de la loi romaine, *de Libellis famosis*, et en consultant la jurisprudence anglaise. Celle-ci range dans la classe des libelles la louange ironique, l'injure cachée sous des lettres initiales, la caricature, l'allégorie malicieuse et l'imitation bouffonne.

Mais si vous n'avez pas une loi, messieurs, du moins faudrait-il que la censure reposât sur des bases légales. Or, une loi peut-elle être renfermée dans un article aussi vague que celui-ci : *Les journaux et écrits périodiques ne pourront paraître qu'avec l'autorisation du roi?*

Quel vaste champ cet article ne laisse-t-il pas à l'arbitraire? Aussi comment l'a-t-on interprété? Voici, messieurs, tout ce qu'il veut dire :

On peut suspendre ou supprimer un journal sans faire juger le journaliste, et l'on viole ainsi l'art. 62 de la Charte, qui porte *que nul ne poura être distrait de ses juges naturels*. Il y a ici double abus, car le journal est soumis à la censure : dans ce cas, il faut convenir que la censure est une illusion, ou que la suppression du journal, après le *visa* du censeur, est une injustice.

On peut ruiner ainsi arbitrairement des propriétaires, des libraires et des imprimeurs.

On peut arrêter le journal à la poste et l'empêcher de partir, quoiqu'il ait circulé dans Paris; sorte d'abus auquel s'appliquent les dispositions d'une loi faite par nos assemblées législatives, et qui n'a pas été révoquée.

On peut non-seulement par la censure retrancher ce que l'on veut du texte d'un journal, mais on peut encore y ajouter ce que l'on veut.

On peut forcer un journaliste à insérer des articles en opposition directe avec ses principes.

On peut enfin mettre des impôts arbitraires sur les journaux.

Une ordonnance du 1er avril 1816 fixe un impôt d'un centime et demi par feuille de journal tiré à plus de cinq mille exemplaires. Cependant l'article XLVIII de la Charte déclare expressément qu'*aucun impôt ne peut être établi ni perçu s'il n'a été consenti par les deux Chambres et sanctionné par le roi.*

Savez-vous, messieurs, à combien se monte cette taxe illégale sur les journaux de Paris et sur ceux des départements? Elle a passé cette année cinq cent mille francs. On nous dit que cette taxe est sacrée; qu'elle sert à faire des pensions aux gens de lettres. On ne saurait trop récompenser le mérite ; mais les cinq cent mille francs sont-ils tous répartis entre des gens de lettres? Toutefois, messieurs, en m'élevant contre les taxes arbitraires imposées sur les journaux, à Dieu ne plaise que je blâme l'usage qu'on en fait, si le produit de ces taxes sert réellement à encourager la science ! J'ai trop d'obligation aux lettres pour ne pas voir avec plaisir tout ce qui peut contribuer à leur gloire : il faudrait que je fusse bien ingrat pour renier ces compagnes de mes infortunes, qui deux fois m'ont suivi dans le double exil où j'avais suivi mon roi ; qui, lorsque j'avais tout perdu, ont été la consolation de ma vie, et qui m'ont fait pardonner à tant d'ennemis, en me faisant oublier leurs injustices.

Pour justifier les procédés illégaux employés par la censure, on fait un grand raisonnement : un journal, dit-on, n'existe qu'en vertu d'un privilége. Le gouvernement peut donc retirer ce privilége quand il lui plaît, et conséquemment supprimer le journal, ou maintenir le privilége en vertu de telles conditions que le journaliste s'engage à remplir.

Cela pouvait-être vrai sous le gouvernement de Buonaparte ; mais dans notre nouvelle constitution un journal n'existe point en vertu d'un privilége ; il existe par la toute-puissance de l'article 8 de la Charte, qui dit : *Les Français ont le droit de publier et de faire imprimer leurs opinions.*

De plus, un journal est une propriété, comme toute propriété industrielle : la preuve s'en trouve même dans l'énoncé de la loi que nous examinons. Cette loi n'est que temporaire ; au bout d'un an, si elle n'est pas renouvelée, le journal paraîtra sans autorisation : donc il existe par lui-même, donc aucun privilége n'est la source de son existence. La Charte garantit cette propriété, comme toute autre propriété, par l'article 9, qui déclare que *toutes les propriétés sont inviolables*. Partout où il y a liberté, la propriété des journaux n'est pas contestée : les journaux sont des propriétés en Amérique, en Angleterre, dans les Pays-Bas, et dans les villes libres d'Allemagne. Et n'est-il pas singulier que parmi nous, sous l'empire d'une constitution libre, on veuille créer une espèce de classe hors de la loi commune qui protége les autres citoyens ? Telle est cependant la condition des journalistes : on viole envers eux quatre articles de la Charte : sous la censure, tout recours aux tribunaux leur est interdit : on peut les dépouiller, les obliger à se soumettre aux caprices d'une tyrannie obscure et fiscale, les taxer arbitrairement, les faire servir d'instruments à des partis qu'ils détestent, ou à des passions qu'ils ne partagent pas.

J'ai dit, messieurs, au commencement de ce discours, qu'il fallait, lorsqu'on raisonne sur la censure, prendre surtout en considération la nature de la constitution établie. Voyons donc ce que cette censure produit dans un État libre, tant par rapport à l'État lui-même que par rapport aux particuliers.

Je pose en fait :

1° Que la censure attaque le gouvernement représentatif dans sa source ;

2° Qu'elle ne met point à l'abri l'honneur des particuliers, comme on veut nous le persuader.

Quant au premier article, messieurs, qu'il me soit permis de répéter ici ce que j'ai dit ailleurs :

« Point de gouvernement représentatif sans la liberté de la presse.

« Dans un gouvernement représentatif il y a deux tribunaux : celui des Chambres,
« où les intérêts particuliers de la nation sont jugés ; celui de la nation elle-même,
« qui juge en dehors des deux Chambres.

« Dans les discussions qui s'élèvent nécessairement entre le ministère et les Chambres,
« comment le public connaîtra-t-il la vérité, si les journaux sont sous la censure du

« ministère, c'est-à-dire sous l'influence d'une des parties intéressées? Comment le
« ministère et les Chambres connaîtront-ils l'opinion publique, qui fait la volonté gé-
« nérale, si cette opinion ne peut librement s'exprimer?

« Il faut, dans une monarchie constitutionnelle, que le pouvoir des Chambres et
« celui du ministère soient en harmonie. Or, si vous livrez la presse au ministère,
« vous donnez à celui-ci le moyen de faire pencher de son côté tout le poids de l'o-
« pinion publique, et de se servir de cette opinion contre les Chambres : la consti-
« tution est en péril. »

Voilà les principes, messieurs; en voici les développements.

Dans un gouvernement représentatif, les Chambres législatives ne peuvent être éclairées que par l'opinion; si l'on crée autour d'elles une opinion factice, si elles ne connaissent pas, par l'opinion réelle ou par le choc des opinions opposées, le véritable état de la France, comment se détermineront-elles pour ou contre les lois, pour ou contre les mesures que l'on viendra leur proposer?

Le même raisonnement s'applique à ce qui se passe hors de France. Est-ce qu'il n'importe pas aux Chambres d'être instruites, autant que possible, de la position de l'Europe? Comment en seraient-elles instruites? On nous entretient de ce qu'il y a de moins important dans les gazettes de Leyde et de Francfort; mais quant aux articles qui seraient pour nous d'un intérêt majeur, la censure n'en laisse rien passer. Par exemple, messieurs, toute l'Europe s'est occupée dernièrement de l'emprunt que l'on projetait en France; les journaux de l'Angleterre en ont retenti; les opinions pour et contre ont été vivement discutées : et dans une affaire si importante, dans une affaire où nous sommes les premiers intéressés, tous vos journaux ont été muets. Les pairs et les députés n'ont pu savoir de quelle manière cet emprunt était considéré en Europe. Et cependant, messieurs, vous allez être dans quelques jours appelés à voter sur le budget.

La France a conclu une convention concernant la banque de Hambourg, convention signée Portal, Dudon et Sillem. La ville de Hambourg réclamait de la France la somme de dix millions, pour indemnités des pertes qu'elle avait éprouvées en 1813 et 1814. On lui a accordé, le 27 octobre 1816, une inscription de rente de cinq cent mille francs sur le grand-livre; plus, en numéraire, une somme de cent trente-quatre mille francs pour les intérêts du capital depuis le 20 novembre 1815 jusqu'au 22 mars 1816; plus une autre somme de deux cent cinquante-quatre mille francs pour les arrérages de la rente de cinq cent mille francs, compris entre le 22 mars et le 22 septembre 1816. Les journaux étrangers ont donné le texte de cette convention; on a voulu la répéter dans nos gazettes, et la censure s'y est opposée. Et cependant, messieurs, vous êtes en pleine session, et vous vous occupez des finances de la France; et vous ignorez si cette convention de Hambourg est une pièce fabriquée ou une pièce authentique, et vous ne connaissez pas le texte d'une convention publiée dans toute l'Europe [1].

Que résulte-t-il de cette censure, messieurs? que l'on tient les deux Chambres dans une ignorance qui finirait à la longue par les rendre la fable de l'Europe. Nous prétendons avoir un gouvernement représentatif, et il n'y a pas un petit journal d'Allemagne, sous le prince le plus absolu, qui ne soit plus libre que nos journaux. On

[1] M. le duc de Richelieu a bien voulu donner sur cette convention les explications les plus honorables, et telles qu'on pouvait les attendre de son caractère et de sa loyauté. J'ai eu l'honneur de lui faire observer que je n'avais jamais prétendu attaquer le fond de cette convention, que je n'avais voulu parler que de la manière dont elle avait été publiée dans les journaux étrangers, sans pouvoir être imprimée dans les nôtres. Cela entrait dans l'ordre de mes arguments et dans la nature de mon sujet.

nous traite comme des enfants qui ne doivent rien savoir que ce que veulent bien leur apprendre leurs maîtres. Il semble que l'on aurait dessein de nous gouverner despotiquement, en nous laissant, pour la forme et comme un hochet, les apparences d'une monarchie constitutionnelle. Nous dirons tout ce que nous voudrons à la tribune, nous ferons de longs discours sur les principes; tandis que nous parlerons budget, Charte et liberté, on lèvera des impôts arbitraires : avec la loi sur la liberté individuelle, on arrêtera les citoyens; et avec la censure, on étouffera leurs cris. Notre position est singulière, messieurs; nous avons à la fois les inconvénients d'une monarchie représentative et ceux d'une monarchie absolue; nous sommes gouvernés par les actes de quatre régimes : les anciennes ordonnances de nos rois, les lois de la république, les décrets de Napoléon, et la Charte.

Je ne m'étendrai pas davantage sur ce qui concerne l'indépendance nécessaire de l'opinion publique dans un gouvernement représentatif : je ne vous dirai pas comment elle a été violée; comment on a mutilé à la censure les discours des députés; comment les journaux ont calomnié ces députés; faits dont on ne peut plus douter, d'après les débats qui ont eu lieu dans l'autre Chambre.

Si néanmoins, pour prouver que la censure est compatible avec un gouvernement représentatif, on m'objecte qu'elle a eu lieu en Angleterre, sous un gouvernement de cette espèce, jusqu'en 1694, je répondrai qu'avant cette époque, et même plus de vingt ans après, les journaux étaient presque inconnus, et ne ressemblaient en rien à ce qu'ils sont aujourd'hui. Les petites gazettes d'Italie furent en Europe les premiers modèles des papiers publics. Vers la fin du dix-septième siècle, il s'établit en Hollande quelques gazetiers, la plupart réfugiés français. En France, le *Mercure*, commencé sous Henri IV, se soutenait mal depuis qu'il avait cessé de donner les pièces justificatives des faits. On avait en outre la *Gazette de France* établie sous Louis XIII, par Renaudot. Le cardinal de Richelieu inséra dans cette gazette plusieurs pièces officielles, ce qui parut une grande nouveauté. En Angleterre, vers l'an 1694, on ne comptait encore que trois ou quatre journaux : l'un d'entre eux donnait les nouvelles étrangères; un autre s'occupait des lettres et des sciences, à l'instar de notre *Journal des Savants*; un autre contenait les débats du parlement, débats qui ne commencèrent à être publiés que sous le règne de Jacques Ier. Remarquons encore que ces journaux n'étaient pas des feuilles quotidiennes, qu'ils ne s'occupaient point de l'opinion publique et de la politique intérieure : celle-ci était reléguée dans les pamphlets qui prirent naissance sous Richard II, se multiplièrent sous Henri VIII, inondèrent la Grande-Bretagne pendant les troubles du règne de Charles Ier, et à l'avénement de Guillaume III. Enfin ces premières gazettes anglaises, si rares et si insignifiantes avant l'année 1694, ne dépendaient point du ministère; elles n'appartenaient point à la police, puisqu'il n'y a point de police en Angleterre, par la raison toute simple qu'il y a une constitution. Elles étaient soumises à la censure du magistrat, comme tous les autres écrits, et n'étaient justiciables que des tribunaux. Les actes du règne de Richard II, le bill du Long Parlement, qui maintenait les ordonnances de la Chambre Étoilée touchant la censure; ce bill, qui fut renouvelé sous Charles II et sous Jacques II, et qui expira enfin en 1694, sous Guillaume III, ne parle pas même des journaux, tant cette espèce d'écrits était peu connue!

Il n'y a donc ici pour les faits, ni pour les temps, aucune ressemblance à établir entre ce qui se passait en Angleterre relativement à la censure avant 1694, et ce qui a lieu en France aujourd'hui. La comparaison naturelle est celle qui existe entre les journaux anglais et les journaux français, à partir du point où nous sommes. Or, il n'y a pas un Anglais qui ne vous dise qu'établir aujourd'hui la censure en Angleterre, ce serait anéantir la constitution : la seule proposition d'une pareille mesure révolterait tous les esprits; en tenter l'exécution serait s'exposer à un soulèvement général.

Et c'est tellement la nature des choses, messieurs, que là où s'établit la liberté politique, là s'établit sur-le-champ la liberté de la presse. Celle-ci parut en France dès l'origine du gouvernement constitutionnel; le principe fut ainsi posé :

« La libre communication des pensées et des opinions est un des droits les plus
« précieux de l'homme : tout citoyen peut donc parler, écrire et imprimer librement,
« sauf à répondre de l'abus de cette liberté, dans les cas *prévus* par la loi. » Une monarchie représentative s'est formée sous nos yeux dans les Pays-Bas, à l'instant même où le roi nous donnait la Charte. La position de ce royaume ressemblait beaucoup à celle de la France : la Hollande et la Belgique, longtemps associées à nos malheurs, ont éprouvé toutes les vicissitudes de notre sort : elles ont vu naître dans leur sein les intérêts, les passions, et les partis qui nous ont divisés. Là, il y a aussi une constitution nouvelle, et un prince nouvellement établi : là, il y a aussi des biens nationaux et des officiers en retraite : il y a de plus réunion de deux peuples différents de religion, de mœurs et de langage ; et l'on sait combien les opinions religieuses sont faciles à s'enflammer. Cependant la liberté des journaux est entière dans les Pays-Bas. Pourquoi? parce que cette liberté a paru inséparable d'un gouvernement représentatif, parce qu'elle est née tout naturellement de cette sorte de gouvernement, comme une conséquence découle d'un principe; parce qu'il faut, pour qu'il n'y ait pas désordre dans les institutions politiques, que ces institutions soient calculées les unes pour les autres, et qu'elles forment un système complet et raisonnable.

Toutefois j'ai bien peur que ces raisonnements ne fassent pas une impression assez durable sur l'esprit des honorables pairs. Il faut avouer que la révolution n'a pas été propre à nous guérir de nos préjugés contre ce qu'on a appelé jusqu'ici, très-mal à propos, la liberté de la presse.

Toujours poursuivis par nos souvenirs, toujours faisant abstraction de la forme actuelle de notre gouvernement, on s'obstine à dire : N'établissons pas la liberté de la presse, elle a fait trop de mal à la religion, aux mœurs et à la monarchie.

Entendons-nous : est-ce de la liberté de la presse pour les livres qu'on veut parler ? Mais elle existe tout entière par la loi qu'on vous propose : on peut réimprimer aussi souvent, et à aussi bon marché qu'on voudra, tous les ouvrages contre la religion, les mœurs et la monarchie.

Est-ce de la censure pour les brochures qu'il est question ? Mais les brochures ne sont pas plus soumises à la censure que les grands ouvrages. Mille auteurs s'évertuent dans ce moment, et leurs pamphlets sont colportés de toutes parts. Les uns peignent des plus odieuses couleurs les fidèles serviteurs du trône (et ce sont les mêmes écrivains qui, pendant les Cent-Jours, traçaient dans les journaux les prétendus portraits de la famille royale) ; les autres, transformés en champions de la légitimité, attaquent, pour la soutenir, tout ce qui est légitime. Leurs brochures circulent paisiblement, tandis qu'en vertu d'une de ces mesures répressives que vous désirez, on frappe les écrits des hommes les plus attachés à la monarchie. Mais si les ministres, à la fois trop indulgents et trop sévères, se trompent ainsi sur les faux et les vrais amis du roi, les révolutionnaires ne tombent pas dans la même méprise. Il existe un abominable pamphlet, dont je tairai le titre; la profanation y sert d'enveloppe à la trahison : on y parle du roi, de monseigneur le duc d'Angoulême et de Madame, comme on n'en aurait pas parlé en 93. Et c'est à moi, messieurs, que cet infâme ouvrage est offert par une dédicace injurieuse. Ainsi, quel que soit le coup qu'on m'ait fait porter par une main sacrée, les jacobins, de meilleure foi que mes ennemis politiques, ne mettent point en doute mes sentiments : ils me font l'insigne honneur de m'associer aux outrages qu'ils prodiguent à mon maître, et de m'envelopper dans la haine qu'ils portent à mon roi.

Donc, messieurs, la censure n'existe point pour les livres et pour les pamphlets, et le mal que, sous ce rapport, on peut craindre de la liberté de la presse, aura lieu quoi qu'on fasse. Une ressource était laissée à ceux de mes honorables amis dont j'essaie dans ce moment de fixer l'opinion. Cette ressource consistait dans les journaux libres : là du moins on aurait pu descendre en champ clos ; là on aurait pu combattre les fausses doctrines, terrasser l'impiété et le jacobinisme. Et nous nous fermons la barrière, et nous voulons être vaincus, et nous brisons la seule arme qui nous restât pour nous défendre ! Les écrits périodiques où nos principes seraient publiés sont contraints de se taire ; les journaux qui nous attaquent ont pleine liberté. Ouvrez-les, ces journaux, vous y verrez des déclamations contre les nobles, des plaisanteries contre les prêtres, comme au commencement de la révolution. Quand les papiers publics devinrent libres en 1789, est-ce la liberté dont ils jouirent qui perdit la France ? Non. Le parti dominant s'empara de la presse : si les journalistes qui défendaient alors la monarchie avaient pu écrire longtemps en sûreté, l'opinion se fût maintenue ; la France eût été sauvée. Lorsque les journaux de Marat et des jacobins parurent, y avait-il liberté de la presse ? Non. Les écrivains royalistes étaient massacrés, comme le roi qu'ils voulaient défendre. Les journaux devinrent libres un moment sous le Directoire, et l'influence de cette liberté fut telle que, sans le 18 fructidor, les Bourbons étaient rappelés. Pour éloigner l'époque de la restauration, on fut obligé d'enchaîner de nouveau la presse. Croyez-vous, messieurs, que si la presse eût été libre, le règne de Buonaparte eût été si long ? Ce n'est donc pas la liberté, c'est l'asservissement de la presse qui a causé les désastres de notre patrie. Jamais vous n'aurez d'esprit public en France, si vos journaux ne sont pas indépendants. J'ose dire que ce sont des journaux libres, qui, en soutenant l'opinion du peuple anglais, ont peut-être empêché la Grande-Bretagne de succomber dans cette longue lutte dont elle est sortie dernièrement avec tant de gloire. La censure peut ôter toute liberté au bien, sans pouvoir même empêcher le mal ; témoin le *Nain Jaune*, qui parut sous l'empire de la censure ; témoin ceux des journaux qui sont écrits à présent dans le même esprit, et qui sont également soumis à la censure ; en un mot, il y a pour la presse aujourd'hui, licence d'un côté, esclavage de l'autre.

Mais si les journaux, esclaves sous Buonaparte, faisaient un grand mal, du moins étaient-ils en harmonie avec la nature des choses et dans l'intérêt de la tyrannie ; tandis que les journaux, esclaves avec une Charte qui garantit la liberté nationale, sont directement opposés à la nature des choses et aux intérêts du gouvernement. Notre position, sous ce rapport, est la plus extraordinaire du monde : on a vu des gouvernements sans journaux, comme les empires de l'Orient ; on a vu des monarchies modérées, avec deux ou trois gazettes soumises à la censure, comme l'ancienne France ; on a vu des monarchies constitutionnelles, avec des journaux politiques indépendants et opposés, comme l'Angleterre ; mais on n'avait jamais vu, et l'on ne verra peut-être plus, une monarchie représentative où il existe une foule de papiers publics, tous enchaînés par le même pouvoir, tous obligés d'obéir à la volonté d'un seul ministre, et exerçant sur l'opinion un despotisme de fait dans un pays libre de droit.

Que répondent à cela quelques personnes ? Elles disent : « Vous avez raison pour
« le moment actuel ; mais la question que vous examinez est une question d'hommes,
« et non pas une question de choses. Si l'on suivait un autre système, ne seriez-vous
« pas bien aise qu'on eût établi la censure des journaux ? »

Non, messieurs, mes opinions sont plus fixes et plus nettes, et je les crois plus favorables à la monarchie constitutionnelle. Je pense que toutes ces lois d'exception trop prolongées, loin de fortifier l'autorité de la couronne l'affaiblissent. Si j'avais la moindre influence sur le pouvoir, je l'emploierais pour faire accorder liberté pleine et entière aux journaux avec une loi. Je ne sais pas ce que c'est que de vouloir et de ne pas vouloir un gouvernement : je vois l'ensemble du système ; je prends les détails pour ce qu'ils sont, avec leurs avantages et leurs inconvénients. Je ne veux pas me faire dire que tantôt j'adopte la constitution, que tantôt je la rejette. Je voudrais réunir, s'il était possible, tous les bons esprits attachés sincèrement aux intérêts de la patrie : d'accord sur les principes, ils le seraient bientôt sur les hommes. Il y a dans une machine une roue qui vous semble nuisible et dont vous ne comprenez pas le mouvement ; ouvrier malhabile, vous l'ôtez, la machine s'arrête : c'est la liberté de la presse supprimée dans une monarchie constitutionnelle.

Que si l'on voulait néanmoins argumenter de la misérable question personnelle (qu'il me soit permis de l'appeler ainsi), cette question serait encore pour le rejet de la censure ; car je dirais aux uns : La loi actuelle est contre vous, puisqu'elle est placée entre les mains d'hommes opposés à votre façon de penser. Je dirais aux autres : Le ministère peut changer ; il peut passer à des hommes dont le système n'est pas le vôtre. Est-il sage de vous exposer à voir tourner contre vous l'arme que vous ne voulez prêter qu'à vos amis? Messieurs, il n'y a de refuge que dans les principes : hors de là, tout est faux, changeant et dangereux.

Ceci nous conduit à l'examen de la seconde question sur la censure, car nous avons passé insensiblement de la considération des choses à la considération des personnes : le second motif de la censure est, dit-on, de mettre à l'abri la réputation des individus et l'honneur des familles : c'est ce qu'il convient d'éclaircir.

Si la censure des journaux mettait les personnes à l'abri de la calomnie, ce serait sans doute, messieurs, un grand avantage ; mais cela n'est encore vrai que pour une partie du public, pour celle qui entre dans le système du ministère : cela n'est pas vrai du tout pour les personnes opposées à ce système : il faudrait au moins que les armes fussent égales.

Je lis dans le *Journal de Paris*, du samedi 1ᵉʳ juin 1816, supposé être le 1ᵉʳ juin 1840, un article nécrologique ainsi conçu :

La France vient de perdre le p**** d****.... Je m'arrête, messieurs, par respect pour vous, par respect pour le pair de France insulté dans cet article. Je désire que les hommes en pouvoir, qui disposent de la censure, et qui laissent tracer de pareils portraits dans les gazettes soient eux-mêmes traités un jour avec plus d'impartialité et de justice : heureux s'ils se distinguent dans la vie par ces qualités éminentes et par ces éclatants services qu'on ne peut jamais oublier!

Dans un autre numéro du même journal, 11 novembre 1816, je trouve une lettre adressée au rédacteur. Ce sont des injures en deux colonnes contre un de vos collègues, qui réunit le double honneur de la magistrature et de la pairie. Tout finit par des remontrances du plus mauvais ton, où la famille du magistrat n'est pas même oubliée. Dans le numéro du 25 novembre (même journal), l'indécence est encore poussée plus loin, et l'insulte commencée en prose se termine en vers.

Je vous le demande, messieurs, est-il possible de laisser traiter ainsi, sous le régime de la censure, la magistrature et la pairie? ne sent-on pas la fâcheuse impression que ces articles doivent faire sur le peuple? Puisqu'ils sont publiés avec permission, c'est donc l'autorité qui cherche à avilir l'autorité? Se représente-t-on la foule accourue à une audience, et remarquant assis au tribunal le magistrat, le pair de

France, que les gazetiers ont offert à la risée publique ? Est-ce comme cela que l'on prétend reconstruire la société ? Fermez vos tribunaux inutiles : l'irrévérence pour le juge mène au mépris de la loi.

On me répondra peut-être que, puisque je veux la liberté de la presse, les journaux étant libres auraient imprimé les mêmes articles ; sans doute : mais la réplique eût été permise ; mais l'opinion, éclairée par d'autres journaux, aurait su que penser de ces ignobles déclamations. Je dis plus : on n'aurait pas longtemps à craindre un tel scandale avec la liberté de la presse : cette liberté rend circonspect l'écrivain qui sait qu'on peut lui répondre. La censure, au contraire, favorise la calomnie, en prêtant sa voix ou son silence aux partis et aux passions. Sous son bouclier, le lâche frappe en sûreté l'homme désarmé qui ne peut se défendre. Enfin, quand la liberté de la presse est établie, ce que l'on peut dire d'insultant à un honnête homme est sans conséquence : c'est l'ouvrage méprisé et méprisable d'un folliculaire inconnu ; mais avec la censure, le moindre mot prend de l'importance, et peut blesser l'honneur d'un citoyen ; car dès lors que la censure laisse passer des articles, elle les approuve ; et l'opinion du gouvernement se substitue à l'opinion du libelliste.

Je pourrais maintenant, messieurs, vous prouver par une troisième citation que la censure établie sur les journaux ne met pas les particuliers à l'abri de la calomnie : je me tais parce qu'il faudrait vous parler de moi. Je ne veux point que des émotions involontaires me fassent sortir du calme et de la mesure que j'ai tâché de conserver dans ce discours. Quelle que soit la manière dont on s'est exprimé sur mon compte, je trouve tout bon et je ne me plains pas. Un ministre défendant à la tribune des députés la loi que je combats dans ce moment, m'a désigné comme *un individu qui siége dans une autre Chambre*, et qui avance des *absurdités*[1] telles qu'on ne doit pas les répéter. Je ne suis pas assez important pour employer à mon tour un langage si haut. Si jamais M. le comte Decazes était exposé à ces revers dont j'ai déjà vu tant d'exemples, il peut être sûr que, le jour où il serait rayé du tableau des ministres, son nom ne serait prononcé dans mes discours qu'avec les égards dus à un homme qui, après avoir été honoré de la confiance de son roi, a éprouvé l'inconstance de la fortune.

Il ne me reste plus en finissant qu'à rassurer ceux qui s'épouvantent de la liberté des journaux à cause de la présence des étrangers sur nos frontières, et ceux qui redoutent l'abolition subite de la censure, par la raison que la loi organique sur la liberté de la presse n'est pas encore faite. Je ne partage les craintes ni des uns ni des autres ; je réponds d'abord aux premiers :

Imaginer que l'Europe prendrait les armes parce qu'un gazetier, dans un pays où la presse serait libre, aurait insulté une puissance ou débité une fausse nouvelle, ce serait faire injure à la parfaite raison comme à la noble modération dont les souverains alliés nous ont donné de si beaux exemples. Ces souverains n'ont-ils pas désiré voir s'établir parmi nous la monarchie constitutionnelle ? Ne savent-ils pas que cette espèce de monarchie ne peut exister sans la liberté de la presse, et surtout sans la liberté des journaux ? S'offensent-ils de ce que disent les papiers publics de Londres ? Mais établissez-vous la censure, tout change : les ministres se trouvent chargés de la plus fâcheuse responsabilité ; chaque matin une note diplomatique peut les interroger sur l'imprudence d'un censeur. L'explication qu'ils sont obligés de donner blesse à la

---

[1] M. le ministre de la police a déclaré qu'il ne s'est jamais servi du mot *absurdité* en indiquant quelques-unes de mes opinions : alors j'aime à reconnaître que je me suis trompé. J'ai été induit en erreur par une fausse version du *Journal des Débats* du 30 janvier, et par la même version répétée dans le *Journal de Paris* du 1er février.

fois leur caractère et la dignité nationale; ils se privent de cette noble et sage réponse : « La presse est libre : adressez-vous aux tribunaux. » On a parlé, messieurs, de *nécessité* et de *circonstances*; il n'y a point de circonstances au-dessus du courage des Français, et je ne connais pour eux d'autre nécessité que l'honneur.

Mais enfin, si l'on croyait absolument avoir quelque chose à craindre, qui empêcherait d'ajouter par amendement au premier article de la loi proposée les articles suivants[1] :

II.

Les journaux et écrits périodiques autorisés par le roi sont libres comme les autres écrits, et ne seront soumis à aucune censure, excepté en ce qui concerne la politique étrangère.

III.

La censure établie par l'article précédent s'exerce sous l'autorité du ministre secrétaire d'État au département des affaires étrangères.

IV.

Dans certains cas et pour certains délits, les journaux et écrits périodiques autorisés par le roi pourront être suspendus vingt-quatre heures au moins, et trois jours au plus, par l'autorité administrative; mais ils ne pourront être définitivement supprimés qu'en vertu d'un jugement rendu par les tribunaux sur la poursuite du procureur général.

Voilà, ce me semble, messieurs, de quoi rassurer ceux qui veulent enchaîner les journaux, uniquement à cause de la présence des alliés sur notre territoire. Se refuser à ces amendements, ne serait-ce pas faire soupçonner qu'en parlant des gouvernements étrangers on ne cherche qu'un prétexte pour établir la censure, et qu'on ne désire cette censure que par des raisons qu'on ne dit pas?

Je réponds maintenant aux honorables pairs qui réclament la censure, parce que nous n'avons pas encore de loi positive sur la liberté de la presse. Ils s'imaginent que, dans la position où nous sommes, nous passerions tout à coup, par l'abolition de la censure, de l'extrême servitude à l'extrême licence; ils sont dans l'erreur; nous avons des lois répressives des délits de la presse; nous en avons beaucoup, peut-être trop. Nous avons le Code pénal, pour ce qui concerne la calomnie et les crimes de machinations contre l'État; nous avons la terrible loi des *cris* et *écrits* séditieux, qui atteint jusqu'aux fabricateurs et propagateurs de fausses nouvelles : elle frappe donc directement les journaux. Enfin nous aurons peut-être la petite loi relative aux *écrits saisis*; loi d'autant plus dangereuse, si elle n'est amendée, qu'elle est perpétuelle; loi qui, dans l'état où elle est, donnerait à l'arbitraire l'apparence de la légalité, et pourrait anéantir la liberté de la presse, en paraissant la protéger. Qu'arrivera-t-il si l'on supprime à présent la censure? Ou les rédacteurs des gazettes s'enveloppant dans des généralités, seront inattaquables devant les tribunaux; alors nous demeurerons tout juste comme nous sommes, avec cette différence que les opinions seront libres, et que nous aurons de bons journaux pour contre-balancer les mauvais; ou les journalistes jetteront le masque et attaqueront ouvertement ce qu'il y a de plus sacré : dans ce cas la loi des *cris* et *écrits séditieux* suffit seule pour en faire justice.

La censure établie sur les journaux n'ajoute donc aucun pouvoir réel au gouverne-

---

[1] M. le ministre de la police a trouvé ici une *contradiction*; c'est apparemment ma faute : je n'avais cru faire qu'une *concession*. Il me semble qu'on peut assez inférer de tout mon discours que je *vote contre la censure*. Craignant de perdre le principe, j'ai proposé, à mon grand regret, cet amendement, pour sauver au moins la *partie*, si je ne pouvais sauver le *tout*.

ment; elle est incompatible avec une monarchie représentative; elle ne prévient point la calomnie; elle n'empêche ni la publication des mauvais ouvrages, ni celle des mauvaises gazettes; elle compromet les ministres auprès des cours étrangères; elle est un moyen de corruption pour l'opinion, une arme donnée au fort contre le faible, une source d'abus de tous les genres; elle viole manifestement la Charte, et met la constitution en péril. Je vote donc contre un projet de loi qui ne produit aucun bien et qui peut faire tant de mal. Toutefois, si la Chambre adoptait le principe de la censure, je serais obligé de proposer des amendements, pour donner au moins à cette censure quelque apparence de légalité.

OPINION

SUR LE PROJET DE LOI RELATIF AUX FINANCES,

PRONONCÉE A LA CHAMBRE DES PAIRS, DANS LA SÉANCE DU 21 MARS 1817.

Messieurs, quand j'eus l'honneur de vous soumettre mon opinion sur le projet de loi relatif aux journaux, c'était la première fois, dans le cours de cette session, que je paraissais à cette tribune ; j'espérais que ce serait la dernière. Après une révolution de vingt-cinq années, quand les passions s'agitent encore, quand les divers intérêts ne se sont point encore mis en équilibre, il est difficile de traiter un sujet de politique, et de ne blesser personne. J'avais peut-être eu ce bonheur dans mon discours sur la liberté de la presse. Il convenait à mon repos comme à mes goûts d'en rester là. Mais puis-je me taire dans une cause qui est presque devenue la mienne, et que je devrais encore défendre par le sentiment de toutes les convenances, si ce n'était par celui de tous les devoirs? Au reste, en traitant des choses, j'éviterai le plus possible de toucher aux hommes, sans toutefois dissimuler des vérités utiles, et sans trahir la cause de Dieu.

Vous voyez par là, messieurs, que mon dessein n'est pas d'examiner le budget dans son entier, quoiqu'il me paraisse très-attaquable; d'abord il est tout à fait inconstitutionnel de faire un emprunt sans en avoir fait connaître aux Chambres les charges et les conditions; chose d'autant plus singulière que les journaux étrangers ont publié ces conditions, et que nos journaux n'ont pu les répéter. J'aurais enfin beaucoup de choses à dire sur l'arriéré, sur le chapitre des économies, bien que la parcimonie dans l'administration d'un grand royaume ne me paraisse pas un système à suivre. Mais enfin, tout imparfait que me semble le budget, j'aurais voté pour son adoption, si je n'y avais rencontré le titre xi. C'est donc, messieurs, de ce titre seul que je vous demande la permission de vous entretenir; je voudrais être court; le sujet est long, et je n'ai pu ni dû l'abréger.

Trois sortes de propriétés sont comprises sous le nom de forêts de l'État : les anciens domaines de la couronne, quelques propriétés de l'ordre de Malte, et le reste des biens de l'Église. Qu'il me soit permis d'écarter les raisons incidentes : on dira qu'on affecte les bois de l'État à la caisse d'amortissement, mais qu'il n'est pas dit qu'on les vendra; qu'il est même dit qu'on ne vendra pas cette année les cent cinquante mille hectares dont l'aliénation est arrêtée, qu'il faudra une loi pour vendre le reste. Expliquez la chose comme vous le voudrez, le fond de tout cela est l'aliénation certaine pour *une partie,* probable pour *l'autre,* des anciens domaines de la couronne et du reste des biens de l'Église ; sauf la quantité nécessaire pour former une rente de quatre millions qu'on pourra ne pas attribuer à l'Église sur ses propres biens, mais dont on lui fera peut-être une charité sur le bien d'autrui.

Le domaine de la couronne devint inaliénable en 1318, par une déclaration de Philippe le Long, confirmée dans la suite par les ordonnances de Blois et de Moulins. Cependant l'aliénation fut autorisée dans deux circonstances particulières, comme l'a prouvé Domat : 1° lorsqu'on apanageait un fils de France ; 2° lorsqu'une guerre légitime forçait la couronne à des dépenses extraordinaires. Cette exception à la règle devint en peu de temps une source d'abus.

Ainsi nos monarques, souvent obligés de céder à la nécessité, se crurent le pouvoir de disposer du domaine, tandis que les parlements et les états généraux ne reconnurent ce pouvoir que dans les deux cas dont j'ai parlé. La loi du royaume s'opposait à la volonté royale. *La bourse du prince est la bourse du peuple*, dit le vieux du Tillet, expliquant cette loi : maxime digne d'une monarchie fondée sur l'esprit de famille et de paternité.

Irai-je aujourd'hui réclamer l'autorité d'un droit qui n'existe plus, puisque le domaine est anéanti par la nouvelle constitution? Contesterai-je à notre généreux monarque la faculté d'abandonner aux besoins de la patrie le gage de la liste civile? Sur ce point je serais moins opposé à la disposition du budget, si on donnait à cette disposition des bases admissibles ; si, au lieu d'engloutir la totalité de l'ancien domaine dans une caisse d'amortissement beaucoup trop forte, on l'en retirait ; si enfin *en jouant du hautbois*, comme Sully pour Henri IV, comme Sully on abattait le chêne sans le déraciner. Je n'admets point d'ailleurs que la liste civile soit pour la couronne un équivalent de ce qu'elle a perdu, surtout lorsqu'en aliénant les forêts de l'État, vous retirez à la liste civile son hypothèque naturelle, comme l'a remarqué mon respectable ami M. de Bonald dans un discours qui restera. Jamais un revenu, quelque considérable qu'il soit, voté par les Chambres au commencement de chaque règne, et pouvant conséquemment varier selon les temps, les hommes et les révolutions, ne peut être une juste compensation d'une propriété foncière, personnelle, imprescriptible, inaliénable. La liste civile, sans hypothèque, a l'énorme inconvénient de livrer le roi au peuple, et de mettre les princes de la famille royale dans la plus fâcheuse dépendance. Et ce n'était pas la couronne qui avait apporté aux Capets la propriété, c'étaient les Capets qui avaient apporté la propriété à la couronne : Hugues prit cette couronne pauvre et morcelée ; il la dota, et sa postérité la transmit enrichie par les âges, de grands hommes en grands hommes, de saints en saints, de Philippe-Auguste à Louis IX, de saint Louis à Louis martyr. S'il naissait aujourd'hui à la France un rejeton de tant de rois puissants, la France n'aurait pas même à lui donner en apanage le potager de Charlemagne, le chêne de saint Louis et la vigne du Béarnais.

En défendant toutes les propriétés, il est de mon devoir, messieurs, de défendre aussi celle qui appartient à plusieurs membres de cette Chambre. L'ordonnance du 4 juin, qui, donnée avec la Charte, a pour nous force de loi, se trouve évidemment violée par l'abandon de toutes les forêts de l'État à la caisse d'amortissement. Il est remarquable que cette ordonnance emploie cette expression : *domaine de la couronne*. Vous trouverez juste de vous avoir rappelé cette ordonnance, et bienséant de ne pas m'y arrêter.

S'obstinera-t-on à vendre les forêts de l'État? A-t-on le dessein de recourir un jour à cette mesure déplorable par sa nature, inutile au crédit comme on l'a cent et cent fois démontré, à cette mesure qui n'apportera aucun soulagement à nos dettes, et qui, nous privant à la fois du capital et du revenu, nous obligera un jour à remplacer ce revenu par un impôt? Que l'on veille du moins scrupuleusement au mode d'aliénation quand le jour fatal sera venu. S'il était des propriétés dont la perte fût trop regrettable, il faudrait les retenir. On tâcherait, autant que possible, par des opérations habiles de prévenir la destruction des futaies, et la vileté du prix. Quelques-unes de ces futaies, par exemple, sont placées dans le ressort de nos grandes communes. Pourquoi ces communes ne les achèteraient elles pas, en s'imposant quelques centimes, par une préférence que leur accorderait la loi? Elles y trouveraient un agrément pour leurs villes, un avantage pour leurs pauvres. Les coupes seraient ménagées avec ce soin que les corporations mettent dans leur administration. La Gaule conserverait avec ses forêts la source de ses fleuves et les traditions de ses peuples. On ne verrait point périr la race des arbres qui fournissaient à nos pères des charpentes durables comme leurs familles. Ainsi s'augmenteraient sur la surface de la France les biens communaux, reste précieux de la législation romaine. La vente des domaines de l'État servirait à la fois à payer les dettes de l'État et à augmenter les propriétés des communes, double avantage qui réjouirait le père de famille, le consolerait de ses sacrifices, et lui laisserait même l'espérance de racheter un jour l'héritage de ses aïeux. Mais telle est la différence des siècles : nous verrons sans émotion se former peut-être de nouveau ces compagnies, connues dans la révolution sous le nom de *compagnies noires*: elles abattront ces bois où nos aïeux les auraient contraintes de se cacher. Trop heureux alors si quelques-unes de nos montagnes gardent pour la postérité une douzaine de ces chênes, antique honneur de notre patrie, comme le Liban montre les dix-neuf cèdres restés debout sur son sommet.

Cependant, messieurs, on n'ignore plus l'utilité des forêts. Les peuples, dans tous les temps, les ont mises sous la protection de la religion et des lois; et le christianisme, qui connut mieux encore que les fausses religions la destinée des œuvres du Créateur, plaça ses premiers monuments dans nos bois. Partout où les arbres ont disparu, l'homme a été puni de son imprévoyance. Je puis vous dire mieux qu'un autre, messieurs, ce que produit la présence ou l'absence des forêts, puisque j'ai vu les solitudes du Nouveau-Monde où la nature semble naître, et les déserts de la vieille Arabie où la création paraît expirer. Les Cévennes étaient autrefois couronnées de mélèzes; le pays Chartrain conserva longtemps sa fameuse forêt; des taillis épais répandus dans les landes de Bretagne et sur la côte maritime depuis Boulogne jusqu'au Havre, mettaient la France à l'abri des vents d'ouest qui la tourmentent. Par ces plantages soigneusement entretenus, nous avions à peu près cinq cent mille lieues de ruisseaux intarissables, qui fécondaient des terrains dont un tiers est aujourd'hui stérile. Il manque à nos montagnes trois cent cinquante mille arpents de bois, à nos ruisseaux, étangs et rivières, six cent trente millions d'arbres, et cent cinquante millions à nos marais. C'est ignorer notre histoire que de se représenter la France gothique comme un pays sauvage, parce qu'on y propageait les bois. Le roi Childebert ne désirait qu'une chose avant de mourir, c'était de voir cette Auvergne, qui, selon l'expression de Grégoire de Tours, *est le chef-d'œuvre de la nature, et une espèce d'enchantement*. Lorsque Édouard III vint rendre hommage à Philippe de Valois, il fut trop frappé de la beauté de notre patrie, que les forêts du domaine couvraient comme d'un manteau royal. A son retour en Angleterre, Édouard fut reçu, dit Froissard, *moult joyeusement par sa femme qui lui demanda des nouvelles de France. Le roi son mari lui en recorda assez et du grand État qu'il avait trouvé en France, auquel nul autre pays ne se peut comparer*. Il y a maintenant dans le royaume beaucoup plus de terre en labour qu'il n'y en avait vers le milieu du quatorzième siècle, et cependant sous le règne de Philippe de Valois, la population de la France était au moins égale à ce qu'elle est aujourd'hui : tant il est vrai que la nature en sait plus que les hommes. Colbert voyait la destruction de la France dans la destruction des bois : je préfère son sentiment à celui de quelques-uns de ces amis de l'égalité (mais non pas de la liberté), dont la haine s'obstine à poursuivre dans les futaies la mémoire des anciens possesseurs de ces futaies, et qui, désolés de n'avoir pu niveler les hommes, en veulent encore à la noblesse des chênes.

Jusqu'ici, messieurs, je n'ai parlé que d'une propriété pour laquelle il m'était libre d'opter ou de rejeter tel ou tel principe politique ; mais celle dont je vais vous entretenir ne m'a pas laissé le choix d'une opinion. Vous ne serez pas étonnés de me voir repousser de toute ma force non-seulement l'idée, mais jusqu'à l'ombre de l'idée de la vente des biens de l'Église.

Je dois d'abord parler des propriétés de l'ordre de Malte. Un noble duc a déjà traité cette matière avec la clarté de style et la solidité de jugement qui le caractérisent. Jusqu'ici on a mal à propos confondu les biens de l'ordre de Malte avec les autres propriétés d'origine religieuse. On ne trouve dans aucun concile les chevaliers de Saint-Jean de Jérusalem rangés au nombre des religieux. Innocent III, par une belle expression, les appelle *milites orantes*, des soldats priants : saint Bernard les nomme des *solitaires guerriers*. Deux arrêts du Parlement, trois arrêts du grand conseil séparent absolument leurs biens des propriétés de l'Église. A quel titre, messieurs, disposerions-nous de ces biens ? L'ordre de Saint-Jean de Jérusalem est un ordre indépendant. Il régna pendant près de trois siècles sur l'île de Rhodes par droit de conquête, et Charles-Quint lui céda l'île de Malte en toute souveraineté.

L'ordre est-il anéanti ? Non. Il existe après la prise de Malte, comme il exista après la prise de Rhodes. A cette dernière époque il se retira à Viterbe ; maintenant il est établi à Catane. Depuis l'abdication du grand maître Hompesch, deux autres grands maîtres ont gouverné l'ordre, le bailli Tommasi et le bailli Caraccioli ; à celui-ci a succédé, comme lieutenant du grand maître, le bailli Giovani, qui, avec le sacré conseil, représente le souverain.

L'ordre a, dans ce moment même, des envoyés extraordinaires en Portugal, en Espagne, en Autriche, en Angleterre. Il a porté ses réclamations au congrès de Vienne. Bien plus, Buonaparte demanda dans le traité d'Amiens que Malte fût restituée aux chevaliers ; et dans le traité de Lunéville, il stipula que les domaines perdus par l'ordre en deçà du Rhin lui seraient rendus au delà de ce fleuve : c'était un homme merveilleux pour la justice chez les autres.

Le décret de l'assemblée nationale, du 29 septembre 1792, qui saisit les biens de l'ordre de Malte, reconnut en même temps, par l'article 12, la souveraineté de cet ordre.

En aliénant les biens des chevaliers de Saint-Jean de Jérusalem, vous n'attaquez pas seulement des propriétés nationales, mais des propriétés sur lesquelles des étrangers ont des droits. Ce n'est pas une pure question de législation française, c'est une question de droit public de l'Europe. L'ordre possède tous ses biens en Portugal ; ils n'ont point été vendus en Espagne ; en Sardaigne ils seront rendus dans cinq ans ; ils existent en Autriche ; ils sont intacts dans les États romains et dans les Deux-Siciles.

Le revenu de l'ordre en France était autrefois de quatre millions ; il lui resterait encore cinq à six cent mille livres de rente, si on lui rendait ses propriétés non aliénées. Ne consommons pas une injustice qu'on peut réparer, sous prétexte qu'il y a des injustices plus grandes et qui sont irréparables. Ne condamnons pas le malheureux qui vit encore, parce que son compagnon n'est plus. Autrement ce serait ressembler à cet officier qui, le lendemain d'une bataille, faisant enterrer les blessés malgré leurs cris, disait : « Si on les écoutait, il n'y en aurait pas un de mort. »

Maintenant, messieurs, vous parlerai-je des services rendus au monde par l'ordre de Saint-Jean de Jérusalem? Si pour vendre sa dernière dépouille nous n'avons pas même l'ombre d'un prétexte, l'injustice d'une pareille mesure s'accroît de toute la gloire attachée à cet ordre illustre. Nous vantons notre civilisation et nos arts; sachons donc être reconnaissants envers ces guerriers qui ont tant contribué à sauver cette partie de l'Europe d'une nouvelle invasion de Barbares. Vous ne refuserez pas, messieurs, de reconnaître pour vos créanciers les successeurs de La Valette, de l'Isle-Adam, de d'Aubusson, de Tourville et de Suffren. Si l'on dit que les chevaliers de Malte n'ont pas atteint le but de leur première institution, puisqu'ils n'ont pas sauvé la Palestine, est-ce une raison pour les dépouiller? Qui sait d'ailleurs s'il n'entrait point dans les desseins de la Providence de confier la terre de la foi à la garde des Infidèles? Par les dangers répandus sur les chemins de Jérusalem, la tiédeur, la corruption, l'incrédulité furent écartées du Saint-Sépulcre, pour n'en laisser la périlleuse approche qu'au zèle du prêtre, au repentir du pénitent, et à la simplicité du pèlerin.

Je l'ai vue, messieurs, cette Judée jadis si florissante; le vigneron fuyait devant l'aga qui venait de lui ravir son champ, et cet aga devait bientôt être chassé à son tour du champ par lui-même usurpé. Les montagnes et les vallées stériles montraient que, dans ce pays, par un des effets les plus terribles de la malédiction dont il est frappé, la propriété avait cessé d'être inviolable. On cultive mal, l'on finit par ne plus cultiver la terre qu'on peut nous ravir. Appellerons-nous aussi le désert dans nos plaines fécondes, en remuant le fondement de la propriété? Est-ce aussi en punition de quelque crime que le ciel nous pousse à vendre un héritage qui n'est pas le nôtre? Et quel héritage, messieurs, que celui dont il me reste à vous parler! Les saints débris du patrimoine de l'Église, les bois où la religion nous civilisa, où elle enseigna les arts de la société à nos ancêtres, et coupa le sceptre que devait porter la main de soixante-dix-sept rois!

Avant d'entrer dans la question de morale et de haute politique, seule question que je prétende traiter dans ce discours, il faut un peu examiner les faits.

Si l'Église gallicane possédait encore tous ses biens, si le sacrifice d'une partie de ses biens pouvait sauver la France, il faudrait nous adresser à l'Église. Comme en 1789, elle accourrait la première au-devant de nos besoins, elle se dépouillerait elle-même sous l'autorité et par le concours des deux puissances. Elle gagnerait à son sacrifice; car si la religion est indispensable à la France, la France doit être conservée pour faire fleurir la religion. Mais ici, de quoi s'agit-il? d'un misérable lambeau de propriété dont à peine vous restera-t-il quelque chose quand il aura subi toutes les pertes qu'il éprouvera à l'aliénation. Deux millions de rente que vous voulez vendre (puisque vous prétendez donner à l'Église quatre millions, pour remplacer les six millions que vous lui retenez), deux millions de rente représentent un capital de quarante millions. De cette propriété cédée à vil prix, en retirerez-vous un tiers clair et net? On sait qu'à la première restauration tel acquéreur d'un bois national en a payé le fonds avec le produit de la coupe. Est-ce donc une chétive ressource de dix à quinze millions, arrivant lentement et d'année en année, qui comblera l'abîme de votre dette? C'est détruire les bois sans nécessité, vendre pour le plaisir de vendre, attaquer la propriété et la religion sans avantages pour la France, s'il peut toutefois y avoir des avantages pour un pays quand on attaque la propriété et la religion.

Mais à qui rendrait-on les biens provenants des différentes fondations de l'Église? Les titulaires sont morts. L'évêque de Grenoble peut-il hériter des bénédictins de

Clairvaux ? Il faudra donc une administration du clergé ? Voilà donc le clergé redevenu un corps dans l'État.

Remarquons d'abord que le fait n'est pas exact : il existe des biens non vendus qui ont appartenu à des évêchés, à des chapitres, à des séminaires ; et ces évêchés, ces chapitres et ces séminaires ont été rétablis ; ici le propriétaire ne manque donc pas à la propriété. De plus, des biens consacrés au culte peuvent changer de titulaires, pourvu qu'on donne à ces biens une destination pieuse, et qu'on remplisse les conditions imposées par les fondateurs. On trouve dans toute la chrétienté des exemples de ces transmutations faites du consentement des deux puissances ; il suffit, pour s'en convaincre, d'ouvrir les *lois ecclésiastiques* d'Héricourt.

Quant au clergé qui, dit-on, redeviendrait un corps dans l'État s'il avait une administration commune, faut-il apprendre à ce siècle, si discret en législation, que ce n'est point l'administration qui fait le corps politique ? Ce qui constitue ce corps, ce sont des droits, un ordre hiérarchique, une part à la puissance législative ; autrement toutes les communes de France et nos six ou sept ministères seraient des corps politiques. Quelle singulière destinée que celle du clergé parmi nous ! Aujourd'hui qu'il a cessé d'être un corps politique, on craint qu'il ne possède en cette qualité ; et au commencement de la révolution, lorsqu'il était véritablement un corps politique, pour prouver qu'il ne pouvait pas posséder, on le transformait en *corps moral* : c'était l'opinion de Thouret. Les droits qui constatent la propriété civile sont : l'achat, le don ou l'héritage, et la possession. Or, l'Église a souvent acheté ; on lui a donné, elle a hérité, elle a possédé ; elle est donc propriétaire ; sa possession surtout est si ancienne, qu'elle remontait dans quelques provinces à la possession romaine. Lorsque saint Remi baptisa Clovis, saint Remi était propriétaire, et Clovis ne possédait pas même dans les Gaules le vase de Soissons.

Mais ne laissons pas le plus petit prétexte à la plus petite objection. Rien n'est plus facile, par la loi qui rendrait à l'Église le reste de ses biens, que de mettre le clergé à portée d'en disposer par vente ou par échange ; de sorte que, dans un temps donné il n'y eût plus que des bénéfices particuliers, attribués à des églises particulières, toute administration générale cessant de plein droit à l'époque fixée par la loi. Que peut-on répondre à cela ? Ainsi s'évanouissent à l'examen la raison de la nécessité d'argent, et l'objection prétendue constitutionnelle, puisque la vente des bois de l'Église ne vous produira presque rien, et qu'il est facile de prévenir l'administration générale du clergé.

Opposera-t-on à la restitution des bois de l'Église non encore aliénés, un droit de prescription produit par une interruption de jouissance de vingt-cinq années ? Louis XIII fit rendre aux églises du Béarn des biens qui leur avaient été enlevés cinquante et un ans auparavant, et dont la puissance ecclésiastique n'avait pas sanctionné la saisie.

Nous avons vu l'assemblée constituante rendre, en 1789, aux protestants, des propriétés non vendues, dont ils avaient été dépouillés en 1685, et nous avons tous applaudi à une réparation qui venait plus d'un siècle après l'injustice. Ne prononcerons-nous la déshérence que pour la religion de l'État ?

Mais on donne à l'Église des dédommagements ; on lui accorde quatre millions par le nouveau budget, et on lui reconnaît la faculté de recevoir des immeubles.

Si vous reconnaissez le principe, admettez donc la conséquence : si l'Église peut posséder, rendez-lui donc les bois qui lui restent. Est-ce sérieusement que nous avons cru l'enrichir, en déposant pour elle, dans le Bulletin des Lois, un principe stérile ? Quels testateurs assez ingénus voudront en effet léguer quelque chose à l'Église, tandis que nous sommes occupés à vendre ses derniers biens? Une défiance mal fondée sans doute, mais enfin une défiance assez naturelle, ne verra dans ces charités permises qu'une mesure de finances pour l'avenir. Chose étrange! la religion, qui partout assure la terre à l'homme, deviendrait le canal par où s'écoulerait le patrimoine des familles; et il suffirait que la propriété touchât l'inviolable sanctuaire pour cesser d'être inviolable.

Quant aux quatre millions donnés, je me contenterai de remarquer qu'un amendement a été proposé et adopté par la Chambre des députés, relativement aux quatre millions. Il est dit que le roi disposera de la quantité de bois nécessaire à cette dotation du clergé.

Cet amendement est très-fâcheux pour l'autorité royale; car, en laissant l'arbitrage à la couronne, il lui laisse tous les inconvénients du parti qu'elle voudra prendre. Au reste, cet amendement est nul par le fait; et quand la piété de notre vertueux monarque le porterait à choisir les quatre millions parmi les anciennes propriétés de l'Église, l'article 144 lui en interdirait la faculté. Cet article déclare en termes exprès, que la portion réservée pour le clergé sera prise dans *les grands corps de forêts*. Or, les grands corps de forêts appartiennent tous à l'ancien domaine de la couronne, excepté peut-être quelques-uns en Flandre et en Lorraine.

Mais lors même que l'Église consentirait à couvrir sa nudité de la dépouille de nos rois, deviendrait-elle pour cela propriétaire? N'est-il pas évident qu'un évêque de Provence, doté sur un grand corps de bois en Normandie, ne pourra régir sa dotation qu'avec des frais qui absorberaient une partie du revenu? Et comment partager ces grands corps de bois? Il faudra donc s'en rapporter au gouvernement, qui tiendra compte de la dotation à l'évêque; le bois concédé ne sera donc plus qu'une espèce d'hypothèque : j'ai bien peur que tout ici soit illusion.

Il faut donc convenir qu'il y a des raisons autres que celles dont je viens de parcourir la série, pour ne pas restituer aujourd'hui à l'Église ce qui lui reste; laissant de côté le calcul des intérêts personnels et les spéculations de l'agiotage, je n'examinerai que les principes généraux du système.

Que veut-on faire des forêts de l'État? Veut-on les aliéner, veut-on les conserver encore comme un moyen de crédit, comme un gage entre les mains des créanciers de l'État? Parlons d'abord de ce gage.

N'en déplaise à ceux qui n'ont administré que dans nos troubles, ce n'est pas le gage matériel, c'est la morale d'un peuple qui fait le crédit public. Ne gardez pas le bien de l'Église, et vous acquerrez plus de crédit en le rendant qu'en le vendant. Quand vous seriez maître de la moitié de l'Europe, si vous n'assurez les fortunes particulières, vous n'aurez point de fortune générale.

La France, pendant le règne révolutionnaire, a possédé tous les biens du clergé, des émigrés et de la couronne, tant sur son vieux sol que dans ses conquêtes, et la France a fait banqueroute.

La France sous Buonaparte, levait des contributions de guerre énormes, augmentait chaque année le domaine extraordinaire, et tous les ans il y avait un arriéré indéfini, et un arriéré indéfini est une banqueroute.

Depuis le pillage du temple de Delphes et l'enlèvement de l'or de Toulouse jusqu'à nos jours, la saisie des biens consacrés aux autels n'a réussi à personne : Henri VIII vendit et dépouilla mille monastères, trente collèges, cent dix-huit hôpitaux, deux mille trois cent soixante-quatorze sanctuaires et chapelles; et chaque année du règne de ce tyran, le Parlement fut obligé d'augmenter les subsides.

Ce n'est donc point le gage matériel, encore une fois, qui fait le crédit, c'est la justice. Soyez intègres, moraux, religieux surtout, et la confiance que l'on aura dans votre probité vous fera trouver des trésors.

Du gage, passons à la vente.

Par la vente des forêts, on rassure, dit-on, les acquéreurs de biens nationaux, et l'on finit la révolution.

Eh ! messieurs, combien de fois encore faudra-t-il rassurer la révolution ? Ceux qui veulent la justifier ne s'aperçoivent-ils pas que c'est la déclarer coupable que de la représenter si alarmée ? ce qui est innocent est tranquille. La vente des bois de l'Église n'opérera point la merveille que vous en attendez ; elle ne rassurera point d'abord les acquéreurs des biens des émigrés, des hôpitaux et des fabriques, puisqu'on a rendu le reste de ces biens, non encore aliénés, aux anciens propriétaires et aux anciennes fondations ; elle ne rassurera pas davantage les possesseurs des biens communaux, puisqu'on a retiré des propriétés nationales ce qui pouvait encore appartenir aux communes. Vous aurez beau multiplier les aliénations, il n'est pas en votre pouvoir de changer la nature des faits. Le temps seul peut guérir la grande plaie de la France. On distingue encore en Irlande les propriétés dont l'origine remonte à des confiscations. Loin de nous en affliger, félicitons-nous de trouver parmi les peuples ce sens moral, que le succès ne peut corrompre, qui n'admet pas même la prescription centenaire. C'est cette conscience du genre humain qui est le principe de la société ; elle survit aux nations, et elle les recommence. Il y a de quoi trembler pour notre malheureuse patrie, lorsque après vingt-cinq années d'une révolution épouvantable, lorsque après avoir vu égorger les prêtres, le trône tomber avec l'autel, et nager dans le sang du meilleur des rois, nous voulons encore vendre la dernière dépouille de l'Église, comme les soldats tirèrent au sort le dernier vêtement du Christ ! Et sous quel monarque adopterions-nous une pareille mesure ? Sous le successeur de Clovis, qui dut sa couronne à la religion ; sous le successeur de Charlemagne, qui déclara sacrilège quiconque toucherait aux biens de l'autel : sous le descendant de Hugues Capet, qui rendit ce que les malheurs des temps avaient détaché du patrimoine de l'Église ; sous l'héritier de saint Louis, sous le frère de Louis martyr, sous le fils aîné de l'Église, sous le roi très-chrétien, sous l'auguste monarque, martyr lui-même de l'impiété de son siècle, longtemps éprouvé par le malheur, rentré en France après un exil de vingt années, et ramenant avec lui pour toute garde le cortége vénérable des vieux confesseurs de la foi.

Depuis vingt-cinq ans en France, le soleil a souvent éclairé les mêmes malheurs ; la révolution est pour nous le triste ouvrage de Pénélope ; nous la recommençons sans cesse. Que ne dit-on point dans l'assemblée constituante et dans l'assemblée législative sur le sujet qui nous occupe ? Treilhard, insistant pour que l'assemblée prononçât vite le décret fatal, s'écriait : *N'en doutez pas, messieurs, vous vous assurez les bénédictions du pauvre au dedans, et au dehors l'admiration des nations.* Est-ce une admiration pareille, sont-ce des bénédictions semblables qu'on promet à notre vote aujourd'hui ? Je cède, à qui voudra la prendre, ma part de cette moisson de haine et de larmes. Toutefois, nos premières assemblées avaient une excuse : elles pouvaient ne pas prévoir l'avenir ; elles pouvaient être frappées de quelques abus, égarées par quelque théorie non encore éprouvée. De plus, une monstrueuse constitution, confondant les trois branches de la législature, et accordant au roi, pour toute défense, un *veto* suspensif, ne permettait aucune réparation lorsqu'une erreur avait été commise. Mais nous, à qui la division des pouvoirs offre tant de ressources contre une première faute, nous que l'expérience a dû instruire, rien ne pourrait nous justifier : l'incendie est à peine éteint ; ne serons-nous pas au moins éclairés par la lueur des débris qui brûlent encore autour de nous? Allons, messieurs, que l'on achève de dépouiller le sanctuaire! On y trouvera peu de chose, car les cendres mêmes de nos pères n'y sont plus; et le vent qui les a dispersées ne les rapportera pas dans nos temples.

Que de raisons morales et religieuses se présenteraient encore pour combattre l'aliénation du reste des biens de l'Église! Je demande, par exemple, à ceux qui se disent chrétiens et catholiques, s'ils ont le pouvoir d'aliéner des propriétés auxquelles sont attachés des services pieux. Ou nous croyons, ou nous ne croyons pas; si nous croyons, ne mettons pas les morts contre nous, et laissons l'espérance à la douleur. Il n'y a qu'un moyen de disposer des biens de l'Église sans le concours de la puissance spirituelle : c'est de changer de religion ; tous les peuples qui ont été conséquents en ont agi de la sorte. Mais si nous restons catholiques, rien ne peut donner le droit à la puissance temporelle de s'approprier les dons faits à l'autel. Buonaparte lui-même crut avoir besoin de la cour de Rome pour sanctionner la vente des propriétés ecclésiastiques : il renonça à l'éviction d'une partie des biens de l'Église du Piemont; il fit même en France quelque justice, car il rendit à l'évêché de Troyes des bois d'origine religieuse. On a voulu justifier la vente des biens du clergé par les témoignages de l'histoire : je suis trop poli pour dire ce que je pense de cette érudition.

Vous ne rassurez donc ni les acquéreurs des biens d'émigrés, ni les acquéreurs des biens des communes, en vendant le reste des biens de l'Église. Dire qu'on veut rassurer les acquéreurs est d'ailleurs un langage tout à fait inconstitutionnel, puisqu'il semble établir un doute sur les dispositions de la Charte. Enfin, si vous voulez absolument rassurer quelqu'un et quelque chose, ne devez-vous penser qu'aux intérêts nouveaux? N'y a-t-il pas en France des millions de citoyens qui n'ont rien acquis? Ne forment-ils pas même la majorité de la nation. Ces millions d'hommes ne sont-ils pas chrétiens, attachés aux principes de l'ancienne propriété, et n'alarmez-vous pas leur conscience comme leurs intérêts les plus chers en vendant le reste des biens de l'Église? Que ne vous adressez-vous à cette classe nombreuse de Français dans votre besoin d'argent? Si vous aviez voulu rendre à l'Église les biens qui lui restent, sous la condition d'en recevoir la valeur en argent, il n'y a pas de pauvre qui n'eût présenté son aumône, point d'infirme qui n'eût vendu son lit, point de veuve qui n'eût donné son denier pour compléter la somme demandée. Depuis vingt ans le nombre des malheureux n'a pas beaucoup diminué en France, que je sache, et ils trouveraient dans le trésor de leur misère de quoi racheter le patrimoine d'une religion qui les a si souvent consolés.

Voyez maintenant s'il est vrai que la vente des biens nationaux mette un terme à la révolution : je prétends au contraire que c'est donner à cette révolution une nouvelle vie. Messieurs, on a souvent déclaré que la révolution était finie, et c'était toujours à la veille d'un nouveau malheur.

Comment finit-on une révolution? En rétablissant la religion, la morale et la justice ; car on ne fonde rien sur l'impiété, l'immoralité et l'iniquité. Comment prolonge-t-on une révolution? En maintenant les principes qui l'ont fait naître. Dans un sujet si philosophique et si grave, c'est aux pairs de France qu'il convient d'étendre leurs regards dans l'avenir.

L'histoire, messieurs, est pour les peuples ce que sont pour les magistrats les anciens arrêts. Ces arrêts font autorité, c'est par eux qu'on décide. On juge un procès comme il fut jadis jugé en cas semblable. On veut faire une chose parce qu'elle a été faite : les Anglais inventèrent le crime de la mort de Charles Ier, et nous l'avons imité. Transportons-nous dans cinquante ans d'ici, au milieu de notre histoire présente, qu'y verrons-nous? Des hommes qui ont tué leur souverain, et qui sont comblés d'honneurs et de richesses. Nous les verrons, ces hommes, accueillis à cause de leur honteuse fortune, là où les serviteurs des rois étaient chassés à cause de leur honorable misère.

Que verrons-nous encore dans notre histoire? Un bouleversement presque général des propriétés, sans que le retour du roi légitime ait pu arrêter les aliénations. Que conclura la postérité de cet état de choses? Qu'on peut condamner les rois à mort et faire fortune; qu'il est loisible de s'approprier le bien d'autrui. Quel ambitieux ne sera tenté de recommencer la révolution si elle est finie, ou de la continuer si elle ne l'est pas? Les propriétaires nouveaux feront-ils valoir le titre de leur propriété nouvelle? On leur citera, pour les dépouiller, des héritages de neuf siècles enlevés sans résistance et sans indemnités à leurs anciens possesseurs. Au lieu de ces immuables patrimoines où la même famille survivrait à la race des chênes, vous aurez des propriétés mobiles où les roseaux auront à peine le temps de naître et de mourir avant qu'elles aient changé de maîtres. Les foyers cesseront d'être les gardiens des mœurs domestiques : ils perdront leur autorité vénérable ; chemins de passage ouverts à tous venants, ils ne seront plus consacrés par le siège de l'aïeul et par le berceau du nouveau-né. Messieurs, j'ose vous le prédire : sous la monarchie légitime, si vous n'arrêtez pas la vente des biens nationaux, aucun de vous ne peut être assuré que ses enfants jouiront paisiblement de leur héritage. Vos fils auront d'autant plus à craindre, qu'ils se trouveront dans la position des hommes qu'on a dépouillés de nos jours. Comme eux, ils occuperont les premiers rangs de la société ; comme eux, ils seront les principaux propriétaires de l'État ; comme eux, ils tiendront à l'ordre établi par leurs intérêts particuliers, leurs dignités et leurs droits politiques. Jetez les yeux dans cette Chambre, interrogez les membres de l'ancienne pairie, demandez-leur si dans le temps où la propriété est attaquée, ce n'est pas un crime irrémissible d'être riche et pair de France. Et voyez quel progrès les idées révolutionnaires sur la propriété ont déjà fait en Angleterre! Il est plus que temps d'arrêter le débordement de ce principe antisocial, qui menace l'Europe entière. Pairs de France, c'est votre cause que je plaide ici, et non la mienne : je vous parle pour l'intérêt de vos enfants. Moi, je n'aurai rien à démêler avec la postérité : je n'ai point de fils, j'ai perdu le champ de mon père, et quelques arbres que j'avais plantés, bientôt ne seront plus à moi.

Je sais que dans ce siècle on est peu frappé des raisons placées au delà du terme de notre vie : le malheur journalier nous a appris à vivre au jour le jour. Nous vendons les bois; nous voyons la conséquence physique et prochaine ; quant à la conséquence morale et éloignée qui ne doit pas nous atteindre, peu nous importe. Messieurs, ne nous fions pas tant à la tombe, le temps fuit rapidement dans ce pays : en France, l'avenir est toujours prochain ; il arrive souvent plus vite que la mort. Que de fois il nous a surpris dans le cours de la révolution ! 1793 était l'avenir de 1789; le 20 mars 1815 était pour l'assemblée des notables un avenir de trente ans ; et nous avons survécu à cet avenir.

Mais, dira-t-on, presque tous les biens de l'Église sont vendus; ce qui en reste n'est rien ou peu de chose; on ne peut revenir sur le passé. Non, sans doute, la Charte a consacré la vente des biens nationaux; et il importe au salut de la France de s'attacher à la Charte; mais ce n'est pas du fait matériel qu'il s'agit, c'est d'éviter de légitimer, pour ainsi dire, le principe de la violation des propriétés, en continuant à vendre les forêts de l'État sous le roi légitime. La Charte a aboli la peine de confiscation; les biens qui restent à l'Église et à l'ordre de Malte doivent donc leur être rendus. Maintenez les ventes aux termes de l'article 9 de la Charte ; rendez les confiscations aux termes de l'article 71 : vous serez conséquents. Vous avez reconnu la justice de ces restitutions pour les

émigrés et pour les communes; la religion a-t-elle moins de droits auprès de vous?
On a soutenu dans l'autre Chambre que les biens de l'Église se trouvant saisis en vertu de certaines lois, ces lois n'étant pas abrogées commandent l'obéissance.

Cette doctrine de la passive obéissance aux décrets révolutionnaires nous mènerait loin. Oublie-t-on que l'usurpateur en a fait revivre quelques-uns pendant les Cent-Jours, notamment ceux qui proscrivent la famille royale, et qui sont bien dignes de figurer, dans notre Code, auprès de ceux qui proscrivent la religion ? Mais enfin, puisqu'on argumente des lois non abrogées contre les propriétés de l'Église, je dirai que je reconnais l'effet de ces lois pour tout ce qui est vendu, non pas en vertu de l'autorité de ces lois mêmes, mais en vertu de l'autorité de la Charte qui a sanctionné une vente déjà rendue plus régulière par le concours de la puissance spirituelle. Pour ce qui n'est pas vendu, les lois prétextées n'existent point; en voici la preuve : Louis XVI, partant le 20 juin 1791 pour se soustraire à ses oppresseurs, protesta dans un mémoire contre tout ce qui avait été fait avant cette époque.

« Tant que le roi, est-il dit dans ce mémoire, a pu espérer voir renaître l'ordre et
« le bonheur du royaume...... il n'aurait pas même argué *de la nullité dont le dé-*
« *faut absolu de liberté entache toutes les démarches qu'il a faites depuis le mois*
« *d'octobre 1789*, si cet espoir eût été rempli; mais aujourd'hui que la seule récom-
« pense de tant de sacrifices est de voir la destruction de la royauté... les *propriétés*
« *violées.....* le roi, après avoir *solennellement protesté* contre *tous* les actes éma-
« nés de lui pendant sa captivité, croit devoir mettre sous les yeux des Français et de
« tout l'univers le tableau de sa conduite et celui du gouvernement qui s'est établi
« dans le royaume. »

Ainsi, messieurs, Louis XVI *proteste solennellement* contre *tous* les actes émanés de lui pendant sa captivité. Dans ces actes sont compris nécessairement les décrets dont on s'appuie aujourd'hui. Or, ces décrets, dépouillés, par la protestation du roi, de la sanction royale, *sont illégaux et non avenus.* Et ce qui rend cette protestation plus forte, c'est que l'infortuné monarque l'a renouvelée dans ce moment redoutable où la vérité se montre tout entière aux hommes. On a justement appelé la voix de Louis XVI un *oracle* : écoutez donc cet oracle qui vous parle des portes de l'Éternel.

« Je prie Dieu, dit Louis XVI dans son testament, de recevoir le repentir profond
« que j'ai d'avoir mis mon nom (quoique cela fût contre ma volonté) à des actes qui
« peuvent être contraires à la *discipline* et à la croyance de l'Église catholique. »

Parmi les actes contraires à la *discipline* de l'Église, on doit nécessairement comprendre la vente des biens de l'Église faite sans le concours, et encore plus contre l'autorité de la puissance spirituelle : tous les canons sont formels à cet égard. Et nous reconnaîtrions des actes dont la sanction a pu donner un *repentir profond* au malheur, à la sainteté, à la vertu même, au fils de saint Louis prêt à monter au ciel ! Nous reconnaîtrions la validité des décrets que Louis XVI, au moment de paraître devant Dieu, nous déclare avoir sanctionnés contre sa volonté! La contrainte et la force, lorsqu'elles sont prouvées, rendent nuls les actes les plus solennels; et nous dirons que les décrets frappés de réprobation par la protestation de Louis captif, par le testament de Louis mourant, ne sont pas abrogés! Ah! messieurs, ce testament divin a été une loi de grâce pour le crime : qu'il ne soit pas vainement invoqué par l'innocence.

Soyons enfin chrétiens comme Louis XVI : rétablissons cette religion qui lui a donné sa couronne céleste, et qui seule peut affermir sa couronne terrestre sur la tête de ses augustes héritiers. On peut attaquer la religion dans son culte, dans ses biens, dans ses ministres ; mais on ne peut pas faire qu'une société subsiste sans religion. Un moine ignorant, mais plein de foi, peut fonder un empire; Newton incrédule pésera les mondes, et ne pourra créer un peuple. Paris, enseigné par les docteurs modernes, a produit une république de dix ans; une monarchie de quatorze siècles est sortie du bourg de Lutèce où saint Denis prêcha l'Évangile. Voulons-nous sérieusement sauver notre patrie, revenons aux saines doctrines; remplaçons les prestiges de la gloire par la solidité des principes : ce n'est plus le temps des choses éclatantes, c'est celui des choses honnêtes. Défendons-nous de ceux qui pourraient vouloir la religion sans la liberté; mais craignons bien davantage ceux qui veulent la liberté sans la religion. N'introduisons pas le faux dans la morale; ne créons pas un système où le droit et la justice, ne pouvant trouver leur place, deviendraient des pièces gênantes et inutiles dans la machine : nous arriverions à cet affreux résultat, qu'il n'y aurait plus d'illégitime en France que la légitimité.

Vous trouverez tout simple, messieurs, le ton religieux de ce discours : si j'avais besoin de m'appuyer d'un exemple, cet exemple me serait fourni par un peuple voisin. Un orateur faisant partie du ministère anglais, vient de prononcer dans la Chambre des communes un discours qui a réuni tous les suffrages. « Rappelons-nous, dit-il, « les scènes de la révolution française, dans lesquelles le petit nombre triompha si « constamment de la majorité.... Quand l'athéisme fut professé en France, qui eût « pensé que jamais ces extravagances impies dussent prévaloir? On vit les suites de « ces doctrines insensées. Les professeurs firent des élèves, et la grande nation, privée « de sa religion et de sa morale, fut en même temps privée des armes qui pouvaient « la défendre contre l'anarchie.... Il était réservé à nos modernes de déraciner du cœur « de l'homme tout respect pour la Divinité, afin de préparer leurs contemporains à « devenir des assassins sans remords. »

Voilà comme parle un législateur et un ministre. Si je m'étais exprimé avec tant de franchise, on s'écrierait que je veux faire rétrograder le siècle. Cependant, nous pouvons nous tenir assurés que la religion seule peut nous empêcher de tomber dans le despotisme; les peuples n'ont jamais conservé leur indépendance qu'en la plaçant sous la sauvegarde du ciel : à Athènes, les prêtres parurent avec la liberté, les sophistes avec l'esclavage.

C'est dans de pareils sentiments de religion et de liberté que je vais descendre de cette tribune : ils animent également les nobles amis avec lesquels je m'honore de voter. Nous soutînmes dans la dernière session les intérêts religieux; nous avons défendu dans celle-ci les libertés nationales : retranchés dans cette position, nous nous y maintiendrons, sinon triomphants, du moins avec dignité.

Pour moi, messieurs, si j'ai rendu quelques faibles services à la religion, j'en reçois aujourd'hui la récompense; je regarde comme une faveur du ciel d'avoir été appelé par les circonstances à la défense de la dernière dépouille de l'autel. Quand la loi sera passée, le sacrifice sera consommé; le miraculeux édifice de tant de siècles sera détruit. On m'a montré au pied de la montagne de Sion quelques grosses pierres éboulées : c'est tout ce qui reste du temple de Jérusalem.

Je vote contre les articles du budget qui mettent en vente cent cinquante mille hectares de forêts de l'État pour l'année prochaine, et affectent le reste des forêts à la caisse d'amortissement. Si ces articles passent, je serai forcé de voter contre tout le budget; et si le budget est adopté par la Chambre, je me soumettrai, mais à regret, à l'article 57 du règlement qui défend toute protestation.

OPINION

SUR LE PROJET DE LOI RELATIF A LA LIBERTÉ DE LA PRESSE

PRONONCÉE A LA CHAMBRE DES PAIRS, DANS LA SÉANCE DU 19 JANVIER 1818.

Messieurs, lorsque, dans le cours de nos sessions, un membre de la minorité de la Chambre prend la parole, il ne peut se proposer que ces deux choses : de changer le vote de la majorité, d'influer sur l'opinion publique.

Changer le vote de la majorité, cela arrive rarement ; influer sur l'opinion publique, c'est ce que ne peut espérer la minorité de la Chambre des pairs. La Charte a fermé nos tribunes ; notre procès-verbal ne présente que le squelette de nos discours sans nom ; les gazettes, qui ne sont pas libres, n'obtiendraient pas la permission de les répéter tels que nous les imprimons ; et les chefs-d'œuvre de notre éloquence vont mourir ignorés dans quelques salons de Paris.

Il est bien plus agréable, messieurs, d'être de la majorité ! La renommée reçoit l'ordre de sonner la gloire de l'orateur, la Chambre perd ses mystères, la censure déride son front, le *Moniteur* s'empare du discours qui, toujours plus triomphant, passe de feuille ministérielle en feuille ministérielle. Cependant un malheur commun frappe à cette tribune les orateurs des deux opinions : les lois ne nous arrivent à présent qu'après avoir été discutées à la Chambre des députés, les questions sont épuisées. Ceux qui parlent et ceux qui écoutent sont comme fatigués d'avance : le dégoût, qui naît de la satiété, empêche de répéter ce qu'on a dit, ou de chercher ce qu'on peut dire de nouveau.

Singulièrement frappé de ces désavantages, j'avais presque renoncé, messieurs, à vous prier de me faire l'honneur de m'entendre ; mais enfin mon dévouement à la vérité l'emporte ; et, ne considérant que mon devoir comme pair de France, je passe au sujet de la présente discussion.

Votre commission a fort bien remarqué l'erreur matérielle qui se trouve dans l'ordonnance mise en tête du projet de loi. Cette erreur ne détruit rien sans doute, mais il est bon d'éviter jusqu'à l'apparence de la précipitation et de la légèreté : tout ce qui sort d'un ministère aussi grave que celui de la justice doit se distinguer par sa gravité.

Votre commission a fait encore des réflexions sages sur la manière dont l'amendement de l'article 8 vous est offert. Ce n'est pas la première fois qu'on réclame dans cette Chambre contre ce mode de présentation ; mais il y a ici quelque chose que nous n'avions pas encore vu : d'un côté, des amendements de la Chambre des députés, adoptés par la couronne, sont fondus dans le projet de loi ; de l'autre, un amendement, non consenti par la couronne, est séparé du projet de loi. Ainsi, messieurs, au commencement du projet de loi, une ordonnance exprime un fait qui n'est pas exact : dans le corps du projet de loi paraît un amendement non consenti et rejeté à l'écart comme une note ; et, à la fin du projet de loi, il nous manque un petit article 27 qui, pressé par ses grandes destinées, a traversé rapidement cette Chambre, pour arrêter la liberté des journaux. Voilà bien des irrégularités.

Depuis longtemps on nous répète que les Chambres ne sont que des conseils ; on veut nous habituer à cette idée ; chaque année on essaie une innovation. L'amendement non proposé, et non consenti par le roi nous est soumis d'une manière consultative ; libre après au gouvernement d'adopter ou de rejeter notre avis. N'est-ce pas la manière de procéder dans un conseil? S'agit-il de l'impôt, on nous conteste le droit d'y faire des changements : conseil pour toute autre loi, nous ne sommes pour l'impôt qu'une Chambre d'enregistrement. Si on doit varier éternellement sur la forme et le fond des lois ; si après nous avoir reproché cent fois de violer la Charte, on s'écarte à tout moment de cette Charte; si on nous dit toujours qu'il faut nous dépêcher sur le vote d'une loi, que cette loi expire, qu'on est à jour fixe, qu'on n'a pas le temps de renvoyer les amendements à la Chambre des députés, alors pourquoi tant de discours? J'aimerais autant que la Charte nous eût permis de mettre au bas de chaque projet de loi ce peu de mots : *Vu à la Chambre des pairs ;* cela, du moins, nous épargnerait des paroles inutiles.

Vous ne vous attendez pas, messieurs, que j'aille remonter aux principes de la liberté de la presse. Mon dessein n'est pas non plus d'entrer dans les détails minutieux du projet de loi : je me contenterai d'en examiner quelques points, et de vous expliquer les motifs de mon vote.

Je m'arrête d'abord à l'article 8 et à l'amendement proposé sur cet article.

Je ne sais quelle pudeur me fait éprouver de l'embarras en lisant ce second paragraphe de l'article : *Sont considérés comme* PUBLICATION, *soit la distribution de tout ou partie de l'écrit, soit le* DÉPÔT *qui en a été fait.* Les rédacteurs du projet de loi sont des hommes sincères, je le pense : ils se seront seulement trompés sur les mots; mais il faut convenir que l'esprit le plus subtil, s'il eût voulu corrompre le principe même de la loi, n'aurait pas inventé une autre rédaction. Que le *dépôt* soit considéré comme la *publication*, véritablement cela confond, et l'on est presque tenté de rougir. En Pologne, lorsqu'on dresse un contrat de mariage, on fait venir un notaire, qui a soin d'introduire dans le contrat une clause d'après laquelle le mariage puisse être cassé en temps et lieu : par le présent projet de loi, on prétend nous faire faire alliance avec la liberté de la presse; mais il est vrai qu'en vertu de l'article 8, tel qu'il est conçu, il y a dans cette alliance une bonne raison de nullité.

Il est si peu naturel de regarder le *dépôt* comme la *publication*, que cette idée même ne s'est pas présentée à l'esprit de ceux qui dans l'origine ont ordonné le dépôt. C'est Buonaparte (car nous copions toujours Buonaparte) qui par l'article 48 du décret du 5 février 1810, voulut que cinq exemplaires de chaque ouvrage imprimé à Paris fussent déposés à la préfecture de police. Simple règlement de librairie, le dépôt ne pouvait être une mesure politique; car il est évident que ce n'était pas pour savoir si un livre était bon ou mauvais, utile ou dangereux à publier, qu'on le portait à la préfecture de police, puisque la censure existait alors dans toute sa rigueur, et qu'on savait à quoi s'en tenir d'avance sur l'ouvrage qui devait paraître.

La loi du 21 octobre 1814, en confirmant la disposition du décret antérieur, n'assimile pas non plus le dépôt à la publication, puisque cette loi maintient la censure à l'égard des écrits de vingt feuilles et au-dessous : or, ces écrits sont évidemment les plus nombreux et les plus applicables aux circonstances politiques.

On vient, messieurs, de nous citer une ordonnance du 24 octobre 1814, qui règle la distribution des exemplaires déposés au secrétariat de la direction générale de la librairie. Il faut être bien chatouilleux sur l'article de la liberté de la presse, pour voir dans cette distribution un commencement de publication. Il est notoire que cette distribution n'avait lieu et ne devait avoir lieu qu'après la publication de l'ouvrage. Quand un numéro du *Censeur* fut arrêté il y a quelques mois, était-il ou non déposé à la Bibliothèque du roi? L'y avait-on? La publication était-elle ainsi commencée? Tout cela, messieurs, est encore une imitation de Buonaparte. Un décret du 2 juillet 1812 veut que, des cinq exemplaires d'un livre imprimé, déposés à la préfecture de police, un seul y reste désormais, et que les quatre autres soient portés à la direction générale de l'imprimerie et de la librairie.

Et, pour le dire en passant, ce décret établissait moins une mesure d'ordre qu'une de ces mesures fiscales introduites dans l'administration. Il y a tel ouvrage de luxe et de gravure dont le prix de l'exemplaire s'élève à douze ou quinze cents francs, quelquefois même à cent louis et mille écus. Cinq exemplaires d'un pareil ouvrage coûteraient donc huit, dix et quinze mille francs; c'est donc huit, dix et quinze mille francs que vous prenez dans la poche de l'auteur et du libraire; et cet énorme impôt tombe précisément sur les arts qui auraient le plus besoin d'être encouragés par des primes ou des dégrèvements. Le dépôt est une entrave administrative et une taxe onéreuse; c'est bien assez : n'allons pas lui donner de plus un caractère politique en l'assimilant à la publication.

M. le rapporteur de votre commission examine une question intéressante, savoir : si le récépissé doit suivre immédiatement le dépôt. Il semble conclure négativement, et s'appuie de l'opinion de la commission de la Chambre des députés; cette commission pensait que le terme pour la délivrance du récépissé pourrait être porté à trois jours. M. le rapporteur ajoute plus loin que tant que la publication n'est pas faite, l'auteur ne doit pas être poursuivi : mais il laisse à entendre que, nonobstant cette sûreté de l'auteur, l'ouvrage peut être déféré aux tribunaux.

Je respecte le caractère et le savoir du magistrat distingué dont je rappelle l'opinion; je regrette de ne pouvoir me soumettre à son imposante autorité.

La doctrine par laquelle on voudrait séparer l'auteur de l'ouvrage est à la fois dangereuse pour la liberté de la presse, peu raisonnable en principe.

Dangereuse pour la liberté de la presse, car il est évident qu'il y a des auteurs qui couvrent leurs ouvrages de leur nom, et qu'il serait scandaleux, quand il n'y a pas crime, de traduire devant les tribunaux. Moins exposés que les autres, ils sont l'espoir de la vérité qui peut trouver passage dans leurs écrits; mais si on sépare leurs ouvrages de leur personne, tout est fini, et nous aurons le silence de Constantinople.

Un noble duc a montré l'année dernière le côté bizarre d'une doctrine qui ferait d'un livre un coupable, lequel coupable ne pourrait parler ni se défendre, et serait condamné sans avoir été entendu.

J'ai dit que cette doctrine est peu raisonnable en principe : car si le livre est criminel, comment le condamner sans condamner l'auteur? C'est punir le fer de l'assassin, et épargner la main qui a frappé avec ce fer.

Quant aux trois jours demandés pour accorder le récépissé, il est question d'en faire l'objet d'un sous-amendement dans cette Chambre. Pendant ces trois jours, l'auteur serait à l'abri, tandis que l'ouvrage pourrait être dénoncé. Cela ramène ainsi, messieurs, la doctrine que je viens de combattre : toute liberté de la presse est détruite, si cette doctrine passe dans vos lois.

Sous un autre rapport fixer un terme de trois jours pour la délivrance du récépissé, c'est par le fait rejeter l'amendement de la Chambre des députés et rétablir l'article de la loi, mais avec moins de franchise; c'est retomber dans les inconvénients du dépôt, tels que dans un instant je vais vous les représenter; c'est donner le temps aux docteurs en despotisme de découvrir dans un ouvrage des crimes de lèse-ministère, crimes que l'on sera d'autant plus disposé à trouver, que, dans ce cas, la cause de l'ouvrage sera séparée de celle de l'auteur. Ainsi nous rentrons dans le cercle vicieux. Le sous-amendement, dont la proposition nous menace, me paraît donc inadmissible si l'on maintient l'amendement.

C'est avec grande raison que la Chambre des députés a proposé cet amendement à l'article 8. Elle n'a pu rendre la loi parfaite, mais elle a voulu du moins qu'elle fût loyale, et qu'elle ne tendît aucun piége à l'écrivain.

Entrons dans le caractère de l'amendement. Votre commission a démontré qu'un auteur, en déposant cinq exemplaires imprimés de son ouvrage, se conforme à ce que vous exigez de lui. Or, comment pouvez-vous, en bonne justice, arrêter son ouvrage au dépôt même, et le punir par conséquent de son obéissance à la loi, tandis que d'un autre côté vous l'eussiez puni s'il n'avait pas obéi à cette loi? Cet argument est invincible.

On ne se tient pas pour battu, on revient par des considérations générales : on dit que si l'on prend des précautions contre les délits d'une nature particulière, à plus forte raison doit-on chercher à prévenir les désordres qui compromettent la société; que si l'on ne peut pas arrêter un mauvais ouvrage au dépôt, il ne sera plus temps de l'arrêter à la publication; que toujours un grand nombre d'exemplaires échappera à la surveillance de l'autorité; que le mal sera fait avant qu'on puisse y apporter de remède. Le dépôt, soutient-on toujours, est un commencement de publication; or, si un ouvrage est dangereux, il doit être saisi au dépôt même, parce qu'en matière criminelle, lorsqu'il y a commencement d'exécution de crime, le crime est puni comme s'il était consommé. Une comparaison vient à l'appui de ce raisonnement.

Un homme mêle du poison dans un breuvage : prêt à donner la coupe à sa victime, il est découvert, et la loi le condamne à mort, bien que sa méchante action n'ait pas eu le résultat qu'il s'en promettait; de même un ouvrage corrupteur doit être retranché de la société avant qu'il y ait porté ses ravages.

La poésie est belle, mais il faut éviter d'en mettre dans les affaires. Quelle comparaison peut-on faire entre un crime physique, si je puis m'exprimer ainsi, et un crime moral? Un livre, si détestable qu'on veuille le supposer, agit-il instantanément? va-t-il en un moment mettre le feu aux quatre coins de la France ou pervertir la jeunesse? n'aurez-vous pas toujours le temps de l'arrêter au moment même de son apparition dans le monde? Je comprends que si on le laisse étaler sur les quais, vendre dans toutes les boutiques; que si on n'applique pas à son auteur nos terribles lois contre la liberté de la presse, je comprends qu'il y aura à la longue du danger; mais si les poursuites sont actives, si la justice est prompte et sévère, pourquoi violer les notions du bon sens et les règles de l'équité, en s'obstinant à considérer le dépôt comme une véritable publication? Dans le raisonnement que je viens de faire, raisonnement par lequel j'ai essayé de montrer que le mal résultant d'un livre ne peut jamais être soudain comme un meurtre, prompt comme un empoisonnement, j'ai supposé la publication d'un de ces livres infâmes qui se font entendre à tous les esprits en prêchant la révolte, l'assassinat, le pillage et l'incendie; mais ces ouvrages sont très-rares. Admettez, ce qui est bien plus probable, que certaines mesures sont gardées, certaines précautions prises dans l'ouvrage publié; supposez que les doctrines pernicieuses y sont un peu enveloppées, que le style de l'auteur ne s'adresse pas à la plus basse classe de la société; alors, messieurs, peut-on soutenir que le temps manquera pour prévenir l'effet nécessairement peu lent de cet ouvrage? Faut-il que, pour nous rassurer contre de vaines frayeurs, on établisse par une loi que le dépôt équipolle la publication dans le pays qui a vu naître les Barthole, les Pothier et les Domat?

Si d'ailleurs, messieurs, la provocation directe au crime se trouvait dans un ouvrage, comment imaginer que l'auteur, à moins d'être fou, portât cet ouvrage au dépôt? Si la provocation ne se trouve pas dans cet ouvrage, pourquoi le poursuivre au dépôt comme s'il était publié ? N'est-ce pas manifester l'intention de regarder comme coupable tout ouvrage qui contrarierait les vues du ministère? n'est-ce pas déclarer implicitement qu'on ne veut pas de la liberté de la presse ?

Pour avoir le droit de poursuivre l'ouvrage déposé, on se fonde sur l'axiome, qu'il faut prévenir le crime pour ne pas être obligé de le punir. Cet axiome est indubitable abstraitement considéré, mais il appartient surtout à la politique d'une monarchie absolue, et ne peut pas être aussi rigoureusement établi dans la science d'une monarchie représentative. Une des erreurs les plus communes aujourd'hui, et qui est la source d'une multitude d'autres erreurs, c'est de raisonner toujours comme si nous existions dans l'ancien ordre de choses, et d'oublier sans cesse le gouvernement que nous avons.

Dans la monarchie absolue tout est positif : trois ou quatre maximes régissent l'État. Tout ce qui choque ces maximes doit être réprimé. Il n'est pas permis à l'opinion de prendre son dernier essor; les libertés publiques et particulières, défendues par les mœurs plutôt qu'établies par les lois, peuvent être violées, si le gouvernement les trouve en contradiction avec les principes fondamentaux de cette espèce de monarchie. Sous ce régime, rien donc de plus applicable que l'axiome qui veut qu'on prévienne le crime pour ne pas être obligé de le punir.

Mais dans la monarchie représentative, il n'en va pas de la sorte. Cette monarchie ne peut exister sans la plus entière indépendance de l'opinion. Aucune liberté, soit individuelle, soit publique, ne doit être entravée, car ces libertés sont le partage de chacun et la propriété de tous : ce ne sont pas des principes abstraits posés dans les lois, et pour ainsi dire morts au fond de ces lois ; ce sont des principes vitaux d'un usage journalier, d'une pratique continuelle, qu'on ne peut arbitrairement attaquer sans que le gouvernement ne soit en péril, car c'est de la réunion de ces principes mêmes que se forme le gouvernement.

De ces vérités incontestables, il résulte que l'axiome précité perd considérablement de sa puissance dans une monarchie constitutionnelle. Aussi voyons-nous qu'en Angleterre on se contente de surveiller le crime. Une réunion est annoncée comme devant avoir lieu à Spafields ; le ministère anglais reste immobile. Une autorité élevée dans les principes de nos anciennes institutions eût mis tous les agents de la police en campagne pour prévenir le rassemblement : cela eût été conforme au génie de notre vieille monarchie; mais dans la monarchie fondée par la Charte, n'est-il pas évident que ces mesures préventives, toutes sages et toutes bonnes qu'elles puissent être, en les considérant d'une manière isolée, sont contraires à la nature de la Charte dans leur application relative à cette Charte? Il faut entrer de force dans le domicile du citoyen, il faut arrêter administrativement l'homme qui ne peut être arrêté qu'en vertu d'une loi, il faut violer la liberté de l'opinion et la liberté individuelle, il faut, en un mot, mettre en péril la constitution même de l'État. Mais voyez quand le désordre est commencé, avec quelle vigueur il est poursuivi : les Chambres surviennent, les libertés sont légalement suspendues, les lois les plus terribles portées contre les coupables : personne ne se plaint, l'opinion approuve, le crime est châtié, et les principes du gouvernement n'ont reçu aucune atteinte.

Si donc, dans une monarchie représentative, on montre tant de respect pour les libertés, qu'on aime mieux laisser l'État courir quelque péril que de les attaquer trop légèrement, deviendra-t-on plus scrupuleux pour ces délits de la presse dont les conséquences sont bien loin d'être d'un danger aussi immédiat pour l'ordre social [1] ?

[1] Voilà le passage sur Spafields qui m'a procuré l'honneur de voir deux ministres monter à

Qu'allez-vous faire, messieurs, en voulant prévenir la faute d'un auteur pour n'être pas obligés de la punir? Ne voyez-vous pas que vous ouvrez la porte à l'arbitraire? Pour un ouvrage dangereux que l'on aura supprimé au dépôt, combien d'ouvrages utiles ne seront point arrêtés! Il ne faudrait pas même tenter la vertu, à plus forte raison ne faut-il pas tenter les intérêts et les passions. Il n'est pas facile d'user sobrement de l'autorité quand elle est remise entre nos mains. Vous n'exigez pas que des ministres qui seraient attaqués dans un écrit soient assez parfaits pour ne pas au moins l'entraver lorsqu'ils en auront le pouvoir? Si le dépôt est la publication, pourquoi ne pas convenir que le dépôt remplace la censure, puisque c'est l'autorité qui lit l'ouvrage déposé, qui le juge, qui l'arrête enfin, si tel est son bon plaisir.

Supposons, messieurs, que La Bruyère et Montesquieu revinssent au monde, et qu'ils fissent à la librairie le dépôt, l'un de ses *Caractères*, et l'autre de ses *Lettres Persanes*.

Représentez-vous l'autorité occupée à lire le portrait où l'on reconnaissait celui de deux ministres; représentez-vous la même autorité tombant sur les passages des *Lettres Persanes* où un autre ministre est traité avec tant de sévérité : je demande si l'autorité n'apercevrait pas un crime dans ces passages, si la bienveillance naturelle de la police ne la porterait pas à prévenir *ce crime* en arrêtant les *Caractères* et les *Lettres Persanes?* Mais l'administration, dira-t-on, en saisissant ces ouvrages au dépôt, ne les supprimerait pas; il faudrait toujours qu'ils fussent jugés par les tribunaux, et les tribunaux acquitteraient les illustres auteurs. Quant au fait de l'acquittement, cela ne m'est pas bien prouvé. N'avons-nous pas vu condamner l'auteur d'une lettre à un ministre?

Affligeante loi! les ouvrages de Montesquieu et de La Bruyère ne sortiraient donc du dépôt où on les aurait saisis, que pour être traduits à la police correctionnelle! Nous aurions la honte et la douleur de voir l'auteur des *Caractères* et l'auteur de *l'Esprit des lois* assis, sous la garde d'un gendarme, sur les mêmes bancs où l'on juge les prostituées et les filous.

Je croirai n'ajouter rien de superflu, messieurs, en vous faisant remarquer que la surveillance de la librairie est placée à la police; que la police, par sa nature, est antipathique à toute liberté, et qu'entraînée par son caractère, elle aura plus de peine que toute autre autorité à ne pas user arbitrairement de la censure qui lui est accordée par le dépôt.

Ajoutons que si l'ouvrage arrêté au dépôt est une brochure politique, on aura beau dire que cette brochure sera rendue à l'auteur après avoir été jugée, les formes, les lenteurs de la procédure détruiront tout ce que l'auteur aurait pu attendre de cette brochure, si elle eût paru au moment opportun.

Lorsque M. le procureur général fit saisir un ouvrage dont j'étais le malheureux auteur, il alla à sa maison des champs, ce qui était fort naturel. Une première lettre, que j'eus l'honneur de lui écrire pour réclamer mon ouvrage, mit quelque temps à lui parvenir : c'était encore fort naturel. Enfin M. le procureur général voulut bien me répondre : il paraît par sa lettre qu'il avait un peu douté que je fusse l'auteur d'un ouvrage signé de mon nom, de mes titres, et frappé d'une ordonnance. Voilà, mes-

la tribune pour me combattre. Je suis encore à me demander comment l'un d'eux a pu trouver dans ce raisonnement si simple, que je regrette à Paris les émeutes de Londres. Je voulais faire sentir que l'axiome que j'examinais n'est pas, dans la monarchie représentative, d'une application aussi rigoureuse que dans la monarchie absolue; et, pour le prouver, je tirais un exemple du plus grand délit pour argumenter *a fortiori*, en passant au plus petit. Si ce n'est pas là de la saine logique, je suis bien trompé; mais que peut la logique contre l'éloquence, un humble argument contre une brillante imagination.

sieurs, lorsqu'on arrête un ouvrage au dépôt, quelques-unes des petites lenteurs qui favorisent la liberté de la presse. Je raconte ceci pour notre instruction, sans aucun sentiment pénible : M. le procureur général aurait envers moi beaucoup de torts, qu'il n'a pas, avant que j'oubliasse sa généreuse proclamation du 31 mars 1814.

Il me reste, messieurs, à vous déclarer mon vote, et, comme je vous l'ai dit, à vous en exposer les motifs.

Je vote d'abord pour l'amendement de l'article 8, parce que si la loi doit passer, cet amendement la rend moins défectueuse.

Je vote ensuite contre la loi, parce que, soit qu'elle passe amendée ou non amendée, elle est incomplète et présente un million de contradictions et de difficultés; je m'explique :

Je lis à l'article 24, que la loi du 28 février 1817 relative aux écrits saisis, et toutes les dispositions des lois antérieures qui seraient contraires à la présente, sont et demeurent abrogées, et je trouve que les articles 7, 8, 9 et 21, renvoient, pour divers cas, à la loi du 21 octobre 1814.

Il y a incompatibilité de nature dans ce renvoi, car la loi actuelle veut être une loi de liberté, et elle ne peut pas vous renvoyer à une loi de censure. Ces deux lois ont été faites dans un esprit fort différent l'une de l'autre, puisque l'une permet précisément ce que l'autre défend.

Comment ensuite doit-on considérer la loi du 21 octobre 1814 ? Doit-elle être consultée dans son intégrité primitive? Doit-elle être admise avec les mutilations et modifications qu'elle a éprouvées? L'ordonnance du 20 juillet 1815 défend au directeur général de la librairie et aux préfets d'user de la liberté qui leur est laissée par les articles 3 et 5 de la loi du 21 octobre 1814. Je sais que cette ordonnance rendait moins dure la condition des auteurs; mais nous ne pouvons pas admettre en principe qu'une ordonnance puisse abroger une loi, même pour un excellent motif : ce serait envahir la partie du pouvoir législatif accordée aux Chambres, et les ennemis de la liberté en concluraient bientôt que les Chambres sont inutiles.

Je vois que dans les articles 6, 7 et 8, titre 1er de la loi du 21 octobre, il est question d'une commission spéciale qui doit juger certains cas de censure, et qui (par parenthèse) n'a jamais été formée. Ces articles 6, 7 et 8, sont-ils directement contraires au projet de loi soumis à votre examen? On pourrait le nier.

Je vois dans l'article 12, titre II de la loi du 21 octobre, que le brevet est retiré à tout imprimeur ou libraire convaincu de contravention aux lois et règlements. Je demande quels sont ces lois et règlements, et si ces lois et règlements sont maintenus ou abrogés par le présent projet de loi?

Je vois qu'à l'époque de la publication de la loi du 21 octobre 1814, le directeur général de la librairie se trouvait à la chancellerie, ce qui certainement était plus honorable pour les lettres, et je trouve qu'un décret de Buonaparte, daté du 24 mars 1815, réunit la librairie et l'imprimerie au ministère de la police générale; et je trouve une ordonnance du roi, en date du 19 juin 1816, qui nomme un directeur de la division de l'imprimerie et de la librairie à la police. Les ministres auraient pu, ce me semble, se dispenser de confirmer un décret d'oppression rendu pendant les Cent-Jours. Mais enfin, est-ce la chancellerie ou la police qui doit poursuivre les délinquants.

L'article du projet de loi qui abroge toutes dispositions des lois antérieures *contraires à la présente loi*, étend-il sa puissance sur toute la dixième section, titre 1er, chapitre III du livre III du Code pénal? On peut disputer; car, comme on sait, *tout* est *contraire* à une chose, ou *rien* n'est *contraire* à cette chose quand on chicane.

L'article 24 est un de ces articles vagues où l'arbitraire se cache pour reparaître quand il le faut.

Cet article frappe-t-il d'une mort absolue les décrets du 3 février, du 6 juillet 1810, du 3 août 1810, du 18 novembre 1810, du 14 décembre 1810, du 1er janvier 1811, du 2 février 1811, etc., décrets qui embrassent toute la législation de la librairie? Il est évident qu'il y a dans ces décrets une foule d'articles, et des plus oppressifs, qui ne sont pas abolis par le présent projet de loi.

Ce projet fait-il cesser pour toujours, par son article 24, les dispositions de la loi sur les *cris* et *écrits* séditieux? Cela n'est pas bien clair.

Le savant rapporteur de votre commission vous a dit que le seizième article du projet, qui ne parle que de la provocation directe à des crimes, était destiné à remplacer une autre disposition de la loi du 9 novembre 1815, qui punit la provocation indirecte.

Je soumettrai mes doutes au noble pair lui-même; c'est le meilleur juge que je puisse choisir. La loi du 9 novembre 1815 est une loi complexe : il ne s'agit pas seulement des *écrits*, mais aussi des *cris* séditieux. Si, par le présent projet de loi, la provocation indirecte n'existe plus quant aux *écrits séditieux*, est-elle aussi abrogée relativement aux *cris séditieux?* ou si elle est perpétuée pour les *cris séditieux !* sera-t-elle aussi maintenue pour les *écrits séditieux?* Comment le nouveau projet de loi pourra-t-il scinder la loi du 9 novembre 1815, où ces deux mots *cris* et *écrits* sont tellement enchevêtrés qu'ils paraissent indivisibles? Par quelle loi enfin les délits de la presse seront-ils jugés? sera-ce par la nouvelle loi? sera-ce par la loi des *cris* et *écrits séditieux*, ou par la loi du 21 octobre 1814, qui n'est pas tout à fait abrogée, ou par la loi du 28 février 1817, qui subsiste encore en partie, ou par l'article du Code pénal et les divers décrets que j'ai cités? Quelle confusion, messieurs! quel chaos, quelles immenses ressources pour les ennemis de la liberté de la presse!

Ce n'est pas tout. La plupart de nos règlements sur la liberté de la presse ont été faits sous le règne de l'usurpation : ce sont des espèces de bois où le despotisme a placé la police en embuscade et préparé des guet-apens pour se jeter sur les auteurs. Buonaparte se trouvait à Amsterdam : vous savez, messieurs, que sa manie était de faire tout à coup la chose la plus étrangère du monde à celle dont il paraissait occupé : il croyait par là se donner l'air d'un génie universel qui embrasse à la fois les plus grandes et les plus petites choses. Ainsi, lorsqu'il était à Moscou, que déjà la main de Dieu s'étendait sur lui, il datait du Kremlin un règlement pour nos théâtres. Que pouvait il faire en Hollande? réparer les digues, visiter les ports, encourager le commerce? Il inventait un journal de la librairie! Le décret hollandais est du 14 octobre 1811; il porte : « Que la direction générale de l'imprimerie et de la li-
« brairie est autorisée à publier un journal dans lequel seront annoncées toutes les
« éditions d'ouvrages imprimés.... Qu'il est défendu à tous auteurs et éditeurs, di-
« recteurs ou rédacteurs de gazettes.... d'annoncer, sous tel prétexte que ce puisse
« être, aucun ouvrage imprimé..... si ce n'est après qu'il aura été annoncé par le
« Journal de la librairie. »

Or, messieurs, le Journal de la librairie existe encore; et vous remarquerez que le décret ne donne aucun moyen de forcer ce journal à insérer le titre d'un ouvrage : d'où il résultait qu'aucun rédacteur de gazette ne pouvait faire connaître ce livre au public, tant que le Journal de la librairie refusait ou omettait d'imprimer l'annonce de l'ouvrage. Cette arme est encore aujourd'hui entre les mains de la police. Elle n'en fait pas toujours usage; mais elle s'en sert dans certains cas contre certains écrits.

Peut-on inférer du nouveau projet de loi que l'astucieux décret est aboli? J'en doute, quoi qu'en ait dit le rapporteur d'une commission à la Chambre des députés : du moins est-il certain que les censeurs argumentent occasionnellement de ce décret, pour refuser les annonces qui déplaisent à l'autorité[1].

Si j'entrais maintenant dans le détail du temps qui peut s'écouler pour obtenir justice, je prouverais aisément, par l'examen des articles du Code d'instruction criminelle, qu'on peut traîner le jugement d'un ouvrage assez de mois pour faire périr cet ouvrage et le rendre totalement inutile, s'il a rapport à des circonstances graves, mais transitoires.

Je ne trouve dans le nouveau projet de loi aucun article répressif des délits contre la religion; il est vrai que cela ne vaut pas la peine d'en parler. Combattez un système politique, vous serez poursuivi; écrivez contre la religion, bagatelle. Messieurs Comte et Dunoyer ont imprimé des notes contre des missionnaires qui cherchent à faire revivre la morale évangélique : ce n'est pas sur ce point qu'ils ont été condamnés; et ces notes mêmes, s'il faut en croire leurs dernières conclusions, qui n'ont point encore été démenties, seraient venues d'une source qu'ils avaient tout lieu de croire ministérielle. Le public attend toujours l'explication de ce procès où tout a paru extraordinaire : l'instruction, les débats, les dernières conclusions et l'élargissement des accusés.

M. le garde des sceaux nous a rassurés en ce qui concerne la religion : il nous a cité l'article 287 du Code pénal, qui, selon lui, en frappant les écrits contraires aux bonnes mœurs, s'applique, par cette raison même, aux écrits contre la religion. Cette manière de raisonner est philosophique; malheureusement nous ne pouvons voir que les faits : on a remarqué qu'il n'y a pas d'exemple qu'un ouvrage impie ait été poursuivi par le ministère public dans aucune cour du royaume.

Et si vous recourez à cet article 287 du Code pénal, que trouvez-vous? « Que toute « exposition ou distribution de chansons, pamphlets, figures ou images contraires « aux bonnes mœurs, sera punie d'une amende de seize francs à cinq cents francs, « d'un emprisonnement d'un mois à un an. »

Ainsi, une attaque contre le culte de vingt-quatre millions d'hommes peut ne nous coûter que seize francs; c'est bon marché. Si, en fait de liberté, on peut nous reprocher un peu d'avarice, en matière de religion nous donnons sans compter.

Enfin la loi ne propose point le jugement par jurés pour les délits de la presse, conséquemment c'est une loi sans base. Perdu dans les contradictions qu'elle renferme, dans les difficultés qu'elle présente, soit en me reportant aux anciennes lois qu'elle rappelle par un article et qu'elle abolit par un autre, je me vois forcé de la rejeter. On me dira qu'en la repoussant la presse va se trouver sous un régime peu favorable : cela est vrai : mais la loi de l'année dernière n'est point une loi : c'est un essai de loi si imparfait que tout le monde sent la nécessité de le changer. Au contraire, le projet de loi actuel venant à être adopté, les consciences faciles, en fait de libertés, seront satisfaites, et nous en resterons là. On ne songera plus à nous donner une législation complète, tant pour les livres que pour les journaux : c'est à quoi je ne puis consentir. Il nous faut un jury pour les délits de la presse; il nous faut la liberté des journaux réglée par une loi, afin que la constitution soit maintenue. Si nous n'avons pas cette liberté, nous aurons la licence : au défaut d'ouvrages permis, on colportera des libelles défendus où la calomnie dira tout, même la vérité. Quand l'opinion pourra parler dans les feuilles publiques, quand on cessera de traduire en

---

[1] Une ordonnance a confirmé le décret, comme l'a très-bien fait voir un ministre.

police correctionnelle ce qu'il y a de plus noble dans l'homme, la liberté de la pensée, alors, et seulement alors, on sentira les avantages de la Charte.

Nous sommes si loin de cet état de choses, que l'on voudrait asservir l'opinion, même dans le sein des deux Chambres. Quiconque a le malheur de se trouver placé dans la minorité, est obligé, en montant à la tribune, de se demander s'il a encore quelque chose à perdre, s'il a fait d'avance tous ses sacrifices. Ce n'est pas sans une profonde douleur que je vois s'établir de plus en plus cette intolérance politique. Je ne m'en suis pas plaint tant que j'en ai été seul la victime : je reconnais volontiers que mes services ne sont rien, et qu'on ne me doit aucun ménagement ; mais quand je vois les plus dignes et les meilleurs serviteurs du roi subir des rigueurs, uniquement pour s'être exprimés avec franchise, je ne puis m'empêcher d'en être affligé. Sous quel régime vivons-nous donc, si un pair de France, si un député ne peut dire, sans être poursuivi comme un ennemi, ce qu'il croit utile au bien de l'État? Qu'il me soit permis, pour le salut de la Charte et pour l'honneur des deux Chambres, de réclamer la liberté des opinions devant cette noble assemblée. Non, elle ne refusera point son estime aux orateurs qui parlent d'après leur conscience, lors même qu'elle diffère avec eux de principes et qu'elle ne partage pas leurs sentiments.

Je vote pour l'amendement et contre le projet de loi.

OPINION

SUR LE PROJET DE LOI RELATIF AU RECRUTEMENT DE L'ARMÉE

PRONONCÉE A LA CHAMBRE DES PAIRS, DANS LA SÉANCE DU 2 MARS 1818.

Messieurs, la loi qui vous est présentée est une de ces lois qui peuvent perdre ou sauver les empires, et qui font peser sur la tête du législateur la plus effrayante responsabilité.

Elle offre à votre sagesse trois sujets principaux de discussion : le recrutement, la réserve formée des légionnaires vétérans, l'avancement ; division naturelle que tous les orateurs ont suivie et que je vais suivre à mon tour.

En prenant la loi par ordre de matières, parlons d'abord du mode de recrutement.

Le projet de loi porte qu'il aura lieu par des enrôlements volontaires, et, en cas d'insuffisance, par des appels.

L'enrôlement volontaire ne peut être là que comme une parole de consolation qui ne tire pas à conséquence ; car l'appel anéantit de fait l'enrôlement volontaire : il ne s'agit donc réellement que d'examiner le principe des appels.

Je dois, avant de commencer cet examen, répondre à une question faite dans un discours que j'aurai souvent occasion de citer : on a demandé « s'il était bien utile, « s'il était bien patriotique, quand une institution est reconnue nécessaire, de s'ap- « pliquer à lui conserver ou à lui rendre un nom justement odieux. »

Un bon citoyen, messieurs, n'est point à l'abri des interprétations défavorables que l'on peut donner à ses sentiments : fort de sa conscience, il dit hautement ce qu'il croit utile de dire, sans être arrêté par des craintes personnelles. Plus la vérité est importante, moins il doit la déguiser ; ce n'est pas quand il y va du salut de l'État qu'il faut se montrer timide. De quelle nature sont donc les appels, si l'on craint que la seule discussion aux Chambres rende l'exécution de ces appels impossible ?

La milice, a-t-on dit, était la conscription, sauf l'égalité. J'adopte cette définition.

Elle renferme d'une manière piquante et concise le plus grand éloge de la milice considérée dans ses rapports avec la monarchie : plus on examine les institutions de Louis XIV, plus on est forcé d'admirer ce grand roi. La belle définition de la milice par M. le ministre de la guerre va me fournir celle de la conscription : la conscription est la milice avec l'égalité. Je crois faire ici la plus sévère critique de la conscription appliquée à la monarchie, puisque cette définition montre immédiatement à quel genre de constitution politique appartient la conscription.

La conscription, messieurs, reproduite sous le nom d'appel, est à la fois le mode naturel de recrutement du despotisme et de la démocratie, et ne peut appartenir, par cette double raison, à la monarchie constitutionnelle : elle est le mode de recrutement sous le despotisme, parce qu'elle lève les hommes de force, viole les libertés politiques et individuelles, et est obligée d'employer l'arbitraire dans la forme de son exécution.

Elle est le mode de recrutement dans la démocratie, parce qu'elle ne compte que l'individu, et établit une égalité métaphysique qui n'existe point dans la propriété, l'éducation et les mœurs.

Ainsi, quand on étudie les discours des orateurs qui ont parlé contre le mode des appels forcés, on croit remarquer qu'ils se réfutent les uns par les autres, ceux-ci disant que la conscription attaque la liberté, ceux-là prétendant qu'elle favorise la tyrannie. La vérité est qu'ils ont également raison. Rien n'est plus naturel que la conscription qui convient au despotisme convienne aussi à la démocratie : il y a une grande analogie entre la tyrannie de tous et la tyrannie d'un seul. Le despote est niveleur comme le peuple. Aussi la conscription décrétée sous la république par le Directoire, passa comme un héritage naturel à l'empire sous Buonaparte.

La conscription tend à détruire la monarchie représentative de deux manières, ou en augmentant trop la prépondérance de la partie démocratique de la Constitution, ou en livrant à la couronne une force capable d'opprimer la liberté publique. Ces dangers augmentent du côté de la démocratie, si dans les autres articles de la loi il se trouve des principes directement opposés à ceux de la monarchie. La loi actuelle, par exemple, attaque la prérogative de la couronne : elle coupe les familles par la tige; elle ne sauve de la conscription ni les fils aînés, ni même les fils uniques, excepté ceux de la veuve, du père aveugle et du vieillard septuagénaire. Elle fait plus, elle établit une sorte de privilège pour les cadets, elle leur transporte pour ainsi dire le droit d'aînesse en exemptant du tirage tout jeune homme qui a un frère sous les drapeaux. Or, comme c'est évidemment l'aîné de la famille qui arrive le premier à l'âge conscriptible, s'il tombe au sort, il libère à ses dépens tous ses puînés. Quel renversement du droit civil, du droit naturel et de toute idée de famille et de monarchie! La loi ajoute donc, par les dispositions précitées, une force énorme au principe républicain de la conscription. D'une autre part, la loi envahit et blesse, par le mode de son exécution, toutes les libertés de la Charte, et vous voulez qu'une monarchie à peine rétablie résiste à tant de secousses, surmonte tous les obstacles que vous faites naître autour d'elle! Cette monarchie n'a presque rien encore de ses propres éléments, hors de son roi; sa partie aristocratique n'est encore pour ainsi dire qu'une fiction. Et vous lui refusez son mode naturel de recrutement, et vous affaiblissez sa prérogative royale, et vous lui donnez pour ses élections une loi démocratique! que voulez-vous donc qu'elle devienne?

Voyons comment la loi actuelle pourra marcher avec la Charte.

Si les droits garantis aux citoyens ne sont pas une illusion, la Charte résistera à la conscription, ou la conscription anéantira les principaux articles de la Charte.

Prétendez-vous vous renfermer dans les moyens coërcitifs légaux, vous n'obtiendrez rien par les appels forcés. Sortirez-vous de ces moyens, vous retombez malgré vous dans le code pénal de la conscription, et la monarchie représentative est détruite. Pourrez-vous mettre des garnisaires dans les villages sans violer la constitution entière? Rendrez-vous les pères responsables pour leurs fils? Voilà donc quarante mille pères de famille taxés arbitrairement ou privés de leur liberté individuelle; voilà quarante mille familles qui, tous les ans, seront mises hors de la Charte par la plus terrible loi d'exception.

Et si quelques-uns de ces pères en appellent aux tribunaux, s'ils réclament leurs droits de citoyens par des pétitions aux Chambres, comment ferez-vous? N'avons-nous pas vu à Paris, en 1814, un général se cantonner dans sa maison, et menacer de s'y défendre, la Charte à la main?

Si le conscrit déserte, s'il ne se présente pas aux appels, avez-vous la gendarmerie de Buonaparte, les huit cent mille hommes de Buonaparte, la terreur qu'inspirait Buonaparte, pour faire exécuter votre loi? Prenez bien garde de vous donner l'odieux de la conscription sans en recueillir les avantages.

L'enrôlement volontaire en temps de paix, augmenté si besoin est, par des appels en temps de guerre, tel est le mode naturel de recrutement dans une monarchie libre et constitutionnelle. L'assemblée nationale elle-même reconnut ce principe.

Ce n'est pas que l'enrôlement volontaire, sous l'ancienne monarchie, fût exempt de tous reproches. M. le ministre de la guerre a fait une peinture frappante, mais peut-être un peu vive, des abus auxquels cet enrôlement donnait lieu. J'ignore, par exemple, ce que veulent dire *les conséquences notoires en fait* de l'enrôlement volontaire pour notre ancienne armée. Admirons les prodiges de nos nouveaux soldats, mais ne soyons pas injustes envers nos anciens défenseurs. Les victoires de Fornoue, de Marignan, de Lens, de Fribourg, de Fontenoy, sont réellement *notoires en fait*; nous avons été quelquefois battus avec la conscription, comme nous l'avons été avec l'enrôlement volontaire. Je sais encore que du temps de l'enrôlement volontaire, les femmes de Paris étaient comme les femmes de Sparte : elles n'avaient jamais vu la fumée d'un camp ennemi. Dans tous les cas, il n'est pas toujours trop mal d'être arrivé de défaite en défaite avec l'enrôlement volontaire, depuis Charles VII jusqu'à Louis XIV, depuis Dunois jusqu'à Turenne. Dieu veuille que la conscription nous conduise aussi loin de victoire en victoire!

Nous ne donnerons plus, dit-on, dans tous les villages de la France le scandale du spectacle de l'enrôlement volontaire! Non, mais nous y donnerons celui de la conscription.

Ouvrez, messieurs, le code pénal de la conscription; là vous verrez avec effroi tout ce que deux tyrans, la nécessité et Buonaparte, inventèrent pour torturer l'espèce humaine et dévorer les générations. On me répondra ce qu'on a déjà répondu, qu'on n'a point à craindre, sous un gouvernement paternel, les abus d'un gouvernement usurpateur. Sans doute ce gouvernement paternel ne voudra rien que de miséricordieux et de juste; sans doute les ministres ont les intentions les plus humaines et les plus pures; malheureusement il n'est pas en leur pouvoir de changer la nature des choses.

Les difficultés et le nombre des appels, augmentant, obligeront à augmenter les mesures de rigueur : peu à peu la conscription amènera la violence dont elle est inséparable, ou cette conscription sera nulle. Je vois bien que le code pénal de la conscription est abrogé par le titre v de la présente loi; mais la rédaction obscure de l'article 25 laisse au moins quelques doutes, et semble remettre la chose en question.

D'ailleurs, je le répète, vous aurez la main forcée : qui veut la fin, veut les moyens. Or, point d'appels sans contraintes, et contraintes nécessairement croissantes en raison de la résistance progressive.

On prétend que ce qui distingue essentiellement les appels de la conscription de Buonaparte, c'est que sous le règne de celle-ci la classe entière des conscrits de l'année était solidaire, et qu'elle cesse de l'être par les appels.

Mais pourquoi donc avoir conservé le tirage par numéros, et non par billets blancs et noirs? N'est-ce pas qu'on a senti que si le conscrit appelé ne se présentait pas, il faudrait bien en prendre un autre, sous peine de n'avoir point d'armée?

Je trouve, au reste, très-simple qu'on n'avoue pas cette conséquence forcée du projet de loi : quand on défend une cause, on dit ce qu'on peut en sa faveur, on masque les endroits qu'on ne veut pas laisser voir, on passe vite sur les parties faibles ; c'est à l'adversaire à saisir la vérité, et à rétablir les choses dans leur état naturel.

En vain soutiendrait-on que les appels ne sont pas la conscription ; en vain voudrait-on dire que la Charte, en déclarant la conscription abolie, n'a entendu parler que du mode de la conscription de Buonaparte, et non pas du principe même de la conscription. Je lis aussi dans la Charte que *la confiscation est abolie :* que diriez-vous, messieurs, si, donnant plus d'extension au droit *d'amendes* reconnu par nos lois, je vous proposais de rétablir, sous le nom d'amendes, une véritable confiscation ? Les appels forcés sont à la conscription ce que seraient les amendes à la confiscation.

Quel est aujourd'hui le premier devoir du ministère? c'est de faire aimer le gouvernement du roi. Il faut donc éviter, autant que possible, toute mesure impopulaire. Déjà dans les provinces on répand que la conscription va être rétablie. Ceux qui ont plutôt subi que désiré la restauration ne manquent pas de dire : « On vous avait pro-
« mis la liberté individuelle et la liberté des opinions, et ces libertés vous ont été ra-
« vies. La Charte abolissait la conscription, et vous aurez la conscription. » On sent tout le parti que peuvent tirer de ces propos les ennemis de la légitimité.

S'il est vrai que nous ayons inoculé la conscription à l'Europe ; s'il est vrai que nous soyons obligés de conserver pour nous défendre le fléau que Buonaparte employa pour attaquer, au moins fallait-il mûrement examiner comment on pourrait mettre en contact la conscription et la Charte. Si l'on croyait être dans l'impossibilité de rejeter entièrement le recrutement par le sort, il fallait le renvoyer à un temps plus heureux, alors que, débarrassés des obstacles qui nous environnent, on aurait le loisir de combiner les ressorts d'un recrutement forcé et d'une constitution libre, d'une institution républicaine et d'un gouvernement royal. Il est hors de doute que, dans ces premières années, avec une population croissante par la paix, et les vieux soldats qui nous restent, les enrôlements volontaires auraient suffi. Mais, si dans cet espace de temps, la France était menacée? Eh bien! dans un malheur imprévu on suspendrait l'article de la Charte qui abolit la conscription, et la France serait sous la protection de sa population entière : elle est mieux gardée par les flots de cette population belliqueuse, que l'Angleterre par l'Océan qui l'environne.

Je passe, messieurs, au titre des légionnaires vétérans.

L'illustre maréchal, rapporteur de votre commission, ne m'a rien laissé à dire touchant le rappel des militaires qui ont dû se considérer définitivement libérés du service. Jamais la raison, par la bouche de l'honneur, n'a parlé avec plus d'autorité. Un autre noble pair, M. le marquis de Lauriston, dans un excellent discours, a traité le même sujet. Ce point de la question étant parfaitement éclairci, je passe à l'examen de quelques autres.

On prétend qu'une armée de légionnaires vétérans ne pourrait être dangereuse aux libertés publiques, puisque la loi amendée ne permet pas d'assembler cette armée en temps de paix.

A la vérité, messieurs, l'armée de réserve n'est plus une armée au drapeau, mais c'est une armée en cantonnement.

De deux choses l'une : ou on laissera les légionnaires vétérans sans les classer, sans les organiser, sans leur nommer des commandants, des officiers et des sous-officiers, sans leur préparer des équipements et des armes, ou on fera tout ce que je viens de dire. Dans le premier cas, rien ne sera prêt pour la réserve au moment du danger ; dans le second, vous sortez, pour ainsi dire, de la loi, et l'argument par lequel vous voulez nous rassurer sur les libertés publiques perd sa puissance.

M. le ministre de la guerre a dit : « Des craintes d'une autre nature, mal dégui-« sées, bien qu'exprimées avec une sorte d'embarras, ont porté quelques orateurs à « repousser l'institution des légionnaires vétérans. » Je l'avoue, je ne m'étais pas aperçu que les orateurs opposés au projet de loi eussent rien dissimulé ; mais enfin il faut qu'ils aient enveloppé leurs pensées, puisqu'on leur en fait le reproche. Il est tout simple d'être franc avec un franc militaire. Je vais donc parler clairement.

J'ai toujours pensé, messieurs, que le soldat français est le premier soldat du monde ; irrésistible dans le succès, patient, quoi qu'on en ait dit, dans les revers; plein d'intelligence, de générosité et d'honneur, une marque d'estime suffit pour l'enflammer et le conduire au bout de la terre. Et que serions-nous aujourd'hui, messieurs, sans le courage de notre armée ? Elle a étendu le voile de sa gloire sur le tableau hideux de la révolution ; elle a enveloppé les plaies de la patrie dans les replis de ses drapeaux triomphants; elle ne participa point à la mort du plus vertueux des rois; elle refusa de fusiller les émigrés et les Anglais prisonniers; elle ne put, il est vrai, prévenir tous nos excès, mais du moins elle jeta sa vaillante épée dans un des bassins de la balance pour servir de contre-poids à la hache révolutionnaire.

Est-ce là, messieurs, être injuste, être ingrat envers l'armée? Mais ici finit la question militaire, et commence la question politique.

Placez individuellement les valeureux soldats dont vous voulez faire les légionnaires vétérans : ouvrez-leur les rangs de la garde et de l'armée active; incorporez-les à la masse des autres militaires et des autres citoyens : rien de plus utile.

M. le ministre de la guerre a demandé : « *Si nous appellerons encore à la défense de la patrie les soldats qui ont fait sa gloire. Notre salut*, ajoute-t-il, *ne réside point dans l'oubli de tant de services, dans la méfiance de tant de courage.* » Je m'applaudis, messieurs, d'avoir dit au roi, dans son conseil à Gand, ces paroles qui ont le singulier bonheur de ressembler à celles du grand capitaine que je viens de citer : « Non, sire, disais-je, l'infidélité de quelques chefs et la faiblesse d'un moment ne « peuvent effacer tant de gloire ; les droits de l'honneur sont imprescriptibles, mal-« gré les fautes passagères qui peuvent en ternir l'éclat. »

Telles étaient, messieurs, mes paroles au moment même où nous étions victimes de ces fautes passagères. Rien donc encore une fois de plus utile, de plus équitable même, que d'employer individuellement les braves qui ne parurent jamais sur un champ de bataille sans remporter des victoires ou des blessures; mais les réunir dans un corps séparé, cette mesure est-elle d'une sage politique!

On a dit qu'il s'agissait de savoir s'il existait parmi nous deux armées, deux nations ; mais n'est-ce pas en établissant les légionnaires vétérans que l'on crée deux armées, deux nations? Quand on parlait des armées royales de l'Ouest, on répondait qu'on ne connaissait point d'armées ayant un nom, une existence et des intérêts à part; on se défiait des Vendéens, de ces laboureurs héroïques qui, en traçant leurs sillons, trouvent, non la dépouille du soldat étranger, mais les ossements de leurs pères morts pour le roi ; on repoussait la race de ces paysans guerriers, tour à tour armés de la faucille et de l'épée, qui, le matin, moissonnaient le champ dans lequel le soir ils étaient eux-mêmes moissonnés. Et après avoir rejeté le principe d'une armée à part, formée dans des intérêts à part ; après avoir préconisé la fusion des opinions, des choses et des hommes, nous irions aujourd'hui composer un corps militaire isolé ! Est-ce agir, est-ce raisonner conséquemment ? Messieurs, nous sommes trop près de l'expérience pour en mépriser la leçon ; admirons les vertus, mais souvenons-nous que les vertus mêmes sont fragiles. Les sentiments les plus généreux ont leurs illusions et leurs chimères : l'amour de la patrie peut égarer ; on peut être emporté au delà de la borne légitime par l'exaltation de l'honneur : Biron oublia l'amitié de son royal compagnon d'armes, et la France eut à gémir sur le vainqueur de Rocroi. En rappelant la mémoire du grand Condé et de l'ami de Henri IV, j'ai voulu fournir une consolation à l'erreur, et une comparaison à la gloire.

Quittons, messieurs, un sujet trop pénible, admettons le sage et juste amendement proposé par votre commission.

Je n'examine point les articles du titre VI, parce que je n'en admets point le principe. Par ce principe, la prérogative royale est dangereusement attaquée : on ne le nie pas ; mais on se retranche dans ce raisonnement reproduit de cent manières, savoir : que « la « royauté est entre les mains du roi un trésor qu'il fait valoir pour le bien des peuples, « et non un dépôt stérile qu'il soit simplement chargé de transmettre à ses descendants. » Ce raisonnement, messieurs, est-il aussi solide qu'il est brillant et ingénieux ? Je ne le pense pas. Il y a des trésors inaliénables dont ne peut jamais se départir celui qui en a la garde et la jouissance. Au nombre de ces trésors sont les pouvoirs politiques. La couronne ne peut pas plus se dépouiller que les Chambres ne peuvent abandonner le principe qui les constitue. Il plaît à la couronne aujourd'hui de nous faire part d'un de ses droits les plus sacrés, celui de nommer aux emplois de l'armée : mais si demain il lui plaît encore de livrer aux Chambres le droit de paix et de guerre ; si de concessions en concessions elle énerve l'autorité royale et finit par nous investir de sa puissance, alors la souveraineté passe aux Chambres, de là au peuple, et nous tombons dans la démocratie.

Si, au contraire, ce sont les Chambres qui cèdent tout à la couronne, qui la laissent lever l'impôt sans leur concours, disposer à son gré de la liberté individuelle et de la liberté de la presse, alors tout se concentre dans la couronne, et nous arrivons au despotisme.

Il est donc évident qu'aucun des trois pouvoirs constitutifs n'a le droit, quelle que soit sa volonté, de remuer la borne qui marque ses limites ; car si chaque pouvoir peut renoncer à ce qu'il est, il n'y a plus de constitution. Il est donc évident encore que ce n'est pas pour les intérêts seuls de la couronne qu'elle doit conserver sa prérogative, mais pour les intérêts de tous. Il ne restera aucune garantie de la Charte, ni des droits des citoyens, si rien n'est fixe dans les trois branches de l'autorité politique. Non-seulement le roi est inviolable, mais les pouvoirs constitutionnels le sont ; on ne peut attenter sur eux, ils ne peuvent attenter sur eux-mêmes. Aider par notre vote la couronne à se dépouiller, ce n'est pas partager un trésor, c'est favoriser un suicide dont les conséquences amèneraient la ruine de la société.

Et que sera-ce, messieurs, qu'une armée indépendante de la couronne ? Que sera-ce qu'une armée qui devra son avancement à une loi ? qu'une armée raisonnant sur ses pouvoirs légaux, approuvant ou critiquant la loi, délibérant dans ses casernes ? On nous parle des droits des soldats : si ces droits sont autres que ceux qu'ils ont au respect, à l'estime, à la reconnaissance, aux bienfaits, à l'admiration de la patrie, c'en est fait de nos libertés. Et par quelle fatalité ceux qui sont les défenseurs généreux de ces libertés, favorisent-ils un système qui tend à constituer au milieu de la France un état militaire indépendant? Ne se souvient-on plus de ce qui arriva à Saint Cloud? A-t-on déjà oublié les grenadiers qui chassèrent les représentants du peuple? Ceux qui ne nous trouvent pas assez libres, qui voudraient répandre plus de principes populaires dans nos institutions, semblent vouloir, pour y parvenir, introduire en attendant la démocratie dans les camps. Mais le Directoire avait beau crier que la force armée est essentiellement obéissante, la force armée très-démocratiquement n'en mettait pas moins à la porte le conseil des Cinq-Cents : une république militaire ne souffre guère d'autres républiques. Les Gaulois, messieurs, adoraient leur épée. Nous avons retenu cette superstition : malheureusement c'est par la gloire que les peuples libres sont menés à l'esclavage.

A ces raisons sans réplique contre l'article 6 de la loi, on oppose une petite raison de détails, qui elle-même est sans force. On dit que si l'avancement n'est pas réglé par une loi, et qu'il ne soit fixé que par une ordonnance, les ministres ne pourront résister à l'influence de la faveur. Les ministres se jugent avec trop de modestie. D'ailleurs on conçoit bien que la faveur ne pourra plus s'étendre à ceux qui seront placés en dehors de la loi. Mais n'arrivera-t-elle pas à ceux qui se trouveront renfermés dans les limites de cette loi? De deux hommes ayant les conditions nécessaires pour passer à un grade supérieur, ne pourra-t-on pas choisir l'un plutôt que l'autre, préférer le plus incapable au plus méritant? Vous ne faites donc, par une loi, que déplacer la faveur ; vous ne la détruisez pas.

Une ordonnance ne suffit pas pour régler l'avancement? Et pourquoi non, messieurs? Distinguons deux sortes d'ordonnances : les unes viennent après la promulgation d'une loi, afin d'en déterminer l'application; les autres émanent directement de la prérogative de la couronne. Les premières sont moins puissantes, et ne sont qu'administratives ; les secondes peuvent être mal rédigées par les ministres, et fautives par le texte; elles peuvent venir mal à propos offrir des contradictions, produire des malheurs. On peut en montrer le danger, en rejeter le blâme sur des conseillers trompés ou perfides; mais, après tout, elles n'en ont pas moins force de loi. Par exemple, une ordonnance qui dissout la Chambre des députés est une véritable loi; une ordonnance qui déclare la guerre est une véritable loi; il faut obéir; ne pas se séparer comme député, ne pas prendre les armes comme soldat, c'est rébellion, parce que les ordonnances ne sont que l'exercice des prérogatives de la couronne; mais si une ordonnance commandait de lever un impôt qui n'aurait pas été voté ni consenti par les Chambres, cette ordonnance n'aurait aucune force, parce que la couronne ne peut lui communiquer un pouvoir qu'elle n'a pas.

Ces vérités, messieurs, sont incontestables. Or, une ordonnance réglant l'avancement dans l'armée, est de la nature des ordonnances qui ont force de loi, par la raison que le commandement de l'armée est une des plus importantes prérogatives de la couronne. Donc une telle ordonnance commande l'obéissance absolue; donc on ne peut la violer, ou y résister sans prévarication ou rébellion; donc elle fixe, tout aussi bien qu'une loi, l'avancement dans l'armée, puisqu'elle est elle-même une véritable loi, et qu'elle a l'immense avantage sur la loi de conserver intacte la prérogative royale. Le roi ne rend pas la justice comme magistrat, il n'administre pas comme ministre, et pourtant il nomme à toutes les places de la magistrature et de l'administration. Ne serait-il pas étrange qu'étant le chef suprême de l'armée, que portant l'uniforme, donnant l'ordre, déclarant la guerre, il ne conférât que les emplois de l'armée qu'il commande en personne, tandis qu'il nomme aux fonctions civiles qu'il n'exerce pas. Le roi peut se faire tuer sur un champ de bataille; et c'est une loi votée par des hommes dont un grand nombre sont étrangers au métier des armes, qui lui aura nommé le capitaine dont les fautes l'auront perdu, l'officier qui ne se sera pas fait tuer à ses côtés! Dans les républiques même, à Athènes, à Sparte, à Rome, jamais l'avancement militaire n'a été le résultat d'une loi. Ce serait une chose curieuse que, tandis que le président des États-Unis nomme aux places de l'armée, le roi de France éprouvât des difficultés pour faire un caporal. L'idée de l'avancement militaire en vertu de la loi fut en France une des mille erreurs produites par la révolution. Mais alors la loi avait à peine le temps de naître, que déjà elle ne trouvait plus la société pour laquelle elle avait été faite : alors les paroles du législateur à la tribune passaient moins vite que les générations. Alors on voulait mettre en tête de la loi militaire cette déclaration : *Le roi des Français est le chef de l'armée*, et on la fit en cette autre : *Le roi est le chef suprême des forces nationales*, parce que, disait-on, la nation française a un roi et non pas un souverain, *la souveraineté résidant essentiellement dans le peuple*. Voilà, messieurs, où l'on va par cette route.

Une ordonnance royale pour l'avancement de l'armée règle tout, maintient tout, sans troubler l'harmonie des pouvoirs. Une loi sur le même sujet va nous jeter dans des embarras inextricables. Y reconnaîtra-t-on un défaut, on ne pourra le corriger qu'avec une peine infinie. Pressez un peu les conséquences, et voyez ce qui advient.

Tout ce qui découle d'une loi, tout ce qui arrive en vertu d'une loi est matière légale, et, par une conséquence immédiate et nécessaire, est passible des tribunaux.

Supposez maintenant qu'il arrive un cas d'avancement où la loi ait été violée : la partie lésée aura le droit incontestable d'appeler la partie adverse en réparation. Ainsi on pourra voir un militaire d'un grade inférieur plaider contre son colonel, contre le ministre, contre le roi même, puisque le roi est le chef suprême de l'armée. Autrefois le roi avait souvent des procès pour le domaine; souvent aussi il les perdait. Sera-t-il donc aujourd'hui traduit devant les tribunaux par un sous-lieutenant qui lui disputera quelques points d'avancement? Je passe le chapitre des pétitions aux Chambres.

Et quels seront, messieurs, les tribunaux compétents? Vous faites une loi sur l'avancement; mais avez-vous ce qui en est la suite, un code des délits contre cette loi et des magistrats pour juger ces délits? Les causes seront-elles renvoyées au ministre? Il sera donc juge et partie; vous refuserez donc justice; on se plaindra donc en vain lorsqu'on aura transgressé votre loi. Alors, pourquoi dire qu'il faut une loi pour empêcher les abus de la faveur, puisque, s'il y a abus, il n'y a rien pour les redresser? Toute loi entraîne une législation pour en régler l'exécution, et il n'y a point de législation derrière votre loi. Ou la loi qui donne nécessairement le droit d'appel devant des juges institués à cette fin, détruit toute subordination militaire, et vous conduit à l'absurde par la nature des causes et des parties; ou cette même loi, étant sans législation, laisse exister ni plus ni moins qu'une ordonnance l'arbitraire de la faveur. Vous ne sortirez point de ce dilemme.

Et voyez comme tout s'enchaîne : le principe d'avancement par la loi attaque la prérogative royale. Mais voulez-vous être conséquents, il faut, si le titre vi est maintenu, admettre l'amendement par lequel nul officier ne pourra être destitué sans un jugement; car, si c'est la loi qui avance, c'est la loi seule qui doit arrêter : autrement la loi placerait, et les hommes destitueraient; la loi ne permettrait qu'un avancement progressif, et, quand on se serait soumis à la lenteur de sa marche, le caprice d'un ministre vous ferait perdre en un moment le fruit de votre longue persévérance; la loi serait au commencement de la carrière militaire, l'arbitraire, à la fin, comme une mort subite après une vie pénible; le roi, qui ne pourrait rien en faveur de l'homme qui répand son sang pour lui, pourrait tout contre la fortune de cet homme; le droit de grâce attaché à la couronne se convertirait pour le soldat en droit de condamnation, et le nom du chef suprême de l'armée ne serait connu des militaires que par des destitutions. Mais si, pour mettre plus d'accord dans votre loi, vous introduisez l'amendement de la destitution par jugement, vous attaquez de nouveau la prérogative royale. Voyez, messieurs, dans quel cercle de difficultés vous tournez, et les vices frappants de ce système.

On répliquera qu'en droit je puis avoir raison, mais qu'en fait, il n'en sera pas de la sorte; que d'abord on ne transgressera jamais la loi; que, dans tous les cas, si quelque officier se croyait lésé ou voulait plaider contre ses supérieurs, le gouvernement serait toujours assez fort pour empêcher un pareil scandale; qu'il est impossible à un simple officier de lutter contre un ministre, lequel a toujours mille moyens d'étouffer les plaintes, surtout quand il peut répondre à une réclamation par une destitution. D'ailleurs, pourra-t-on ajouter encore, l'avancement par rang d'ancienneté s'étendant à toute l'armée, si l'on fait quelque passe-droit, il demeurera inconnu : il sera presque impossible à celui qui aurait à se plaindre de prouver que le militaire qu'on lui a préféré n'avait pas toutes les conditions voulues par la loi. On conclura de ce raisonnement que toute crainte de procès est chimérique.

Je réponds à ceux qui distinguent ainsi le fait du droit, qu'ils ont peut-être raison à leur tour; mais alors je reviens à ma vieille question : je demande à quoi bon une loi pour empêcher la faveur, s'il est reconnu d'avance qu'on ne commettra point d'injustice, ou si, en cas d'injustice, la plainte peut devenir illusoire et la preuve du délit impossible?

On veut une loi, dit-on, pour sortir du régime des ordonnances. J'ai été un des premiers à m'élever contre ce régime mis en place et lieu du pouvoir de la Charte; mais si l'on fait des ordonnances quand il faut des lois, et des lois quand il faut des ordonnances, c'est réparer un mal par un plus grand mal.

Tournez les choses dans tous les sens, considérez-les sous tous les rapports, vous ne trouverez jamais rien qui puisse faire préférer en matière d'avancement militaire une loi à une ordonnance. Aucun intérêt particulier ne peut animer ceux qui défendent ou qui attaquent cette loi ; car les premiers pourraient obtenir plus facilement ce qu'ils veulent par une ordonnance, et les seconds voir paraître une ordonnance moins favorable encore à leur système que le présent projet de loi. Il ne reste donc réellement que la question générale et politique touchant la prérogative royale, puisque, encore une fois sur le fait même de l'avancement, une ordonnance vaut une loi, a toute la force d'une loi, donne autant de garantie qu'une loi, et une loi a mille inconvénients que n'a pas une ordonnance. C'est à vous, messieurs, à décider si nous avons le droit de dépouiller la couronne, si elle-même a le droit de se dépouiller, et si le pouvoir monarchique a tant de force qu'il soit utile de l'affaiblir. Pour nous engager à recevoir le don qu'on nous offre, on nous dit qu'il n'y a pas d'exemple d'assemblées législatives qui se soient jamais opposées à la cession que la couronne veut bien faire d'une partie de son pouvoir : puisse la couronne rencontrer toujours des Chambres qui refusent de pareils présents!

Je n'ai point parlé, messieurs, du vote annuel, parce que je pense que ce n'est pas le moment d'examiner cette proposition; je remarquerai seulement qu'il n'y a point de contradiction, comme on l'a pensé, dans l'opinion d'un noble pair qui a défendu la prérogative royale, en même temps qu'il a parlé favorablement du principe du vote annuel; on ne se contredit point parce qu'on pénètre au fond des questions constitutionnelles et qu'on montre un jugement libre et impartial.

J'ai parcouru, messieurs, dans ses principaux détails le grand sujet qui vous occupe; mais ce n'est pas assez de le considérer isolément, il faut le placer dans l'ensemble des choses. Une loi est meilleure ou pire, selon l'état où se trouve la société au moment de la promulgation de cette loi. Un coup d'œil rapide jeté sur notre position vous montrera ce que cette position peut ajouter de dangereux au projet actuel de recrutement, et comment celui-ci peut augmenter à son tour l'embarras de notre position.

Nous ne pouvons plus nous le dissimuler, messieurs, si les bons Français, les amis du trône, de l'ordre, de la paix, veulent prévenir les dangers de la patrie, il est temps qu'ils se réunissent. Tout se détériore autour de nous : l'esprit fatal qui a produit nos malheurs renaît de toutes parts, on rappelle les questions vaines, on ressuscite le langage et les erreurs de l'anarchie; les mots avec lesquels on a dépouillé, égorgé les propriétaires et conduit Louis XVI au supplice se font entendre de nouveau. Nous semblons retourner sur nos pas, et reprendre le chemin des abîmes.

On nous console par l'espoir de voir bientôt les étrangers quitter nos frontières. Ah! sans doute, quiconque a une goutte de sang français dans les veines, quiconque est sensible à l'honneur, doit désirer de toute la force de son âme, doit être prêt à acheter, par tous les sacrifices, l'affranchissement de son pays. Nos cœurs palpiteront de joie quand le drapeau blanc flottera seul sur toutes les cités de la France! Mais, rendus au premier des biens pour un peuple, à un bien sans lequel il n'y en a point d'autres, à la dignité de notre indépendance, nous n'en aurions pas moins à guérir les plaies qu'un faux système nous a faites. Tâchons, messieurs, que la loi qu'on nous présente aujourd'hui ne vienne pas augmenter les difficultés de l'avenir.

La Chambre des pairs est par sa nature spécialement chargée de défendre la prérogative royale : c'est une digue élevée pour arrêter la multitude au pied du trône; c'est contre cette digue que doivent venir se briser les efforts de la démocratie. On ne peut affaiblir la couronne sans affaiblir la pairie, qui prend sa source et sa puissance dans la couronne. La pairie constitutionnelle n'a point encore en France l'ancienneté de l'existence, la grande propriété, les honneurs nécessaires à l'affermissement de son institution ; c'est donc de nous-mêmes que nous devons tirer aujourd'hui toute notre force; c'est par notre sagesse que nous devons suppléer à cette autorité qui vient du temps et qui s'attache aux antiques monuments des hommes.

De votre opinion, messieurs, dépend peut-être en ce moment le sort de la France; vous allez disposer des générations futures. La monarchie est pour ainsi dire en jugement devant vous. Au nom de vos enfants, séparez bien vos intérêts réels et ceux de la patrie, de vos penchants particuliers. Un vote funeste est bientôt donné, et quand on en voit les résultats, on les déplore toute sa vie. Inutiles regrets! dans l'ordre des choses humaines, un repentir ne rend pas ce qu'une faute a fait perdre.

Je vote, messieurs, pour l'amendement que votre commission propose de faire à l'article 24, titre IV du projet de loi.

Je vote pour le rejet du titre VI, parce qu'il viole l'article 14 de la Charte, parce qu'il attaque la prérogative royale, parce qu'il n'a aucun rapport au recrutement, et qu'il offre une loi à la suite d'une loi.

DISCOURS

SUR UNE PROPOSITION DE M. LE COMTE DE CASTELLANE,

TENDANTE

A supplier Sa Majesté de proposer une loi portant révocation de celle du 9 novembre 1815, sur les *cris* et *écrits séditieux*.

MARS 1819.

Messieurs[1], si la loi des *cris* et *écrits séditieux* rappelle une époque mémorable pour la France, me sera-t-il permis de dire qu'elle réveille en moi des souvenirs honorables et pénibles : honorables, parce que c'est à propos de cette loi que j'ai paru pour la première fois à cette tribune; pénibles, parce que c'est aussi à propos de cette même loi que j'ai eu le malheur de me trouver pour la première fois en opposition avec les ministres de Sa Majesté? Le temps n'ayant point changé mon opinion, il est tout naturel que je vienne aujourd'hui soutenir la proposition qu'un noble comte vous a faite.

Le rapporteur de votre commission [2] a déduit, avec autant de talent que de clarté, les raisons générales qui motivent la demande de l'abrogation de la loi sur les *cris et écrits séditieux*. Je me contenterai donc de vous montrer, par quelques détails, la nécessité de faire cesser le plus tôt possible les effets de cette loi d'exception.

Dans les six derniers mois de 1816, cent vingt jours d'audience, à Paris, ont produit cent trente-sept jugements en police correctionnelle, la plupart rendus en vertu de l'article 8 de la loi des *cris séditieux*, article qui établit ce que, dans l'examen de cette loi, j'avais appelé une sorte de *crime de gazette*. Les personnages condamnés sont des marchands de vin, des paysans, des maçons, des porteurs d'eau, des domestiques, des ferblantiers, des cochers, des perruquiers, des cordonniers. Le 3 juillet 1816, Bouquier, fileur, débite, dans la boutique d'un épicier, de fausses nouvelles : six mois d'emprisonnement, trois ans de surveillance, cinquante francs d'amende, deux cents francs de cautionnement punissent son indiscrétion. Manguier, menuisier, tient des propos équivoques; il est condamné à dix mois de prison et à deux ans de surveillance. Un nommé Renaud, dans un état d'ivresse; la femme Sénéchal, pareillement prise de vin, une marchande de vieux souliers, une fille publique, alarment les citoyens sur le maintien de l'autorité royale; et toujours six, dix et treize mois de prison, plusieurs années de surveillance, des amendes et des cautionnements viennent punir ces commérages, qui sont souvent la seule distraction et la seule consolation de la misère.

Il faudrait gémir, messieurs, sur la faiblesse de nos nouvelles institutions, si elles pouvaient être renversées par de pareils délits. Si l'on punissait d'ailleurs tous ceux qui répandent de fausses nouvelles, on n'en finirait pas. Dans tous les temps et dans

---

[1] M. le comte de Castellane avait fait à la Chambre des pairs une proposition tendante à supplier Sa Majesté de proposer une loi portant révocation de celle du 9 novembre 1815, sur les *cris* et *écrits séditieux*. La Chambre des pairs, dans sa séance du 23 mars 1819, ajourna la discussion de la proposition de M. le comte de Castellane. Voici le discours que j'avais préparé sur cette matière, et qui ne put être prononcé en raison de l'ajournement *.

[2] J'étais membre de cette commission.

* Extrait du *Conservateur*.

tous les rangs de la société, il s'est trouvé bien des coupables de cette espèce. Lorsque le duc de Mayenne fut battu à Arques, et ensuite à Ivry, il fit publier dans Paris que le Béarnais avait été pris ou tué. On broda, dans la rue des Lombards, de faux étendards royaux, que l'on montra comme des trophées à la populace : ces nouvelles ne nuisirent point à la cause du héros légitime. Vous avez entendu naguère à cette tribune un ministre vous annoncer une agitation qui marchait dans les départements ; un autre noble pair vous a parlé de cocardes vertes et d'un grand royaume s'établissant *incognito* dans la petite Bretagne : si je ne me trompe, ce sont là des nouvelles tendantes *à alarmer les citoyens*, cas prévu par ce fameux article 8 qui établit le *crime de gazette*. J'espère donc que mes nobles collègues se joindront à moi, dans l'intérêt de leur sûreté personnelle, pour demander l'abrogation de la loi des *cris séditieux*.

L'article 9, principalement relatif à la provocation indirecte, est tout à fait intolérable : « Sont encore déclarés séditieux, dit cet article, les discours et écrits mentionnés « dans l'article 5 de la présente loi, soit qu'ils ne contiennent que des provocations « indirectes, soit qu'ils *donnent à croire* que les délits de cette nature *seront* commis. » Voilà, messieurs, comme j'eus l'honneur de vous le dire en 1815, de quoi punir une pensée, une parole, un soupir.

Ce sont des définitions aussi vagues qui ont produit les arrêts divers dont la France a retenti. Je vais vous montrer, par des exemples, quelles conclusions opposées, quelles sentences contradictoires peuvent donner les avocats les plus instruits, peuvent porter les juges les plus intègres, lorsque la loi, ne spécifiant pas le délit, abandonne le magistrat à la faiblesse de la raison humaine.

Lorsque, le 2 mai 1818, le tribunal de police correctionnelle eut condamné l'auteur d'un écrit remarquable, et que cette sentence eut été confirmée le 20 juin de la même année, le ministère public s'exprima de la sorte : « Nous regrettons, dit-il, que la loi « ne nous accorde pas le *pouvoir discrétionnaire*, qui nous eût permis, selon les « circonstances, de réduire cette peine à une modique amende, ou même à la simple « suppression de l'ouvrage. Au moyen de cette *loyale modification* (continue le mi- « nistère public, en s'adressant aux juges), vous ne seriez pas aujourd'hui dans l'al- « ternative de condamner à trois mois de prison et à cinquante francs d'amende un « homme que la nature de son caractère et de ses opinions semblait devoir préserver « d'une pareille condamnation, ou d'absoudre son écrit, qui est réprouvé par une loi « que vous devez appliquer, parce que c'est une loi, et que vous êtes magistrats. »

Tel fut, messieurs, le jugement prononcé, et tels furent les motifs de ce jugement. Or, maintenant, écoutez bien ceci : le même 30 juin 1818, fut commencée à la police correctionnelle l'affaire relative à la gravure intitulée *l'Enfant du régiment*. L'avocat de l'accusé, après avoir écarté de son client toute intention volontaire d'avoir fait allusion au fils de l'usurpateur, convint que la gravure, innocente en elle-même, pouvait cependant présenter quelques dangers. Il consentit, au nom de son client, à ce que la gravure fût détruite. D'après cette offre, le ministère public, qui avait conclu contre le graveur à trois mois de prison et à deux cents francs d'amende, s'en rapporta à la discrétion des juges. Le tribunal ordonna la suppression de la planche ainsi que des exemplaires saisis, et renvoya de la plainte tous les prévenus.

Vous voyez ici clairement, messieurs, la difficulté d'expliquer la provocation indirecte ; le ministère public l'a reconnue, et ne l'a pas reconnue le même jour dans les deux cas d'un écrit et d'une gravure. Il regrette, d'un côté, de ne pouvoir pas demander la simple suppression de l'écrit, de ne pouvoir faire ainsi, par cette suppression, une *loyale modification* aux trois mois de prison et aux cinquante francs d'amende ; il affirme que les juges doivent appliquer la loi, parce que c'est une loi. D'un autre côté, il s'en rapporte à la discrétion des juges pour la gravure : une *loyale modification* est faite aux trois mois d'emprisonnement et aux deux cents francs d'amende ; et les portes de la même prison s'ouvrent pour laisser entrer l'auteur et sortir l'artiste.

Dans une autre occasion, le 17 juillet 1818, un autre auteur, accusé d'écrits séditieux, est condamné à deux cents francs d'amende, sans emprisonnement, le tribunal usant de la faculté à lui donnée par l'article 463 du Code pénal, de modérer la peine prononcée par l'article 367, c'est-à-dire la faculté d'appliquer à l'auteur la loi contre les écrits calomnieux, au lieu de la loi contre les *cris* et les *écrits séditieux*.

Pourquoi le tribunal n'aurait il pas usé de la même faculté en faveur du premier auteur dont le ministère public lui-même avait loué les intentions et les principes? Tout cela vient encore une fois du vague de la provocation indirecte. Joignez-y les articles du Code pénal, qui, se mêlant aux articles de la loi des *cris séditieux*, laissent aux juges la faculté de choisir entre deux lois, et d'appliquer deux peines différentes à des délits de même nature, vous sentirez, messieurs, combien il est urgent de faire cesser une pareille confusion.

Il est arrivé d'ailleurs ce qui arrive toujours à une mauvaise loi : le ministère public, chargé de la faire exécuter, les tribunaux, convaincus des dangers qu'elle offrait dans son application, se sont vus forcés de reculer devant elle. On a d'abord presque tout jugé ; aujourd'hui on ne juge presque plus rien. Par exemple, messieurs, on porte dans Paris des cannes fort curieuses. Elles renferment dans la pomme, qui s'ouvre à volonté, une petite statue de Buonaparte. Pourquoi la police n'a-t-elle pas saisi ces cannes? pourquoi les tribunaux n'ont-ils pas jugé ceux qui les portent? Parce que la petite statue a pu être faite *sans malice*, comme le portrait de l'*Enfant du régiment*. On peut trouver aussi qu'elle ne ressemble pas parfaitement au modèle : tous les yeux ne voient pas de la même manière. Voilà, messieurs, ce que c'est que la provocation indirecte : au moyen de cette provocation tout peut être blanc ou noir. Le magistrat qui, ne voyant point le délit spécifié, est obligé de chercher la règle de son jugement dans sa conscience, finit par s'épouvanter de cette effrayante responsabilité : dans la crainte de punir l'innocence, il aime mieux absoudre le crime, ou plutôt il préfère ne pas appliquer la loi.

Je dois maintenant parler des deux opinions qui se sont manifestées dans la Chambre, et qui ont également divisé la commission. Personne, du moins jusqu'ici, n'a demandé le rejet absolu de la proposition du noble comte ; mais ceux qui ne se décident pas pour l'adoption pure et simple, se retranchent dans l'ajournement.

On cherche particulièrement le motif de l'ajournement dans le projet de loi présenté à la Chambre des députés, *sur la réparation des crimes et délits commis par la voie de la presse*, etc.

Ce projet de loi rapporte la loi sur les *cris* et *écrits séditieux*; d'où l'on conclut que la proposition qui nous occupe devient inutile.

Le noble rapporteur de votre commission avait répondu d'avance à cette objection : « Le nouveau projet de loi, vous a-t-il dit, peut être longtemps discuté dans
« les Chambres. Des obstacles qu'on ne prévoit pas peuvent même entraver ou sus-
« pendre cette discussion ; et enfin, il pourrait résulter de cette discussion même que
« la loi ne serait pas adoptée, et qu'ainsi la révocation de celle du 9 novembre qu'elle
« renfermait se trouverait ne pas exister. »

La publication du nouveau projet de loi donne, messieurs, à ce raisonnement, une force invincible. Tout porte à croire que ce projet ne passera pas dans les deux Chambres sans éprouver de nombreux amendements. Sous les apparences de la plus grande libéralité, il cache une espèce d'arbitraire légal le plus menaçant : on y reconnaît ce mélange de licence et de police, de démocratie et de despotisme, qui caractérise l'esprit du moment.

Mais comment vient-on nous dire que ce projet de loi rapporte la loi des *cris et écrits séditieux*, lorsqu'au contraire il consacre cette loi, lorsqu'il la reprend l'aggrave et s'incorpore, pour ainsi dire, avec elle? Remarquez surtout, messieurs, que la provocation *indirecte* (sujette à de si énormes abus) n'est point du tout détruite par le nouveau projet de loi; on y trouve le mot provocation employé sans spécification; par cette équivoque peu digne de la sincérité d'une loi, on évite de dire ce qu'on ne veut pas avouer, et on laisse au ministère public, aux jurés, aux juges, la faculté de rendre la provocation *directe* ou *indirecte*, selon les choses, les hommes et les temps.

Tandis que le jury sera constitué tel qu'il l'est aujourd'hui, que le choix des membres de ce tribunal appartiendra exclusivement aux autorités administratives, on pourra toujours craindre que toute loi relative à la presse ne soit plus au profit des ministres que des écrivains.

Mais, dira-t-on, il est donc inutile de demander l'abrogation de la loi sur les *cris séditieux*, puisque, selon vous, elle se retrouve dans le nouveau projet de loi? Inutile, messieurs! Et depuis quand est-il inutile de demander ce qui est juste, bon et honorable, lors même qu'on n'obtiendrait aucun résultat positif? La manifestation des principes d'équité et des opinions généreuses est toujours utile : c'est semer pour l'avenir.

Ceux donc qui veulent ajourner la proposition du noble comte, parce que le nouveau projet de loi rapporte la loi des *cris séditieux*, ne peuvent plus vouloir cet ajournement, s'il est vrai que la loi des *cris séditieux* entre, en grande partie, dans la nouvelle loi; car alors ils voient revenir, sous une autre forme, une loi qu'ils condamnent; et ils doivent, en rapportant la proposition, protester contre cette dangereuse métamorphose.

Ceux qui désirent l'ajournement, parce qu'ils craignent de désarmer le gouvernement, peuvent, de leur côté, voter sans scrupule pour la proposition, puisque la loi qui leur semble en partie nécessaire, se reproduit dans le nouveau projet de loi. Je dirai même à ceux-ci, pour achever de les tranquilliser, que dans le cas où le nouveau projet de loi fût rejeté et la proposition adoptée, il n'y aurait encore rien à craindre; car la proposition parvenue dans les portefeuilles des ministres pourrait y rester, et nous conserverions dans toute sa pureté la loi des *cris séditieux*.

Les motifs d'ajournement tirés du nouveau projet de loi me semblent donc peu concluants. Si on examine les raisons qui peuvent être indépendantes de ce nouveau projet, elles ne me paraissent guère plus décisives.

On vous a dit, et on vous dira peut-être encore, que si l'on abroge la loi des *cris et écrits séditieux*, il se formera une lacune dans votre législation. Jetez les yeux sur les articles du Code pénal rapportés par le noble auteur de la proposition, et vous verrez que tous les cas de sédition sont prévus. Un noble pair, membre de la commission, a cru qu'il faudrait faire quelque chose pour remplacer l'article 8 en ce qui concerne les biens nationaux. Le noble pair ne s'est pas souvenu de la loi du 7 pluviôse an IX, qui met tout en sûreté à cet égard, sans parler d'un article formel de la Charte. « Les menaces, excès et voies de fait, dit cette loi du 7 pluviôse, exercés contre « les acquéreurs de biens nationaux, seront punis de la peine d'emprisonnement, la« quelle ne pourra excéder trois ans, ni être au-dessous de six mois. » On dit encore que le Code ne punit pas le délit ou le crime résultant de l'érection d'un drapeau qui ne serait pas celui de la France. Mais en vérité, messieurs, si nous en étions à voir arborer des couleurs séditieuses, si l'on s'attroupait autour de ces couleurs, disons-le franchement, ce serait une guerre civile. Il s'agirait bien de la loi des *cris* et *écrits séditieux!* Dans ce cas extrême, vous tomberiez sous les lois militaires et vous seriez régis par le quatorzième article de la Charte, qui donne au roi le pouvoir de faire les règlements et ordonnances nécessaires pour la sûreté de l'État.

Que si vous supposez que, sans trouble et sans rébellion, un homme seul s'amuse à promener dans les rues de nos cités des couleurs séditieuses, hé bien! il y a une police contre les fous, et des places à Charenton.

Il n'est pas rigoureusement vrai, d'ailleurs, qu'il n'y ait aucune peine prononcée contre l'érection d'un drapeau. Il existe des lois contre les emblèmes, contre les attroupements, contre tout ce qui fait naître des alarmes et excite à la sédition. Dans tous les cas, il faut bien hasarder quelque chose : si nous ne voulons jamais marcher sans lisière dans le gouvernement représentatif, s'il nous faut toujours des lois d'exception pour garder nos libertés, nous deviendrons commes ces esclaves qui perdent l'usage de leurs membres pour avoir porté trop longtemps des chaînes.

Une loi d'exception introduite dans une constitution libre est toujours une loi dangereuse. Prétendons-nous exister comme nation ? hâtons-nous de nous réfugier dans des institutions fixes, qui nous servent d'abri contre les passions et l'incurie des hommes. Que nous resterait-il, si nous ne gardions pas soigneusement la Charte? Que pourrions-nous mettre entre nous et le pouvoir ? Ne nous dissimulons pas que notre génie nous porte vers le despotisme militaire. Quand on promet à l'autorité de la rendre absolue, elle se laisse naturellement tenter. Alors elle profite de tout ce qui peut discréditer des institutions qui l'arrêtent. Or, que faisons-nous depuis cinq ans? Combien de fois avons-nous manié et remanié ces institutions ? Tous les pouvoirs de la société ont été pétris et repétris par nos mains. La Chambre des députés, augmentée en 1815, est redevenue en 1816 ce qu'elle était en 1814, et va peut-être remonter en 1819 au nombre qu'elle avait obtenu en 1815. La pairie a subi de nombreuses modifications; la couronne a cédé une partie de ses prérogatives; les lois ont rappelé des lois; les ordonnances ont contrarié les ordonnances. Même mobilité dans les hommes que dans les choses ; à chaque instant et partout, destitutions sur destitutions : les destituants ont passé comme les destitués, et les ministres eux-mêmes se sont succédé comme des ombres.

Les lois d'exception ont ajouté leur mal à ces maux, et c'est pour cela que nous devons demander l'abrogation de celle d'entre ces lois qui a le plus pesé sur nous. Puissent désormais les hommes qui veulent également la monarchie et la liberté, sentir qu'il est plus que temps de se réunir pour se sauver, eux, le roi et la France !

Je vote pour la proposition.

OPINION

SUR LE PROJET DE LOI RELATIF A LA SUSPENSION

DE LA LIBERTÉ INDIVIDUELLE [1].

Messieurs, je n'approuve pas la maxime qui dit : *Périsse la société plutôt qu'un principe.* En matière de gouvernement, les vérités sont relatives et non pas absolues;

---

[1] Cette opinion n'a pu être prononcée à la Chambre des pairs dans la séance du 25 mars 1820, la discussion ayant été fermée.

les libertés publiques ne sont pas toutes renfermées dans les mêmes formes; elles peuvent exister dans les institutions les plus diverses. Je comprends que, selon les circonstances, on modifie l'opinion qu'on pouvait avoir eue sur telle ou telle loi, et qu'on admette dans un temps, sans se contredire, une mesure que l'on avait repoussée dans un autre. Je crois qu'il est de la nature même de la liberté que les droits de cette liberté soient quelquefois suspendus : nier cette vérité, c'est fermer les yeux à la lumière, c'est rejeter tous les exemples de l'histoire. Les plus grands génies politiques, depuis Aristote jusqu'à Montesquieu, sont convenus qu'en certains cas, il est utile aux peuples de se mettre à l'abri dans une sorte de despotisme légal et temporaire : on ne s'établit pas pour toujours dans le méchant asile où l'on se réfugie quelquefois pendant un orage. L'Angleterre (l'exemple en a déjà été cité à cette tribune) suspend souvent l'acte d'*habeas corpus*; Rome eut sa dictature où tous les genres de liberté disparaissaient.

Un noble pair [1], dans un discours, d'ailleurs très-remarquable, vous a dit hier, messieurs, qu'on ne pouvait tirer aucune induction de la dictature romaine en faveur de la suspension d'une de nos libertés publiques. Sa raison est que la dictature appartenait à une constitution républicaine, et que jamais les anciens ne se seraient avisés de placer une dictature auprès d'un monarque. Ce raisonnement ne m'a pas convaincu. Quand on suspend une liberté dans une monarchie, il ne s'agit pas de placer un dictateur auprès d'un monarque; il s'agit de réunir à l'autorité suprême un des pouvoirs dont la constitution l'a privée, de reporter la souveraineté à sa source; en un mot, de revêtir le roi de la dictature. Il y a donc dans l'exemple analogie politique. Ce ne fut pas, comme on vous l'a dit encore, l'institution de la dictature qui perdit la république romaine, car cette république ne périt pas sous Cincinnatus; ce fut ce qui détruit tous les États, la corruption : Rome ne répudia la liberté, pour devenir la concubine des tyrans, que lorsqu'elle se fut dépouillée de l'innocence de ses mœurs et de son respect pour les dieux.

Ainsi, messieurs, je dois en convenir avec sincérité, les nobles pairs qui votent pour les lois d'exception sont parfaitement fondés en raison et en principe, puisqu'ils ont la conviction que ces lois sont nécessaires dans ce moment. D'accord avec eux sur la question de droit, je ne diffère de leur manière de voir que sur le point de fait. Ce n'est pas pour soutenir cette liberté de théorie qui depuis trente ans a servi d'étendard à tous les crimes; ce n'est pas pour réclamer les lieux communs de la révolution, que je viens voter contre le projet de loi, mais par la persuasion où je suis que les lois d'exception ne prêteront pas aux ministres le secours qu'ils en espèrent, et qu'elles fourniront aux ennemis du gouvernement un nouveau prétexte de calomnie.

Je crus devoir m'abstenir de demander la parole contre le dernier projet de loi de censure : la question semblait m'être un peu personnelle; ma position aurait affaibli mes raisonnements. Mais j'ai voté contre ce projet de loi, parce qu'il m'est démontré que la censure, dans l'état actuel de l'opinion, loin d'être un bien, est un mal. Elle n'arrêtera point la licence; elle multipliera les libelles : rien n'empêchera même les journalistes de publier, en forme de brochure, les passages qu'on aura retranchés de leurs articles, et, comme la censure est presque toujours passionnée ou puérile, ses rognures ne montreraient que ses ridicules ou ses abus. Contre la licence de la presse, le seul remède est une forte loi répressive.

Je vote maintenant contre la suspension de la liberté individuelle, et je n'ai plus, sur cette question, les mêmes raisons de garder le silence. Il me semble évident qu'il

[1] M. le comte Daru.

y a, dans nos lois existantes, tous les moyens nécessaires pour arrêter les traîtres et déjouer les machinations du crime. La mesure qu'on vous propose d'adopter n'ajouterait aux lois dont le gouvernement est armé qu'un impuissant arbitraire. Voulez-vous éloigner tous les dangers, remontez à la source du mal : rendez à la religion son influence; remettez en honneur la grande propriété; faites disparaître la démocratie de vos codes, l'individualité de vos systèmes; ranimez les tribunaux; donnez aux agents de l'autorité une impulsion monarchique; laissez reparaître cette véritable opinion publique que l'on a constamment étouffée, et vous serez bientôt débarrassés des assassins et des conspirateurs.

Une erreur trop commune aux gouvernements, c'est de croire qu'ils augmentent leurs forces en augmentant leur pouvoir . une armure trop pesante rend immobile celui qui la porte. Oui, messieurs, je suis convaincu que notre salut dépend aujourd'hui beaucoup plus de l'administration que des lois. Les événements nous débordent, leur torrent nous entraîne : ce qui était important il y a deux mois, n'est plus dans ce moment que d'un intérêt secondaire. Quand l'Europe entière est menacée, quand l'Angleterre est troublée, quand la Prusse est travaillée par des sociétés secrètes, quand l'Espagne a pour législateurs des soldats, quand la France voit tomber ses princes sous le poignard révolutionnaire, des lois d'exception ne sont pas des remèdes. Il faut maintenant prendre un parti; si l'on reste dans l'incertitude où l'on paraît flotter encore, nous périrons; si ce qu'on voit fait peur, si l'on ménage les assassins et les démagogues, parce qu'on a tué monseigneur le duc de Berry et ébranlé le trône de Ferdinand, nous périrons.

L'ancienne société européenne est-elle prête à se dissoudre? un monde inconnu va-t-il sortir du milieu des ruines? les mœurs qui se corrompent, et les esprits qui ne reconnaissent plus d'autorités, n'établiront-ils pas dans les États modernes deux principes ennemis d'esclavage et d'indépendance, dont le combat amènera d'effroyables bouleversements? Nous l'ignorons; mais nous savons que le seul moyen de nous défendre avec succès, c'est de nous renfermer dans les libertés publiques, en appelant à leur secours les gens de bien et les forces de la morale et de la religion. Cette position est inexpugnable; ne la quittons pas, si nous ne voulons donner un avantage décisif à nos ennemis.

Nous ne pouvons nous dissimuler, messieurs, qu'il y ait en France des hommes dont les intérêts se sont formés hors de la monarchie légitime. Qu'on nous demande à nous, vieux serviteurs du roi, tous les genres de sacrifices, cela n'aurait aucun inconvénient, n'altérerait en rien notre fidélité; mais en est-il ainsi de ces générations que trente années de révolution ont rendues étrangères à nos monarques, et qui ne les connaissent que par les récits de l'histoire? Elles les considèrent comme les gardiens sacrés de nos libertés; mais elles n'ont pas encore pour eux cette soumission filiale qui fait notre heureux partage. Il y a donc un grand intérêt à ménager ces hommes, à les ménager pour le bonheur de notre patrie; car souvenons-nous toujours qu'il ne peut y avoir de bonheur en France que sous le gouvernement des fils de saint Louis. Eux seuls possèdent cette force de droit que chacun sent, et qui ôte tout prétexte aux commotions politiques; eux seuls s'élèvent, par la grandeur de leur race, à cette hauteur où les amours-propres ne peuvent atteindre, et où toutes les prétentions expirent. Mais si la légitimité se retirait, que nous resterait-il? Une république, qui deviendrait bientôt une affreuse anarchie, et puis un empire militaire avec son aigle sanglant et le cortége de ses servitudes.

Soyons donc scrupuleux sur l'abandon de ces libertés dont on a horriblement abusé, sans doute, mais dont l'absence, même temporaire, pourrait faire naître une autre espèce de mal. Prenons garde de trop attaquer par nos frayeurs ce gouvernement représentatif, qui sans doute a ses inconvénients comme tous les autres, mais qui est la transition naturelle des anciennes idées aux idées nouvelles, le point d'arrêt entre la monarchie et la république. Il peut être antipathique à quelque partie de notre caractère; il peut, en nous rappelant des excès de tribune, nous épouvanter par d'affreux souvenirs, nous dégoûter par de hideuses ressemblances; il peut nous paraître chancelant dans les temps d'orage; mais il n'en est pas moins vrai qu'en dérogeant à ses principes, nous hâterions les catastrophes qu'il nous importe de prévenir.

Il y a deux moyens de produire des révolutions : c'est de trop abonder dans le sens d'une institution nouvelle, ou de trop y résister. En cédant à l'impulsion populaire, on arrive à l'anarchie, aux crimes qui en sont la suite, au despotisme qui en est le châtiment. En voulant trop se raidir contre l'esprit d'un siècle, on peut également tout briser, marcher par une autre voie à la confusion, et puis à la tyrannie.

La monarchie représentative convient à un peuple vieilli, où l'éducation a répandu dans toutes les classes de la société des connaissances à peu près égales, et mis en circulation un certain nombre d'idées politiques. Un ancien plaçait la source du pouvoir dans le génie : le gouvernement représentatif fait dériver le pouvoir de l'intelligence, sans détruire le principe absolu de la souveraineté qui réside dans le monarque. Dans cet ordre de choses, lorsqu'il n'est pas contrarié, le mérite est presque sûr d'être appelé tôt ou tard au timon des affaires : c'est le gouvernement, pour ainsi dire, vivant par lui-même, qui choisit à la longue ses agents et ses ministres. Des lois d'exception qui dénaturent ce gouvernement, le seul possible aujourd'hui (sauf le despotisme militaire), ont certainement un danger. Tout le mal vient de ce qu'un des trois pouvoirs de ce gouvernement, le pouvoir aristocratique est presque nul parmi nous, et qu'il laisse le pouvoir royal lutter seul contre le pouvoir démocratique.

J'ai pris les choses d'un peu haut, messieurs; il m'a semblé utile de regarder la question par son grand côté. Je pourrais, dans une autre nature d'intérêt, demander comment, contre qui et par qui les lois d'exception seront exercées; je pourrais demander si la suspension de la liberté individuelle ne compromettra pas la sûreté des meilleurs serviteurs du roi; je pourrais m'enquérir si on laissera toujours parler l'impiété en forçant la religion à se taire; s'il sera défendu, comme il l'était quelquefois sous l'ancienne censure, de faire l'éloge de nos princes; si l'on nous forcera de nous priver des larmes que nous répandons sur le cercueil de monseigneur le duc de Berry. Prince infortuné! vous nous promettiez un grand roi! vous aviez commencé dans les camps, comme Henri IV; vous deviez finir comme lui : vous n'avez évité de ses malheurs que la couronne.

Ces alarmes, messieurs, pourraient être justifiées pour un royaliste comme moi, lorsque je vois un directeur général déclarer à la tribune de l'autre Chambre que les journaux monarchiques ont fait autant de mal que les feuilles révolutionnaires; lorsque je ne retrouve plus dans le *Moniteur* que des phrases entortillées, au lieu de ces paroles claires et flatteuses qu'un ministre avait adressées à certains députés; paroles que tous les autres journaux ont répétées : les nuits sont longues; on a le temps de revenir sur un sentiment généreux. J'aurais donc quelque sujet raisonnable d'appréhender que les armes qu'on me demande ne fussent une seconde fois tournées contre l'opinion à laquelle je me fais honneur d'appartenir.

Mais je ne veux, messieurs, répandre dans ce discours aucune amertume. J'espère qu'un esprit de paix dominera désormais le conseil. Je dirai même, avec franchise, que quelques-uns des nobles pairs qui votent, comme moi, contre le présent projet de loi, ont employé des raisons, selon moi, peu concluantes : ces nombreuses dénonciations, ces nouveaux suspects, ces espions en mouvement, ces gendarmes en campagne, toute cette horrible peinture, au lieu d'effrayer, donne un peu envie de sourire. Ces arguments s'adressent sans doute à nos jeunes familles : on aura pris les pères pour les enfants.

La sincérité de ces aveux, messieurs, prouvera à l'autorité qu'elle ne doit voir, dans mon opinion sur la liberté individuelle et sur une juste liberté de la presse, que la conséquence naturelle des opinions de toute ma vie. On me ferait injure en me soupçonnant d'être conduit à cette tribune par des ressentiments particuliers, ou par un misérable esprit de contention. Je me regarderais comme un bien mauvais Français, si je n'étais alarmé des périls de la France, si je ne sentais la nécessité d'une union sincère entre toutes les opinions modérées. A Dieu ne plaise que l'on me confonde avec ces hommes qui font des libertés publiques une espèce de machine pour renverser la monarchie légitime, au lieu d'en faire une colonne pour la soutenir! A Dieu ne plaise que j'entre jamais dans les rangs de ceux qui n'attaquent les dépositaires de l'autorité que pour avilir la puissance royale! Loin donc de trouver un secret plaisir à augmenter les embarras du ministère, loin de vouloir incessamment l'attaquer, je désire vivement qu'il m'offre une occasion loyale de le défendre. Les lois actuelles d'exception ne sont point son ouvrage : il les a soutenues; il ne les aurait peut-être pas proposées. Je ne poursuis donc, dans ces lois, que le reste du système de l'ancien ministère qui a mis la France sur le bord de l'abîme. Le nouveau président du conseil ne m'inspire aucune crainte. S'il s'agissait de lui confier mon honneur, ma vie, ma fortune, je les remettrais sans hésiter entre ses nobles mains; mais les libertés publiques (principale sauvegarde du trône dans ces temps d'inquiétude et d'innovation) ne m'appartiennent pas; les suspendre me paraît inutile et dangereux : cette conviction m'ôte le droit de voter pour le projet de loi.

Messieurs, si j'ai jamais trouvé un devoir pénible, c'est celui que je viens de remplir. J'ai longtemps balancé; longtemps j'ai cru que je n'aurais pas assez de courage pour voter un moment hors des rangs de mes nobles et respectables amis, de ces illustres victimes de la fidélité, qui ont répandu sur nos malheurs tout l'éclat de la gloire : je dis de la gloire, messieurs, car les Français n'ont jamais pris la gloire pour le succès, et l'ont toujours confondue avec le courage. Accoutumé à défendre la couronne, j'ai cru devoir l'avertir d'un nouveau danger. Peut-être ce danger n'est-il qu'imaginaire; mais quoi qu'il arrive, soit qu'on écoute ou qu'on n'écoute pas ma voix, je ne servirai que la monarchie légitime, et la destinée des Bourbons sera la mienne.

Je vote contre le projet de loi.

OPINION

SUR L'ARTICLE II DU PROJET DE LOI

RELATIF AUX JOURNAUX ET ÉCRITS PÉRIODIQUES,

PRONONCÉE A LA CHAMBRE DES PAIRS, LE 24 JUILLET 1821.

Messieurs, l'amendement adopté par la Chambre des députés n'est point un véritable amendement, comme on l'a déjà fait observer; c'est un article additionnel : et en effet il forme maintenant le second article de la loi. C'est une loi introduite dans une loi, ou plutôt c'est une proposition de loi, qui pouvait être légale en suivant les formes auxquelles les propositions de loi sont assujetties, mais qui, transformée en amendement, viole l'initiative royale.

Lorsqu'on a improvisé cet amendement, a-t-on bien vu tout ce qu'il renfermait? Il embrasse par ses conséquences le système entier des lettres, des sciences et des arts. Il faudra que le gouvernement multiplie les censeurs à l'infini ; il faudra que ces censeurs soient compétents dans la cause qu'ils auront à juger. Je supprime des réflexions qui se présentent en foule à mon esprit, dans la crainte d'être trop sévère : je me contenterai de dire que nous devons éviter de tomber, par la censure, dans les fautes qui sont devenues un objet de triomphe pour les ennemis de la religion. S'il doit naître encore des Copernic et des Galilée, ne permettons pas qu'un censeur puisse d'un trait de plume replonger dans l'oubli un secret que le génie de l'homme aurait dérobé à l'omniscience de Dieu.

D'ailleurs, messieurs, cet amendement dont l'autorité n'avait pas cru avoir besoin, va directement contre son but. Cet amendement porte : « Les dispositions de ladite « loi du 31 mars 1820, sauf en ce qui concerne le cautionnement, s'appliqueront, à « l'avenir, à tous les journaux, etc. » Voilà donc une classe de journaux qui, soumise à la censure, sera pourtant exempte du cautionnement. Pourquoi désire-t-on envelopper ces journaux dans la censure? Parce que l'on soutient qu'innocents en apparence, ils touchent au fruit défendu. Hé bien! messieurs, de prévenus qu'ils étaient ils se rangeront dans la classe des coupables, puisqu'on le veut. A l'instar du pamphlet contre lequel l'amendement est dirigé, vous en verrez naître d'autres qui, sous un titre littéraire, étant à l'abri du cautionnement, traiteront les points les plus scabreux de la politique. Vous n'aurez plus contre les abus de la presse l'abri que vous aviez cherché dans la propriété : vous accordez un privilége à une espèce de feuille périodique au détriment des autres feuilles périodiques assujetties au cautionnement : cela est d'autant plus injuste, que celles-ci parlent également de littérature, et qu'elles auraient un égal droit à se dire gazettes littéraires. Les journaux que j'appellerai non-propriétaires, ayant moins à perdre que ceux que je nommerai journaux de propriétaires, s'exprimeront avec plus d'indépendance; leur hardiesse fera leur succès; ils attireront à eux les abonnés, ruineront les journaux propriétaires, et la licence reviendra par l'amendement destiné à la réprimer.

Et qu'on ne dise pas que les journaux littéraires de droit, mais politiques de fait, qui se dérobent à la censure, jouissent d'un bien plus grand privilége, font un tort bien plus réel aux journaux politiques, qu'alors qu'ils seront enchaînés par cette censure. L'amendement proposé a rendu cette objection sans force; c'est cet amendement même qui a réveillé l'attention publique et la cupidité des entrepreneurs de littérature. Il a fait sortir de l'ombre un journal qui s'y serait perdu; il a déterminé ce qu'il eût été bon de laisser vague. De pareils écrits ne pouvaient jamais s'expliquer avec la clarté qui nuit. Les auteurs, en sortant d'une certaine obscurité, auraient craint de voir leurs ouvrages déclarés politiques et soumis comme tels à la loi sur les journaux. Aujourd'hui qui les retiendra? L'amendement a créé le genre, fixé l'espèce : il reste décidé qu'un journal avec un titre littéraire peut être politique, mais que ce titre littéraire l'exempte du cautionnement, et qu'ainsi le privilége lui est acquis à la ruine des journaux assujettis au cautionnement.

Vous voyez, messieurs, que le talent, la vertu, les intentions les plus pures et les plus monarchiques n'empêchent pas quelquefois de brusquer des amendements dont on n'a pas assez pesé les conséquences. Je conviendrai que le journal qu'on a voulu particulièrement entraver a pu causer de l'impatience, mais ce n'est pas l'impatience qui doit faire les lois. J'ai voulu le lire, ce journal : c'est un composé de satires plus ou moins ingénieuses, dont le plus grand mal est de faire des ennemis à la liberté de la presse, et de mettre à l'épreuve la générosité des défenseurs de cette liberté.

J'ai d'abord hésité, messieurs, à vous découvrir le vice radical de cet amendement. Je craignais d'être pris au mot et de voir le mal empirer par la disparition de ce membre de phrase : *sauf en ce qui concerne le cautionnement :* mais comme d'un côté il est impossible d'exiger un cautionnement des journaux consacrés aux sciences et aux arts, à moins qu'on ne veuille retourner au dixième siècle; que de l'autre côté il est également impossible de classifier les journaux littéraires qui feraient des incursions dans la politique, il en résulte que l'amendement est inamendable, et qu'on n'a rien de mieux à faire que de le rejeter.

Le mémoire adressé en forme de pétition à la Chambre des pairs vous montre à quel point, messieurs, l'amendement que je combats est contraire aux sciences et aux arts, et destructif du commerce de la librairie. Les feuilles périodiques littéraires, frappées par cet amendement, ont non-seulement leurs intérêts particuliers à soutenir, mais elles font le sort d'une foule d'ouvrages et d'entreprises utiles qui ne peuvent être connues que par elles. Si vous retardez, si vous entravez ces feuilles par la censure, vous pouvez ruiner une multitude d'imprimeurs, de libraires, de marchands de toute espèce, et réduire beaucoup d'ouvriers à mourir de faim. La librairie de Paris met un poids assez considérable dans la balance du commerce pour avoir droit à des ménagements.

On nous fait entendre, messieurs, qu'on se montrera facile, qu'on ne fera pas peser la censure sur les journaux véritablement consacrés aux sciences, aux arts et aux métiers. On usera donc de l'arbitraire dans l'arbitraire ; et selon les caprices des subalternes de l'autorité, qui protégeront ou ne protégeront pas un journal, ce journal sera censuré ou non censuré.

Mais ceci est encore une erreur : la loi prononçant la censure pour tous les journaux indistinctement, il ne dépendra pas de l'autorité d'en dispenser un ouvrage périodique ; voici pourquoi :

Je suppose qu'un journal, délivré de la censure par l'indulgence de l'autorité, soit traduit devant les tribunaux pour un délit; les auteurs plaideront la faveur à eux accordée par le gouvernement, et le gouvernement sera compromis pour n'avoir pas appliqué la loi. Les juges et les jurés, ne connaissant que la lettre légale, condamneront à la fois, et les mandataires du pouvoir pour non-exécution de la loi, et les propriétaires du journal pour s'être soustraits à cette loi. Il y a plus, le devoir du procureur général sera de poursuivre toute feuille périodique qui paraîtrait sans avoir été censurée ; ainsi toutes ces promesses d'indulgence sont par le fait illusoires. Que serait-ce, d'ailleurs, messieurs, de porter une loi si peu applicable, si peu généreuse, qu'on ne l'adopterait qu'en se flattant d'avance qu'elle sera violée?

Je vous ai déjà parlé des censeurs, messieurs, je vous ai dit qu'on serait obligé d'en augmenter le nombre et conséquemment d'accroître les dépenses de l'État ; mais il faudra même que l'autorité renonce au système qu'elle a adopté pour la censure, et qui cependant est le moins mauvais. Un conseil ne suffira plus, il faudra donner à chaque journal de sciences et d'arts un censeur compétent dans la matière ; alors reparaît le grand inconvénient des noms. Augmentera-t-on les membres du conseil? partagera-t-on le conseil en diverses sections, l'une pour les modes, l'autre pour l'astronomie, l'autre pour les spectacles, l'autre pour l'industrie française? Si ce corps ne devient pas ridicule, il deviendra formidable.

Considérez, messieurs, la bizarrerie de notre législation sur la presse. Vous avez deux classes de journaux politiques soumis à la censure : l'une avec cautionnement, l'autre sans cautionnement ; ensuite toutes les brochures, tous les livres qui souvent attaquent la société dans ses fondements, ne sont pas sujets à la censure. D'un côté les lois répressives nous paraissent avoir assez de puissance pour protéger la religion, le trône, les mœurs, la réputation des citoyens ; de l'autre côté, ces lois ne nous paraissent plus assez fortes quand il s'agit des intérêts journaliers de quelques hommes. Les vérités éternelles viennent demander justice à des tribunaux devant qui des erreurs humaines dédaignent de comparaître.

Il est plus que temps de rentrer dans la règle commune, de renoncer à ces lois d'exception qui exposent le ministère à tous les genres d'attaques et de calomnies.

S'il nous est mort un prince, messieurs, ne nous en est-il pas né un autre ? Si vous avez cru devoir rétablir la censure pour satisfaire au deuil de la patrie ; si vous avez enseveli nos libertés dans la tombe du père, que notre joie les retrouve dans le berceau du fils. Sous un monarque éclairé, à qui les lettres offriraient leur plus belle couronne, s'il ne portait, pour notre bonheur, celle de ses pères, qu'on ne dise pas que le plus noble des arts a été outragé ! Dans un siècle éclatant de la gloire de nos armes, ne donnons pas des entraves à cette autre gloire qui transmet à la postérité les faits illustres. Il y a trois choses qui seules assureront le repos de la France, et qu'on ne doit jamais séparer : la religion, le trône et les libertés publiques.

Je vote contre l'amendement et contre toute la loi.

DISCOURS

SUR LA LOI RELATIVE A L'EMPRUNT DE CENT MILLIONS,

PRONONCÉ A LA CHAMBRE DES DÉPUTÉS, LE 25 FÉVRIER 1823 [1].

Messieurs, j'écarterai d'abord les objections personnelles : les intérêts de mon amour-propre ne doivent trouver aucune place ici. Je n'ai rien à répondre à des pièces mutilées, imprimées, par je ne sais quel moyen, dans les gazettes étrangères. J'ai commencé ma carrière ministérielle avec l'honorable préopinant pendant les Cent-Jours. Nous avions tous les deux un portefeuille par *intérim*, moi à Gand, lui à Paris. Je faisais alors un *roman* ; lui, s'occupait de l'*histoire* : je m'en tiens encore au roman.

Je vais parcourir la série des objections présentées à cette tribune. Ces objections sont nombreuses et diverses ; pour ne pas m'égarer dans un aussi vaste sujet, je les rangerai sous différents titres.

Les orateurs qui ont obtenu la parole lors du vote de l'adresse ont fait imprimer leurs discours. Hier, en séance publique, quelques-uns des honorables députés ont référé leurs opinions à ces discours mêmes. Aujourd'hui, on a rappelé une partie des arguments produits dans le comité secret. J'essaierai donc de répondre à ce qui a été dit, imprimé et redit, afin d'embrasser l'ensemble du sujet.

Suivant dans leurs objections les orateurs qui siègent sur les bancs de l'opposition, j'examinerai, 1° le droit d'intervention, puisque c'est là la base de tous les raisonnements ; 2° le droit de parler des institutions qui peuvent être utiles à l'Espagne ; 3° le

[1] J'étais alors ministre des affaires étrangères.

droit des alliances et des transactions de Vérone ; et enfin quelques autres objections.

Examinons donc d'abord la question de l'intervention :

Un gouvernement a-t-il le droit d'intervenir dans les affaires intérieures d'un autre gouvernement? Cette grande question du droit des gens a été résolue en sens opposé.

Ceux qui l'ont rattachée au droit naturel, tels que Bacon, Puffendorf et Grotius, et tous les anciens, ont pensé qu'il est permis de prendre les armes, au nom de la société humaine, contre un peuple qui viole les principes sur lesquels repose l'ordre général, de même que, dans un État particulier, on punit les perturbateurs du repos public.

Ceux qui voient la question dans le droit civil soutiennent, au contraire, qu'un gouvernement n'a pas le droit d'intervenir dans les affaires d'un autre gouvernement.

Ainsi les premiers placent le droit d'intervention dans les devoirs, et les derniers dans les intérêts.

J'adopte, messieurs, le principe émané du droit civil ; je me range au parti des politiques modernes, et je dis comme eux : Nul gouvernement n'a le droit d'intervenir dans les affaires intérieures d'un autre gouvernement.

En effet, si ce principe n'était pas admis, et surtout par les peuples qui jouissent d'une constitution libre, aucune nation ne serait en sûreté chez elle. Il suffirait de la corruption d'un ministre ou de l'ambition d'un roi pour attaquer tout État qui chercherait à améliorer son sort. Aux divers cas de guerre déjà trop multipliés vous ajouteriez un principe perpétuel d'hostilités, principe dont chaque homme en pouvoir serait juge, puisqu'on aurait toujours le droit de dire à ses voisins : Vos institutions me déplaisent ; changez-les, ou je vous déclare la guerre.

J'espère que mes honorables adversaires conviendront que je m'explique avec franchise.

Mais, si je me présente à cette tribune pour soutenir la justice de notre intervention dans les affaires d'Espagne, comment vais-je me soustraire au principe que j'ai moi-même si nettement énoncé ? Vous allez le voir, messieurs.

Lorsque les politiques modernes eurent repoussé le droit d'intervention, en sortant du droit naturel pour se placer dans le droit civil, ils se trouvèrent très-embarrassés. Des cas survinrent où il était impossible de s'abstenir de l'intervention sans mettre l'État en danger. Au commencement de la révolution, on avait dit : « Périssent les colonies plutôt qu'un principe ! » et les colonies périrent. Fallait-il dire aussi : Périsse l'ordre social plutôt qu'un principe ? Pour ne pas se briser contre la règle même qu'on avait établie, on eut recours à une exception au moyen de laquelle on rentrait dans le droit naturel, et l'on dit : Nul gouvernement n'a le droit d'intervenir dans les affaires intérieures d'une nation, excepté dans le cas où la sûreté immédiate et les intérêts essentiels de ce gouvernement sont compromis. Je citerai bientôt l'autorité dont j'emprunte les paroles.

L'exception, messieurs, ne me paraît pas plus contestable que la règle : nul État ne peut laisser périr ses intérêts essentiels sous peine de périr lui-même comme État. Arrivé à ce point de la question, tout change de face. Nous sommes transportés sur un autre terrain ; je ne suis plus tenu à combattre victorieusement la règle, mais à prouver que le cas d'exception est venu pour la France.

Avant de déduire les motifs qui justifient notre intervention dans les affaires d'Espagne, je dois d'abord, messieurs, m'appuyer sur l'autorité des exemples.

J'aurai souvent l'occasion, dans la suite de mon discours, de parler de l'Angleterre, puisque mes honorables adversaires nous l'opposent à tout moment, et dans leurs discours improvisés, et dans leurs discours écrits, et dans leurs discours imprimés.

« C'est la Grande-Bretagne qui seule à Vérone a défendu les principes ; c'est elle qui s'élève seule aujourd'hui contre le droit d'intervention ; c'est elle qui est prête à prendre les armes pour la cause d'un peuple libre ; c'est elle qui réprouve une guerre impie, attentatoire au droit des gens, une guerre qu'une petite faction bigote et servile veut entreprendre, pour revenir ensuite brûler la Charte française, après avoir déchiré la constitution espagnole. » N'est-ce pas cela, messieurs? Nous reviendrons sur tous ces points. Parlons d'abord de l'intervention.

Je crains que mes honorables adversaires aient mal choisi leur autorité. L'Angleterre, disent-ils, nous donne un grand exemple en protégeant l'indépendance des nations.

Que l'Angleterre, en sûreté au milieu des flots, et défendue par de vieilles institutions ; que l'Angleterre, qui n'a subi ni les désastres de deux invasions, ni les bouleversements d'une révolution de trente années, pense n'avoir rien à craindre de l'Espagne et ne veuille pas intervenir dans ses affaires, rien sans doute n'est plus naturel ; mais s'ensuit-il que la France jouisse de la même sûreté et soit dans la même position ? Lorsque, dans d'autres circonstances, les intérêts essentiels de la Grande-Bretagne ont été compromis, n'est-ce pas elle qui a, pour son salut, et très-justement sans doute, dérogé au principe que l'on invoque en son nom aujourd'hui ?

L'Angleterre, en entrant en guerre contre la France, donna, au mois de novembre 1793, la fameuse déclaration de White-Hall. Permettez-moi, messieurs, de vous en lire un passage. La déclaration commence par rappeler les malheurs de la révolution, puis elle ajoute :

« Les desseins annoncés de réformer les abus du gouvernement français, d'établir
« sur des bases solides la liberté personnelle et le droit des propriétés, d'assurer à un
« peuple nombreux une sage législature et une administration des lois juste et mo-
« dérée, toutes ces vues salutaires ont malheureusement disparu. Elles ont fait place
« à un système destructeur de tout l'ordre public, soutenu par des proscriptions, des
« exils, des confiscations sans nombre, par des emprisonnements arbitraires, par des
« massacres dont le souvenir seul fait frémir.... Les habitants de ce malheureux
« pays, si longtemps trompés par des promesses de bonheur toujours renouvelées à
« l'époque de chaque nouveau crime, se sont vus plongés dans un abîme de calamités
« sans exemple.

« Cet état de choses ne peut subsister en France sans impliquer dans un danger
« commun toutes les puissances qui l'avoisinent, sans leur donner le droit, sans leur
« imposer le devoir d'arrêter les progrès d'un mal qui n'existe que par la violation
« successive de toutes les lois et de toutes les propriétés, et par la subversion des
« principes fondamentaux qui réunissent les hommes par les liens de la vie sociale.
« Sa Majesté ne veut certainement pas contester à la France le droit de réformer ses
« lois ; elle n'aurait jamais désiré d'influer par la force extérieure sur le mode de
« gouvernement d'un État indépendant. Elle ne le désire actuellement qu'autant que
« cet objet est devenu essentiel au repos et à la sûreté des autres puissances. Dans
« ces circonstances, elle demande à la France, et elle lui demande à juste titre, de
« faire cesser enfin un système anarchique qui n'a de force que pour le mal, in-
« capable de remplir envers les Français le premier devoir des gouvernements, de
« réprimer les troubles, de punir les crimes qui se multiplient journellement dans
« l'intérieur du pays ; mais disposant arbitrairement de leurs propriétés et de leur
« sang pour troubler le repos des autres nations, et pour faire de toute l'Europe le
« théâtre des mêmes crimes et des mêmes malheurs. Elle lui demande d'établir un
« gouvernement légitime et stable, fondé sur les principes reconnus de justice uni-
« verselle, et propre à entretenir avec les autres nations les relations usitées d'union

« et de paix...... Le roi leur promet d'avance de sa part suspension d'hostilités, ami-
« tié, et (autant que les événements le permettront, dont la volonté humaine ne peut
« disposer) sûreté et protection à tous ceux qui, en se déclarant pour un gouvernement
« monarchique, se soustrairont au despotisme d'une anarchie qui a rompu tous les
« liens les plus sacrés de la société, brisé tous les rapports de la vie civile, violé tous
« les droits, confondu tous les devoirs, se servant du nom de la liberté pour exercer
« la tyrannie la plus cruelle, pour anéantir toutes les propriétés, pour s'emparer de
« toutes les fortunes, fondant son pouvoir sur le consentement prétendu du peuple,
« et mettant elle-même à feu et à sang des provinces entières pour avoir réclamé
« leurs lois, leur religion et leur souverain légitime. »

Hé bien! messieurs, que pensez-vous de cette déclaration? N'avez-vous pas cru entendre le discours même prononcé par le roi à l'ouverture de la présente session, mais ce discours, développé, interprété, commenté avec autant de force que d'éloquence? L'Angleterre dit qu'elle agit de concert avec ses alliés, et on nous ferait un crime d'avoir des alliés! l'Angleterre promet secours aux royalistes français, et on trouverait mauvais que nous protégeassions les royalistes espagnols! l'Angleterre soutient qu'elle a le droit d'intervenir pour se sauver elle et l'Europe des maux qui désolent la France, et nous, il nous serait interdit de nous défendre contre la contagion espagnole! l'Angleterre repousse le prétendu consentement du peuple français, elle impose à la France, pour obtenir la paix, *la condition d'établir un gouvernement fondé sur les principes de la justice, et propre à entretenir avec les autres États les relations naturelles*, et nous, nous serions obligés de reconnaître la prétendue souveraineté du peuple, la légalité d'une constitution établie par une révolte militaire, et nous n'aurions pas le droit de demander à l'Espagne, pour notre sûreté, des institutions légitimées par la liberté de Ferdinand.

Il faut être juste pourtant : quand l'Angleterre publia cette fameuse déclaration, Marie-Antoinette et Louis XVI n'étaient plus; je conviens que Marie-Joséphine n'est encore que captive, et que l'on n'a encore fait couler que ses larmes; Ferdinand n'est encore que prisonnier dans son palais, comme Louis XVI l'était dans le sien avant d'aller au Temple et de là à l'échafaud. Je ne veux point calomnier les Espagnols, mais je ne veux point les estimer plus que mes compatriotes. La France révolutionnaire enfanta une Convention; pourquoi l'Espagne révolutionnaire ne produirait-elle pas la sienne? Ce juge qui a condamné don Carlos aux galères serait un digne membre de ce tribunal. La révolution espagnole n'a-t-elle pas pris la nôtre pour modèle? ne la copie-t-elle pas servilement? ne proclame-t-elle pas les mêmes principes? n'a-t-elle pas déjà dépouillé les autels, assassiné les prêtres dans les prisons, élevé des instruments de supplice, prononcé des confiscations et des exils? Nous qui avons eu cette terrible maladie, pouvons-nous en méconnaître les symptômes, et n'avoir pas quelques alarmes pour les jours de Ferdinand? Direz-vous qu'en avançant le moment de l'intervention, on rend la position de ce monarque plus périlleuse; mais l'Angleterre sauva-t-elle Louis XVI en refusant de se déclarer? L'intervention qui prévient le mal n'est-elle pas plus utile que celle qui le venge? L'Espagne avait un agent diplomatique à Paris lors de la sanglante catastrophe, et ses prières ne purent rien obtenir. Que faisait là ce témoin de famille? Certes, il n'était pas nécessaire pour constater une mort connue de la terre et du ciel. Messieurs, c'est déjà trop dans le monde que le procès de Charles Ier et celui de Louis. Encore un assassinat juridique, et on établira, par l'autorité des *précédents*, une espèce de droit de crime, et un corps de jurisprudence à l'usage des peuples contre les rois.

Mais peut-être que l'Angleterre, qui avait admis le cas d'exception dans sa propre cause, ne l'admet pas pour la cause d'autrui? Non, messieurs, l'Angleterre n'a point une politique si étroite et si personnelle. Elle reconnaît aux autres les droits qu'elle réclame pour elle-même. Ses intérêts essentiels n'étaient pas compromis dans la révolution de Naples, et elle n'a pas cru devoir intervenir; mais elle a jugé qu'il pouvait en être autrement pour l'Autriche, et c'est à propos de cette transaction que lord Castlereagh s'explique nettement dans sa circulaire du 19 janvier 1821. Il combat d'abord le principe d'intervention, qu'il trouve trop généralement posé par la Russie, l'Autriche et la Prusse, dans la circulaire de Laybach ; puis il ajoute : *Il doit être clairement entendu qu'aucun gouvernement ne peut être plus disposé que le gouvernement britannique à maintenir le droit de tout État ou États à intervenir lorsque sa sûreté immédiate, ou ses intérêts essentiels sont sérieusement compromis par les transactions domestiques d'un autre État.* Rien de plus formel que cette déclaration; et le ministre de l'intérieur de la Grande-Bretagne, l'honorable M. Peel, n'a pas craint de dire, dans une des dernières séances de la Chambre des communes, que l'Autriche avait eu le droit d'intervenir dans les affaires de Naples. Certes, si l'Autriche a eu le droit d'aller à Naples renverser la constitution espagnole, on ne nous contestera peut-être pas le droit de combattre cette constitution dans son propre pays, lorsqu'elle met la France en péril.

J'espère, messieurs, qu'on ne nous opposera plus l'exemple et l'opinion de l'Angleterre au sujet de l'intervention, puisque j'ai détruit ces objections par l'exemple et l'opinion même de l'Angleterre. Il faut prouver maintenant que nous sommes dans le cas légal d'exception, et que nos intérêts essentiels sont blessés. D'abord nos intérêts essentiels sont blessés par l'état de souffrance où la révolution d'Espagne tient une partie de notre commerce. Nous sommes obligés d'entretenir des bâtiments de guerre dans les mers de l'Amérique, qu'infestent des pirates nés de l'anarchie de l'Espagne. Plusieurs de nos vaisseaux marchands ont été pillés, et nous n'avons pas, comme l'Angleterre, les moyens de forces maritimes pour obliger les Cortès à nous indemniser de nos pertes.

D'une autre part, nos provinces limitrophes de l'Espagne ont le besoin le plus pressant de voir se rétablir l'ordre au delà des Pyrénées. Dès le mois de juin 1820 (et alors il n'était pas question de guerre), un honorable député a dit à cette Chambre que la révolution espagnole, en interrompant les communications avec la France, diminuait de moitié la valeur des terres du département des Landes. Le commerce seul des mules et des mulets était d'une valeur considérable. Le paysan du Rouergue, de la Haute-Auvergne, du Haut-Limousin, du Poitou, payait souvent sa contribution foncière avec le prix de la vente des mulets; et il n'y avait pas jusqu'au Dauphiné qui ne participât à cet avantageux trafic. Nos grains du Midi s'écoulaient aussi en Espagne, qui les payait en piastres, sur les négociations desquelles s'établissait un nouveau gain. Nos toiles trouvaient un vaste marché dans les ports de la péninsule espagnole. Les troubles survenus à la suite de l'insurrection militaire dans l'île de Léon ont considérablement amoindri ces échanges, et un gouvernement serait coupable, qui laisserait ruiner, sans la protéger, une population entière. Espère-t-on que les guerres civiles cesseront et laisseront le champ libre à notre commerce? N'y comptez pas : rien ne finit de soi-même en Espagne, ni les passions, ni les vertus.

Nos consuls menacés dans leur personne, nos vaisseaux repoussés des ports de l'Espagne, notre territoire violé trois fois, sont-ce là des intérêts essentiels compromis?

Un honorable député a cru qu'il ne s'agissait que de la petite vallée d'Andorre, reconnue pays neutre par les traités; cette vallée, en effet, a aussi été parcourue par les soldats de Mina; mais le sol français n'a pas plus été respecté. Notre territoire violé, et comment? et pourquoi? pour aller égorger quelques malheureux blessés de l'armée royaliste qui croyaient pouvoir mourir en paix dans le voisinage, et comme à l'ombre de notre généreuse patrie. Leurs cris ont été entendus de nos paysans, qui ont béni dans leurs chaumières, le roi auquel ils doivent le bonheur d'être délivrés des révolutions.

Nos intérêts essentiels sont encore compromis par cela seul que nous sommes obligés d'avoir une armée d'observation sur les frontières de l'Espagne. Combien de jours, de mois, d'années faudra-t-il entretenir cette armée? Cet état de demi-hostilité a tous les inconvénients de la guerre sans avoir les avantages de la paix; il pèse sur nos finances, il inquiète l'esprit public, il expose les soldats trop longtemps oisifs à toutes les corruptions des agents de discorde. Les partisans de la paix à tout prix veulent-ils, pour l'obtenir, que nous obéissions à la déclaration de San Miguel, que nous retirions l'armée d'observation? Eh bien! fuyons devant la compagnie du Marteau et des bandes Landaburiennes, et que le souvenir de notre faiblesse, au premier acte militaire de la restauration, s'allie pour jamais au souvenir du retour de la légitimité.

Mais pourquoi a-t-on établi une armée d'observation? Que ne laissait-on l'Espagne se consumer elle-même? Quelle neutralité! Quoi! si nous étions certains d'être à l'abri des maux qui désolent nos voisins, nous les verrions de sang-froid s'égorger les uns les autres sans essayer d'étendre entre eux une main généreuse! Et si nous n'étions pas sûrs d'être respectés, fallait-il, par notre imprévoyance, laisser les Espagnols vider leur querelle au milieu de nous, brûler nos villages, piller nos paysans? La violation de notre territoire ne suffirait-elle pas pour justifier l'établissement d'un cordon de sûreté? L'Angleterre elle-même a prouvé la sagesse de cette mesure. Dans une note officielle de S. G. le duc de Wellington, présentée au congrès de Vérone, se trouve ce passage :

« En considérant qu'une guerre civile est allumée sur toute l'étendue des frontières
« qui séparent les deux royaumes, que des armées actives opèrent sur tous les points
« de cette frontière du côté de la France, et qu'il n'y a pas une ville ou un village
« placé sur cette frontière du côté de la France qui ne risque d'être insulté ou in-
« quiété, personne ne saurait désapprouver la précaution prise par S. M. T. C. de
« former un corps d'observation pour la protection de ses frontières et la tranquillité
« de ses peuples. »

Une note, adressée le 11 janvier dernier au chargé d'affaires de S. M. T. C. à Londres, par le principal secrétaire d'État des affaires étrangères de S. M. B., contient ces paroles :

« Le duc de Wellington n'a point établi d'objection au nom du roi son maître contre
« les mesures de précaution prises par la France sur ses propres frontières, parce que
« ces mesures étaient évidemment autorisées par le droit de sa propre défense, non-
« seulement contre les dangers sanitaires qui furent l'origine de ces mesures, et le
« motif exclusivement allégué jusqu'au mois de septembre pour les maintenir, mais
« encore contre les inconvénients que pouvaient avoir pour la France des troubles
« civils dans un pays séparé d'elle uniquement par une délimitation de convention,
« contre la contagion morale des intrigues politiques, enfin contre la violation du ter-
« ritoire français par des excursions militaires fortuites. »

La contagion morale, messieurs, ce n'est pas moi qui l'ai dit. Je prends acte de cet aveu; je conviens que cette contagion morale est la plus terrible de toutes, que c'est elle surtout qui compromet nos intérêts essentiels. Qui ignore que les révolutionnaires d'Espagne sont en correspondance avec les nôtres? N'a-t-on pas par des provocations publiques cherché à porter nos soldats à la révolte? Ne nous a-t-on pas menacés de faire descendre le drapeau tricolore du haut des Pyrénées, pour ramener le fils de Buonaparte? Ne connaissons-nous pas les desseins, les complots et les noms des coupables échappés à la justice, qui prétendent venir à nous sous cet uniforme des braves, qui doit mal convenir à des traîtres? Une révolution qui soulève parmi nous tant de passions et de souvenirs ne compromettrait pas nos intérêts essentiels! Cette révolution, dit-on, est isolée, renfermée dans la Péninsule, dont elle ne peut sortir, comme si, dans l'état de civilisation où le monde est arrivé, il y avait en Europe des États étrangers les uns aux autres! Ce qui est arrivé naguère à Naples et à Turin n'est-il pas une preuve suffisante que la contagion morale peut franchir les Pyrénées? N'est-ce pas pour la constitution des Cortès que l'on a voulu renverser le gouvernement de ce pays? Et qu'on ne vienne pas même nous dire que les peuples voulaient cette constitution à cause de son excellence : on la connaissait si peu à Naples, qu'en l'adoptant on nommait une commission pour la traduire. Aussi passa-t-elle comme tout ce qui n'est pas national, comme tout ce qui est étranger aux mœurs d'un peuple. Née ridicule, elle mourut méprisable, entre un carbonaro et un caporal autrichien.

Sous les rapports de la politique extérieure, nos intérêts essentiels ne sont pas moins compromis. M. le président du conseil l'a déjà dit à la Chambre des pairs; nous ne prétendons en Espagne ni à des avantages particuliers, ni au rétablissement des traités que le temps a détruits : mais nous devons désirer une égalité qui ne nous laisse rien à craindre : si la constitution de Cadix restait telle qu'elle est, elle mènerait infailliblement l'Espagne à la république. Alors nous pourrions voir se former des alliances, se créer des relations qui, dans les guerres futures, affaibliraient considérablement nos forces. Avant la révolution, la France n'avait qu'une seule frontière à défendre. Elle était gardée au midi par la Méditerranée; à l'occident, par l'Espagne; au nord, par l'Océan; à l'orient, par la Suisse : il ne restait entre le nord et l'orient qu'une ligne assez courte, hérissée de places fortes, et sur laquelle nous pouvions porter tous nos soldats. Changez cet état de choses; soyez forcés de surveiller vos frontières occidentales et orientales, et à l'instant vos armées partagées vous obligent, pour faire face au nord, à ces efforts qui épuisent les États. De cette position pourraient résulter les plus grands malheurs; oui, messieurs, les plus grands malheurs, et je suis fondé à le dire. Que l'expérience nous instruise : par où sont passées les armées qui ont envahi notre territoire? Par la Suisse et par l'Espagne ; par la Suisse et par l'Espagne que l'ambition insensée de la fausse politique d'un homme avait détachées de notre alliance. Politiques à vue bornée, n'allons pas croire que ce n'est rien pour nous que les innovations de l'Espagne, et exposer, par le contre-coup de nos fautes, l'indépendance de notre postérité.

J'arrive, messieurs, à la grande question de l'alliance et des congrès. L'alliance a été imaginée pour la servitude du monde; les tyrans se sont réunis pour conspirer contre les peuples; à Vérone la France a mendié les secours de l'Europe pour détruire la liberté; à Vérone, nos plénipotentiaires ont compromis l'honneur et vendu l'indépendance de leur patrie; à Vérone, on a résolu l'occupation militaire de l'Espagne et de la France; les Cosaques accourent du fond de leur repaire pour exécuter les hautes œuvres des rois, et ceux-ci forcent la France à entrer dans une guerre odieuse, comme les anciens faisaient quelquefois marcher leurs esclaves au combat.

C'est ici, messieurs, que je suis obligé de faire un effort sur moi-même pour mettre dans ma réponse le sang-froid et la mesure qui conservent la dignité du caractère. Il est difficile, j'en conviens, d'entendre sans émotion porter de si étranges accusations contre un ancien ministre, qui commande le respect à tout ce qui l'approche. Je n'ai qu'un regret, et il est sincère, c'est que vous n'entendiez pas, de la bouche même de mon prédécesseur, des explications auxquelles ses vertus ajouteraient un poids que je ne me flatte pas de leur donner. On l'a appelé à cette tribune le *duc de Vérone*. Si c'est à cause de l'estime qu'il a inspirée à tous les souverains de l'Europe, il mérite d'être ainsi nommé; c'est un nouveau titre de noblesse ajouté à tous ceux que possèdent déjà les Montmorency.

Quant à mes nobles collègues au congrès de Vérone, ce serait les insulter que de les défendre; un compagnon de l'exil du roi, un ami de monseigneur le duc de Berry, sont au-dessus du soupçon d'avoir trahi les intérêts de leur patrie. Il ne reste donc que moi. La Chambre n'a pas besoin de mes apologies; mais j'oserai lui dire que, parmi tant d'honorables députés, il n'y en a pas un seul que je reconnaisse pour meilleur Français que moi.

Je ne veux point récriminer ; cependant je demande la permission d'appuyer un moment sur une remarque.

En lisant les journaux de l'opinion opposée à la mienne, j'y vois sans cesse l'éloge, très-mérité d'ailleurs, du gouvernement anglais. De bons Français laissent entrevoir qu'il n'y aurait pas de mal que l'Angleterre rompît la neutralité et prît les armes contre leur patrie. Dans la cause de la liberté, ils oublient les injures qu'ils prodiguaient à cette même Angleterre, il n'y a pas encore un an, les caricatures dont ils couvraient les boulevards, les brochures dont ils inondaient Paris, et le patriotisme qu'ils croyaient faire éclater en insultant, de la manière la plus grossière, de pauvres artistes de Londres. Dans leur amour des révolutions, ils semblent avoir oublié toute leur haine pour les soldats qui furent heureux à Waterloo : peu leur importe à présent ce qu'ils ont fait, pourvu qu'ils servent à soutenir contre un Bourbon les révolutionnaires de l'Espagne. D'une autre part, ces alliés du continent, dont ils cherchaient les suffrages, sont devenus l'objet de leur animadversion. Pourquoi ne se plaignait-on pas de la perte de notre indépendance, lorsque les étrangers exerçaient une si grande influence sur notre sort, lorsque l'on consultait les ambassadeurs sur les lois mêmes qu'on portait aux deux Chambres? l'Europe, nous disait-on alors, applaudit à l'ordonnance du 5 septembre; l'Europe approuve le traitement que l'on fait subir aux royalistes; l'Europe, dans des actes publics, vient de déclarer qu'elle est satisfaite du système que l'on suit; et par considération pour ce système, elle retire ses soldats, elle fait remise des subventions. Qui, à cette époque, messieurs, a protesté contre cet abandon de la dignité de la France? Serait-ce, par hasard, ceux-là mêmes qui auraient été abaisser cette dignité à Vérone? Dans ce cas, il serait juste de les entendre avant de les condamner, et de ne pas conclure trop précipitamment qu'ils ont changé d'intérêts et de principes, parce que d'autres en ont changé.

Messieurs, je dois vous faire un aveu : je suis arrivé au congrès avec des préjugés qui lui étaient peu favorables; je me souvenais encore des méprises de l'Europe. Sincère ami des libertés publiques et de l'indépendance des nations, j'avais été un peu ébranlé par ces calomnies qu'on répète encore tous les jours. Qu'ai-je été forcé de voir à Vérone ? des princes pleins de modération et de justice, des rois honnêtes hommes que leurs sujets voudraient avoir pour amis, s'ils ne les avaient pour maîtres. J'ai mis par écrit, messieurs, les paroles que j'ai entendues sortir de la bouche d'un prince dont mes honorables adversaires ont loué eux-mêmes la magnanimité et recherché la faveur à une autre époque.

« Je suis bien aise, me dit un jour l'empereur Alexandre, que vous soyez venu à
« Vérone, afin de rendre témoignage à la vérité. Auriez-vous cru, comme le disent
« nos ennemis, que l'alliance est un mot qui ne sert qu'à couvrir des ambitions? Cela
« peut-être eût été vrai dans l'ancien état des choses; mais il s'agit bien au-

« jourdhui de quelques intérêts particuliers, quand le monde civilisé est en péril!
« Il ne peut plus y avoir de politique anglaise, française, russe, prussienne, au-
« trichienne; il n'y a plus qu'une politique générale qui doit, pour le salut de tous,
« être admise en commun par les peuples et par les rois. C'est à moi à me montrer
« le premier convaincu des principes sur lesquels j'ai fondé l'alliance. Une occasion
« s'est présentée, le soulèvement de la Grèce : rien sans doute ne paraissait être plus
« dans mes intérêts, dans ceux de mes peuples, dans l'opinion de mon pays, qu'une
« guerre religieuse contre la Turquie; mais j'ai cru remarquer dans les troubles du
« Péloponèse le signe révolutionnaire.
« Dès lors je me suis abstenu. Que n'a-t-on point fait pour rompre l'alliance? On
« a cherché tour à tour à me donner des préventions ou à blesser mon amour-propre;
« on m'a outragé ouvertement : on me connaissait bien mal, si on a cru que mes
« principes ne tenaient qu'à des vanités ou pouvaient céder à des ressentiments.
« Non, je ne me séparerai jamais des monarques auxquels je suis uni : il doit être
« permis aux rois d'avoir des alliances publiques pour se défendre contre les sociétés
« secrètes. Qu'est-ce qui pourrait me tenter? Qu'ai-je besoin d'accroître mon empire?
« La Providence n'a pas mis à mes ordres huit cent mille soldats pour satisfaire mon
« ambition, mais pour protéger la religion, la morale et la justice, et pour faire
« régner ces principes d'ordre sur lesquels repose la société humaine. »
De telles paroles, messieurs, dans la bouche d'un tel souverain, méritaient bien
d'être recueillies, et je me plais à vous les transmettre, sûr qu'elles feront naître en
vous des sentiments d'admiration pareils aux miens. Un prince qui peut tenir un
semblable langage pouvait-il se démentir à l'instant même, et proposer à la France
rien qui compromît son indépendance et son honneur? La modération est le trait dominant du caractère d'Alexandre; croyez-vous donc qu'il ait voulu la guerre à tout
prix, en vertu de je ne sais quel droit divin, et en haine des libertés des peuples? C'est,
messieurs, une complète erreur. A Vérone, on est toujours parti du principe de la
paix ; à Vérone, les puissances alliées n'ont jamais parlé de la guerre qu'elles pourraient faire à l'Espagne; mais elles ont cru que la France, dans une position différente
de la leur, pourrait être forcée à cette guerre; le résultat de cette conviction a-t-il fait
naître des traités onéreux ou déshonorants pour la France? Non. S'est-il même agi de
donner passage à des troupes étrangères sur le territoire de la France? Jamais. Qu'est-
il donc arrivé? Il est arrivé que la France est une des cinq grandes puissances qui
composent l'alliance, qu'elle y restera invariablement attachée, et qu'en conséquence
de cette alliance, qui date déjà de huit années, elle trouvera, dans des cas prévus et
déterminés, un appui qui, loin d'affecter sa dignité, prouverait le haut rang qu'elle
occupe en Europe.

L'erreur de mes honorables adversaires est de confondre l'indépendance avec l'isolement; une nation cesse-t-elle d'être libre parce qu'elle a des traités? Est-elle contrainte dans sa marche, subit-elle un joug honteux, parce qu'elle a des rapports avec
des puissances égales en force à la sienne, et soumises aux conditions d'une parfaite
réciprocité? Quelle nation fut jamais sans alliance au milieu des autres nations? En
existe-t-il un seul exemple dans l'histoire? Voudrait-on faire des Français une espèce
de peuple juif, séparé du genre humain? A quel reproche bien autrement fondé serait
exposé le gouvernement, s'il n'avait rien prévu, rien combiné, et si, dans le cas d'une
guerre possible, il eût ignoré jusqu'au parti que prendraient d'autres puissances.

Lorsque nous n'avions point d'armée; lorsque nous ne comptions pour rien parmi
les États du continent; lorsque de petits princes d'Allemagne envahissaient impunément nos villages, et que nous n'osions nous en plaindre, personne ne disait que nous

étions esclaves; aujourd'hui que notre résurrection militaire étonne l'Europe; aujourd'hui que nous élevons dans le conseil des rois une voix écoutée; aujourd'hui que de nouvelles conventions effacent le souvenir des traités par lesquels on nous a fait expier nos victoires; aujourd'hui on s'écrie que nous subissons un joug humiliant! Jetez les yeux sur l'Italie, et voyez un autre effet du congrès de Vérone : le Piémont, dont l'évacuation sera complète au mois d'octobre; le royaume de Naples, dont on retire dix-sept mille hommes, dont on diminue la contribution militaire, et qui serait totalement évacué, s'il avait recréé son armée.

Cependant l'Autriche n'aspirait-elle pas à la domination entière de l'Italie? Le congrès de Laybach ne lui avait-il pas livré ce beau pays? et en général tous ces congrès ne sont-ils pas inventés pour étendre l'oppression, pour étouffer les libertés des peuples sous de longues occupations militaires? Toutefois un an s'est à peine écoulé, et voilà l'*ambitieuse* Autriche qui commence à rendre à leurs souverains légitimes les États qu'elle a sauvés des révolutions!

Je suis tranquille aujourd'hui sur le sort de ma patrie : ce n'est pas au moment où la France a retrouvé les armées qui ont si glorieusement défendu son indépendance que je tremble pour sa liberté.

Je passe à présent, messieurs, à quelques objections de détail.

On blâme cette phrase du discours de la couronne : *Que Ferdinand soit libre de donner à son peuple des institutions qu'il ne peut tenir que de lui.*

C'est la même objection que l'on a élevée contre le mot *octroyé*, placé dans la Charte, et elle part du même principe. On ne veut pas que la source de la souveraineté découle du souverain.

Il nous était libre de parler ou de ne pas parler d'institutions à donner à l'Espagne : si nous n'en avions rien dit, à l'instant on se fût écrié que nous voulions faire la guerre pour rétablir le roi absolu et l'inquisition ; mais parce qu'il était juste, généreux et politique de parler d'institutions, fallait-il reconnaître la souveraineté du peuple proclamée dans la constitution espagnole? fallait-il se soumettre à deux principes qui bouleverseraient tout l'ordre social : cette souveraineté du peuple et l'insurrection militaire ? L'amas informe de la constitution des Cortès vaut-il seulement la peine d'être examiné?

La France a donc pu souhaiter à l'Espagne en 1823, comme l'Angleterre à la France, en 1793, des institutions plus propres à la rendre heureuse et florissante. Mais la France, s'écrie-t-on, a, pendant cinq années, reconnu cette constitution des Cortès ; et pourquoi ne veut-elle plus la reconnaître aujourd'hui ? De grandes puissances de l'Europe eurent aussi des ambassadeurs à Paris, depuis 1789 jusqu'en 1793 : elles voyaient avec inquiétude commencer notre révolution, mais elles espéraient que les hommes raisonnables seraient écoutés tôt ou tard. Quand leur espérance fut déçue, quand leurs intérêts essentiels se trouvèrent compromis par la révolution croissante, il leur fallut bien se retirer et chercher dans les chances de la guerre une sûreté qu'elles ne trouvaient plus dans la paix.

La France ne prétend point, messieurs, imposer des institutions à l'Espagne. Assez de libertés nationales reposent dans les lois des anciennes Cortès d'Aragon et de Castille, pour que les Espagnols y trouvent à la fois un remède contre l'anarchie et le despotisme. Il faudrait cependant être d'accord avec soi-même et ne pas nous reprocher, d'une part, d'avoir l'intention de soutenir l'arbitraire en Espagne; de l'autre, d'avoir le projet d'y naturaliser la Charte. Nous ne pouvons vouloir à la fois l'esclavage et la liberté.

Messieurs, je le dirai franchement, la France ne doit point se mêler des établisse-

…ments politiques de l'Espagne. C'est aux Espagnols à savoir ce qui convient à l'état de leur civilisation; mais je souhaite de toute mon âme à ce grand peuple des libertés dans la mesure de ses mœurs, des institutions qui puissent mettre ses vertus à l'abri des inconstances de la fortune et du caprice des hommes. Espagnols! ce n'est point votre ennemi qui parle, c'est celui qui a annoncé le retour de vos nobles destinées quand on vous croyait descendus pour jamais de la scène du monde. Vous avez surpassé mes prédictions, vous avez arraché l'Europe au joug que les empires les plus puissants n'avaient pu briser : vous devez à la France vos malheurs et votre gloire.

Elle vous a envoyé ces deux fléaux, Buonaparte et la révolution : délivrez-vous du second, comme vous avez repoussé le premier [1].

Qu'il me soit permis, messieurs, de repousser la comparaison que l'on prétendait faire entre l'invasion de Buonaparte et celle à laquelle on contraint la France aujourd'hui; entre un Bourbon qui marche à la délivrance d'un Bourbon, et l'usurpateur qui venait saisir la couronne d'un Bourbon après s'être emparé de sa personne par une trahison sans exemple ; entre un conquérant qui marchait brisant les autels, tuant les religieux, déportant les prêtres, renversant les institutions du pays, et un petit-fils de saint Louis qui arrive pour protéger tout ce qu'il y a de sacré parmi les hommes, et qui, jadis proscrit lui-même, vient faire cesser les proscriptions.

Buonaparte pouvait ne pas rencontrer d'amis parmi les sujets d'un Bourbon et chez les descendants du héros de la Castille ; mais nous n'avons ni assassiné le dernier des Condé, ni exhumé le Cid, et les bras armés contre Buonaparte combattront pour nous.

J'aurais désiré que l'on eût parlé avec moins d'amertume de ces royalistes espagnols qui soutiennent aujourd'hui la cause de Ferdinand. Je me souviens d'avoir été banni comme eux, malheureux comme eux, calomnié comme eux.

Il m'est difficile de préférer au baron d'Éroles, estimé même de ses ennemis, des soldats qui ont appuyé leurs baïonnettes sur le cœur de leur roi, pour lui prouver leur dévouement et leur fidélité.

Et pourquoi avoir été rappeler ce message au Sénat touchant l'occupation de l'Espagne par Buonaparte? Ce monument de dérision et de servitude nous accuse-t-il? Je le connaissais; je n'avais pas voulu m'en servir dans la crainte de blesser ceux qui s'élèvent aujourd'hui contre la guerre : on la faisait en silence quand le Sénat eut déclaré que l'invasion de Buonaparte était juste et politique.

Ne nous laissons pas étonner par des déclamations et des menaces. S'il n'y avait à s'élever contre la guerre que des hommes dont les opinions sont honorables, on pourrait peut-être hésiter ; mais quand tous les révolutionnaires de l'Europe vocifèrent la paix d'un commun accord, ils sentent apparemment qu'ils sont compromis en Espagne ; ils craignent de se voir chasser de leur dernier asile. Tel qui s'apitoie sur les maux où va nous précipiter la guerre, craint plus nos succès que nos revers.

Quant aux ministres, messieurs, le discours de la couronne leur a tracé la ligne de leurs devoirs. Ils ne cesseront de désirer la paix, de l'invoquer de tous leurs vœux, d'écouter toute proposition compatible avec la sûreté et l'honneur de la France; mais il faut que Ferdinand soit libre, il faut que la France sorte à tout prix d'une position

---

[1] La prédiction à laquelle on fait allusion ici se trouve dans le *Génie du Christianisme*, 3ᵉ partie, liv. III, chap. V : « L'Espagne, séparée des autres nations, présente encore à « l'historien un caractère plus original : l'espèce de stagnation de mœurs dans laquelle elle « repose, lui sera peut-être utile un jour ; et, lorsque les peuples européens seront usés par « la corruption, elle seule pourra reparaître avec éclat sur la scène du monde, parce que le « fond des mœurs subsiste chez elle. »

dans laquelle elle périrait bien plus sûrement que par la guerre. N'oublions jamais que si la guerre avec l'Espagne a, comme toute guerre, ses inconvénients et ses périls, elle aura eu pour nous un immense avantage. Elle nous aura créé une armée, elle nous aura fait remonter à notre rang militaire parmi les nations, elle aura décidé notre émancipation et rétabli notre indépendance. Il manquait peut-être encore quelque chose à la réconciliation complète des Français; elle s'achèvera sous la tente : les compagnons d'armes sont bientôt amis, et tous les souvenirs se perdent dans la pensée d'une commune gloire.

Le roi, ce roi si sage, si paternel, si pacifique, a parlé. Il a jugé que la sûreté de la France et la dignité de la couronne lui faisaient un devoir de recourir aux armes après avoir épuisé les conseils. Le roi a voulu que cent mille soldats s'assemblassent sous les ordres du prince qui, au passage de la Drôme, s'est montré vaillant comme Henri IV. Le roi, avec une généreuse confiance, a remis la garde du drapeau blanc à des capitaines qui ont fait triompher d'autres couleurs : ils lui rapprendront le chemin de la victoire; il n'a jamais oublié celui de l'honneur.

DISCOURS

SUR LA LOI RELATIVE A L'EMPRUNT DE CENT MILLIONS,

PRONONCÉ A LA CHAMBRE DES PAIRS LE 15 MARS 1823 [1].

Messieurs, vous n'attendez pas de moi que je remonte aux principes et que je traite de nouveau, dans toute son étendue, une question désormais épuisée. Je vais seulement essayer de répondre à quelques-unes des objections produites à cette tribune par les adversaires du projet de loi soumis à votre examen.

Je commence par un noble maréchal. Ce n'est pas moi qui lui contesterai le droit d'examiner la question de la paix et de la guerre, moi qui ai soutenu et qui soutiens encore les principes que j'ai posés de la sorte : «La doctrine sur la prérogative royale « est : Que rien ne procède directement du roi dans les actes du gouvernement « que tout est l'œuvre du ministère. »

J'ai du moins cet avantage comme ministre : on ne peut pas me reprocher d'être inconstitutionnel.

Le noble maréchal prétend que nos intérêts essentiels ne sont pas blessés. Qui jugera la question? Le grand danger de la France réside dans la contagion morale de la révolution espagnole : or, il est évident que c'est un fait qui, tenant aux convictions diverses des esprits, ne peut être affirmé que par des preuves dont chaque opposant peut toujours contester l'évidence : toutes les vérités de l'ordre moral sont dans ce cas.

Si je vous disais que la révolution espagnole, placée sur la frontière de France, réveille parmi nous des intérêts et des souvenirs funestes; si je vous disais que la France, à peine guérie d'une révolution de trente années, est plus exposée qu'un autre État à reprendre le mal qui l'a travaillée si longtemps; si je vous disais que les calamités qui ont pesé sur nous obligent à faire tous nos efforts pour en prévenir le retour; si je vous disais qu'au nom de la révolution espagnole on essaie dans toutes les gazettes révolutionnaires de l'Europe d'exciter nos soldats à la révolte; qu'à Ma-

[1] J'étais alors ministre des affaires étrangères.

drid même, sous les yeux du gouvernement, on imprime en français d'affreux journaux dont je n'oserais vous lire les fragments à cette tribune, vous me nieriez le pouvoir de ces influences et les inductions que j'en veux tirer. Je répondrais par une assertion, et nous resterions là, jusqu'au jour où la révolution viendrait nous prouver qu'elle se rit de nos vaines contentions, et qu'on ne l'arrête pas par des discours.

Et à propos de cette contagion morale, on a soutenu qu'aucun nom espagnol ne s'était trouvé mêlé dans les causes portées devant nos tribunaux; mais il me semble, messieurs, que dans le sein même de cette Chambre, on nous a dit que Nantil, aujourd'hui en Espagne, s'était vanté de vouloir faire un coup à la *Quiroga*. Il est vrai que le général Quiroga lui-même ne paraissait pas comme prévenu au procès ; mais niera-t-on la contagion de sa révolte ?

Le noble maréchal a parlé de l'origine de la constitution des Cortès, qu'il regarde comme l'ouvrage de la nation espagnole. Pour le détromper à cet égard, il me permettra de lui citer un passage d'une brochure politique qui fait dans ce moment même une grande sensation à Londres.

« Quoique les membres des Cortès de Cadix ne fussent pas du tout élus par les
« villes et les provinces qu'ils étaient censés représenter, personne n'aurait été tenté
« de leur reprocher leur illégalité, s'ils s'étaient contentés d'administrer provisoire-
« ment les affaires du royaume, et d'y faire des réformes modérées. Mais aussitôt
« qu'ils s'occupèrent de faire une constitution qui paraissait devoir avoir une ten-
« dance démocratique, il se manifesta par toute l'Espagne du mécontentement et de
« l'opposition. Les personnes mêmes qui avaient contribué le plus à exciter et sou-
« tenir le peuple dans son opposition aux Français, abandonnèrent la cause aussitôt
« qu'ils découvrirent que le gouvernement agissait en sens contraire au but populaire
« de la guerre.

« Les chaires publiques et les journaux dans plusieurs parties du royaume, qui
« avaient excité le peuple à la guerre, condamnèrent les actes du gouvernement, et
« déclarèrent nettement qu'il était inutile de continuer des efforts dont la réussite
« même ne produirait pas le résultat qu'on s'était proposé, car un gouvernement qui
« s'était constitué lui-même, et qu'on ne pouvait regarder au plus que comme habile
« pour administrer provisoirement les affaires du royaume pendant la captivité du
« roi, avait fait une constitution qui changeait l'objet de la guerre, en établissant une
« démocratie et détruisant le pouvoir royal.

« Nous nous souvenons tous de l'apathie du peuple espagnol vers la fin de la guerre.
« Nous ne pouvions pas comprendre pourquoi l'enthousiasme qu'il avait montré dans
« les commencements s'était sitôt évaporé. Voilà la solution de l'énigme, c'est la haine
« pour la constitution des Cortès qui produisit cette apathie générale. »

Voilà, messieurs, ce que raconte un Anglais, témoin oculaire des faits. Et si vous lisiez la brochure de M. San-Miguel lui-même, sur les premiers mouvements insurrectionnels dans l'île de Léon, vous verriez que la révolte militaire fut également repoussée dans son origine. Le ministre se plaint de ses mauvais succès et ne trouve partout, selon lui, que lâcheté et trahison. Si la constitution des Cortès n'est pas agréable aux peuples de l'Espagne, elle ne l'est pas davantage au roi, à qui elle a été imposée. A qui donc plaît-elle? A ceux qui en profitent pour perdre leur patrie et troubler le monde.

Le noble maréchal a fini par une protestation digne de lui; un champ de bataille est une tribune où il plaidera toujours avec honneur la cause de sa patrie.

Je passe au discours d'un noble baron.

Il a parlé, comme presque tous les orateurs, du droit d'intervention. Il a trouvé une grande différence entre notre position, en 1823, à l'égard de l'Espagne, et la position de l'Angleterre, en 1793, vis-à-vis de la France.

Un noble duc, mon ami, vous a déjà prouvé, messieurs, le peu de force du raisonnement; mais je vais le considérer sous un autre point de vue.

Que l'Angleterre ait déclaré ou reçu la guerre en 1793, qu'est-ce que cela fait aux vérités que j'avais voulu établir? Qu'elle ait donné son manifeste six mois ou six ans après le commencement des hostilités, peu importe à la conséquence que je voulais tirer de ce manifeste. Est-ce une date que j'ai cherchée dans la déclaration? Est-ce le fait de la guerre en lui-même? Pas du tout : j'y ai cherché le principe du droit d'intervention clairement posé, clairement exprimé, et je l'y ai trouvé à chaque ligne; non-seulement je l'y ai trouvé, mais je l'y ai trouvé avec toutes ses conséquences, comme l'imposition d'un changement de constitution, la protection promise à une portion des habitants du pays où l'on porte la guerre, et d'autres faits que j'ai cités, qu'il est inutile de rappeler.

Je dirai plus : le cas même de la guerre défensive, loin d'affaiblir mon raisonnement, le fortifie. En effet, on peut supposer qu'une nation qui a l'intention de commencer les hostilités, pose un principe pour se créer un droit. Mais quand on reçoit la guerre, est-il nécessaire de s'appuyer d'un principe? Quand on se défend, faut-il établir des théories, pour prouver qu'on doit se défendre? Si dans ce cas on fait pourtant des déclarations politiques; si l'on proclame, par exemple, dans un manifeste, le droit même d'intervention, n'est-il pas alors de la dernière évidence que ce droit proclamé, et non nécessaire au soutien de la guerre défensive, n'est point un prétexte imaginé pour justifier l'attaque, mais la conviction même, le sentiment intime du gouvernement qui fait valoir ce droit, sans en avoir aucun besoin?

Le noble baron a terminé son discours en traçant avec l'imagination la plus vive l'effrayant tableau de l'avenir : la France envahie, toutes nos libertés détruites. Je pourrais lui répondre ce qu'on nous reproche à nous-mêmes, de prévoir des maux qui n'arriveront jamais. Quant à l'invasion de la France et à la perte des libertés publiques, une chose servira du moins à me consoler, c'est qu'elles n'auront jamais lieu tandis que moi et mes collègues serons ministres. Le noble baron qui professe avec talent des sentiments généreux me pardonnera cette assertion : elle sort de la conscience d'un Français.

J'ai peu de choses à répliquer à un noble marquis qui siége dans cette partie de la Chambre; il nous a parlé de réquisition : je crois qu'il a été mal informé. Des paysans ont-ils vendu leurs bœufs, leurs fourrages? cela peut être; mais une vente lucrative ne constitue pas une réquisition [1].

Je passe à l'examen de l'opinion d'un noble duc.

Notre armée va entrer en Espagne, a-t-il dit, pour livrer pieds et poings liés, à leur maître, des sujets révoltés.

Je n'accuse pas la bonne foi du noble duc : il aura seulement oublié que j'ai dit tout le contraire; que j'ai souhaité aux Espagnols une liberté dans la mesure de leurs mœurs, et qui les mette également à l'abri de l'anarchie et du despotisme.

Où le noble duc a-t-il vu qu'on propose à la France de faire une guerre de doctrines? Les ministres du roi n'ont cessé de répéter que si nous étions obligés de recourir aux armes, ce n'est que parce que nos intérêts essentiels sont compromis, que nous ne faisons point la guerre à des institutions, mais que nous prétendons nous défendre contre les institutions qui nous font la guerre.

[1] Le noble marquis s'est expliqué : il a assuré qu'il s'agissait de charrettes commandées par les maires pour transporter les troupes, et autres mesures de cette sorte.

Le noble duc s'élève contre ce principe : qu'aux rois seuls appartient le droit de donner des institutions aux peuples ; d'où il conclut que les rois peuvent changer ce qu'ils avaient donné ou ne rien donner du tout, selon leur volonté et leur bon plaisir.

Mais il ne voit pas qu'on peut rétorquer l'argument, et que si le peuple est souverain, il peut à son tour changer le lendemain ce qu'il a fait la veille, et même livrer sa liberté et sa souveraineté à un roi, comme cela est arrivé. Si le noble pair eût été moins préoccupé, il aurait vu que deux principes régissent tout l'ordre social : la souveraineté des rois pour les monarchies, la souveraineté des nations pour les républiques. Dites dans une monarchie que le peuple est souverain, et tout est détruit : dites dans une république que la souveraineté réside dans la royauté, et tout est perdu. On était donc obligé, sous peine d'être absurde, d'affirmer qu'en Espagne, les institutions devaient venir de Ferdinand, puisqu'il s'agissait d'une monarchie. Quant à la manière dont il peut donner ces institutions, ou seul, ou d'accord avec des corps politiques reconnus par lui dans sa pleine liberté, c'est ce qu'on n'a jamais prétendu prescrire. On n'a fait qu'exprimer le principe vital de la monarchie, et exposer une vérité de théorie.

Le noble duc nous a dit qu'il n'admettait point la solidarité dans les dynasties. Il ne voit pas pourquoi Louis XVIII, petit-fils de Louis XIV, secourrait Ferdinand VII, également descendant du grand roi. Le noble duc confond ici le roi et la royauté ; il prend les hommes pour les choses, l'intérêt privé pour l'intérêt public, la famille pour a monarchie : tous les rois sont solidaires, et même jusqu'à l'échafaud.

Le noble duc ne veut pas que nous allions prévoir des crimes dans l'avenir ; il ne veut pas que nous raisonnions par analogie. Ainsi, que des soldats révoltés aient forcé un monarque prisonnier d'accepter une constitution démocratique ; que des massacres aient été commis dans les prisons de Madrid et de Grenade ; que des exils, des confiscations aient été prononcés ; que des assassinats juridiques aient eu lieu ; qu'une guerre civile soit allumée jusqu'aux portes de Madrid par suite des nouvelles institutions, nous ne devons rien en conclure. Ferdinand n'a point encore été jugé ; on ne l'a encore menacé que de déchéance ; il est si libre qu'il voyage peut-être à présent avec ses geôliers, au milieu des soldats-législateurs qui vont l'enfermer dans une forteresse. Il n'y a rien à craindre, attendons l'événement.

Il résulterait de la doctrine de mon adversaire que l'on peut punir le crime, mais qu'on ne doit jamais le prévenir. Selon moi, la justice est un de ces principes éternels qui ont précédé le mal dans le monde ; selon le noble duc, c'est le mal, au contraire, qui a donné naissance à la justice. Il pose ainsi au fond de la société une cause permanente de subversion ; car on n'aurait jamais le droit de venir au secours de la société que lorsqu'elle serait détruite.

Enfin le noble duc est arrivé au fameux principe caché, pour ainsi dire, au fond de son discours. Il a lui-même senti le danger de la doctrine qu'il allait émettre ; car il s'est enveloppé dans des précautions oratoires, de manière que s'il n'avait pas eu la bonté de m'expliquer sa pensée, je l'aurais à peine comprise. Il nous a dit qu'en parlant du droit de résistance il marchait sur des charbons ardents ; il s'est trompé d'expression, il a voulu dire sur des ruines.

« Il y a, messieurs, des mystères en politique comme en religion. Prétendez-vous les expliquer ? vous tombez dans des abîmes. Je crois être aussi indépendant d'esprit et de caractère que le noble duc ; je crois aimer autant que lui les libertés publiques ; je hais les tyrans, je déteste l'oppression ; mais je soutiens que discuter la doctrine de la résistance, c'est s'exposer à bouleverser le monde. Je soutiens qu'aucune société, même une société démocratique, ne peut exister avec ce principe. Qui fixera le point où la résistance doit commencer? Si vous m'établissez juge de ce terrible droit, mes passions, mes préjugés, les bornes même de mon entendement me feront voir partout la tyrannie. Les lois me sembleront oppressives quand elles arrêteront mes penchants, et je leur résisterai. L'ordre de mes supérieurs me paraîtra arbitraire, et je ne l'exécuterai pas. Si je résiste, on me résistera; car le droit est égal pour tous. Tous les désordres, tous les malheurs, tous les crimes, découleront de ce droit de révolte, et l'on arrivera à l'anarchie, qui n'est qu'une grande résistance à tous les pouvoirs.

Le noble duc est jeune encore; il ne connaît nos malheurs que par tradition. Je ne veux point lui faire le tableau de ce qu'il nous en a coûté pour avoir proclamé que l'insurrection est le plus saint des devoirs; il m'accuserait de faire des *phrases sonores* et d'employer des *arguments de rhéteur*[1]. Mais s'il est attaché autant que moi à la monarchie constitutionnelle, je le supplie de ne plus donner des armes à nos ennemis. Si l'on voit reparaître à la tribune ces doctrines qui pendant trente ans nous ont précipités sous tous les jougs et fait passer par tous les malheurs, la puissance des souvenirs agira sur les âmes faibles, et l'on en viendra à regretter ces temps où la gloire avait condamné la liberté au silence.

Vous me dispenserez, messieurs, de répondre au dernier orateur qui descend de cette tribune, parce qu'il n'a fait que répéter ce qu'on avait dit avant lui. Ce sont toujours les mêmes objections : guerre injuste, guerre impolitique faite dans l'intérêt du pouvoir absolu; nous n'avons pas le droit d'intervenir; nous consoliderons ce que nous prétendons renverser; enfin c'est la majesté de la république qui aurait pu exister, sans doute en place et lieu de la majesté légitime. Vous savez, messieurs, à quoi vous en tenir, et je craindrais, en prolongeant ce discours, d'abuser de votre indulgence.

DISCOURS

PRONONCÉ A LA CHAMBRE DES DÉPUTÉS,

DANS LA SÉANCE DU 7 AVRIL 1823,

SUR LE BUDGET DU DÉPARTEMENT DES AFFAIRES ÉTRANGÈRES [2].

Messieurs, si les ministres ne prenaient la parole que lorsqu'ils sont attaqués, je devrais vous épargner l'ennui d'un discours. A peine a-t-on fait quelques observations sur le budget des affaires étrangères : le rapporteur de votre commission, ainsi que plusieurs orateurs, m'ont traité moi-même avec une indulgence dont je les remercie. Gardons toujours, messieurs, le langage et les convenances parlementaires : un ton poli rend les bonnes raisons meilleures et fait passer les mauvaises.

Je ne me félicite point de parler aujourd'hui sans contradicteurs. L'honorable opposition qui a cru devoir se retirer m'aurait éclairé de ses lumières; elle aurait produit un plus grand bien, messieurs; sa présence aurait réuni des hommes faits pour s'estimer. Quoi qu'il en soit, appelé à cette tribune par un devoir constitutionnel, je viens essayer de le remplir.

Persuadé que la France doit son salut à la monarchie représentative; convaincu que la Charte n'est que le développement naturel de l'esprit du temps, je me suis ap-

---

[1] Le noble duc a déclaré que cette phrase de son discours ne s'appliquait pas au ministre.

[2] J'étais alors ministre des affaires étrangères.

pliqué à connaître ce qui entrave ou favorise la marche de nos institutions. J'ai remarqué, relativement au ministère des affaires étrangères, qu'on s'était plaint, dans les dernières sessions, de ne voir figurer que des chiffres au budget de ce ministère. Pour être d'accord avec moi-même, et ne pas trouver bon comme ministre ce que j'ai trouvé mauvais comme membre de l'opposition, j'ai placé auprès de la colonne des chiffres du budget dont j'ai l'honneur de vous entretenir, des observations qui donnent une idée générale de l'emploi des fonds. Je vais, messieurs, compléter ces renseignements en suivant l'ordre des chapitres.

Le ministère des affaires étrangères se divise en deux sections ou deux services, et en deux classes d'affaires; en deux services, le service intérieur et le service extérieur : en deux classes d'affaires, les affaires politiques et les affaires commerciales ou consulaires. Quatre articles composent le premier chapitre du budget consacré au service intérieur; sept cent mille francs sont affectés à ce service. Le traitement du ministre, porté au premier article, est de cent cinquante mille francs; avant la révolution il était de trois cent mille francs, sans compter un traitement particulier et des frais considérables d'établissement. On a proposé hier aux ministres de diminuer leur traitement; j'avoue que je suis très-peu touché d'un traitement, et je fais bon marché du mien. Reste à savoir si le ministère qui est le plus particulièrement chargé de faire aux étrangers les honneurs d'une grande monarchie doit leur fermer sa porte. Le ministre y gagnerait du temps; la France y perdrait en considération : choisissez, messieurs.

Le traitement du directeur des affaires politiques se trouve en second article : il était de quarante mille francs en 1820, et de trente mille francs en 1822. Je l'ai réduit à vingt mille francs. Les dix mille francs économisés ne paraissent point en diminution de la somme totale, parce qu'ils sont portés dans le service supplémentaire, sur lequel j'espère trouver le moyen de prélever les appointements d'un directeur des affaires commerciales.

Le système de crédit par spécialité est évidemment impraticable dans le ministère que le roi a daigné confier à mes soins; les chapitres doivent s'y balancer l'un par l'autre, et les fonds du service qui a de l'excédant par la chance des événements sont appelés à couvrir le déficit du service épuisé par ces mêmes événements.

Les frais de bureaux portés en troisième article, et réduits à trois cent quatre-vingt mille francs, montaient, en 1815, à quatre cent trente-trois mille francs : il y a eu réforme progressive.

Cette partie du service a été fort attaquée dans les sessions précédentes. Quoique le personnel du ministère des affaires étrangères ne soit rien, comparé au personnel des autres ministères, on a prétendu qu'il était encore trop nombreux. Permettez-moi, messieurs, de vous soumettre sur cette matière quelques réflexions.

La multitude d'hommes qui tombent à la charge du public est un mal de toute grande société, de toute société vieillissante. En Grèce, le superflu de la population s'écoulait dans des colonies; à Rome, on faisait des distributions de blé, de comestibles aux indigents; on abolissait leurs dettes. Il y eut des empereurs qui, pour simplifier les choses, firent noyer tous ceux qui se plaignaient de mourir de faim. On employa en France, pendant la révolution, pour augmenter les recettes, le même moyen financier que les tyrans de Rome prenaient pour diminuer les dépenses.

La société chrétienne apporta, par la charité, un remède à ces maux : les grandes communautés nourrirent le peuple. L'Angleterre, conservant les fortunes patrimoniales, mais privée des ressources religieuses par la réforme de Henri VIII; l'Angleterre a été obligée d'établir sa désastreuse taxe des pauvres. Nous, à notre tour, en nous emparant du bien du clergé, et en dépouillant les grands propriétaires, nous nous sommes trouvés surchargés d'une population à laquelle il a fallu procurer des moyens d'existence : de là la nécessité de créer des emplois. A tout prendre, mettre à profit l'intelligence des hommes pour les secourir est une manière utile et noble de pourvoir à leurs besoins. Ils reçoivent le bienfait sans en être humiliés; leurs talents rendent à la patrie ce que l'État leur prête. Considérée de ce point de vue élevé, la question change seulement de face.

Les places, trop multipliées en apparence pour les affaires, ne paraissent plus que ce qu'elles sont en effet : un moyen de tenir l'équilibre entre le propriétaire et le non-propriétaire, d'intéresser au repos et à la sûreté de l'État des hommes qui pourraient en devenir le fléau. En un mot, c'est une nouvelle solution du problème que toutes les vieilles sociétés ont cherché à résoudre par des largesses politiques ou religieuses, par des actes de tyrannie ou par des impôts.

Le quatrième article du premier chapitre complète le service intérieur. Il paraît impossible de porter au-dessous de cent cinquante mille francs les gages des gens de service, et les dépenses matérielles des bureaux.

Il faut le dire franchement, messieurs, et n'avoir pas la faiblesse de se tromper soi-même par des calculs qui, tous les ans, restent au-dessous de la vérité ; le budget des affaires étrangères, tel qu'il est calculé, ne suffit pas aux besoins du service. Depuis l'année 1815 jusqu'à l'année 1821, mes prédécesseurs ont toujours demandé des sommes supplémentaires. Si des ministres de caractères et de principes divers ont tous été obligés d'avoir recours à des crédits de deux cent mille francs, de quatre cent mille, de huit cent mille, de onze cent mille et de quatorze cent mille francs, il reste prouvé que le budget annuel est trop faible d'une somme moyenne de huit à neuf cent mille francs, sans compter ce qu'il vous faudrait pour augmenter le traitement des agents politiques et consulaires.

Je ne me flatte pas d'être plus heureux que mes prédécesseurs, et il m'est aisé de prévoir que je serai comme eux obligé de demander un crédit supplémentaire. J'avais d'abord songé à élever tout de suite le budget des affaires étrangères à la somme qui me paraissait nécessaire pour le bien du service. Choisi par Sa Majesté dans la carrière diplomatique, j'ai du moins l'avantage de m'être assez longtemps occupé de matières soumises aujourd'hui à mon administration. Comme ambassadeur, j'ai pu juger par moi-même des avantages et des inconvénients du système commencé sous d'Ossat et Duperron, étendu par Richelieu, régularisé par Torcy, perfectionné par le duc de Choiseul, rendu plus méthodique encore sous MM. de Breteuil et de Vergennes, et repris par M. le prince de Talleyrand. Mais, me défiant avec juste raison de mon expérience comme ambassadeur, j'ai pensé qu'il fallait y joindre, pendant quelque temps, celle de ministre, avant de vous proposer des augmentations qui me semblent indispensables. Je m'expliquerai toujours franchement avec les Chambres, persuadé que l'esprit du gouvernement représentatif n'admet point les réticences, et qu'il y a tout à gagner à être sincère avec des Français.

Il n'existe point de bases sur lesquelles on puisse établir des calculs relativement aux traitements des missions diplomatiques. Avant la révolution, dans les années 1787 et 1788, nos ambassadeurs et nos ministres recevaient (excepté à Londres et à Rome) un traitement plus fort que celui qu'ils reçoivent aujourd'hui. Ils touchaient, en outre, sous le titre de *traitements particuliers*, *de gratifications*, *d'indemnités*, *de frais accessoires*, des sommes considérables. M. le duc de La Vauguyon reçut en 1787, à titre de secours extraordinaires, trente mille francs; M. O'Dunne, quarante-quatre mille francs : et pourtant, messieurs, quoique à cette époque de grandes fortunes patrimoniales suppléassent à l'insuffisance des traitements, on sortait presque toujours accablé de dettes d'une ambassade. Aujourd'hui que la révolution a dévoré les propriétés, le traitement des ambassadeurs et des ministres doit suffire à tout. Calculez maintenant la dépréciation du signe monétaire, et l'accroissement de dépenses produit par les changements dans la manière de vivre, et il vous sera évident que toutes les classes d'agents diplomatiques, depuis l'ambassadeur jusqu'au dernier secrétaire, sont rétribués fort au-dessous de ce qu'elles devraient l'être pour le bien du service et l'honneur du nom français.

Vous avez encore, messieurs, une autre manière de juger la question, c'est de comparer les traitements des ambassadeurs et des ministres étrangers avec ceux de nos ministres et de nos ambassadeurs. Dix-sept agents politiques anglais reçoivent en traitement une somme de deux millions sept cent sept mille cinq cents francs, et le même nombre d'agents français ne touche que un million trois cent soixante-cinq mille francs, c'est-à-dire la moitié seulement. Les missions politiques des puissances continentales se règlent à peu près comme les nôtres; mais elles ont en frais de services, en indemnités, en argent pour prix de loyers, achats de meubles, des avantages que les nôtres n'ont pas.

La conclusion de ces rapprochements est que, si le taux des appointements des grandes missions françaises peut à la rigueur rester tel qu'il est, celui des missions de second ordre se trouve dans un état d'infériorité relative, qu'on ne peut faire disparaître que par une allocation de deux cent mille francs, convenablement répartie. Il ne faut pas croire, messieurs, qu'il ne s'agit ici que de donner plus ou moins d'aisance à un homme chargé d'une mission honorable. Dans l'ordre politique il faut calculer l'importance et l'influence des places. Dans la diplomatie anglaise, les petites missions sont mieux rétribuées que les grandes : on en sent facilement la raison. Si l'opinion est la reine du monde, elle fait asseoir sur son trône auprès d'elle ceux qui savent la dominer.

Ce que je viens de dire, messieurs, sur la modicité des traitements de nos missions politiques, s'applique avec beaucoup plus de force à nos missions commerciales ou consulaires.

Les misérables traitements de nos consuls et vice-consuls ne répondent ni à l'importance des missions, ni aux besoins de notre commerce, ni au mérite des personnes. Parmi les agents de l'administration publique, il n'y a point de classe plus distinguée et plus honorable que celle de nos consuls. Des hommes qui, pour être utiles à leur pays, se condamnent à une expatriation sans terme; des hommes souvent exposés, dans des résidences lointaines, à des fléaux de toutes les espèces, à des commotions politiques, à des émeutes populaires qu'ils doivent braver pour défendre les sujets du roi confiés à leur garde; de pareils hommes ont certainement des droits à la reconnaissance et à la munificence du gouvernement.

Dans ces derniers temps, messieurs, le monde entier a retenti du dévouement de nos consuls. Plusieurs d'entre eux, victimes de leur générosité, n'ont conservé, au milieu de leurs habitations en flammes, que le pavillon blanc, autour duquel Turcs et chrétiens avaient trouvé un abri.

Ils auraient besoin d'indemnités, et je ne puis leur offrir que des secours bien insuffisants. Ainsi, M. Fauvel, à Athènes, pour avoir été obligé d'abandonner deux fois son domicile, obtiendra une gratification du quart de ses appointements, c'est-à-dire deux mille francs; M. Pouqueville, qui a tout perdu à Patras, aura trois mille francs; trois mille francs seront donnés à M. Guys, qui a nourri des familles entières d'Européens et d'Arabes pendant deux mois du siége d'Alep; MM. de Lesseps, Vasse, Meusnier, Martrade, Arazi, recevront des rétributions proportionnelles. Quand je signe, messieurs, ces chétives ordonnances pour des hommes dont j'ai connu les généreux sentiments, je rougis presque de leur envoyer, pour dédommagement de la perte de leur fortune, ce qui ne paierait pas les frais de l'hospitalité qu'ils m'ont donnée.

L'article 1er du chapitre II alloue aussi une somme de deux cent mille francs pour les agents dont l'activité est temporairement suspendue; cette somme est la même que dans les budgets précédents. Elle est fixée par l'article 20 de la loi de finances de 1818. Ce service a été établi, de tout temps, dans les affaires étrangères. Depuis 1772 jusqu'à 1788, le tableau des traitements temporaires offre des sommes mobiles dont le *minimum* descend à trois cent quarante-cinq mille francs, et le *maximum* s'élève à neuf cent soixante-neuf mille francs. Il y a donc aujourd'hui allégement pour le trésor.

Parmi les traitements compris dans cette partie du service, il y en a quelques-uns contre lesquels on s'est élevé. On voudrait ne pas compter parmi les ministres du roi ceux qu'il a chargés, pendant son exil, de fonctions diplomatiques. Le fardeau n'est pourtant pas bien pesant pour nos finances. A l'époque de l'exil du roi, il n'y avait pas grand empressement à accepter du petit-fils de Henri IV des places d'ambassadeurs. Ceux qui ont sollicité l'honneur de représenter l'infortune et la majesté tombée, n'ont-ils pas rempli de hautes et nobles fonctions? Le roi a rétabli, dans la jouissance de leurs droits, des hommes qui avaient suivi Buonaparte à Sainte-Hélène : souffrons donc que le monarque légitime récompense, dans quelques-uns de ses serviteurs, cette fidélité qu'il a honorée jusque dans les amis de l'usurpateur de sa couronne.

L'article 2 du chapitre II portant trois cent vingt mille francs pour frais d'établissement et de voyage, est un des plus mobiles, et conséquemment des moins susceptibles d'une certaine justesse d'élévation. C'est donc d'après les résultats des exercices précédents qu'il convient de calculer la dépense pour l'avenir.

Les quatre dernières années donnent une moyenne proportionnelle de trois cent quatre-vingt treize mille francs; on s'est peut-être trop mis à l'étroit pour l'avenir.

Quant aux frais d'établissements, ils sont fort au-dessous de l'absolue nécessité, et il y a sur ce point réclamations de toutes parts. Votre rapporteur, messieurs, vous a suggéré l'idée d'avoir des hôtels appartenant à la France dans les principales légations : ce serait d'abord une convenance, et à la longue une économie.

L'article 3 du chapitre II a souvent été attaqué; on ne concevait pas comment un million pouvait passer en frais de service. Maintenant, messieurs, si vous lisez la note placée dans le budget auprès de cet article, vous connaîtrez la nature, la diversité et la destination de la dépense. Elle est rangée sous neuf chefs principaux : des besoins matériels, des usages consacrés par le temps, des œuvres de bienfaisance et de religion en absorbent la majeure partie. La France, toute nouvelle au dedans, est tout antique au dehors; on retrouve dans l'Orient les vieilles racines du royaume de saint Louis, qui se sont attachées à des mœurs pour ainsi dire impérissables comme notre gloire.

Au quatrième article du même chapitre II, on trouve une somme de cent quatre-vingt-dix mille francs, employée en frais de courriers pour la correspondance ministérielle. La dépense moyenne des cinq dernières années a été de deux cent vingt et un mille francs. Il est fâcheux d'avoir été obligé de faire des retranchements sur cette partie.

Il ne reste plus, messieurs, à parcourir que le chapitre III, intitulé : *Service supplémentaire*. L'article 1er attribue trois cent mille francs aux missions extraordinaires.

Dans ces missions sont classées les commissions des limites, parce qu'elles ne peuvent être considérées comme des fonctions politiques proprement dites. Elles coûtent, depuis leur établissement, une somme annuelle de cent quarante à cent cinquante mille francs.

En 1788, pour les seules limites de Montbéliard, de la Suisse, de la Lorraine et des Pyrénées, on dépensa une somme d'environ quatre-vingt mille francs.

Dans l'année actuelle, sont également placées sur ce service les commissions envoyées dans le continent méridional de l'Amérique, dont la dépense doit être au moins de soixante mille francs. Il a paru important au gouvernement de connaître l'état de ses contrées, au pavillon desquelles l'Angleterre a déjà ouvert ses ports, il ne resterait donc pour les éventualités, dans l'article *Missions extraordinaires*, qu'une somme de cent mille francs au plus.

A en juger par les résultats des dernières années, la fixation de trois cent mille francs sera notablement dépassée, puisque la dépense moyenne a été de quatre cent vingt mille francs. Il faudra y ajouter les frais du congrès de Vérone; alors s'élèveront de nouveau tous les cris contre les congrès. On ne veut pas d'alliance avec les rois légitimes, mais on admettrait un congrès perpétuel avec les factions, qui établiraient à l'avenir la souveraineté du peuple par la révolte militaire, et qui feraient des citoyens avec des mameloucks.

Le second article du chapitre III concerne les présents diplomatiques. A quoi bon ces présents? dira-t-on. Je répondrai : A quoi bon les coutumes et les mœurs?

Cette nature de service échappe aussi à toute possibilité d'évaluation, puisqu'elle est toute circonstancielle.

Au reste, les occasions de dépenses sont déterminées par l'usage; les quotités de ces dépenses sont également fixées par des arrêtés et ordonnances.

Dans les années précédentes, la dépense moyenne s'est élevée à deux cent soixante-sept mille francs.

Il ne reste plus, messieurs, qu'à vous dire un mot sur le quatrième article du troisième chapitre, formant le dernier article du budget. Le titre même de cet article interdit tout développement; des fonds secrets ont été affectés de tout temps et dans tous les pays aux affaires étrangères : tout ce que je puis vous dire, c'est que sur les fonds secrets de mon ministère quelques faibles allouances sont accordées à des hommes qui ont consacré leurs talents à des travaux politiques, ou à des malheureux qui se rattachent par des services au département des affaires étrangères. Des lois règlent les titres d'après lesquels on peut obtenir des pensions, des secours, des indemnités; mais une foule de besoins échappent à ces catégories.

Beaucoup de services rendus à la monarchie légitime ont été mis hors la loi. Vous n'exigerez donc pas, messieurs, que je viole le secret de l'infortune, que je vous présente la quittance du morceau de pain que l'on donne à un vieux serviteur oublié. Quand nous aurons fait autant de lois pour consoler la France que nous en avons fait depuis trente ans pour la désoler, alors on pourra proposer des économies sur les fonds secrets du budget des affaires étrangères, et renvoyer à des dépenses fixes ces douleurs variables et cet arriéré de misères que la révolution nous a laissés.

Tel est, messieurs, le budget des affaires étrangères, budget où tout appartient en partie à des circonstances incertaines, et qui ne peut être qu'une sorte d'estimation ou de jugement hypothétique de l'avenir.

OPINION

SUR L'ARTICLE 4 DU PROJET DE LOI RELATIF AU SACRILÉGE,

PRONONCÉE A LA CHAMBRE DES PAIRS, LE 18 FÉVRIER 1825.

Messieurs, deux amendements considérables ont été discutés par la Chambre : l'un a été rejeté à la majorité de dix-neuf voix, et l'autre à la majorité, moins considérable encore, de neuf ; de sorte que dix voix ou cinq voix seulement, passant à l'opinion opposée, comme cela peut arriver dans le cours d'une discussion lumineuse, auraient changé le sort de ces deux amendements.

Il résulte de cette expérience qu'une moitié presque entière de la Chambre aurait désiré le retranchement du titre 1er de la loi : ce sentiment peut très-bien se soutenir.

Il faut d'abord poser un fait inconstestable, c'est que le sacrilége simple n'existe pas. La loi devait-elle le prévoir? Non, répond-on, pas plus que la loi athénienne ne prévoyait le parricide.

Le premier coupable échapperait sans doute ; mais si le crime de sacrilége trouble l'ordre religieux, il ne met pas la société dans un péril soudain, dans un péril imminent. On aurait toujours le temps de prévenir par une loi le retour d'un pareil crime ; et cette loi, alors motivée par la naissance du crime ; cette loi, née elle-même pour le poursuivre et le punir, ne saurait être trop sévère.

On vous a dit, messieurs, qu'il n'existait dans aucune législation de fiction légale, et c'est une erreur ; j'en citerai bientôt un exemple remarquable. Nulle part la loi n'a tout prévu et la loi ne doit pas tout prévoir ; car si le crime appelle la loi, la loi appelle le crime. Un monstre ne vient-il pas de dévorer presque sous vos yeux un enfant avec des circonstances épouvantables? Est-ce la faute du législateur? Pouvait-il lui tomber dans la pensée de faire une loi pour prévenir l'anthropophagie unie à la débauche?

Si le titre 1er avait été supprimé, que de difficultés on eût évitées!

On ne vous aurait pas dit, messieurs, que le sacrilége simple est un crime ignoré dans nos mœurs, comme un mot inconnu dans nos lois ; que si on l'admet en principe, on n'a pas le droit de le définir, de le borner, de déclarer que telle chose est sacrilége, quand la loi religieuse, sur laquelle on s'appuie nécessairement dans cette matière, a fixé toute la catégorie des sacriléges.

Le projet de loi a-t-il pensé à punir l'enlèvement de la pierre sacrée, la profanation de la pale et du corporal, les outrages au crucifix, les blasphèmes proférés hautement, publiquement dans une église, en présence des saints autels, au milieu de la célébration des saints mystères? Qu'est-ce donc que ce prétendu projet de loi contre le sacrilége?

On ne vous aurait pas dit encore que vous faisiez une loi d'exception, puisqu'elle prive de *fait* des citoyens d'un de leurs plus beaux droits, celui de faire partie d'un jury.

On ne vous aurait pas dit que vous vous mettiez en contradiction avec votre Code civil, votre Code criminel, et la Charte, votre loi politique ; qu'enfin vous sortiez des mœurs du siècle pour remonter à des temps que nous ne connaissons plus.

D'une autre part, on n'aurait pu vous taxer d'impiété, car la plus haute piété est de croire le sacrilége simple impossible; et comme vous remplissiez, par la punition des vols sacriléges, la lacune existant dans votre Code, vous satisfaisiez à tous les besoins du moment, à tout ce que les hommes éclairés et les tribunaux vous demandaient.

Un ministre éloquent ne vous aurait pas dit que si la loi eût été faite pour la haute société, elle eût pu être fort différente; il se serait épargné la peine de chercher ces raisons que le talent trouve, mais que la raison repousse.

Vous, messieurs, votre position eût été meilleure : vous eussiez simplement confirmé votre opinion de l'année dernière, et vous seriez restés conséquents à votre premier vote.

Quant à moi, j'aurais été aussi plus à mon aise. J'avais encore l'honneur de siéger dans le conseil du roi quand le projet de loi que l'on vous a présenté l'année dernière fut rédigé. Persuadé par les excellents motifs que mon ancien collègue, le garde des sceaux, donnait alors pour justifier son projet de loi, je suis resté dans les principes qu'il a si bien su m'inculquer ; ma conviction est son propre ouvrage, et s'il s'y mêle par hasard quelques erreurs, j'aime à reconnaître que ces erreurs viennent des raisons particulières que j'aurai pu mêler à sa raison.

Quoi qu'il en soit, le titre entier d'une loi ne peut se supprimer qu'article par article. Les articles ont été successivement adoptés, et les adversaires du projet ont été repoussés jusque dans leur dernier retranchement, c'est-à-dire jusque dans leur dernier amendement.

J'espère, messieurs, que la liaison de mes idées avec l'amendement du noble comte n'échappera pas à la Chambre. Si j'ai démontré que le titre 1er de la loi est défectueux, de là suit la nécessité d'un amendement qui efface ou qui du moins pallie les défauts de la conception primitive. Je continue donc mes raisonnements, que j'aurai d'ailleurs bientôt terminés.

Les opinions de la Chambre, comme je l'ai déjà rappelé, sont à peu près balancées; on peut le dire, puisqu'on n'a pas encore voté définitivement sur la loi. Les uns veulent la peine de mort pour le sacrilége simple; les autres ne la veulent pas. Le projet de loi est rédigé de telle sorte qu'il nous obligerait, tous tant que nous sommes, en l'acceptant, à voter ce que nous ne désirons pas.

Ceux qui veulent la peine de mort pour le sacrilége simple, ne l'obtiennent pas par le projet; ceux qui ne veulent pas la peine de mort, la trouvent pourtant exprimée par le même projet.

Je dis que ceux qui désirent la peine de mort pour le sacrilége simple ne l'obtiennent pas, et je le prouve.

Le projet a ménagé merveilleusement le droit et le fait; il dit : « Seront punis de « la peine de mort, etc. » Voilà le *droit;* mais il a eu soin d'ajouter : « Si le crime a « été commis en *haine* ou *mépris* de la religion, » et la commission ajoute « *publi-* « *quement.* » Voilà le *fait,* le fait en contradiction manifeste avec le droit. Car pensez-vous, messieurs, que ces trois circonstances se rencontrent jamais? que jamais jury se déclare à charge contre l'accusé dans la question intentionnelle?

Qu'est-ce donc que ce titre 1er du projet de loi et l'article particulier que j'examine? C'est, dit-on, une profession de foi en faveur des dogmes fondamentaux de notre religion; c'est une déclaration qui fait entrer la religion dans la loi, et en vertu de laquelle la loi française cesse enfin d'être athée.

Que l'on rédige une profession de foi catholique, apostolique et romaine, et je suis prêt à la signer de mon sang; mais je ne sais pas ce que c'est qu'une profession de foi dans une loi, profession qui n'est exprimée que par la supposition d'un crime détestable, et l'institution d'un supplice.

Veut-on que ce titre 1er ne soit qu'un épouvantail placé dans le champ public?

L'impiété s'en écartera sans doute, d'abord avec terreur; mais bientôt s'apercevant qu'il n'a aucun mouvement, qu'il est privé de tout principe de vie, qu'il ne peut jamais tenir ce qu'il promet, la mort, elle viendra l'insulter, et l'impunité étant de *fait* assurée au sacrilége, il sortira de votre loi même au lieu d'être réprimé par elle.

Les trois conditions de la haine, du mépris et de la publicité, font que loi ne pourra jamais joindre le crime : elles ressemblent à ces clauses de nullité que l'on insère dans les contrats de mariage en Pologne, afin de laisser aux parties contractantes la faculté de divorcer. Ces conditions sont une protestation véritable contre la loi, que vous écrivez en tête de cette même loi.

Cela est-il digne de vous, messieurs? digne de la gravité et de la sincérité du législateur?

La loi est utile, ou elle ne l'est pas.

Si elle est utile, qu'elle soit franche et qu'elle ne détruise pas le droit par le fait;

Si elle est inutile, ayons le courage d'en convenir, et repoussons-la.

N'ayons pas l'air de dire par les trois fameuses circonstances : la loi est dure, mais nous avons trouvé le moyen de la rendre inexécutable.

Nous ne pouvons, messieurs, être à la fois d'opinion que l'on tue, et d'opinion qu'on ne tue pas.

On a voulu, pour sauver ces contradictions, déclarer le coupable insensé; et, en effet, il faudrait qu'il le fût pour commettre le sacrilége simple avec les trois circonstances. Dans quelques États d'Amérique le parricide est déclaré folie. Le criminel est condamné à la réclusion perpétuelle et à avoir la tête voilée le reste de sa vie. On tient que le visage d'un pareil monstre ne doit jamais reparaître aux regards des hommes, pas même à ceux de son geôlier. Ici, la fiction légale est sublime.

On vous a dit, messieurs, que le coupable, conduit à l'échafaud, recevait les consolations d'un prêtre. Sans doute, ces hommes de Dieu sont prêts à offrir leur ministère à toutes les infortunes. Je l'ai dit moi-même autrefois, partout où vous rencontrerez une douleur, vous êtes sûr de rencontrer un prêtre chrétien. J'ai osé parler du religieux dans les prisons, du capucin même consolant les criminels prêts à paraître devant le souverain Juge; j'ai montré dans ces circonstances pénibles le pauvre moine mouillant de ses sueurs le *froc* qu'il a à jamais rendu sacré, en dépit des sarcasmes d'une dédaigneuse philosophie.

Mais, messieurs, n'est-il pas un peu imprudent de nous rappeler, à propos du projet de loi, cette coutume céleste? N'arrêtez pas mes regards sur la dernière conséquence de la loi, ou vous me feriez frémir. La voici tout entière, cette dernière conséquence : L'homme sacrilége, conduit à l'échafaud, devrait y marcher seul et sans l'assistance d'un prêtre, car que lui dira ce prêtre? Il lui dira sans doute : Jésus-Christ vous pardonne; et que lui répondra le criminel? Mais la loi me condamne au nom de Jésus-Christ.

Messieurs, en demandant la parole, je me suis mis d'avance au-dessus des intentions charitables que l'on pourrait me prêter. Je crois avoir acquis le droit de me dire aussi bon chrétien que les plus zélés partisans du projet de loi. Et moi aussi j'ai défendu la religion chrétienne à une époque où elle trouvait peu de défenseurs. Si après vingt-quatre années, l'apologie que j'en ai faite n'est pas encore tout à fait oubliée, je dois ce succès, non au mérite de l'ouvrage, mais au caractère même de l'apologie.

J'ai essayé de peindre aux yeux des peuples les bienfaits du christianisme; je leur ai rappelé les immenses services d'un clergé qui a civilisé notre patrie, défriché nos champs, conservé les lettres et les arts, et qui a trouvé le temps, au milieu de tous ces travaux, de soulager toutes les misères humaines; je leur ai montré ces dignes évêques français, étonnant par leurs vertus, dans leur exil, les peuples d'une communion différente; ces apôtres proscrits priant pour leur persécuteur, ayant l'horreur du sang, et trouvant que le premier devoir était la charité.

Oui, messieurs, la religion que je me fais gloire d'avoir défendue, et pour laquelle je mourrais avec joie, est une religion qui convient à tous les lieux, simple avec les peuples barbares, éclairée avec les peuples civilisés, invariable dans sa morale et dans ses dogmes, mais toujours en paix avec les lois politiques des pays où elle se trouve, toujours appropriée au siècle, et dirigeant les mœurs sans les heurter.

La religion que j'ai présentée à la vénération des hommes est une religion de paix, qui aime mieux pardonner que de punir; une religion qui doit ses victoires à ses miséricordes, et qui n'a besoin d'échafaud que pour le triomphe de ses martyrs.

Le projet de loi, messieurs, ne pouvait être amendé que de deux manières, ou comme le voulait M. le comte de La Bourdonnaye, ou comme le veut M. le comte Bastard. Si aucun changement n'est apporté à ce projet, il me sera impossible de voter une loi qui blesse mon humanité, sans mettre à l'abri ma religion.

OPINION

SUR LE PROJET DE LOI

Tendant à indemniser les anciens propriétaires de biens fonds confisqués et vendus au profit de l'Etat,

EN VERTU DES LOIS RÉVOLUTIONNAIRES

PRONONCÉE A LA CHAMBRE DES PAIRS, LE 11 AVRIL 1825.

Messieurs, je suis fâché de ne pouvoir partager entièrement les opinions des orateurs qui m'ont précédé à cette tribune : je ne puis avec un noble comte (qui pourtant n'est pas entièrement satisfait du projet de loi) approuver d'autres détails qu'il approuve. Je ne puis avec un noble duc repousser le principe sur lequel repose le projet.

Dans la série des faits que je vais parcourir, je toucherai nécessairement à des questions déjà soulevées par les deux nobles pairs. Si mes raisons ne leur paraissent pas persuasives, du moins elles seront présentées avec candeur, et renfermées dans ces convenances parlementaires que vous m'auriez enseignées, messieurs, si je n'en avais pas trouvé en moi le sentiment.

Il est impossible de s'occuper d'un projet de loi d'indemnité, sans chercher dans les rangs de vos seigneuries le noble pair à qui cette Chambre doit l'honneur d'avoir pris l'initiative, dans la proposition d'une mesure si importante à l'État. On éprouve un double regret, et par la cause de l'absence de notre illustre collègue, et par la privation des lumières qui résultera de cette absence. Qu'il me soit permis de redire ce que je disais il n'y a pas longtemps en parlant du duc de Tarente : « Notre collègue descend d'une famille d'exilés, fidèle à ses rois. Comme les émigrés, il n'apporta sur un sol étranger que son épée ; la France accepta cette épée pour prix d'une patrie : le marché a été bon des deux côtés. »

Mon opinion sur la nécessité d'une loi réparatrice du viol de la propriété est assez connue : depuis la restauration, je ne crois pas qu'il se soit passé une seule année sans que j'aie sollicité cette loi. J'ai vu avec un sentiment d'amour-propre, que j'ose avouer, parce qu'il s'attache au principe d'une grande justice, que le gouvernement a donné pour motifs au projet soumis à votre examen, ceux mêmes que j'avais cru devoir établir. J'avais cherché à prouver que si l'homme qui perd une propriété mobilière est aussi à plaindre que celui qui perd une propriété immobilière, il n'en est pas moins vrai que la spoliation de la dernière propriété cause des maux bien plus durables que le rapt de la première : et voilà pourquoi la société doit s'occuper de guérir une plaie qui pénètre au fond de ses entrailles.

La propriété territoriale sert de fondement à la cité; elle règle les droits politiques. Qui la pervertit ou la transporte, corrompt l'État ou altère la constitution.

Elle est la base de toutes les lois de finances; elle supporte en dernier résultat toutes les charges publiques, auxquelles la propriété mobilière en soustrait une partie.

Elle domine le droit commun chez tous les peuples : l'ébranler, c'est ébranler l'édifice des lois.

Elle est une garantie et une hypothèque dans l'ordre des lois criminelles : Dieu a attaché un caractère d'innocence à l'espèce de propriété sur laquelle est fondé l'édifice des lois civiles et politiques : le champ ne se déprave pas avec son maître, ne conspire pas avec lui : il ne fuit pas avec le criminel comme la propriété mobilière.

La terre qui nourrit l'homme pendant sa vie, le reçoit dans son sein après sa mort. Et quelle autre espèce de propriété s'unit aussi intimement à l'homme?

La confiscation en masse des propriétés est tout simplement le droit de conquête : or, une nation ne peut pas exercer ce droit sur elle-même. Remarquez que l'expropriation par droit de conquête, chez un peuple étranger, produit même des révolutions, si cette expropriation se prolonge. Nous en avons un mémorable exemple sous les yeux : les Turcs, en renouvelant les confiscations dans les ruines de Sparte et d'Athènes, amèneront l'affranchissement d'un pays que les peuples civilisés ne pourraient voir périr d'un œil indifférent, sans être coupables d'une sorte de parricide. La liberté naît de la propriété : si jamais sol eut cette vertu, ce devait être celui de la Grèce.

Je n'ai pas besoin, messieurs, d'insister plus longtemps sur ces preuves. Le rapporteur de votre commission a développé, avec autant de talent que de savoir, les principes de justice éternelle sur lesquels repose le projet de loi; et un noble marquis qui prit le premier, sous la protection de sa généreuse éloquence, la cause de l'infortune, ne m'a presque rien laissé à dire.

L'indemnité est donc une loi de justice dont les raisons les plus graves exigeaient la promulgation. Toutefois vous n'aurez pas été surpris que la question ait été déplacée dès qu'elle a été livrée à l'examen du public, parce qu'elle soulève une multitude d'intérêts.

Deux attaques étaient faciles à prévoir; il était probable qu'on aurait à soutenir l'émigration et la Charte : l'honneur de l'une comme la sûreté de l'autre me touche. J'ai combattu dans les rangs de la première; je lui ai prêté l'appui de ma voix, quand elle n'a plus eu besoin d'autre secours : que si aujourd'hui elle est certaine de trouver des défenseurs plus habiles et plus favorisés de la fortune, elle ne peut m'empêcher de m'unir, comme volontaire, à ceux qui font valoir ses droits, pour accroître, autant qu'il est en moi, son triomphe.

Je me sens, messieurs, d'autant plus libre que je n'ai rien à réclamer pour moi de l'indemnité, et que mes services, si j'en ai rendu à la cause royale, ont été de ces sueurs de soldat qui ne se comptent ni ne se paient. Mais je sollicite avec ardeur un vêtement pour mes braves compagnons d'armes, une chaussure pour ces vieux Bretons que j'ai vus marcher pieds nus autour de leur monarque futur, portant leur dernière paire de souliers au bout de leurs baïonnettes, afin qu'elle pût encore faire une campagne. Le premier des émigrés qui a péri à l'armée des princes, pour la cause royale, le chevalier de La Baronnais, a été tué à mes côtés, et je puis assurer que jamais balle n'a frappé meilleur Français. On fait des quêtes chaque année pour les chevaliers de Saint-Louis; quelques centaines de Bélisaires sont à l'aumône. Ces cadets n'avaient pour tout bénéfice de noblesse que le privilége de se faire casser la tête pour le roi. S'il leur était jadis échu un sillon dans l'héritage paternel, refuserez-vous de les convier au banquet d'une livre de pain par jour, qui leur reviendrait peut-être dans la distribution des indemnités?

Pourquoi d'ailleurs, dans l'émigration, ne veut-on voir que des nobles, si d'être noble est encore un crime? Les paysans du Roussillon, du Languedoc, de l'Artois, de la Flandre et de l'Alsace, passés en Espagne, dans les Pays-Bas, ou de l'autre côté du Rhin, étaient-ils des nobles? C'est si peu l'émigration seule qu'il s'agit d'indemniser, qu'une foule de Français qui n'ont jamais abandonné leurs foyers ont eu leurs biens confisqués, et que toute la Vendée, assimilée à l'émigration, a été frappée des lois spoliatrices. Le rapport de votre commission vous a montré les hôpitaux même spoliés pour avoir apparemment déserté la France, et les morts ressuscitant pour venir se mettre au rang des proscrits. C'est ainsi, messieurs, que soixante-dix mille condamnés ont été portés sur la liste des émigrés! L'échafaud élevé en face du palais des Tuileries était-il donc un sol étranger? Ceux qui l'ont foulé quittaient en effet leur patrie; mais le roi ne marchait-il pas à leur tête dans ce sanglant exil pour aller trouver avec eux ce second royaume, autre héritage de saint Louis?

Afin de diminuer l'intérêt qu'inspire une mesure de justice, n'allons donc pas faire la guerre au malheur : les trois Condés avaient pour combattre au champ de Bersthein le même droit que les sénateurs romains à Pharsale; ils soutenaient l'ancienne constitution de l'État; et soit que Rome passât de la république à l'empire, soit que la France se précipitât de la monarchie dans la république, ceux qui obéissaient encore aux saintes lois de leurs pères ne pouvaient être criminels en les défendant. Repoussons cette maxime des tyrans, que quiconque est malheureux est coupable : mieux vaudrait pécher par l'excès contraire, et regarder l'adversité comme une espèce d'innocence.

Mais aussi les reproches adressés à une autre classe de Français n'offrent pas une meilleure base à la loi d'indemnités, que les outrages prodigués à l'émigration. Les biens confisqués, vendus, revendus, partagés entre une multitude d'héritiers, possédés par des générations étrangères à nos premiers désordres, ces biens fertilisés par les sueurs et l'industrie de ces nouvelles générations, ont perdu, sinon le souvenir, du moins le caractère de leur origine. Entrés dans la circulation en vertu des lois qui règlent l'ordre civil, ils ont été hypothéqués conventionnellement, légalement et judiciairement à des tiers; ils ont servi de base à toute sorte de contrats : les actes de mariage, la dot des femmes, les droits des mineurs, les dispositions testamentaires d'une foule de citoyens, reposent sur ces propriétés. Les possesseurs de ces domaines sont partout, dans les corps politiques, judiciaires, administratifs, dans l'armée, dans le palais du roi. La loi politique s'est mise d'accord avec le droit commun; la Charte a confirmé la vente des biens nationaux : les deux Chambres ont juré la Charte; tous les Français, en acceptant des honneurs ou des places, ont prêté le même serment. Ces serments seraient-ils vains? n'adopterait-on nos institutions que comme une moquerie, en attendant que le moment de les détruire soit venu! Que ceux qui pourraient avoir une pareille pensée y prennent garde; s'ils ne s'arrêtaient dans la monarchie constitutionnelle, ce n'est pas cette monarchie qu'ils trouveraient après avoir traversé un despotisme d'un jour. Heureusement le roi est là pour briser avec son pouvoir légal le pouvoir arbitraire dont on essaierait d'affaiblir son sceptre.

Ne semons donc point la division parmi les citoyens ; ne partageons point la France en deux classes d'hommes, les fidèles et les infidèles ; ne faisons point d'un acte de justice un acte d'accusation. Disons, ce qui est la vérité, que pendant trente ans les Français ont été plus ou moins opprimés ; que ceux qui ont été fidèles au roi l'ont été, par conséquent, à la France, et que par la même raison, ceux qui ont été fidèles à la France l'ont été au roi. S'il y a eu gloire dans la France armée à l'intérieur, et malheur dans la France armée à l'extérieur, la gloire loin du roi était malheureuse : le malheur auprès du roi glorieux. Voilà, messieurs, comme nous nous rapprochons tous, comme nous ne faisons qu'une famille ; et, en dernier résultat, il se trouve que nous avons tous travaillé (à l'exception de quelques monstres qui ne sont pas Français) pour l'honneur de notre patrie.

Ainsi, messieurs, il ne peut être question, dans la cause qui se plaide devant vous, que de ce principe de la propriété sur lequel repose l'ordre social. Considérées de cette hauteur, les objections intermédiaires élevées contre le projet de loi disparaissent : il ne s'agit pas de savoir à quel titre, pour quelle cause, comment et pourquoi la propriété a été violée, confisquée, vendue ; mais il s'agit du fait même de la confiscation, comme vous l'a dit votre commission. L'indemnité est moins une mesure réparatrice du passé, consolatrice du présent, qu'une mesure faite pour préserver l'avenir ; et c'est la postérité de ceux mêmes qui attaquent le principe du projet de loi, que cette loi est destinée à défendre.

Par là se trouve écarté le système ingénieux qu'un noble duc vient d'exposer à cette tribune. Il regarde la confiscation comme un fait déplorable, comme un irréparable malheur. En lui abandonnant le passé, qu'il me permette de considérer l'indemnité comme la sauvegarde des temps à naître.

La France s'imposera une généreuse amende afin que les confiscations futures deviennent impossibles. Plus heureux que nous ne l'avons été, les enfants du noble duc seront à l'abri : ils pourront perpétuer, dans cette Chambre, ces talents, cette science, cette probité, même cette opposition utile et héréditaire qui distingue d'illustres et indépendantes familles patriciennes de la Grande-Bretagne.

Ici, messieurs, finit ce que j'avais à dire en faveur du projet de loi : pourquoi faut-il que les conséquences de ce projet soient si différentes de celles qui devaient naturellement découler de son principe ? Combien j'aurais aimé à soutenir dans toutes ses parties une loi qui devait attacher au règne de Charles X le souvenir du plus grand acte de justice qui ait jamais eu lieu chez les hommes ! C'est donc bien malgré moi que je suis obligé de faire succéder à des louanges méritées une critique d'autant plus justifiée, que le malheur d'avoir gâté, très-involontairement sans doute, une loi de salut, par les détails mêmes de cette loi, est peut-être irréparable.

On est arrêté, messieurs, dès les premières lignes du projet de loi, comme vous l'a prouvé le premier orateur qui a parlé à cette tribune. L'article 1er, qui affecte le capital d'un milliard aux trente millions de rentes de l'indemnité, tranche les questions les plus douteuses, et décide ce qu'on ne sait pas.

Il résulte de cet article 1er que l'État ne paiera pas à son créancier ce qu'il reconnaît lui devoir, ou qu'il lui donnera plus qu'il ne lui doit, selon que la somme allouée sera au-dessus ou au-dessous de la somme totale des liquidations.

L'amendement qui a dénoncé la somme positive d'un milliard, dont ne parlait pas le projet original, a produit cette position où le droit commun ne régissant plus la matière, on est forcé de se placer dans le droit politique. Mais le droit politique est la force ou la nécessité, et c'est aussi ce droit qu'on invoque contre le principe de l'indemnité. Un projet de loi, mélangé du droit politique et du droit civil, doit produire, par le conflit de ces deux droits opposés, des questions insolubles à la jurisprudence la plus éclairée.

Ainsi l'on a déjà fait beaucoup d'efforts pour mettre d'accord l'article 7 et l'article 23, qui tour à tour admettaient et repoussaient la loi commune. Votre commission a très-bien développé les raisons contradictoires, et proposé un amendement important.

Je ne comprenais pas bien, et c'est sans doute ma faute, le dernier paragraphe de l'article 9 : cet article donne la nomenclature des retenues que le ministère des finances sera autorisé à faire sur les liquidations, d'après l'examen des soultes, des dettes, des comptes, des compensations, des engagements de l'exproprié; et le dernier paragraphe de l'article déclare que, quel que soit le total de ces déductions, il ne pourra diminuer l'affectation de trente millions de rentes fixés par l'article 1er.

Cet énoncé me semble ne signifier rien, ou signifier trop : il serait à désirer qu'on le dégageât des ombres de sa rédaction.

Puisque l'article 10 ne détermine plus la manière dont sera formée la commission de liquidation, il est permis de manifester le désir que cette commission se compose de pairs, de députés et de magistrats inamovibles : attendons tous les biens de la sagesse et de l'équité du roi.

Je ne veux point faire remarquer le changement des doctrines professées, abandonnant cette petite guerre, je crois devoir procéder d'une manière plus méthodique.

Le silence absolu de votre commission, sur presque tous les points que je vais traiter, me laisse entre l'espérance et la crainte d'avoir pour ou contre mon sentiment une puissante autorité : votre commission a-t-elle trouvé le projet de loi si correct, sous les rapports que je me propose d'examiner, qu'aucune objection raisonnable ne lui a paru possible? ou bien l'a-t-elle trouvé si défectueux qu'elle a cru devoir se renfermer dans un pénible silence? Je me sentirais plus ferme dans ma marche, si je pouvais me flatter d'avoir rencontré, plus ou moins, l'opinion prépondérante de votre commission.

Quand on examine de près le projet de loi, il s'évanouit. Quatre fictions principales lui servent de bases.

1° Fiction dans l'intégralité de l'indemnité;

2° Fiction dans les moyens d'évaluation ou dans les deux catégories du second article de la loi;

3° Fiction dans les fonds affectés au service de l'indemnité;

4° Fiction dans la limite du temps prescrit pour la liquidation.

Première fiction : fiction dans l'intégralité de l'indemnité.

Le projet de loi amendé accorde un milliard; il est juste de convenir que ce milliard est suffisant, et qu'il représente le prix de l'immeuble confisqué. On sait que le capital de la propriété foncière du royaume s'élève à peu près à vingt-huit milliards : or, la somme de douze cent quatre-vingt-dix-sept millions six cent soixante-dix mille francs (estimation des biens des émigrés en 1790, et déduction faite de la quotité différentielle entre la valeur des immeubles en 1825, et la valeur des mêmes immeubles en 1790) met les biens confisqués dans le rapport à peu près d'un à quatorze avec la masse de la propriété foncière.

D'une autre part, on n'ignore pas que les acquéreurs des domaines enlevés aux émigrés, aux condamnés et aux déportés, sont loin de posséder la quatorzième partie de la propriété foncière du royaume. Le milliard est donc réellement une indemnité intégrale, mais seulement pour le roi, qui le propose, les Chambres qui le votent, la nation qui le paie; quant à l'exproprié, il ne le reçoit pas, et la réalité se change pour lui en fiction.

Et premièrement, des trois pour cent composant une somme de trente millions de rentes, au capital d'un milliard, valeur nominale, ne sont point sur la place la valeur réelle de l'effet. Trois francs d'intérêt ont beau, par convention, représenter cent francs de capital, l'acheteur à la Bourse prend son point de départ à soixante francs et peut-être au-dessous, selon la circonstance. On oppose à cette objection des bénéfices de hausse produite par l'effet de la caisse d'amortissement détournée de sa première destination : pour ne pas me répéter, pour ne pas confondre les différentes fictions du projet, je remets à parler ailleurs de cet agiotage, autre fiction où la ruine est bien plus assurée de trouver place que la fortune.

Mais je veux bien admettre, pour éviter toute contestation, que les trente millions en trois pour cent puissent gagner quelque chose à la Bourse, et qu'ils fassent flotter leur capital de six à sept cents millions; comme aussi on verra, par la multitude de causes que j'aurai bientôt l'occasion de déduire, que les trois pour cent peuvent tomber au-dessous de soixante francs, et que si jamais les liquidations totales s'accomplissent, les indemnités pourraient bien n'avoir reçu pour leur milliard qu'une somme beaucoup au-dessous de six cents millions.

Toutefois concédons largement cent millions de bénéfices aux partisans du projet de loi : voilà donc d'abord le milliard réduit de fait à six cent mille six cent cinquante ou à sept cents millions.

Ensuite, quand et comment ces six cents ou sept cents millions seront-ils distribués? Ils le seront à peu près par une seule volonté, dans l'espace de cinq ans, selon le projet de loi, et nous ferons voir ce qu'il faut entendre par ces cinq années.

Rabattez donc encore de ces six cents ou sept cents millions les pertes inhérentes à un remboursement partiel et successif, à une liquidation livrée aux incertitudes du temps, des événements et des hommes.

Ajoutez les reprises plus ou moins fondées du gouvernement, représentant une partie des créanciers des émigrés et les réclamations de cette autre partie des créanciers, qui n'ont point voulu se faire liquider par la nation. Ceux-ci peuvent faire opposition à la délivrance de l'inscription de rente pour le capital de leurs créances, tandis que l'exproprié n'est dédommagé intégralement, ni pour le capital de son expropriation, ni pour l'inscription totale de ses rentes, puisqu'on ne les inscrit que par cinquième.

Il est étonnant, messieurs, que le chapitre des dettes n'ait pas fixé davantage l'attention des bons esprits qui se sont occupés de l'indemnité. Sans doute le milliard est censé alloué aux expropriés, toutes dettes payées, puisque la somme des biens vendus s'élève, par les nouvelles supputations, à un milliard deux cent quatre-vingt-dix-sept millions six cent soixante mille six cent sept francs, c'est-à-dire à un milliard trois cents millions à peu près, et que d'un autre côté on ne fait plus monter les dettes qu'à la somme de trois cents millions.

Mais ce sont là des chiffres qui ne sont pas exprimés dans la loi, et tout ce que la loi n'exprime pas est comme non avenu dans la matière. Quelle que soit la signification qu'on veuille donner au paragraphe obscur de l'article 9 que j'ai cité, est-il probable que le gouvernement renonce à ses droits, s'il y a des reprises à faire sur le milliard ? Vous allez voir que rien n'est plus incertain que tous les calculs approximatifs des dettes.

Ces dettes ont été évaluées de manières fort différentes. Des recherches faites sous le ministère de M. le duc de Richelieu en élevaient la somme à cinq cents millions, tandis qu'aujourd'hui on la réduit à trois cents millions. D'un côté, d'après les tableaux remis à la Chambre élective, les dettes liquidées par le gouvernement seraient à peu près du quart de l'indemnité ; et d'un autre côté on a porté le compte des dettes à une valeur d'à peu près neuf cents millions, dont quatre cents auraient été payés par la nation ; les autres cinq cents millions seraient le droit acquis des créanciers non liquidés. Si telle était la vérité, les indemnisés ne profiteraient guère de l'indemnité : qui d'un milliard retranche neuf cents millions, reste cent millions. Est-il possible que l'ancienne propriété de la France se trouvât grevée à ce point? Ce fait extraordinaire expliquerait le peu de résistance que la révolution a rencontré dans l'invasion de la propriété.

Quel que soit le calcul qu'on admette, toujours est-il vrai qu'une somme considérable de dettes est reconnue avoir été payée par la nation ; que cette somme qui flotte, selon les diverses évaluations, entre trois cents et cinq cents millions, sera nécessairement déduite de l'indemnité. Mais comment déduite?

Que l'on fasse attention aux diverses espèces de déductions énoncées dans l'article 9, aux différentes manières dont on pourra juger la validité ou l'invalidité des pièces d'après lesquelles on opérera ou l'on n'opérera pas ces déductions, et l'on sera obligé de convenir que cette liquidation de dettes, laissant un champ immense aux approximations, attaque de plus en plus le positif de l'indemnité. J'aurai occasion de parler plus tard des faiblesses attachées à notre nature, des surprises que l'on peut faire aux meilleurs esprits, aux caractères les plus intègres ; et, sans calomnier personne, il demeurera prouvé que tel indemnisé pourra voir ses dettes effacées du tableau des liquidations, tandis que tel autre trouvera les siennes rigoureusement maintenues.

Si quelques-unes de ces fatales méprises avaient lieu, comment parviendrait-on à en démontrer l'évidence? On sait que presque toutes les pièces de nos temps d'anarchie sont viciées par les plus grossiers défauts de formes, par l'oubli de toutes les conditions légales. Est-il certain que l'État, qui mettait tant d'injustice à prendre, ait été bien scrupuleux à payer les dettes hypothéquées sur ce qu'il avait pris? Dans les dilapidations des biens nationaux dont la Convention elle-même a été forcée de se plaindre, est-il certain que de faux créanciers ne se soient pas présentés comme porteurs de titres fabriqués de connivence avec des autorités infidèles? Dans ce chaos, la preuve de l'acquittement par la nation de la dette de l'exproprié ne pourra-t-elle pas souvent paraître suffisante pour les uns, insuffisante pour les autres?

Et de quelle nature sont ces preuves? Quels actes constatent le fait de la dette? Ces actes sont-ils les mêmes pour toutes les créances?

Les liquidations des dettes ont été faites par les administrations départementales, par le conseil général de liquidation, et par l'administration des domaines; autant d'autorités diverses, autant de systèmes divers. Y a-t-il même des actes tels quels, ou n'a-t-on souvent pour toute preuve du paiement de la dette qu'un simple énoncé portant que telle somme a été soldée à tel créancier pour le compte de tel émigré?

Il y a plus : le gouvernement dans ces questions n'est-il pas juge et partie? n'a-t-il pas à sa disposition, ne tient-il pas dans sa main tous les titres, toutes les preuves de son adversaire?

On n'a aucun moyen de contrôle et de vérification ; il eût été à désirer que votre commission se fût fait donner communication du travail des liquidations à différentes époques, travail qu'on voyait autrefois assez facilement, et qu'il est difficile de voir aujourd'hui. Il y avait utilité à se faire une idée juste de ces calculs, qui diffèrent dans les quotités d'une manière si considérable, du moins d'après tous les renseignements que j'ai pu me procurer ; mais il paraîtrait que des ordres auraient été expédiés, sans doute par d'excellentes raisons, pour que les receveurs des domaines ne communiquent plus les pièces aux parties intéressées. Jugez, messieurs, si l'on en est déjà à cette réserve avant le vote même de la loi, ce qui adviendra quand cette loi sera votée. Dans une contestation sur les dettes d'un émigré, sera-t-il jamais loisible au réclamant de compulser les documents dont le gouvernement sera saisi? La position délicate dans laquelle se trouvera le gouvernement devrait effrayer tous les esprits, et montrer combien il eût été nécessaire de créer des commissions départementales, indépendantes, capables de régler avec impartialité toutes les affaires entre l'indemnisé qui réclame et le gouvernement qui indemnise.

Une autre cause vient augmenter l'arbitraire de l'article 9 : les questions litigieuses n'y sont point détaillées, écartées ou résolues d'avance, par des principes de droit. Des pétitions, messieurs, vous ont déjà fait voir combien de difficultés s'élèveront au sujet des dettes entre le gouvernement et les parties intervenantes, en vertu des dispositions d'une foule d'articles du Code civil.

Les émigrés eux-mêmes sont souvent créanciers les uns des autres, et leurs droits antérieurs, mêlés aux droits qu'ils acquièrent par le présent projet de loi, ne vont-ils pas compliquer les difficultés des dettes d'une manière inextricable? Il faut reconnaître que le projet de loi est peu élaboré en ce qui concerne la matière légale ; s'il a été soumis à une assemblée de jurisconsultes, il est probable que cette assemblée n'aura pas eu le temps de perfectionner une ébauche où l'on ne peut s'empêcher de remarquer des indices de précipitation. Le savant rapporteur de votre commission, qui plus qu'un autre était compétent pour reprendre en sous-œuvre le projet de loi, aura sans doute reculé devant l'entreprise d'amender un travail qui, sous le seul rapport du droit civil, exigerait de nombreuses améliorations. Répondre, messieurs, aux observations précédentes par des protestations d'honneur, de probité, de justice, c'est fort naturel ; je crois à cet honneur, à cette probité, à cette justice ; mais nous sommes des législateurs : et qu'est-ce qu'une loi, si ce n'est une règle qui suppose, sans doute chez tous les hommes, les principes de l'équité, mais qui trace des dispositions sages pour prévenir les erreurs.

Lorsque dans l'autre Chambre on a demandé que l'exproprié pût débattre avec ses créanciers liquidés les créances qu'il regarderait comme invalides, on a dit que l'exproprié ne pourrait avoir affaire qu'avec le gouvernement substitué aux créanciers. Vous voyez, messieurs, jusqu'où cela peut aller, et si mes observations sont inutiles. Les liquidations peuvent être longues ; les autorités qui vous rassurent aujourd'hui et qui commenceront les liquidations, ne seront pas celles qui les verront finir. Accorderez-vous d'avance une confiance sans borne à des autorités que vous ne connaissez pas, comme on attend de vous une espérance sans terme, pour les prospérités éventuelles qui doivent servir d'hypothèques à l'indemnité ? On dira que la loi laisse à l'exproprié l'appel aux tribunaux et au conseil d'État. Y aura-t-il beaucoup d'indemnisés qui se déterminent à plaider contre le gouvernement armé de toute sa puissance, et à courir le risque, par la longueur de la plaidoirie, de voir ajourner indéfiniment la liquidation de leur indemnité? Il aurait été plus rassurant et plus sage d'introduire dans la loi même des règlements pour la répartition des dettes : mais elle ne s'en occupe pas ; elle se contente de dire : *Le ministre des finances vérifiera s'il n'a pas été payé de soultes et de dettes.*

J'insiste sur cette omission, parce qu'elle est d'une extrême gravité, et qu'elle peut laisser dans la loi une source inépuisable d'arbitraire, de corruption, de captation et d'injustice.

Nous voilà donc, messieurs, obligés de retrancher de l'indemnité intégrale, trois cents, quatre cents ou cinq cents millions de dettes, selon trois évaluations diverses, selon l'opinion des différents ministres qui peuvent se succéder pendant la durée des liquidations, puisque, encore une fois, la loi ne dit pas, *il y a tant de millions de dettes*, comme elle dit : il y a un milliard pour l'indemnité.

Vient ensuite la retenue de l'énorme fonds commun, soixante-neuf millions à peu près, augmentés de toutes les sommes qui resteraient non employées après la liquidation, lesquels millions retenus ne devant être distribués qu'à la fin de l'opération générale, et Dieu sait quand et par qui, anéantissent la prétendue intégralité.

« Nous aurions désiré, a dit votre commission, que le mode de répartition du fonds
« commun pût être dès ce moment déterminé par la loi ; mais nous nous sommes
« convaincus, à regret, que les éléments d'une pareille détermination manquaient
« absolument. »

Faut-il encore soustraire de la somme totale les sommes disparaissant par un double emploi ? car, messieurs, il y aura des biens qui seront payés deux fois par l'indemnité. Le bien d'un émigré a été vendu ; il a trouvé un acquéreur, lequel a monté sur l'échafaud, et le bien confisqué qu'il avait acheté a subi une seconde confiscation. Or, la loi indemnise et l'émigré et le condamné.

Enfin il y aura des sommes provenantes de prescriptions et de déchéances ; on les évalue même assez haut. La loi n'en parle pas, quoiqu'elle eût dû les mentionner : apparemment qu'elles iront dormir avec le fonds commun.

Défalquons donc de l'indemnité, 1° trois ou quatre millions du capital des trente millions de rentes, capital d'un milliard, valeur nominale ;

2° Soixante-neuf millions pour le fonds commun ;

3° Un quart de la somme totale pour le prélèvement des dettes et le produit des déshérences ; sommes qui peuvent dépasser d'une centaine de millions les trois cents millions figurant au delà du milliard pour représenter la valeur de tous les biens confisqués.

Total, dans le calcul le plus favorable : quatre cent soixante-neuf millions à soustraire pour le moment de la somme affectée à l'indemnité. Reste donc cinq cent trente et un millions à partager entre les ayants droit pendant cinq ans pour l'intégralité de ce milliard, un peu pompeusement annoncé.

Venons à la seconde fiction, la fiction des moyens d'évaluation de l'indemnité, ou des deux catégories.

Personne, messieurs, n'a nié, ni pu nier les graves inconvénients des deux catégories. Je n'en veux d'autre preuve que l'établissement du fonds commun, introduit par amendement dans le projet de loi : il condamne de fait l'article 11 du projet ; le remède seulement pourrait bien être pire que le mal.

On sait qu'entre les catégories il y a des inégalités de répartition, depuis un, deux, trois et quatre de la valeur du fonds, jusqu'à vingt-cinq et même au-dessus. Et pourtant, quand on vient à analyser les éléments des deux bases d'évaluation, on trouve qu'elles sont presque aussi fausses l'une que l'autre. Votre commission a fait à peu près la même remarque.

Des efforts ont été tentés de tous côtés pour diminuer les inconvénients de ces catégories : on a proposé d'établir des commissions départementales, amendement excellent en principe ; on a voulu transporter dans la première catégorie les expropriés placés dans la seconde, lorsqu'ils auraient des titres à cette mutation, et cette proposition a été repoussée, parce qu'on a soutenu que si l'on pouvait arriver à connaître la base des ventes par l'estimation des valeurs de 1790, il n'y avait personne qui pût trouver le revenu de 1790. Que conclure de cette assertion ? qu'on apporte une loi dont une partie doit être exécutée par l'évaluation du revenu de 1790, et qu'en même temps l'on déclare qu'il n'est pas possible de prouver le revenu de 1790 ; c'est-à-dire que l'on ne sait pas si le mode d'exécution proposé est exécutable ; et cependant, autre genre d'erreur, car il est prouvé aujourd'hui qu'on peut connaître le revenu de 1790.

On ne veut pas faire, ajoute-t-on, passer l'indemnisé lésé de la seconde catégorie à la première, s'il a des titres suffisants, parce qu'on ignore quel nombre d'indemnisés se trouveraient dans ce cas, et de combien s'accroîtraient les sommes véritablement dues. Ainsi, l'on substitue la volonté du débiteur aux droits du créancier ?

Les inégalités existantes de catégorie à catégorie, de département à département, d'individu à individu, selon le nombre, le temps, le lieu des confiscations, amèneront donc encore une liquidation fictive, puisqu'il y a tel intéressé qui ne recevra pour tout capital que deux, trois ou quatre années du revenu de son ancienne propriété.

Les sommes en réserve, dira-t-on, rétabliront l'équilibre ; elles donneront une seconde indemnité à la seconde sorte de confiscation résultante de la seconde catégorie du projet. Soit ; mais en attendant qu'une nouvelle loi vienne quelque jour ordonner une nouvelle allocation, l'exproprié vivra sur la portion ébréchée d'une prétendue indemnité intégrale, dont la fiction doit se changer un jour en réalité par une autre espèce de fiction, celle d'un fonds commun distribuable par une loi à faire, à une époque inconnue ; fonds qui peut totalement disparaître dans les chances d'un long avenir.

Venons à la troisième fiction, fiction dans les fonds affectés au service de l'indemnité.

On remarque d'abord que le projet de loi crée une dette d'un milliard, et qu'il n'assigne point d'hypothèque à ce milliard ; qu'il suppose l'existence de trois pour cent qui n'existent point. Si la fiction est ici manifeste, on répondra que du moins elle sera courte, puisque derrière la loi d'indemnité arrive un projet de loi sur la conversion des rentes, et que, dans l'exposé des motifs de ce second projet, on trouve les voies et moyens du service de l'indemnité. Certes, la chose est étrange ; mais passons sur cette énorme fiction, et prenons les choses comme on veut bien nous les présenter

Les voies et moyens de l'indemnité sont d'abord les rachats de la caisse d'amortissement, et l'annulation des rentes rachetées ; plus, les éventualités d'augmentation dans le revenu public ; c'est-à-dire que sur les six millions de rentes d'indemnité, à émettre chaque année pendant cinq ans, trois millions à peu près seront fournis par les rachats de la caisse d'amortissement, et trois millions sur l'excédant, la plus-value des impôts.

Il résulte de ces allocations qu'il n'y a réellement que quinze millions de rentes d'assurés pour le service de trente millions de rentes de l'indemnité, encore ces quinze millions courent-ils des risques, comme on va le voir.

Pressé par les raisonnements des adversaires, dans une discussion animée, on a été obligé de convenir que s'il arrivait quelque chose de grave en politique, on établirait dans le budget les moyens de fournir l'acquittement de la rente créée par la loi d'indemnité. La conclusion à tirer de cet aveu, c'est qu'une chance assez probable survenant, on suspendra le paiement de l'indemnité, ou qu'on sera obligé d'augmenter l'impôt, malgré l'espoir dont on a flatté les contribuables. Il n'y aura sans doute de la faute de personne, mais il eût été mieux de ne pas donner pour solides des gages aussi précaires.

Et si la guerre éclatait la caisse d'amortissement étant, par de nouveaux projets, affectée à une opération spéciale, il serait donc impossible de faire un emprunt ? A cette objection on a répondu que l'on changerait les dispositions relatives à la caisse d'amortissement. Voilà donc, au moindre événement, le système de l'indemnité tombant à terre ; nous serions donc en véritable état de banqueroute avec les expropriés.

Enfin, si la loi de la conversion des rentes était adoptée, et que par les jeux de la Bourse les trois pour cent, soixante-quinze, s'élevassent au taux moyen de quatre vingt-cinq, les rentes achetées à ce taux ne produiraient plus trois millions par an.

S'il ne faut pas compter d'une manière positive sur ce qu'il y a pourtant de plus substantiel pour l'acquittement de l'indemnité, sur les trois millions annuels provenants des rachats de la caisse d'amortissement, voyons ce qu'on doit penser des trois autres millions complémentaires de chaque cinquième de l'intérêt total.

D'après les calculs qu'on expose, il y aurait excédant de revenu de quatre millions deux cent soixante-quatre mille francs pour l'année 1824, et un excédant de huit millions dans la balance de 1824 à 1825.

Pour admission préalable de ces calculs, l'esprit est obligé de se plier à une nouvelle supposition ; car le projet de loi, semblable à lui-même, est hypothétique dans toutes ses parties. Les excédants de recettes dont on nous parle, s'ils sont avérés, ne peuvent être considérés comme acquis que par les lois de règlements définitifs des contributions. Compter d'avance les excédants que présenteraient les budgets, ce serait disposer d'une chose encore éventuelle, et qu'il n'est en notre pouvoir ni de réaliser, ni de prendre.

La créance d'Espagne figure à l'actif du budget de 1825, et c'est sur cette créance qu'est calculée une partie des excédants de recettes.

N'oublions pas d'ailleurs que, s'il y avait des excédants de recettes capables de payer les intérêts de l'indemnité, les contribuables supporteraient une double dépense, puisqu'ils seraient, d'une part, obligés de fournir aux trente millions de rentes que l'on n'aurait pas pris à la caisse d'amortissement, et de l'autre, aux trente millions de rentes de l'indemnité.

Ainsi voilà les six millions du cinquième des rentes de l'indemnité ayant pour hypothèque annuelle, 1° trois millions de rachats de la caisse d'amortissement, lesquels trois millions peuvent être réduits par l'élévation du taux des trois pour cent, soixante-quinze, à quatre-vingt-cinq, ou enlevés par le moindre événement politique ; 2° trois autres millions fondés sur des excédants de recettes éventuellement placés dans des budgets, dans lesquels on compte une créance étrangère dont on veut bien convertir le droit en fait, avec une confiance que je partage entièrement, mais pour un temps que les malheurs de la noble Espagne pourraient étendre au delà du terme des cinq années du projet de loi d'indemnité.

Pour soutenir le système adopté, on semble raisonner comme si les expropriés, ayant reçu leur indemnité dans le cours de cinq années, chacune de ces cinq années amènerait l'extinction d'un cinquième du milliard : tel n'est pas le cas. Sur les six millions d'intérêts payés par an, trois millions seulement d'éventualité ne sont pas le produit d'un fonds d'amortissement, mais une simple recette destinée à balancer une dépense.

Ainsi les prospérités éventuelles sur lesquelles repose la moitié de l'indemnité doivent augmenter d'année en année, en proportion de l'accroissement de la masse des trois pour cent. Si trois millions d'excédants de recettes suffisent la première année, il en faudrait six la seconde, puisqu'on suppose dans l'énoncé du projet de loi qu'un nouveau cinquième de rentes sera venu se joindre à l'émission du premier cinquième, et puisque la caisse d'amortissement n'aura pu absorber le capital de ce premier cinquième dans la première année. Il vous est aisé maintenant, messieurs, de suivre cette progression dans le cours des cinq années attribuées à la liquidation. Et si cette liquidation dépasse le terme fixé, de quelle foi ne faut-il pas être pourvu pour trouver une base à l'indemnité, pour se créer un trésor des intérêts composés de futures prospérités et d'imperturbables espérances!

Sur quoi fonde-t-on l'espoir d'un accroissement dans le revenu public? Sur l'augmentation des consommations et sur celle des droits d'enregistrement. Mais l'on sait que les mutations de fortune à l'intérieur n'étendent ni ne resserrent la consommation, quand ces mutations sont occasionnées par des mesures de finances. Si le milliard que vous donnez à l'exproprié est pris sur le contribuable, comme nécessairement il le sera, la consommation du dernier diminuera de ce que la consommation du premier aura augmenté : il y aura déplacement, il n'y aura pas accroissement dans le revenu de l'État.

Quant à l'excédant des recettes sur le produit des droits d'enregistrement, on suppose ici, ce qu'il était raisonnable de supposer, qu'une indemnité accordée aux expropriés éleverait le prix des ventes des biens confisqués, et doublerait la circulation de ces biens; mais pour qu'il en eût été de la sorte, il aurait fallu présenter un projet de loi qui n'effrayât pas à la fois le contribuable, toujours menacé d'un impôt; le rentier compromis dans une opération qui devait lui être étrangère; l'indemnisé qui, ne touchant pas ce que la loi se vante de lui donner, reste dans un état moral de réclamation; enfin l'acquéreur dont la personne et les biens, on sait trop pourquoi, sont dans une position moins favorable qu'avant la proposition de la loi.

Les biens appelés nationaux sont si loin d'avoir augmenté de valeur depuis la publication de la mesure qui devait en faire une source de richesses, qu'on trouve à peine à les vendre à bas prix, et que les biens du clergé attaqués de la contagion sont tombés de dix pour cent. Que des personnes applaudissent à ces effets du projet de loi, cela peut être; mais du moins ce ne sont pas ceux sur lesquels on a prétendu motiver ce projet.

En supposant même une augmentation dans les droits d'enregistrement, par la hausse des valeurs des propriétés jadis confisquées, cette augmentation ne pourrait commencer d'une manière sensible qu'après l'achèvement de l'opération. Or, comme les trente millions ne sont distribués que par cinquième, que les liquidations franchiront vraisemblablement le terme désigné, les biens nationaux n'entreraient en circulation que quand ils auraient acquis toute leur valeur morale par le paiement complet de l'indemnité. Ainsi la plus-value de leur vente à l'enregistrement ne pourrait pas figurer au nombre de ces propriétés, qui doivent servir à l'acquittement de l'intérêt du milliard pendant les cinq années de l'opération.

Enfin, l'amendement qui diminue les droits d'enregistrement en faveur des transactions qui pourraient avoir lieu entre les expropriés et les acquéreurs vient puiser encore dans ce fonds d'hypothèques fictives. L'exproprié se trouve avoir mangé par anticipation le revenu qui devait servir de gage à son indemnité : c'est une lettre de change tirée d'avance sur une augmentation supposée.

On a dit que cette diminution des droits de l'enregistrement ne détruirait pas le bénéfice du fisc, puisqu'elle n'aurait lieu que pour des transactions, lesquelles n'arriveraient jamais si cette diminution de droits n'était pas accordée. Cette réponse est-elle solide?

D'abord, les quatre cinquièmes des indemnisés se composent de petits propriétaires, dont les réclamations réunies absorbent à peine un cinquième de l'indemnité. Pour ces petits propriétaires, aucun rachat n'est presque possible, soit qu'on diminue ou qu'on ne diminue pas les droits d'enregistrement. Mais le dernier cinquième des indemnisés se forme de grands propriétaires, qui emportent les quatre cinquièmes de l'indemnité. Ces grands propriétaires recevraient donc vingt-quatre millions de rentes pour leur part, si la loi n'était pas chimérique. Or, il est certain qu'ils ne seraient pas arrêtés par le droit d'enregistrement pour rentrer, s'ils en trouvaient l'occasion, dans les biens de leurs familles.

Enfin, si la diminution du droit d'enregistrement pouvait augmenter la mutation des biens nationaux, par cela seul elle en amoindrirait la valeur; car l'on sait que plus une denrée est abondante, plus elle baisse de prix sur le marché.

Mais l'exemption de la plus grande partie des droits augmentera-t-elle la mutation des biens nationaux? j'en doute. Cette exemption étant bornée à cinq années, et les liquidations ne s'opérant que péniblement et longuement dans cet espace, il est évident que les transactions ne sont guère favorisées par le privilège accordé; car l'acquéreur, sachant que l'émigré sera obligé de payer tous les droits de mutation après l'expiration des cinq années, tiendra naturellement le prix de sa terre très-haut, et gagnera peut-être sur l'ancien possesseur précisément la somme que le gouvernement aura perdue. Les hommes sont trop éveillés sur leurs intérêts, pour croire que la chose puisse se passer autrement.

Il arrivera donc, messieurs, une de ces deux choses : ou les acquéreurs se refuseront à toute transaction, ce qui, dans l'irritation actuelle des esprits, est très-probable, et il n'y aura pas de vente des biens nationaux; ou il y aura des transactions qui empêcheront ou diminueront les autres ventes de ces biens, et ces transactions ne seront point soumises aux droits d'enregistrement. Dans l'un et l'autre cas, il n'y a point de plus-value pour l'indemnité.

Votre commission a trouvé à l'amendement qui fait l'objet de mes remarques, des inconvénients d'une espèce différente; elle l'aurait cru bon dans un autre système de loi, mais elle le croit dangereux uni au projet actuel. En conséquence, elle vous propose d'en neutraliser l'effet par un amendement qui deviendrait le dernier article de la loi. Si vous adoptez cet amendement, il ajoutera une nouvelle force aux raisonnements que je viens d'avoir l'honneur de vous soumettre.

Votre commission avait encore pensé à demander que les inscriptions inférieures à cinq cents francs de rentes fussent inscrites en totalité, mais elle a été obligée de renoncer à cet amendement charitable, parce qu'elle a reconnu qu'il *compromettait toute l'exécution du projet de loi, en contrariant les calculs financiers qui en font la base.* Et pourtant je viens de vous exposer, à l'instant même, que toutes les petites cotes de l'indemnité, formant entre elles les quatre cinquièmes des réclamations des indemnisés, s'élevaient à peine à six millions ou au cinquième de l'indemnité totale. Presque tous les émigrés de province, c'est-à-dire tout ce qui a été soldat dans l'émigration, recevront cinquante francs par an pendant cinq ans, s'il y a lieu, mais seulement dans le cas où leurs indemnités individuelles ne s'élèveraient pas à la somme de deux cent cinquante et un francs. C'est trop, s'il ne s'agit que d'honneur; mais s'il s'agit de propriété, n'est-ce pas une loi bien débile que celle dont les hypothèques sont si peu solides, que l'on compromet son exécution quand on lui demande de liquider à la fois une rente de cinq cents francs?

Ce n'est pas tout, messieurs; et comme s'il ne suffisait pas que l'indemnité s'évanouît au milieu de probabilités improbables, il faut qu'elle soit amoindrie par son côté matériel; il faut que la réalité vienne encore en augmenter la fiction. Auprès des trois pour cent, valeur nominale, on place des trois pour cent à soixante-quinze. On croit justifier cette conception en disant que donner des trois pour cent à soixante-quinze aux émigrés, serait accroître le montant de l'indemnité d'une somme de dix-huit millions; mais si l'on accroissait la dette de l'État en donnant des trois pour cent à soixante-quinze aux émigrés, comment consent-on à l'accroître sur une somme double, en donnant des trois pour cent à soixante-quinze aux rentiers.

On augmente, réplique-t-on, le capital des rentiers, parce qu'ils consentent à faire le sacrifice d'une partie de leurs intérêts. Eh quoi! on trouve que les indemnisés, déjà lésés par les dispositions de la loi, qui perdent, de plus, la jouissance du domicile et les fruits de la terre depuis vingt et trente années; on trouve que les indemnisés ne font pas un aussi grand abandon d'intérêts que celui qu'on espère obtenir des rentiers? Aucun doute que les trois pour cent à soixante-quinze, placés auprès des trois pour cent, valeur nominale, ne déprécient ces derniers.

Et c'est ici, messieurs, qu'il faut signaler la dernière cause qui achève de rendre chimériques les fonds affectés au service de l'indemnité.

Ces fonds (on l'a proclamé) doivent se tirer d'une troisième espèce de revenu public, de ce jeu où sont appelés les indemnisés, et c'est là qu'ils doivent conquérir les quatre cents millions destinés à compléter leur milliard. Eh bien! s'il faut puiser à cette funeste source, montrons qu'elle est tarie par le projet sur les rentes qui suit celui de l'indemnité, comme pour le flétrir et le perdre. Les trois pour cent de l'indemnité, en concurrence avec les cinq convertis en trois à soixante-quinze, sont morts-nés : la loi de la conversion des rentes tue la loi de l'indemnité. Tantôt on a pris soin de rassurer le public par les déclarations les plus formelles, sur la liaison qu'on pourrait, mal à propos, croire exister entre la loi de la conversion des rentes et la loi de l'indemnité; tantôt on a laissé comme entrevoir cette liaison. Il est vrai qu'il n'y a entre les deux projets qu'une triste connexité, celle des infortunes que le projet d'indemnité rappelle, et celle des malheurs que le projet sur les rentes prépare.

L'article 5 du projet ordonne que les rentes trois pour cent seront délivrées à chacun des propriétaires par cinquièmes, et d'année en année, le premier cinquième devant être inscrit le 22 juin 1825.

Il reste, messieurs, un peu plus de deux mois à compter du jour où j'ai l'honneur de parler devant vous jusqu'au 22 juin de cette année : dans ce court espace de temps pensez-vous que la liquidation puisse se trouver avancée de manière à permettre l'inscription du premier cinquième des rentes de l'indemnité?

Pour être justement départi, ce premier cinquième devrait l'être sur la totalité des indemnisés, c'est-à-dire qu'il faudrait qu'au 22 juin toutes les liquidations fussent connues et réglées. Or, comme cette supposition serait absurde, il faut en venir à cette autre supposition que si un cinquième des trente millions pouvait être inscrit et livré à des parties prenantes, le 22 juin prochain, ces parties prenantes, qui absorberaient un cinquième de l'indemnité *totale*, recevraient plus que le cinquième de leur indemnité *particulière*. Plus il y aurait de parties prenantes inconnues ou non aptes à la liquidation, plus les parties prenantes inscrites verraient s'augmenter la part qu'elles recueilleraient du cinquième du total de l'indemnité. Les plus criantes inégalités s'établiraient ainsi entre les ayants droit, puisque les uns recevraient d'abord plus que leur cinquième, peut-être même la totalité de leur créance, tandis que les autres, qui n'auraient pu faire valoir leurs titres, n'auraient rien pendant des années.

Par ces suppositions qu'on ne saurait admettre, puisqu'il faudrait admettre en même temps un ordre de choses contraire au texte de la loi, nous sommes ramenés à cette vérité, savoir : qu'au 22 juin prochain, il est presque impossible qu'aucune liquidation ait eu lieu, et qu'il est encore plus impossible qu'à cette époque les liquidations soient d'un cinquième de la somme totale.

De là, messieurs, une autre vérité : c'est que les trois pour cent de l'indemnité ne peuvent arriver sur la place dans les premiers moments de l'exécution de la loi de la conversion des rentes. Par une autre conséquence rigoureuse de cet autre fait, les trois pour cent à soixante-quinze recevront seuls le premier effet de l'impulsion de la force de l'amortissement, de sorte qu'il n'y a rien de plus chimérique encore que tout ce que l'on a dit de cette force pour faire monter les trois pour cent de l'indemnité, pour changer en réalité la fiction du milliard.

La loi ne règle point l'ordre des liquidations : d'après le bon plaisir de l'arbitraire, ou d'après le caprice du sort qui décidera cet ordre, l'indemnisé peut être appelé pour chaque cinquième à la fin ou au commencement de l'année ; il peut même arriver qu'il soit tout à fait oublié, soit qu'il n'ait pas réclamé en temps utile, soit que son nom ait été perdu dans ce Mont de Piété, dans ce greffe immense du comité central, dans ce notariat universel du ministère des finances, où les ayants droit déposeront leurs dépouilles et leurs titres.

Et pourtant l'époque de la liquidation n'est pas peu importante pour chaque indemnisé, car, selon cette époque, toutes les quantités données changent pour lui ; il pourrait se présenter sur le champ de bataille lorsqu'il n'y aurait plus personne.

Mais supposons un heureux exproprié, supposons qu'il ait obtenu sa liquidation par l'entremise des intrigants et des prétendus gens d'affaires qui auront dévoré d'avance une partie de ce qu'il doit recevoir, le voilà parvenu au grand bonheur de venir risquer à cette nouvelle roulette le prix de son patrimoine ; le voilà assis à l'immense tapis vert en face de vieux joueurs et de gros capitalistes. Mais, quoi qu'il fasse, il ne peut débuter dans la carrière de la perdition avant le 22 juin de cette année. Or, beaucoup de rentes à cinq pour cent auront été converties auparavant en trois soixante-quinze.

Le premier délai accordé pour effectuer cette conversion expirait le jour même où doit commencer la délivrance du premier dividende de l'indemnité. Par un changement que la longueur de la discussion a forcé de faire, ce délai est maintenant de trois mois, à dater du jour de la promulgation de la loi. Il est probable, messieurs, si vous ne rejetez pas cette loi, qu'elle pourra être publiée dans les premiers jours du mois prochain, et la conversion des cinq pour cent en trois soixante-quinze aurait encore six semaines d'avance sur l'apparition des premiers trois pour cent de l'indemnité à la Bourse, en admettant, ce qui semble tout à fait improbable, que quelques liquidations fussent opérées pour le 22 du mois prochain.

Vous connaissez, messieurs, l'état de la place. Les millions extraits des caisses publiques par négociations ou sur dépôt de rentes, les millions déposés en lingots d'or à la Banque de France, laissent-ils de lutte possible au chétif indemnisé contre une puissance qui dispose de pareils moyens ? Je vous demande si le bénéfice de la première et grande hausse des rentes, par l'application de la caisse d'amortissement à une seule espèce de fonds, n'aura pas été effectué dans l'espace de quelques mois ; si une maison favorisée ne pourra pas, par un double jeu, faire monter à quatre-vingt-quatre et au delà les cinq pour cent qu'elle aura convertis en trois pour cent, soixante-quinze, tandis qu'elle maintiendra les cinq pour cent des rentiers, qui n'auront pas voulu consentir à la conversion quelques centimes au-dessus du pair ? Qu'il y ait un encombrement de rentes entre des mains étrangères, on en convient ; que cet encombrement soit de telle ou telle somme, qu'il soit le résultat ou du dernier emprunt ou d'une opération de finances manquée ; que cet encombrement mérite plus ou moins l'intérêt du gouvernement ; qu'il n'ait rien de condamnable dans sa cause, ou qu'il soit l'effet d'une cupidité trop excitée, c'est ce qu'il ne m'appartient pas d'examiner : mais enfin l'encombrement est un fait.

La somme encombrée entre les mains étrangères, étant convertie, se trouvera seule en face d'une caisse d'amortissement de soixante-dix-sept millions : toute la perte sera pour cette caisse, seul acheteur considérable et permanent. Bientôt le vendeur, débarrassé du poids qui l'accable aujourd'hui, se retirera du jeu avec un gain énorme ; la rente fléchira ; il ne restera qu'une dépréciation inévitable pour les trois pour cent de l'indemnité, qui viendront, après l'heureux coup de main, se traîner tristement à la Bourse. Alors les spéculateurs reparaîtront pour doubler à la baisse la fortune qu'ils auront faite à la hausse.

Et je dis tout ceci, messieurs, pour le premier cinquième, et je suppose que le premier cinquième sera liquidé la première année ; jugez du sort des trois pour cent de l'indemnité qui se présenteront à la négociation dans un an, deux ans, trois ans, quatre ans, cinq ans et plus ! et qu'on soutienne encore que les indemnisés trouveront leur milliard à la Bourse !

Déplorons, messieurs, les variations de la raison humaine ! Quand on reproche à la loi des rentes d'accroître le capital de la dette, on répond que ce capital n'est que *fictif*; quand on reproche à la loi d'indemnité de ne donner que six cents millions pour un milliard, on répond qu'il y aura, au moyen du jeu, un accroissement *réel* de capital de quatre cents millions : ainsi c'est la condition du créancier qui rend l'accroissement du capital fictif ou réel. Ajoutez que pour retrouver les quatre cents millions manquant au milliard, il faut que les trois pour cent de l'indemnité montent jusqu'à leur pair idéal, qu'ils s'élèvent subitement et sans mouvement rétrograde de soixante à cent francs, ce qui supposerait une espèce de prodige ; car s'ils restent au-dessous de cent francs, le milliard restera dans la même proportion au-dessous de sa valeur nominale.

J'arrive à la quatrième et dernière fiction, la fiction dans la limite du temps prescrit pour la liquidation.

La liquidation, d'après le projet de loi, doit être terminée dans l'espace de cinq années : la liquidation de l'arriéré, biens moins compliquée que celle de l'indemnité, a duré dix ans. Quel que soit le nombre des parties prenantes, on convient que les quatre cent cinquante mille réclamations à peu près doivent passer sous les yeux de la commission de liquidation. Un calcul ingénieux a prouvé qu'il faudrait trente ans pour répartir toutes les indemnités, en supposant que la commission expédiât soixante affaires par jour. Et lorsque, pour repousser l'amendement sur les commissions départementales, on a dit que ces commissions mettraient cinq ans à compléter leur travail, on a répondu que si ce travail, distribué en quatre-vingt-trois commissions, devait durer cinq années, concentrée dans une commission unique, la même opération remplirait une période de plus de quatre cents ans.

Sans nous arrêter à cette ironie des chiffres, en réduisant toutes les liquidations à cent mille (et il y a environ quatre-vingt-dix mille familles appelées à l'indemnité), en admettant que la commission siégeât huit heures par jour, et donnât vingt minutes à chaque affaire, il faudrait encore dix ans pour les terminer. Mais ce calcul est bien au-dessous de la vérité, comme on s'en convaincra en suivant la marche de la liquidation à travers les articles 8, 9, 10, 11, 12 et 13 du projet de loi.

C'est un préfet qui commence l'opération ; il n'y aura sans doute ni méprise, ni ignorance, ni passion, ni amitié, ni inimitié dans ce qu'il dira ; et pourtant une seule erreur suspendra la liquidation pendant des mois et des années.

Une correspondance forcée s'engagera entre ce préfet, le prétendant à l'indemnité, le tiers réclamant et le gouvernement ; une seule affaire pourra entraîner des demandes, des réponses et des répliques interminables. Le préfet sera obligé de s'adresser au directeur des domaines du département, ou de se transporter sur les lieux afin de s'assurer de la justice des réclamations : le pourra-t-il toujours? n'aura-t-il que cela à faire? les autres soins que réclame l'administration de son département ne suffisent-ils pas pour absorber tous ses moments?

L'affaire tombe ensuite entre les mains du ministre des finances qui vérifie l'état des soultes, des dettes, etc. On sait trop comment tout se passe dans les bureaux. Qui de nous ne connaît les obstacles que produit la moindre contention avec le gouvernement? que de chicanes ne peut-on pas faire? Tantôt c'est une pièce qui manque; tantôt ce sont les droits d'un tiers qu'il faut examiner, tantôt ce sont des noms, des prénoms ou mal signés ou intervertis. Les orateurs du gouvernement ont eux-mêmes remarqué que de nombreuses contestations surviendront. « Deux personnes, ont-ils « dit, peuvent se présenter simultanément, se disputer l'exercice du même droit; les « petits propriétaires ne seront pas plus que les autres à l'abri du litige, et dans ce « cas, comment à leur égard procéder à une liquidation immédiate? »

Et qui garantira les ayants droit (surtout l'ordre des liquidations étant arbitraire) des tours de faveur, des retards, des oublis, des intérêts de parti, de la corruption qui se glisse partout?

Il ne faut pas se le dissimuler, messieurs, les liquidations sont des affaires épineuses : il ne nous est pas permis de l'oublier et comme législateurs et comme hommes. Sous le rapport politique, un ministre a des systèmes, des préférences; il est tout simple qu'il incline vers ses créatures ou ses amis. Ses bureaux ont nécessairement le même penchant : ainsi, sous le ministère actuel, tels réclamants pourront être liquidés avant tels autres, et sous un ministère d'une opinion différente, la chance pourrait être en sens opposé : c'est ainsi qu'est faite la nature humaine. Quand on songe qu'un seul homme, quel qu'il soit, peut tenir dans sa dépendance tous les intérêts des familles : que, de plus, tous les revenus de l'État et cent quarante millions de bons royaux passent par ses mains, il y a de quoi trembler.

Après le ministère des finances, la commission qui survient examine de nouveau les qualités et droits des réclamants; en cas de contestation elle renvoie les parties devant les juges : toute la France peut être traduite à la barre des tribunaux.

Sur l'appel des ayants droit, nouveau et dernier procès à un conseil d'État, dont les membres sont amovibles.

Ainsi l'indemnité peut être arrêtée par le préfet, par le directeur des domaines de chaque département, par le ministre des finances, par la commission de liquidation, par les tribunaux et par le conseil d'État. Et il y a quatre cent cinquante mille affaires à traiter, et ces quatre cent cinquante mille affaires de l'ancienne propriété foncière seront ajoutées aux affaires centralisées sous lesquelles les ministres succombent; et le projet de loi prétend qu'une telle liquidation sera terminée dans l'espace de cinq ans! Votre commission, tout en approuvant la hiérarchie des pouvoirs qui doivent présider à la liquidation, ajoute : « Il a cependant été impossible à votre commission « de ne pas redouter pour les malheureux propriétaires dépossédés les lenteurs in- « séparables de tant d'opérations successives. »

Si l'on croyait ôter à mes observations précédentes une partie de leur force, en disant qu'il est possible que la liquidation se prolonge au delà de cinq années, mais qu'une durée dont on ne peut pas fixer rigoureusement le terme ne change rien au fond de la loi, je répondrais à mon tour que l'étalage des longueurs qu'entraînera la liquidation serait puéril, si ces longueurs n'avaient des conséquences funestes : elles changent, en effet, toutes les conditions de la loi.

Il est évident que les diverses fictions, que les inconvénients sans nombre attachés au projet de loi, doubleront, tripleront en proportion de l'accumulation des années employées à la liquidation : que deviendra, en cas d'un prolongement de période, la partie du milliard qui n'aura pu être distribuée dans l'espace de temps fixé par la loi, faute d'apuration de comptes? que fera-t-on de l'excédant des trois millions rachetés annuellement par la caisse d'amortissement, si ces trois millions ne trouvent pas de service? gardera-t-on ces excédants d'année en année pour une liquidation future, ou bien en changera-t-on la destination? Alors la liquidation présumée perdra donc ce qu'il y a de plus sûr dans son hypothèque.

Même question pour les trois millions de prospérités éventuelles assignés à l'indemnité. Il faudra que ces prospérités éventuelles, qu'un projet rempli d'imagination se plaît déjà à supposer pendant cinq années, veuillent bien encore dépasser ce terme, pour aller attendre à point nommé dans l'avenir, l'émission incertaine de quelques rentes nouvelles. Une dette tantôt liquidée par petites sommes, tantôt entièrement suspendue, menacera sans fin les contribuables. Dans ce laps de temps, le fonds commun grossira : qu'en fera-t-on en attendant son emploi pendant huit, dix et quinze années? Comment ce fonds sera-t-il distrait de la somme totale? prélèvera-t-on une somme proportionnelle sur chaque partie prenante? Mais comment saura-t-on si le prélèvement individuel est équitable, tant que l'ensemble des liquidations restera inconnu?

Les trois pour cent de l'indemnité perdront toute leur valeur, en se disséminant dans une longue série d'années, tandis que d'un autre côté ces trois pour cent, toujours prêts à naître, tiendront perpétuellement la Bourse en échec. L'acquittement de l'indemnité deviendra irrégulier comme la liquidation : tantôt cette liquidation ira vite, tantôt elle marchera lentement; on ne saura jamais quelle quantité de rentes nouvelles envahira subitement la place, et ce sera bien pis encore si cette émission ignorée du public, est connue, comme elle ne peut manquer de l'être, des subalternes employés à la liquidation.

Étranges contradictions! La liquidation peut embrasser un demi-quart de siècle, et l'on n'accorde aux expropriés pour réclamer qu'un temps visiblement trop court! Que deviendront les sommes vacantes par cette rigoureuse prescription, ainsi que celles qui se trouveront libres? Resteront-elles au gouvernement? Seront-elles partagées entre les intéressés? La loi devrait le dire, et ne le dit pas.

Répondra-t-on que ces diverses sommes ne seront que fictives, qu'on ne pourrait leur donner d'existence que par une émission de rentes, et que cette émission n'aura pas lieu tant qu'elle ne trouvera pas d'emploi? Alors il faut donc retrancher, comme nous l'avons dit à propos de la première fiction, il faut donc retrancher du milliard de l'indemnité et les soixante-neuf millions du fonds de réserve, et les sommes provenantes des déshérences et des prescriptions, et la quotité vague des dettes : on se perd dans ces abîmes.

Voilà, messieurs, comme la liquidation, en agrandissant le cercle que la loi a tracé autour d'elle, achèvera de faire évanouir les derniers prestiges de cette loi; et, couronnant tant de suppositions par une supposition plus étonnante encore, il faut admettre, pour que cette liquidation puisse s'accomplir, que tout reste immobile autour de nous; il faut que le monde s'arrête, comme autrefois le soleil à la voix de Josué. Et qui fera le miracle? Dix, quinze années, quelle portion de la vie! La France sera-t-elle dans la position où elle se trouve aujourd'hui? Rien ne sera-t-il arrivé en Europe? Au milieu de nouveaux événements, des générations nouvelles auront d'autres plaies à guérir que les plaies que nous aurons faites, ou que nous n'aurons pas fermées. Les ministres actuels auront disparu; il ne restera d'eux que leur mémoire : ils la fonderont sans doute sur des bases plus solides que celles qu'ils ont données à l'indemnité.

Je suis las, messieurs, et vous l'êtes sans doute encore plus que moi. Je ne puis entrevoir, à la clarté de cette lampe merveilleuse suspendue dans une loi de ténèbres, que trois réalités effrayantes : un nouveau milliard de dettes pour l'État, sans atteindre le but qu'on s'est proposé; la création de trois pour cent pour former le piédestal d'une loi de conversion de rentes, et la dictature de toutes les fortunes mobilières et immobilières de la France.

Si j'avais quelque chose à proposer à la Chambre, ce serait de réduire tout le projet de loi en un seul article, qui poserait le principe de l'indemnité et fixerait la somme nécessaire à l'acquittement de cette indemnité, déclarant que l'exécution de cette loi aurait lieu d'après le mode qui serait réglé par une loi. On aurait ainsi le temps, jusqu'à la session prochaine, de préparer pour les Chambres un travail aussi bon qu'il est possible de le faire. La précipitation en matière légale est funeste; témoin les milliers de lois accumulées depuis trente ans; lois qui, s'accusant et se rappelant les unes les autres, sont plutôt un recueil d'arrêts rendus contre les lois, qu'un code de lois.

Tel qu'il est, messieurs, le projet soumis à votre examen a besoin d'être fortement modifié. Votre commission a proposé des amendements utiles, sans doute, mais qui ne vont point à la racine du mal. La circonspection que le noble rapporteur de votre commission recommande, laisse assez deviner qu'il a lui-même aperçu les défauts du projet, mais qu'il s'est effrayé, ainsi que ses nobles collègues, de tout ce qui aurait été à retoucher dans l'ouvrage; travail qui n'est pas toutefois au-dessus du dévouement et des forces de la Chambre.

Deux choses capitales sont à faire : corriger l'arbitraire menaçant de la loi, et donner surtout un fonds réel à l'indemnité. Il ne faut pas qu'au moindre accident, des ministres embarrassés, qui ne verront plus les choses comme ils les voient aujourd'hui, ou d'autres ministres qui seront dans d'autres idées, viennent dire aux indemnisés : « Nous en sommes bien fâchés, mais il n'y a pas eu cette année d'excédant de revenu; « les circonstances nous forcent aussi de changer les dispositions de la caisse d'amor- « tissement; établir un nouvel impôt est impossible; ainsi votre indemnité n'ayant « plus d'hypothèque, nous ne pouvons plus émettre de trois pour cent, et les liquida- « tions sont ajournées jusqu'à des temps plus heureux; allez en paix. »

C'est pourtant, messieurs, le résultat dont l'indemnité, telle qu'on la propose, sera à tous moments menacée. Quelques liquidations rognées, faisant partie du premier cinquième, iront peut-être à quelques familles heureuses; mais aucun homme, dans l'état actuel de la loi et dans la position politique de l'Europe, ne pourrait dire ce qui arrivera des quatre, ou, si l'on veut, des trois derniers cinquièmes de l'indemnité.

Je suis convaincu aussi, avec votre commission, que les ministres de Sa Majesté prendraient facilement avec vous, messieurs, l'honorable engagement de faire disparaître, autant qu'il serait en leur pouvoir, par la bonté de l'exécution, l'imperfection de l'ouvrage, l'engagement de rendre les faits aussi irréprochables que les intentions.

Mais ce ne sont point des paroles que nous sommes chargés de léguer à l'avenir, quelle que soit d'ailleurs notre confiance en ces paroles; nous lui devons non des promesses fugitives, qui passent avec les hommes, mais des lois sincères et consciencieuses, qui restent avec la société.

Je n'ai, dans ce trop long discours, considéré le projet de loi que sous le rapport matériel; si je l'avais envisagé sous un rapport plus élevé, mes reproches n'auraient pas été moins fondés, car, par l'effet d'une association déplorable, toutes les objections morales qu'on oppose au projet de loi de la conversion des rentes, on peut les faire contre le projet de loi d'indemnité, dans sa forme actuelle et dans son but avoué. Et ces reproches mêmes seraient plus graves, car il ne s'agit pas ici d'une création de rentes, résultat d'un emprunt, mais de l'indemnité d'une propriété immobilière que l'on transforme dans une propriété mobilière de la plus dangereuse espèce.

C'est encore une chose funeste en morale que de dépouiller le malheur de sa dignité, et de détruire ce respect populaire qui s'attache aux hommes honorés par de grands sacrifices. On n'a pas voulu, sans doute, jeter parmi nous un nouveau levain de révolution, semer de nouveaux germes de discorde et de haine; on n'a pas voulu ajouter à toutes les infortunes des émigrés celle d'offrir ces respectables victimes à l'inimitié de leurs compatriotes; et pourtant l'apparition simultanée des deux projets de loi, des rentes et de l'indemnité, est de nature à faire naître les préventions les plus injustes. En vain l'on dirait que les bénéfices faits par l'État sur les rentiers n'iront point aux indemnisés, mais à la décharge des contribuables; distinction inadmissible, puisque ce serait le rentier qui, dans cette hypothèse, se trouverait chargé de rendre, à ses dépens, aux contribuables ce que vous leur prendriez pour l'indemnisé.

La loi d'indemnité devait être une loi solitaire, ne liant les destinées de ceux qu'elle doit consoler à aucune autre destinée, ayant en elle-même ses moyens d'accomplissement, son principe de vie; borne nouvelle des héritages replacée par la main du roi; monument expiatoire élevé à la propriété, et marquant la fin de la révolution. Le projet qui vous est présenté est malheureusement rattaché à des idées qui en rompent la nature.

La pensée d'une loi de concorde, de morale et de religion occupe le cœur d'un magnanime souverain; cette pensée en sort avec ces augustes caractères. Qu'arrive-t-il? Elle est transformée en une loi de parti, en une loi de hasard et de division; elle se trouve comme liée à une autre loi qui froisse les intérêts d'une classe nombreuse de citoyens.

L'ancienne propriété de la France, morte en papier, ressuscite en papier; elle avait servi d'hypothèque à un effet sans valeur, elle est reproduite par un effet sans hypothèque; des assignats ont commencé la révolution, des espèces d'assignats vont l'achever. Nous prétendons tout concilier, et nous faisons des distinctions de propriétés mobilières, après avoir fait des distinctions de propriétés immobilières. En donnant des cinq pour cent aux émigrés, cette nouvelle dette, appuyée sur un effet ancien et solide, aurait vu son origine se perdre et se confondre dans la dette commune. Mais non! quelque chose d'incompréhensible nous pousse comme malgré nous à perpétuer le souvenir des désastres et des partis, à graver plus profondément l'empreinte du sceau que nous prétendons effacer. Nous aurons des trois pour cent à soixante-quinze annonçant la réduction du rentier à la date de la création de l'indemnité; nous aurons des trois pour cent d'émigré qui deviendront des trois pour cent *nationaux*, comme nous avions des biens *nationaux*, et qui seront bientôt atteints de la défaveur dont cette épithète a frappé les biens qu'ils représenteront. Nous donnerons ces trois pour cent à un père de famille, comme un billet d'entrée à la Bourse, et nous lui dirons : « Va retrouver par la fortune ce que tu as sacrifié à l'honneur. Si « tu perds de nouveau ton patrimoine, la légitime de tes enfants; si tu perds quelque « chose de plus précieux, les vertus que t'avait laissées ta première indigence, qu'im-« porte? A la Bourse on cote les effets publics et non les malheurs. »

Je voudrais savoir, messieurs, de quel temps nous sommes. On nous propose des règlements religieux dignes de l'austérité du douzième siècle, et on nous occupe de projets de finances qui semblent appartenir à une époque beaucoup plus rapprochée de nous : il faut pourtant être d'accord avec nous-mêmes; nous ne pouvons pas être à la fois des joueurs et des chrétiens, nous ne pouvons pas mêler des décrets contre le sacrilége à des mesures d'agiotage. Si notre morale est relâchée, que notre religion soit indulgente ; et si notre religion est sévère, que notre morale en soutienne la rigidité ; autrement notre inconséquence, en frappant tous les yeux, ôterait à nos lois ce caractère de conviction qui doit les faire respecter des peuples.

Je crains, messieurs, que le projet de loi de l'indemnité, suivi du projet de loi de la conversion des rentes, derrière lequel on entrevoit un troisième projet de réduction, n'ait été conçu, contre l'intention de ses auteurs, d'après un système dont la France deviendrait la victime. Il serait dur que la Providence eût ébranlé le monde, précipité sous le glaive l'héritier de tant de rois, conduit nos armées de Cadix à Moscou, amené à Paris les peuples du Caucase, rétabli deux fois le roi légitime, enchaîné Buonaparte sur un rocher, et tout cela afin de prendre par la main quelques obscurs étrangers qui viendraient exploiter à leur profit une loi de justice, et faire de l'or avec les débris de notre gloire et de nos libertés.

J'appuierai, messieurs, tous les amendements qui me paraîtront propres à améliorer le projet de loi.

OPINION

PRONONCÉE A LA CHAMBRE DES PAIRS, DANS LA SÉANCE DU 15 AVRIL 1825.

SUR L'AMENDEMENT PROPOSÉ PAR M. LE COMTE ROY,

A L'ARTICLE 1er DE LA LOI D'INDEMNITÉ.

Messieurs, l'amendement qui fait l'objet de la présente discussion a pour but de changer en réalité l'indemnité à peu près fictive du projet de loi. On a voulu combattre ce que j'ai dit de la chimère de ce projet : c'est à vous, messieurs, à juger si l'on a été heureux, et si la réfutation n'a rien détruit. M. le commissaire du roi lui-même n'a pu couvrir par l'élégance de sa diction la faiblesse de la cause qu'il était chargé de défendre : il a très-bien justifié le principe ; mais quand il est entré dans les détails, tout est resté douteux, excepté son talent.

A-t-on mieux réussi dans l'attaque de l'amendement ? Je ne le pense pas. Permettez-moi, messieurs, de vous soumettre quelques observations.

J'écarte d'abord la récapitulation qu'on a faite des administrations passées ; elle ne prouve rien pour le projet de loi, elle ne prouve rien contre l'amendement.

M. le ministre du roi ayant repris ce qu'il avait dit sur le principe des amendements, je ne serai pas non plus obligé de le suivre sur ce terrain constitutionnel, où je me serais trouvé plus rassuré.

Les avantages de cet amendement ont été développés par son auteur avec cette lucidité qui résulte d'une pensée bien conçue, et d'une connaissance approfondie de la matière. La somme de l'indemnité, trente-sept millions cinq cent mille francs de rentes cinq pour cent, n'est aussi considérable que pour rapprocher le capital réel du milliard fictif du projet de loi. Le premier tableau annexé à l'amendement prouve qu'à la vingt et unième année, à raison de quatre pour cent seulement ajoutés à l'intérêt annuel de l'indemnité, les deux cent cinquante millions en moins du prétendu milliard sont retrouvés.

En vain on a combattu les calculs financiers de l'auteur de l'amendement : la réplique de son noble ami les a placés sur des bases inébranlables.

Le second tableau relatif à la puissance de l'amortissement ne laisse rien à désirer puisqu'il prouve que la force relative à l'amortissement n'est pas même diminuée, après les cinq années, dans le système de l'amendement, et qu'en continuant l'opération pendant onze années au lieu de cinq, la caisse d'amortissement aurait recouvré ses trente-sept millions cinq cent mille francs de rentes nouvelles.

Je vais essayer, messieurs, de rendre plus sensibles les effets de ces chiffres, en les dépouillant du langage technique, et en saisissant les objections telles qu'on les présente aux esprits peu familiarisés avec les opérations de finances.

La principale objection que l'on élève contre le système de diminuer le fonds d'amortissement, en y prenant les rentes nécessaires à l'indemnité, est que la réduction de ce fonds occasionnerait une baisse considérable à la Bourse, et détruirait nos ressources pour l'avenir.

Qu'il y eût dans ce cas une forte baisse dans les effets publics, ce n'est pas une chose prouvée. Maintenant que le gouvernement français est aussi solidement établi qu'aucun autre en Europe, et que son crédit est égal à sa force, peut-on croire qu'il faille une caisse d'amortissement, dotée de près de quatre-vingts millions, pour soutenir cent quarante millions de rentes?

Mais, quelque hasardée que soit cette opinion, la question n'est pas là : il s'agit de savoir si une création de trente millions de rentes nouvelles, avec la caisse d'amortissement actuelle, ne ferait pas baisser le taux de la rente autant que si, sans aucune création nouvelle, on diminuait de trente-sept millions cinq cent mille francs le fonds de la caisse, pour les donner en indemnités? L'expérience a prouvé que le crédit public ne suit pas le mouvement de la dette nationale. C'est depuis que nos voisins ont diminué de moitié la dotation de leur caisse, que les trois pour cent ont monté si prodigieusement en Angleterre.

Mais, dira-t-on, non-seulement vous diminuez la caisse d'amortissement de trente-sept millions cinq cent mille francs, mais vous remettez en circulation trente-sept millions cinq cent mille francs de rentes rachetées. En couvrant la place d'une aussi grande quantité d'effets de même valeur que ceux qui s'y négocient, comment espérez-vous éviter une baisse?

Je réponds à cette question, qu'en la faisant on oublie que les trente-sept millions cinq cent mille francs de rentes ne seront pas jetés à la fois sur la place, puisqu'ils ne peuvent être émis qu'au fur et à mesure des liquidations.

Si vous les supposez émis par cinquième, sept millions cinq cent mille francs puisés annuellement à une caisse d'amortissement de plus de soixante-dix-sept millions produiraient à peine un effet sensible sur le cours de la rente. En attendant un emploi, le reste des trente-sept millions cinq cent mille francs demeurant à la caisse d'amortissement continuerait à racheter des rentes, et dès la première année la moitié à peu près des sept millions cinq cent mille francs émis serait déjà rentrée à la caisse. On peut voir la suite de ces calculs dans le second tableau joint à l'amendement.

On craint de nuire au crédit : ce qui nuira au crédit, ce n'est pas l'amendement raisonnable qu'on vous propose ; ce sont ces projets éternels de conversion et de remboursement de rentes, cette inquiétude jetée dans toutes les espèces de propriétés; c'est cette énorme disposition d'un projet de loi qui fait cesser l'effet de l'amortissement sur une rente pour le porter arbitrairement sur une autre, confondant l'agiotage et le crédit, l'élévation soudaine et artificielle du taux de la rente, et cette hausse graduelle et naturelle, résultat de la confiance publique.

Vous craignez d'affecter le crédit; mais en accroissant le capital de la dette d'une manière à épouvanter les esprits les plus audacieux, en créant trente millions de rentes au capital d'un milliard, et puis de trois pour cent à soixante-quinze, ne l'affectez-vous pas, ce crédit?

Vous craignez d'ébranler le crédit en touchant à la caisse d'amortissement; mais vous l'ébranlez bien autrement en touchant à la rente.

Et si les circonstances nous forcent à reprendre la caisse d'amortissement pour un emprunt, après l'avoir affectée au fonds de l'indemnité, quelle confiance voulons-nous que les prêteurs aient dans cette caisse, que nous pourrons leur retirer par une nouvelle mesure, pour un nouveau besoin, comme nous l'aurons retirée d'abord au cinq pour cent au-dessus du pair, pour les forcer à la conversion en trois à soixante-quinze, comme nous l'aurons retirée ensuite aux simples trois pour cent pour lesquels nous l'avions détournée de sa première destination?

Si l'on ne prend pas trente-sept millions cinq cent mille francs à la caisse d'amortissement pour payer l'indemnité, il faut créer trente millions de rentes nouvelles; et qu'est-ce qui les paiera, ces trente millions, si ce ne sont tous les sujets du roi, de même qu'ils paient les soixante-dix-sept millions à la caisse d'amortissement? Dans le système du projet de loi, le contribuable paiera soixante-sept millions cinq cent mille francs, au lieu de trente-sept millions cinq cent mille francs : savoir trente-sept millions cinq cent mille francs à la caisse d'amortissement, et trente millions de rentes nouvelles.

Si trente-sept millions cinq cent mille francs que vous laisserez à la caisse d'amortissement sont employés à amortir les trente millions de rentes que vous avez créés, il est clair qu'en prenant les trente-sept millions cinq cent mille francs pour l'indemnité à la caisse d'amortissement, et ne créant pas les trente millions de rentes nouvelles, la puissance de la caisse d'amortissement reste à peu près la même dans les deux cas; car, dans le premier, sa force se trouve diminuée de la quotité des rentes nouvelles qu'elle est obligée de racheter, et dans le second, sa force est diminuée de la quotité qu'elle est obligée de prendre sur elle-même, ou autrement; vous ne pouvez pas dire que vous augmentez la puissance de la caisse d'amortissement, en y laissant les trente-sept millions cinq cent mille francs qui s'y trouvent, lorsque vous créez en dehors trente millions qu'elle est obligée de racheter.

Dans quelle position nous trouverons-nous, quand nous aurons puisé les trente-sept millions cinq cent mille francs pour l'indemnité à la caisse d'amortissement? Tout juste comme nous étions en 1816, lors de la création de la caisse d'amortissement au moment des liquidations du milliard de l'arriéré. Trouvez-vous que votre crédit ait baissé depuis cette époque? que vous n'ayez pas bien payé vos dettes? Ah! combien votre position est meilleure! les rentes, lors de l'établissement de la caisse d'amortissement, dotée seulement de quarante millions, étaient entre soixante-sept et soixante-neuf; elles sont aujourd'hui à cent deux; et cette caisse, qui n'émettra ses rentes pour l'indemnité que par cinquième, conservera pour son premier rachat soixante-dix millions; pour son second, soixante-deux millions cinq cent mille francs; pour son troisième, cinquante-cinq millions; pour son quatrième, quarante-sept millions cinq cent mille francs; et pour son cinquième, quarante millions : rachat qu'elle ne perdra plus comme dans le système du projet de loi, et qui augmentera annuellement sa puissance.

Et n'a-t-on pas encore d'autres ressources si l'on veut admettre les calculs mêmes qu'on nous a faits à propos du projet de loi? On nous a parlé de la plus-value des impôts, plus-value de trois millions par an, qui doit servir d'hypothèque à l'indemnité : si cet excédant est réel, qu'on le verse à la caisse d'amortissement; c'est ce que demande l'amendement. Irions-nous maintenant (parce que nous embrasserions un autre moyen d'indemnité), irions-nous trouver qu'il n'y a plus d'excédant de recettes? Pour me combattre dans deux systèmes, soutiendrait-on d'abord que les fictions sont des réalités, ensuite que les réalités sont des fictions?

Mais s'il survenait un événement, où serait notre ressource? Comment emprunterions-nous avec une caisse d'amortissement réduite à sa dotation primitive?

J'ai déjà demandé moi-même, messieurs, comment vous emprunteriez avec une caisse d'amortissement que vous auriez d'abord reprise aux rentiers cinq pour cent au-dessus du pair, pour les obliger à la conversion en trois à soixante-quinze, et ensuite aux rentiers trois pour cent. Les premiers vous ont prêté leur argent pour vos premiers emprunts, vous leur en retirez le gage : n'est-ce pas un avertissement pour les prêteurs à venir?

D'un autre côté, le fonds d'amortissement resterait-il, en cas d'événement, affecté pendant cinq ans au service auquel le projet de loi le destine? Alors vous n'auriez plus ce fonds pour emprunter.

Messieurs, si un événement survenait, rien ne serait plus facile que d'emprunter à un taux raisonnable, avec une caisse d'amortissement qui, toute réduite qu'elle serait, se composerait encore de plus de soixante-dix, soixante-deux, cinquante-cinq, quarante-sept et quarante millions, selon l'époque de l'événement; fonds qui serait plus que suffisant en bon système de finances, pour supporter un accroissement de dettes d'un milliard.

Le crédit, messieurs, demande une marche mesurée et constante; il ne veut point de secousses, il est ennemi des aventures, ennemi de ces lois chercheuses de fortune qui abandonnent le corps pour l'ombre; le crédit est la fidélité aux engagements : donnez aux émigrés une indemnité réelle, comme vous avez donné un paiement réel aux créanciers de l'arriéré, et par cela seul vous trouverez des prêteurs dans les cas d'urgence, sans avoir besoin d'une caisse d'amortissement exagérée.

En dernier lieu, si on insistait pour conserver le fonds d'amortissement dans son entier, afin de le retrouver au jour de la nécessité, on serait amené à l'aveu que l'indemnité est une complète chimère; car si vous reprenez le fonds d'amortissement pour un cas d'urgence, vous reprenez les trois millions du rachat de rentes affectées à l'indemnité, et vous n'avez plus rien de spécial pour soutenir le cours des trois pour cent de l'indemnité.

Décidons-nous : dans le système du projet de loi, si nous supposons la guerre, il n'y a plus d'indemnité, alors nous sommes forcés de faire banqueroute d'un milliard : pour emprunter un milliard, la banqueroute est-elle un bon moyen de crédit?

Si nous supposons la paix, il n'y a aucune éventualité à prendre l'indemnité de la caisse d'amortissement.

Dans le système de l'amendement, si nous supposons la guerre, les indemnités continuent à être payées; notre crédit s'est augmenté de notre fidélité à remplir nos nouveaux comme nos anciens engagements; il s'est augmenté du repos que nous aurons accordé aux rentiers, et le fonds d'amortissement sera encore plus que suffisant pour soutenir un emprunt.

Si nous supposons la paix, toutes nos prospérités augmenteront de la réduction d'une caisse d'amortissement, dont la force, hors de toute mesure, ne sert qu'à favoriser l'agiotage, et de l'aisance réelle dans laquelle les indemnisés se trouveront placés.

Mais comment prendre une si forte somme à la caisse d'amortissement pour les expropriés?

Mais vous n'avez pas établi la caisse d'amortissement pour le milliard de l'arriéré? les dettes des Cent-Jours sont-elles plus sacrées pour la monarchie légitime que celles.

des trente années où la propriété du royaume a péri pour cette monarchie? Messieurs, je regarde le projet d'indemnité si complétement illusoire que, si l'on proposait de ne prendre à la caisse d'amortissement que quinze millions au lieu de trente-sept pour toute indemnité, je préférerais encore ces quinze millions au milliard dont le nom seul est pénible à prononcer, tant il me semble blesser la bonne foi, tant il réveille d'idées pénibles, dont un esprit de conciliation commande de taire et d'étouffer la moitié.

En prenant trente-sept millions cinq cent mille francs pour l'indemnité à la caisse d'amortissement, vous auriez, messieurs, l'avantage si précieux, si moral, d'ôter aux malheureux expropriés toute envie, tout besoin de courir à la Bourse, pour réaliser, par les combinaisons de l'agiotage, ce milliard qui fuira éternellement devant eux; vous n'attacherez plus aux rentes de l'indemnité cette différence d'intérêts, qui sera pour elle un cachet fatal.

L'amendement délivrant à l'ancien propriétaire, ou à ses représentants, cinq inscriptions d'une somme égale, c'est-à-dire le montant de toute l'indemnité de ce propriétaire, est d'une ressource immense pour lui : ces inscriptions ne sont pas négociables en même temps, pour ne pas se déprécier les unes les autres sur la place; mais elles pourront être transportées, dans les formes déterminées par la loi, pour les cessions d'obligations entre particuliers. Ainsi l'indemnisé tiendra dans sa main toute son indemnité; elle pourra lui servir d'hypotèque pour des emprunts; il pourra la donner en paiement, en échange; il pourra s'en servir pour une multitude d'affaires, au lieu de ne recevoir qu'une indemnité morcelée par cinquième d'année en année, comme le veut le projet de loi. De bons fonds pour cent, à peu près du même âge que les propriétés qu'ils représenteraient, puisqu'il y en a du temps de François Ier; de bonnes rentes solidement établies, recherchées sur toutes les places de l'Europe, voilà une véritable propriété remplaçant une propriété perdue; voilà ce que tout le monde entend, comprend, ce qui n'a besoin ni des complications subtiles d'une loi de finances, ni de l'action et des intérêts des banquiers, ni des efforts exagérés de la caisse d'amortissement.

Si l'amendement du noble comte, en favorisant les intérêts des expropriés, était contraire à ceux de la patrie, au lieu de l'appuyer je le repousserais dans les intérêts des expropriés eux-mêmes : le bien particulier qui nuit au bien général n'est pas un bien, mais le plus grand des maux. Pourquoi l'indemnité doit-elle être donnée? parce qu'elle est une mesure de salut pour la France; autrement elle rendrait odieux ceux qui en seraient l'objet. On serait même averti par cette haine que la mesure serait injuste, car il y a un sentiment d'équité chez les peuples, qui fait qu'ils ne haïssent pas ce qu'ils sentent juste au fond du cœur : aussi un murmure ne s'est élevé contre les plus généreuses victimes, que lorsqu'on a voulu mêler à la loi d'indemnité une loi qu'un noble comte, qui prend son génie dans sa conscience, a si énergiquement qualifiée dans la séance d'hier. L'amendement détruira cette funeste connexion.

En puisant à la caisse d'amortissement, vous avez pour la France l'inappréciable avantage de mettre des obstacles à un système erroné qui consiste à prendre des monnaies fictives, des masses de papier qu'aucun produit du sol, du commerce ou de l'industrie ne représente, pour des monnaies réelles; un système qui croit augmenter les richesses du pays en multipliant les signes d'une hypothèque qui n'existe pas; qui croit diminuer des dettes en empruntant.

Vous rentrerez en même temps dans la vraie route de l'amortissement; vous le réduirez à ce qu'il doit être; vous ne lui conserverez pas cette force, mobile d'agiotage et non de crédit, ce moyen réprouvé par toutes les autorités financières, et par l'Angleterre même, que nous croyons cependant imiter.

Sous le rapport de la paix intérieure de la France, et de la concorde entre les citoyens, la mesure est toute salutaire. On désire qu'il y ait des transactions entre les acquéreurs et les indemnisés? Je le désire aussi de toute mon âme : hé bien! quand vous aurez mis les indemnisés à l'aise, autant et aussi sincèrement que vous le pourrez; quand vous leur aurez donné, non pas des illusions pour des faits, non pas des fictions pour des réalités, ils auront bientôt racheté le patrimoine de leurs pères, à la satisfaction de tous les gens de bien. Alors les divisions cesseront réellement, alors l'œuvre magnanime du roi sera accomplie, alors s'évanouiront les alarmes avec ces projets financiers, ces rêves qui nous conduiraient au plus fatal réveil. Le sol que l'on fait trembler sous nos pas se raffermira; l'indemnisé sera content; le rentier, tranquille; l'acquéreur, rassuré, libre de garder, libre de rétrocéder une propriété remontée à sa véritable valeur. Appuyé sur la bonne foi si puissante en France, on pourra attendre en paix le temps des emprunts futurs : à cette époque, si elle doit jamais arriver, on créera tout naturellement des quatre, des trois pour cent; en un mot, tout ce qu'on veut produire aujourd'hui sans motif, sans cause, sans nécessité, comme si l'on voulait seulement s'agiter pour s'agiter. Le ministère même sera dans une position plus morale, plus solide, et les sentiments d'une fidélité politique, toujours honorables dans ceux qui les conservent, trouveront leur compte à l'amendement proposé, comme les intérêts publics.

DÉVELOPPEMENT

D'UN AMENDEMENT PROPOSÉ A L'ARTICLE V DU PROJET DE LOI D'INDEMNITÉ.

CHAMBRE DES PAIRS, SÉANCE DU 28 AVRIL 1825.

Messieurs, je viens essayer de sauver quelques débris du bel édifice qu'avait voulu élever un grand maître de l'art. M. le comte Roy avait introduit à l'article 6 du projet de loi les dispositions que je vais avoir l'honneur de vous lire.

Ce sont ces dispositions, messieurs, que je reprends, et qui forment l'amendement que j'ai l'honneur de vous proposer. Ces dispositions qui, dans l'amendement de M. le comte Roy, s'appliquaient aux cinq pour cent, peuvent également s'appliquer aux trois pour cent. J'ai déjà eu l'honneur de vous faire remarquer l'immense avantage pour l'indemnisé de recevoir à la fois ses cinq inscriptions, bien qu'elles ne soient négociables que par cinquième, à leur échéance respective. C'est déjà, pour ainsi dire, posséder le fonds de l'indemnité, sans en avoir encore tout le revenu; c'est avoir le titre de sa propriété; et ce titre, entre les mains du propriétaire, peut servir aux transactions les plus importantes pour lui.

Le noble comte, auteur d'un amendement qui aurait changé tant de fictions en réalités, a fait remarquer que l'article 5 du projet de loi disait bien que les *rentes* trois pour cent seraient inscrites au grand livre, et *délivrées* d'année en année, mais qu'il ne disait pas que l'*inscription* elle-même, portant jouissance des intérêts, serait *délivrée;* d'où il pourrait arriver que l'inscription, par une cause ou par une autre, restât entre les mains du gouvernement, qu'elle cessât ainsi d'être négociable pendant un grand nombre d'années, et que le tout se réduisît, pour tel ou tel indemnisé, à une sorte de pension, à une rente dont le capital ne serait pas à sa disposition.

Les dispositions présentées par le noble comte, et que je reproduis aujourd'hui, messieurs, en forme d'amendement, écartent cette difficulté. Y a-t-il vice de rédaction dans le projet de loi? a-t-on mis par inadvertance : les *rentes* seront *délivrées*, au lieu de l'*inscription* de rente sera délivrée? Cela peut être ; et sans doute MM. les ministres du roi voudront bien s'expliquer ; mais ce vice de rédaction doit être corrigé, car les paroles des ministres ne font pas, à ce qu'il paraît, jurisprudence. On sait, par exemple, que M. Crétet, lors de la fameuse réduction ou banqueroute des cinq pour cent, déclara formellement que les cinq pour cent consolidés ne *seraient pas remboursables*. Tient-on compte aujourd'hui de cette déclaration qui, en engageant la foi publique, donnait au moins au rentier la certitude de conserver ce qu'on voulait bien lui laisser ? Vous voyez, messieurs, le danger extrême de ne pas exprimer les faits dans les lois. Cette remarque s'applique encore à l'article 9 comme à l'article 6 du projet de loi. Si vous ne précisez rien au sujet des dettes, je déclare que l'article 9 est rempli d'écueils et de périls.

Quoi qu'il en soit, messieurs, j'ai donc l'honneur de vous proposer d'amender l'article 6 en supprimant l'article 5 d'après les dispositions rédigées par M. le comte Roy. Ces dispositions, qui mettent entre les mains de l'indemnisé liquidé son titre ou ses cinq inscriptions à la fois, sont pour lui d'un avantage si évident, qu'il doit frapper tous les yeux. Cet amendement ne touche ni à la caisse d'amortissement, ni aux trois pour cent ; il n'accroît ni ne diminue l'intérêt ou le capital ; il ne fait arriver aucune valeur surabondante à la Bourse : il ne dérange rien à l'économie du projet de loi, il n'en altère aucune partie, il le laisse subsister dans tout son ensemble, en l'améliorant seulement sur un point capital, autant que ce déplorable projet peut être amélioré. J'ai cherché de bonne foi en moi-même quelles objections le gouvernement pourrait y faire, et je n'en ai trouvé aucune. J'ai donc l'espoir que MM. les ministres du roi, qui ne veulent sans doute comme moi que l'intérêt des indemnisés, sans nuire aux intérêts de la France, se réuniront à cet amendement. On ne pourra pas du moins soupçonner des vues hostiles ; ici l'intérêt de l'indemnisé se présente seul, l'amendement est d'une innocence complète ; il est dégagé de toutes les conséquences que voudraient y chercher des sollicitudes politiques. Il n'a pas même contre lui ce terrible argument, cet argument si constitutionnel qui laisse à nos opinions tant d'indépendance, savoir, que le projet de loi retournerait à la Chambre des députés, car un amendement déjà passé nous rend ce malheur inévitable.

OPINION

SUR LE PROJET DE LOI RELATIF A LA DETTE PUBLIQUE ET L'AMORTISSEMENT,

PRONONCÉE A LA CHAMBRE DES PAIRS, DANS LA SÉANCE DU 26 AVRIL 1826.

Messieurs, un des moindres inconvénients que j'éprouve en paraissant à cette tribune, après des hommes d'un grand mérite, c'est de venir répéter ce qu'ils ont dit beaucoup mieux que je ne le dirai. Les deux orateurs qui ont parlé contre le projet de loi ont dévasté mes chiffres et emporté mes principaux arguments. Si je retranchais de mon discours tout ce qui ne sera pas nouveau, il n'y resterait rien : vous y gagneriez du temps, messieurs, et moi aussi. Toutefois la gravité de la matière m'impose le devoir de me faire entendre.

Il est certain qu'un moyen puissant de conviction pour beaucoup de personnes, c'est de voir que des esprits divers se sont rencontrés dans une même vérité. Ensuite chaque esprit a sa nature ; la génération des idées ne s'y fait pas de la même façon, les principes et les conséquences s'y enchaînent d'une manière différente, et il arrive que tel auditeur se rend à une raison qui ne l'avait pas frappé d'abord, parce qu'elle était autrement développée ; c'est donc ce qui m'engage à vous présenter mon travail sans y rien changer.

Les orateurs qui ont soutenu le projet de loi ont vu échouer leur habileté contre ce projet insoutenable.

C'est toujours la liberté d'une conversion qui ne sera pas libre ; le dégrèvement des contribuables, qui ne seront pas dégrevés ; l'accroissement de l'industrie, qui ne s'accroîtra pas ; la diminution de l'intérêt de l'argent, qui ne diminuera point ; l'élévation des fonds publics, qui ne monteront que pour descendre ; le refoulement dans les provinces des capitaux, qui viendront et resteront à Paris ; enfin le triomphe du crédit, qui sera perdu. Nous reverrons tout cela.

Maintenant, nobles pairs, voici la disposition de la matière, et l'ordre de la marche que je vais suivre dans mes raisonnements.

Je jetterai d'abord un coup d'œil sur l'ensemble du projet ; ensuite j'examinerai les deux nécessités qui forcent, nous dit-on, le gouvernement à prendre la mesure financière qu'on nous propose d'adopter ; je dirai quels sont les rapports de cette mesure avec la loi d'indemnité, et je terminerai mon discours par des considérations générales.

Venons à l'ensemble de la loi.

Le premier article de ce projet, en engageant la caisse d'amortissement jusqu'au 22 juin 1830, nous met dans l'impossibilité de nous défendre contre les événements qui peuvent survenir, à moins de reprendre cette caisse et de manquer à nos engagements envers les trois pour cent de l'indemnité, envers les trois à soixante-quinze de la conversion, de même que nous retirons aux anciens cinq pour cent leur gage spécial.

Ceci répond à ce que nous a dit, à propos de la caisse d'amortissement et du cas de guerre, un ministre qui exprime les faits recueillis par sa longue expérience, avec ce ton de modération qui donnerait la puissance de la vérité aux choses les plus contestables.

L'article 3 imprime à la caisse d'amortissement un mouvement tout à fait arbitraire, et comme les cinq pour cent pourraient être un centime au-dessus du pair, tandis que les autres fonds s'approcheraient beaucoup du pair, depuis soixante jusqu'à cent, il résulte du texte même de l'article 3, qu'il y aurait ruine pour le trésor à racheter des trois ainsi ascendants vers leur pair, au lieu des cinq descendants vers leur pair.

Les trois pour cent au-dessus de quatre-vingts donnent une perte plus considérable que les cinq pour cent à cent francs et au dessous, et comme les trois pour cent sont déjà cotés à quatre-vingts, la perte pour les contribuables serait certaine, si l'on pouvait racheter dès aujourd'hui des trois pour cent.

Était-il possible de déterminer l'emploi des sommes affectées à l'amortissement pour les différentes valeurs ? Le noble président de la commission de surveillance a indiqué avec science et mesure le besoin d'une base d'opération, et il a posé des questions qui sont encore, messieurs, présentes à votre esprit : une simple règle de proportion suffirait pour établir, entre les cours des trois et des cinq, le taux relatif où chaque fonds doit être racheté à l'avantage de la caisse, c'est-à-dire, pour le bien des contribuables. Rien de semblable n'existe dans le projet de loi.

Après ce que vous avez entendu hier de la bouche de deux nobles comtes, sur la caisse d'amortissement, sur l'impossibilité d'en retirer le gage aux cinq pour cent, sans manquer à la foi donnée; sur l'administration de cette caisse, qui n'est point, quoi qu'on en ait dit, semblable à l'administration de l'amortissement anglais, il y aurait, messieurs, présomption à remanier un sujet si supérieurement traité.

La conversion, dite facultative, accordée aux rentiers cinq pour cent, par l'article 4, est une conversion forcée; et afin qu'on n'en doute pas on vous a déclaré, dans l'exposé des motifs du projet de loi, *qu'on a remis à l'avenir l'exercice du droit de remboursement, si la faculté de conversion n'amenait pas des résultats tels qu'il soit permis d'y renoncer complétement.* Sous le coup de cette menace, qui restera dans les cinq pour cent? Quand la loi déclare que les cinq pour cent convertis en quatre et demi auront garantie contre le remboursement jusqu'au 22 septembre 1835, n'est-ce pas dire que les autres cinq pour cent n'ont pas la même garantie, et qu'on les force à se réduire eux-mêmes?

Si les porteurs des cinq pour cent pouvaient garder ces valeurs aux mêmes titres, aux mêmes conditions qu'ils les ont reçues, avec le gage de la caisse d'amortissement, hypothèque qui leur était particulièrement assignée, et sans laquelle beaucoup d'entre eux n'auraient pas prêté leur argent, on pourrait dire que la conversion est véritablement facultative; mais lorsque, pour obliger les rentiers à échanger leurs effets, on ôte à leur position tout ce qu'elle avait de sûr, lorsqu'on viole envers eux le contrat primitif, comment peut-on dire que la conversion est volontaire?

Car, remarquez bien, messieurs, que le projet de loi dit qu'on ne rachètera plus les effets au-dessus du pair; mais il ne détermine pas l'espèce de fonds que l'on rachètera, lorsque tous les fonds se trouveront au-dessous du pair. Les cinq pour cent, par exemple, pourraient décroître jusqu'à quatre-vingt-dix et au-dessous, et pourtant la caisse d'amortissement pourrait encore ne leur être pas appliquée et ne soutenir que les trois pour cent. Un pareil oubli de tous les contrats passés peut-il être toléré? Et encore une fois, chargés de toutes ces servitudes, les cinq pour cent ne sont-ils pas forcés de se précipiter dans la conversion? Parce qu'un homme cède ce qu'on menace de lui enlever par violence, s'ensuit-il qu'il a été libre de céder?

L'article 5 semble soulager les contribuables; mais, par le fait, ils ne gagnent rien d'un côté, et ils perdent beaucoup de l'autre. Si les cent quarante millions de rentes, cinq pour cent, pouvaient tout à coup se convertir en trois pour cent à soixante-quinze, ce serait sans doute un prodige, et il est vrai que par ce prodige les contribuables se trouveraient déchargés de trente millions pris sur les rentiers; mais, comme en même temps on les charge de trente millions donnés aux indemnisés, ils demeureraient tout juste comme ils sont aujourd'hui. D'une autre part, s'ils étaient dans la même position, quant aux rentes à solder, ils ne s'en trouveraient pas moins obligés de payer un capital de dettes accru de deux milliards : un milliard pour l'indemnité et un milliard que coûte la réduction par la création des trois pour cent à soixante-quinze.

Pour résoudre la difficulté de l'accroissement du milliard, on a dit que les trois pour cent monteraient ou ne monteraient pas; que s'ils montaient, le milliard de dettes serait en effet réel; mais qu'alors les effets publics seraient dans l'état le plus prospère, et que tout le monde se ressentirait de cette prospérité, excepté apparemment les contribuables qui paieraient le milliard.

Dans le cas où les trois pour cent ne monteraient pas, il n'y aurait pas accroissement d'un milliard dans le capital de la dette; c'est juste : mais alors les rentiers cinq pour cent auraient perdu à leur tour ce milliard de capital qu'on leur offre en dédommagement de la réduction de leur intérêt. Dans ce dilemme, il faut bien qu'il y ait quelqu'un lésé ou chargé d'un milliard.

Voilà, messieurs, ce que renferment en substance les cinq articles du projet de loi et le sommaire des raisons que l'on donne pour le soutenir.

Passons aux deux prétendues nécessités qui ont, nous assure-t-on, motivé la création du projet de loi.

On nous dit premièrement :

Que le projet de loi est nécessaire, afin que le gouvernement ne paie pas l'argent plus cher que ne le paient les particuliers, et, dans tous les cas, pour faire baisser l'intérêt de l'argent dans les transactions commerciales et les affaires particulières. De là suit l'obligation de soumettre les rentiers à une conversion, ce qui signifie à une réduction.

On nous dit secondement :

Que le projet de loi est nécessaire pour ne pas continuer à racheter la rente au-dessus du pair; car dans ce cas il y aurait ruine pour l'État, si l'on rachetait; perpétuité de la dette si on ne rachetait pas.

Examinons ces deux sources, d'où l'on prétend faire jaillir toute la loi.

Je pourrais, écartant le fond du procès par une question préjudicielle, demander d'abord si les rentes sont réellement aujourd'hui au-dessus du pair; s'il n'y a pas un taux où des cinq pour cent peuvent encore être rachetés avec avantage par l'État au-dessus du pair; et s'il n'a pas été un temps où l'on soutenait fortement cette doctrine. Mais passons et parlons de l'intérêt de l'argent en France.

L'intérêt général de l'argent n'est point dans ce pays agricole à trois pour cent : on l'a cent fois démontré.

Les prêts sur hypothèque à Paris, chacun le sait, sont à cinq pour cent; ils sont à six dans presque toutes les provinces, avec des garanties prodigieuses pour la valeur de l'immeuble affecté à l'hypothèque.

Dans le commerce, l'intérêt de l'argent n'est à quatre et à trois et demi, à Paris et dans de grandes villes du royaume, que pour quelques maisons puissantes de banquiers, de manufacturiers et de commerçants, encore pour des valeurs assez peu considérables, et à trois mois de date. Partout ailleurs, l'intérêt commercial est à cinq, à six et au-dessus, et dans plusieurs localités on en est réduit aux échanges en nature : pourtant, messieurs, on soutient que l'abondance des capitaux est ce qui oblige à baisser l'intérêt de l'argent.

Il n'y a aucune induction générale à tirer du placement des bons royaux à trois pour cent. On a très-bien dit que l'effet des intérêts de ces valeurs vient de ce qu'elles ne sauraient dépasser les besoins auxquels elles s'appliquent, et qu'elles sont à courte échéance.

Quant à l'élévation actuelle de la rente, on sait qu'elle est due aux efforts de quelques capitalistes porteurs de rentes déclassées, qui ont un intérêt majeur à continuer ce jeu jusqu'à la publication du projet de loi sur la dette publique. L'élévation des reports, dont la moyenne proportionnelle présente un intérêt de plus de neuf pour cent depuis un an, suffit seule pour démontrer que l'intérêt actuel de la rente n'est pas du tout au-dessous de cinq pour cent, bien qu'elle ait dépassé le pair où les moyens artificiels qui l'ont fait monter ont de la peine à la soutenir.

Un noble comte, si habile en finances, et qui nous a fait entendre hier un discours profond sur la matière, nous a rappelé les emprunts des villes autorisés par le gouvernement, et n'a rien laissé à dire après lui.

On a répondu qu'il ne s'agissait pas de l'intérêt de l'argent, très-variable dans un pays comme la France, selon la nature des entreprises et le degré de confiance que les spéculateurs inspirent. La remarque est juste; mais alors il ne fallait pas donner le taux de l'intérêt comme un des principaux motifs de la loi.

Je ne veux point m'occuper trop longuement de l'examen philosophique des divers intérêts de l'argent. Il était en général à douze pour cent chez les Romains, et on l'appelait *usura centesima*, parce qu'au bout de cent mois, les intérêts égalaient le capital. Les lois s'opposaient inutilement à cet intérêt : tant il est vrai qu'un gouvernement ne fait pas baisser l'intérêt de l'argent en déclarant qu'il le réduit.

Je pense que la société chrétienne avait trouvé le point juste en fixant, dans les pays essentiellement agricoles, cet intérêt à cinq pour cent : au-dessus de ce taux, il y a usure ou trop grande cherté des capitaux; au-dessous, il y a dépréciation ou avilissement des capitaux. Accroissez la masse du numéraire, vous ferez baisser l'intérêt; mais il vous faudra deux cent mille francs pour acheter ce que vous auriez eu pour cent mille. C'est ce qui arriva après la découverte de l'Amérique; c'est ce qui arriva de nos jours pour des valeurs fictives, par la multiplication des assignats. On sait que l'or, dans certaines parties de l'Afrique, n'atteint pas la valeur du cuivre.

La Grande-Bretagne commence à sentir cette vérité; elle voudrait hausser le prix de ses emprunts; elle cherche déjà à se mettre en garde contre l'inondation des métaux qui peuvent déborder, par l'exploitation anglaise, de toutes les mines du Nouveau-Monde. Le chevalier Stewart a proposé de réduire le capital de la dette publique, en élevant l'intérêt; le docteur Price prétendait porter l'intérêt de cette dette à cinq pour cent, et ce n'était qu'à ce taux de l'intérêt qu'il voulait appliquer la caisse d'amortissement. Cette théorie, essayée en Irlande, réussit, et l'Angleterre s'en trouva bien, en la mettant en pratique en 1818. Colquhoun établit que les fonds publics de l'Angleterre devraient être élevés à un même niveau de cinq pour cent : un noble comte vous a déjà cité ces autorités. N'est-il pas singulier, messieurs, qu'au moment même où l'Angleterre reconnaît les vices de son ancien système de finances et de douanes, et qu'elle entre dans une nouvelle route avec tant de succès, nous, nous prenions le sentier qu'elle commence à quitter, et que l'avilissement de l'intérêt de l'argent et les prohibitions de l'acte de navigation nous paraissent des mesures à imiter pour la prospérité de la France.

On veut détruire notre dette compacte de cinq pour cent. On veut avoir différentes valeurs négociables pour la facilité des opérations de bourse, et toujours dans la vue d'abaisser l'intérêt de l'argent. Mais même en ce point suivons-nous exactement le système que tend à abandonner l'Angleterre? Non. L'Angleterre ne s'est pas réveillée un matin, disant : « Je n'ai que des cinq pour cent, je vais les couper en trois pour « cent simples, en trois pour cent à soixante-quinze, en quatre et demi. » Elle a eu différentes valeurs, en faisant des emprunts à différents prix, pour des nécessités publiques; et quand ces valeurs ont été ainsi naturellement fondées, elle a offert le remboursement des valeurs plus élevées, ou la réduction de l'intérêt au taux du nouveau papier qui avait été créé. Et encore pourquoi l'a-t-elle fait? Parce que ces emprunts nouveaux étaient déclarés remboursables à des époques fixes ; parce que ces emprunts étaient des annuités, et non des fonds perpétuels et déjà réduits comme les nôtres. L'établissement de la Banque à Londres date de 1696. Guillaume III avait apporté en Angleterre le génie de la Hollande. Cette Banque prêta au gouvernement à huit pour cent : avant cette époque, les emprunts se faisaient par annuités à dix pour cent, et pour quatre-vingt-dix-neuf ans. Treize ans après ses premières opérations avec le gouvernement, la Banque, enrichie de l'or du Brésil, réduisit elle-même de deux pour cent, en prêtant une nouvelle somme au gouvernement, les intérêts de son prêt antérieur, et elle obtint, en considération de cette réduction, une prorogation de privilège. Ainsi, ce n'était pas l'emprunteur, mais le prêteur qui baissait le taux de l'intérêt. Bientôt le gouvernement ouvrit un emprunt à cinq pour cent, qui fut rempli, et dont le produit fut destiné à rembourser la partie de l'ancienne dette, à six et à huit pour cent, stipulée remboursable. D'emprunt en emprunt, de réduction en réduction, elle arriva aux quatre pour cent, et enfin aux trois pour cent en 1750 : grande faute qu'elle sent vivement aujourd'hui ; car il est prouvé que les quatre pour cent sont l'intérêt naturel et nécessaire pour un pays commerçant et industriel, comme les cinq pour cent pour un pays agricole. Quelle comparaison, messieurs, est-il donc possible de faire entre la conversion en masse de nos cinq pour cent à trois pour cent, et la réduction successive des annuités de l'Angleterre, depuis l'intérêt de dix pour cent jusqu'à trois, dans l'espace de cent trente ans?

Ainsi l'intérêt de l'argent en France n'est point au-dessous de cinq pour cent; ainsi nous croyons imiter l'Angleterre, et nous ne l'imitons ni dans son nouveau système, qui tend à hausser l'intérêt des capitaux, ni dans son ancien système, qui réduisait lentement cet intérêt, par une suite d'emprunts stipulés remboursables. Reste une question.

Est-il nécessaire d'abaisser l'intérêt de la dette publique, pour réduire l'intérêt de l'argent dans les transactions particulières? Non, messieurs; c'est l'amoindrissement de l'intérêt de l'argent dans les transactions particulières qui doit faire décliner l'intérêt des fonds publics, et non pas la réduction de l'intérêt des fonds publics qui peut faire descendre le taux de l'intérêt dans les transactions particulières.

Le gouvernement semble croire que celui qui emprunte fixe le maximum de l'intérêt, tandis que c'est celui qui prête qui le règle. Que le gouvernement prête de l'argent à trois pour cent, il va faire fléchir le taux de l'intérêt dans toutes les affaires privées; mais il aura beau emprunter à trois pour cent, il ne fera pas diminuer l'intérêt des capitaux d'un seul denier. La méprise ici est évidente.

Mais pourquoi le gouvernement trouverait-il donc à emprunter à trois pour cent, si l'intérêt de l'argent n'est pas à ce taux?

Que le gouvernement cherche à emprunter à trois pour cent sans accroître le capital du prêteur, sans détourner la caisse d'amortissement de sa destination primitive, et il verra s'il trouvera de l'argent à trois pour cent : toute l'illusion est là; et c'est sur cette base fictive que pose un édifice chancelant. Le gouvernement, en empruntant à trois pour cent, offre aux spéculateurs d'abord un accroissement énorme de capital, ensuite des chances de gain, par des opérations de bourse, qui compensent, et bien au delà, la perte, pour eux très-légère, qu'ils font sur l'intérêt de leur capital. C'est une opération d'une nature toute différente qu'un placement ordinaire de fonds; c'est une entreprise, c'est une aventure, c'est une loterie de joueur, où pourtant la fortune est assurée au banquier qui fait les fonds et qui tient les cartes.

Pour les particuliers, qui ne peuvent offrir de pareils avantages, l'intérêt de l'argent reste au taux naturel.

Voilà, messieurs, ce que j'avais à vous exposer sur la première nécessité qui, dit-on, oblige à présenter le projet de loi. Je passe à l'examen de la seconde, savoir : Qu'il faut se procurer des fonds qu'on puisse racheter au-dessous du pair, pour ne pas ruiner l'État, ou pour ne pas consentir à ne jamais amortir la dette.

Je répéterai d'abord la question que j'ai faite au commencement de ce discours : ne peut-on pas racheter à un certain taux au-dessus du pair, et n'a-t-on pas même soutenu autrefois cette doctrine? Je dis ensuite : ne poussez pas vos fonds violemment au-dessus du pair par une caisse d'amortissement exagérée; rendez aux contribuables ce qu'elle a de trop, ou servez-vous-en pour rembourser au pair le rentier; diminuer l'impôt, c'est comme si vous réduisiez l'intérêt de la rente, et c'est le moyen le plus simple et le plus salutaire : vos fonds resteront où ils doivent être, quand votre amortissement sera en équilibre avec votre dette.

Je dis encore, ne favorisez pas l'élévation fictive des effets publics, en éveillant la cupidité par des opérations de finances, qui présentent à l'agiotage des chances d'un gain démesuré; n'accroissez pas le capital des sommes à payer, et vous ne serez pas obligés de faire les plus dangereux efforts pour hâter l'extinction de la dette, quand cette dette restera proportionnée à la richesse du pays.

Et qu'entend-on par ne plus racheter les fonds au-dessus du pair? Nous avons vu plus haut que les trois pour cent embarrasseront bientôt autant que les cinq. Convertir les cinq en trois pour cent à soixante-quinze, afin de se donner la satisfaction de se servir d'une caisse d'amortissement trop forte, est une conception qui n'entre pas bien dans l'esprit. Que dirait-on d'un homme qui ferait des dettes pour avoir le plaisir de les racheter en empruntant?

Telle est l'objection théorique que j'oppose à une théorie; la réponse pratique sera encore plus simple.

Vous voulez des effets à un taux plus bas que les cinq pour cent, pour employer la caisse d'amortissement? Eh bien! qu'avez-vous besoin de convertir les cinq? Ne venez-vous pas, par la loi d'indemnité, de créer une dette d'un milliard à l'intérêt de trois pour cent? N'y a-t-il pas là de quoi employer votre caisse d'amortissement : d'autant mieux que les trois pour cent de l'indemnité étant plus éloignés que les trois pour cent à soixante-quinze, vous aurez plus de jeu pour le mouvement de cette caisse. Qu'avez-vous donc besoin de créer d'autres trois pour cent? Épargnez-vous la perte d'un milliard en capital, qu'il vous en coûtera par la conversion des cinq pour cent à soixante quinze, afin de mettre en jeu l'amortissement. Que peut-on répondre à ce fait? je l'ignore, à moins que l'on n'avoue qu'il y a des embarras autres que ceux qui tiennent à la caisse d'amortissement.

Voyez, messieurs, comme les esprits sont divers! On soutenait hier à cette tribune qu'il fallait créer d'autres trois pour cent, par la raison qu'on a créé des trois pour cent dans l'indemnité; on semblait dire : « Puisque le mal est fait, ce n'est pas la peine de faire tant de compliments. » Et moi je dis qu'il ne faut plus créer de trois pour cent, précisément parce qu'on a déjà un milliard de ces valeurs dans la loi d'indemnité.

Soutiendra-t-on qu'il faut d'autres trois pour cent, afin de ne faire peser sur la France le poids d'un nouveau milliard de dettes, qu'en la soulageant d'un autre côté d'une partie de son fardeau?

Je conçois que si vous pouviez diminuer les taxes, au moment où vous proclamez l'indemnité, ce serait à la fois un tour de force et un avantage financier et politique. Mais quoi! c'est en convertissant les rentes cinq pour cent en trois pour cent, que vous prétendez dégrever les contribuables? C'est aux dépens d'une classe de citoyens que vous dédommagez une autre classe de ce qu'elle paiera à l'indemnité. Et pourquoi le rentier, lui qui donnera déjà sa part à l'indemnité par les impôts indirects, serait-il obligé de livrer encore une partie de sa rente à la masse des contribuables, de sorte qu'il se trouverait seul chargé des frais de l'indemnité? Qu'a donc fait ce rentier pour le poursuivre ainsi? lui imputerez-vous à crime d'avoir cru à votre foi, de vous avoir prêté son argent, souvent à l'heure de votre détresse, aux jours de votre péril? Vingt mille familles de rentiers dans Paris, de vieux domestiques retirés, de petits marchands, vivant à peine du fruit de leurs économies, doivent-ils porter toutes les rigueurs de nos combinaisons fiscales, afin que nous puissions nous vanter d'avoir dégrevé les peuples, lorsque nous leur reprenons d'une main ce que nous leur donnons de l'autre? Voilà, certes, un étrange soulagement pour la nation, et qui doit la réconcilier puissamment à l'indemnité! Laissez l'indemnité seule; laissez-la pour ce qu'elle est, pour une dette qu'il faut acquitter en tout honneur et en toute justice; elle vous donne des trois pour cent ; vous devez être satisfaits, si, encore une fois, il ne s'agit que de la caisse d'amortissement.

Ce que je viens de dire, messieurs, nous amène naturellement à traiter des rapports existants entre les deux projets de loi des rentes et d'indemnité ; je réclame votre bienveillante attention.

Ces lois n'ont pas de connexité, dans ce sens que l'une n'est pas nécessaire à l'existence de l'autre ; que l'on pourrait rejeter l'une ou l'autre sans que celle qui demeurerait cessât de vivre. Mais supposez-vous ces deux lois votées, à l'instant leur union devient intime, union aussi fatale à l'indemnité sous les rapports financiers que sous les rapports moraux.

Je ne rentrerai point, messieurs, dans tous les calculs que j'ai eu l'honneur de vous présenter lors de la discussion sur la loi d'indemnité. Qu'il me soit permis seulement de rappeler que les cinq pour cent, convertis en trois à soixante-quinze, arriveront à la négociation six semaines avant les trois pour cent des premières liquidations, et certainement bien longtemps avant qu'il y ait à la Bourse une masse considérable de ces trois pour cent ; les cinq pour cent convertis en trois pour cent à soixante-quinze, profiteront seuls des premiers effets de hausse au détriment des trois pour cent de l'indemnité : cela est si clair qu'il est inutile d'insister.

Il résulte de ce seul fait, sans parler de mille autres, que la conversion nuit à l'indemnité ; et il en résulte encore que si quelque chose peut rendre la loi de l'indemnité plus illusoire, c'est le projet de loi de la conversion de la rente.

Si ce projet était retiré, les trois pour cent de l'indemnité ne seraient plus devancés sur la place ; ils n'auraient plus à rencontrer la concurrence des trois à soixante-quinze ; ils auraient pour eux toute la jouissance de l'amortissement. Si l'on peut espérer que les trois pour cent de l'indemnité montent jamais à leur pair nominal, et que la fiction du milliard se change jamais en réalité, c'est certainement dans ce système.

Et d'une autre part, le gouvernement, qui désire que les cinq pour cent se convertissent en trois pour cent, verra vraisemblablement ses souhaits s'accomplir ; car les capitalistes, porteurs des cinq pour cent dont ils peuvent être engorgés, les convertiront en trois pour cent de l'indemnité, quand ces trois pour cent, étant les seuls trois pour cent sur la place, auront à parcourir, soulevés qu'ils seront par la caisse d'amortissement, tous les degrés de soixante à cent leur pair nominal. Vous ferez le bien de l'indemnisé sans dépouiller le rentier. Si celui-ci veut prendre des trois pour cent de l'indemnité, alors la conversion sera véritablement volontaire. Les trois pour cent de l'indemnité seront d'autant plus recherchés qu'ils seront rares, puisque en supposant même que chaque cinquième des liquidations eût véritablement lieu chaque année pendant cinq ans, il n'y aurait, la première année, que six millions de rentes trois pour cent sur la place, en face d'une caisse d'amortissement qui, dès la première année, en rachèterait la moitié. Ainsi, l'indemnisé aurait un meilleur effet, le rentier ne serait plus dépouillé, et les capitalistes, auxquels l'État peut prendre un intérêt plus ou moins justifié, pourraient sortir de l'embarras où ils se trouvent.

Dans la séance dernière, une voix prépondérante confirmait l'opinion que j'exprime ici, en soutenant sa propre opinion. Elle vous disait, pour vous engager à adopter la conversion, que la caisse d'amortissement, ne rencontrant sur la place que les trois pour cent de l'indemnité, élèverait trop rapidement ces valeurs. Il faudrait, messieurs, se résoudre à ce bien, si l'on ne pouvait l'empêcher. Il y aurait d'ailleurs des consolations : l'État serait plus vite libéré du milliard de l'indemnité et n'aurait plus un autre milliard à payer pour la conversion des cinq en trois à soixante-quinze ; les cinq pour cent deviendraient plus précieux. Enfin, si l'on voulait ne pas appliquer toute la caisse d'amortissement aux trois pour cent de l'indemnité, il serait facile d'employer une partie déterminée des fonds de cette caisse à rembourser des cinq pour cent au pair, ou mieux encore à dégrever les contribuables.

Sous le rapport moral il n'y a personne qui ne sente l'immense avantage pour l'indemnisé de n'être plus exposé aux reproches dont la loi sur la dette publique semble offrir un fécond sujet.

Quoi! pour dernière adversité la noblesse française, après tant de sacrifices, se verrait calomniée! Ses injustes ennemis l'accuseraient de ne retrouver ce qu'elle a perdu si généreusement pour le trône, qu'aux dépens d'autres Français, eux-mêmes atteints par les malheurs de la révolution!

En vain l'on soutiendrait que les deux lois d'indemnité et de conversion ne seront pas dans leur exécution matériellement et moralement unies; elles le seront: je l'ai déjà prouvé en parlant de la prétendue nécessité de convertir la rente pour obtenir un dégrèvement dans l'impôt. Qu'importe que les bénéfices faits sur le rentier n'aillent pas directement à l'indemnisé, s'ils sont donnés aux contribuables en dédommagement de ce que celui-ci paiera à l'indemnisé? Le contribuable n'est dans ce cas que l'intermédiaire qui transmet à l'indemnisé le tribut imposé au rentier: trente millions à gagner sur les rentes; trente millions à livrer à l'indemnité; budget et loi des comptes, balance trop exacte de dépenses et de recettes!

L'indemnisé serait à l'abri de ces divers malheurs, si le projet de loi de conversion n'obtenait pas, messieurs, vos suffrages. Si, au contraire, vous l'adoptez, toutes les combinaisons changent; il y a perte matérielle et morale pour tout le monde.

Les trois pour cent de l'indemnité, en concurrence avec les trois pour cent à soixante-quinze, devancés et noyés sur la place dans la masse des cinq pour cent convertis, ne pourront pas s'élever; et s'ils ont pendant quelque moment un peu de faveur, ils retomberont bientôt, et de leur propre poids, et par suite de toutes les influences de bourse. Les trois pour cent à soixante-quinze éprouveront bientôt eux-mêmes une catastrophe inévitable.

Nous savons tous, messieurs, que chacun a fait d'avance à peu près le même projet; chacun s'est dit: « J'entrerai vite dans les trois pour cent à soixante-quinze, et quand « ils seront à quatre-vingt-deux, quatre-vingt-trois et quatre-vingt-quatre, je me hâ- « terai d'en sortir en réalisant mon gain. »

Tout le monde, adoptant la même spéculation, et brûlant de sortir d'une nouvelle rente frappée de réprobation par tous les hommes versés en matière de finances, il en résultera une baisse forcée et considérable, au moment où l'on touchera le point regardé comme la limite fatale, comme la borne au delà de laquelle il y a péril.

Ce n'est pas tout: d'autres calculs font voir combien l'opération est dangereuse, même pour les cinq pour cent convertis en trois à soixante-quinze.

D'après l'excellent rapport sur la caisse d'amortissement, il est prouvé que vingt-cinq à trente millions de rentes déclassés cinq pour cent flottent sur la place. Or, si ces trente millions se précipitent dans la conversion, et que cette masse de trois pour cent à soixante-quinze, augmentée des trois pour cent de l'indemnité, se trouvent à la Bourse, ce n'est pas trois millions rachetés par an par la caisse d'amortissement, qui peuvent avoir une influence sensible sur une somme de rentes aussi considérable.

Qui les achètera donc? Sera-ce les porteurs de ces rentes jouant entre eux? il y a peu de capitaux français, et ce jeu ne mènera qu'à des ruines réciproques. Sera-ce les capitaux étrangers venant élever à la fois et les trois pour cent de l'indemnité, et les quatre et demi au pair, et les cinq pour cent convertis en trois pour cent à soixante-quinze? Mais ces capitaux n'arrivent presque plus ; ils ont trouvé d'autres débouchés, le monde entier leur est ouvert; ils vont servir à exploiter les mines du Mexique, du Pérou et du Chili, à raviver les pêcheries de perles dans l'Océan Pacifique, à joindre la mer du Sud à l'Atlantique, la Méditerranée à la mer Rouge. L'Angleterre a commencé dans son propre sein d'immenses travaux sur les mines, les chemins, les canaux, où d'autres capitaux trouvent de gros intérêts, sans sortir des limites de son île.

Un noble duc qui a le rare talent de donner à la langue des affaires ce degré d'ornement qui contribue à la clarté, le rapporteur de votre commission vous a dit avec autant d'élégance que de précision : « Le taux de l'intérêt est haussé; l'argent « qui regorgeait de toutes parts à Londres est renchéri et recherché; des métaux pré-« cieux sont embarqués; ils s'étonnent de traverser une seconde fois l'Atlantique; « c'est le Pactole qui remonte vers sa source. »

Ce serait d'ailleurs, messieurs, un singulier moyen d'attirer les capitaux étrangers, que de baisser le taux de nos effets publics. Les Anglais qui trouvent des trois pour cent chez eux viendront-ils en chercher en France? Quelques spéculateurs, peut-être, accourront pour jouer sur le capital, et quand ils auront fait monter un moment nos trois pour cent et réalisé leur gain, ils iront placer leur profit dans les trois pour cent de leur pays.

Tous les calculs comme tous les raisonnements portent à penser qu'en promettant des trois pour cent à soixante-quinze, on a détruit la solidité des cinq pour cent, pour ne faire la fortune que de quelques spéculateurs, au détriment des rentiers, des indemnisés et des contribuables.

Les prêts par nos caisses publiques, les lingots déposés à la Banque, sont de grandes opérations particulières, mais qui nuisent peut-être aux opérations publiques, en donnant au mouvement de nos fonds une apparence d'affaire privée toujours impopulaire en matière de finances. S'il était vrai, ce que je n'affirme pas, que plusieurs millions en souverains (monnaie d'Angleterre) fussent arrivés dernièrement encore pour soutenir la liquidation et maintenir la hausse au moment de l'exécution de la loi, ces précautions ne contribueraient pas à rappeler la confiance qui semble s'éloigner de la conversion proposée.

Un noble pair a demandé si c'était le taux de la rente qui faisait l'agiotage, et si l'on ne jouerait pas autant dans les cinq que dans les trois pour cent. Sans parler de la différence qui existe pour les spéculations entre un effet qui a passé le pair et un effet qui est beaucoup au-dessous, je me contenterai de faire observer qu'en multipliant les maisons de jeux et les espèces de jeux, on multiplie nécessairement les joueurs.

Une maladie financière assez semblable à une peste pour les gouvernements, est née en Europe de la corruption de la révolution, et des limons qu'elle a laissés en se retirant. Cette maladie tue le crédit véritable, pour y substituer un crédit factice, connu sous le nom d'agiotage : ces emprunts qui se multiplient sur la surface du globe; ces effets publics émis par des États à peine nés, et dont on sait à peine le nom; cette masse de papiers de divers titres, de diverses sortes, cotés à toutes les bourses, négociés dans tous les pays, n'ont pour la plupart d'hypothèque que les promesses de la fortune. Qu'un régiment se mette en mouvement en Europe, le bruit de sa marche suffira seul pour faire tomber ces valeurs fictives, et amener une commune ruine. Défendons-nous donc, messieurs, de cette maladie; restons appuyés sur notre sol, base de ce crédit solide, qui ne peut périr que de nos propres mains.

Les deux tableaux que je viens de tracer font connaître l'effet en bien pour les indemnisés, les rentiers, les capitalistes, les contribuables, du rejet du projet de loi de conversion, et l'effet en mal pour tous les intérêts, excepté pour ceux de l'agiotage, de l'adoption de ce projet.

Mais si le projet de loi était rejeté, n'y aurait-il pas une grande baisse dans les fonds publics ?

Distinguons :

Il y a dans le projet de loi deux choses : une loi premièrement ; mais des capitalistes embarrassés peuvent y voir secondement une affaire. Si le projet de loi est adopté, l'affaire est bonne pour ces capitalistes, mais la loi est mauvaise pour la France.

Les fonds monteront pendant quelque temps, les capitalistes profiteront d'abord du jeu, se retireront ensuite, et il y aura ruine prolongée pour notre malheureux pays.

Si le projet de loi n'est pas adopté, y aura-t-il baisse ? Cela d'abord est fort douteux ; le rejet de l'amendement de M. le comte Roy, amendement qui était un véritable chef-d'œuvre, amendement qui détruisait les trois pour cent de l'indemnité, le rejet de cet amendement a-t-il fait monter ou baisser les fonds ?

Mais supposons un moment la baisse par le rejet du projet de loi actuel : cette baisse, bien différente de celle qui résulterait un peu plus tard de l'adoption du projet, serait de très-courte durée, et n'affecterait pas les véritables rentiers, les fonds descendraient simplement à leur taux réel, et le cours fictif finirait.

Est-ce ici une assertion gratuite de ma part ? Écoutez le noble rapporteur de votre commission : « On a prétendu, dit-il, que si le projet de loi était adopté, la place « serait agitée de mouvements convulsifs...; qu'une hausse subite et factice serait « bientôt suivie d'une baisse... D'un autre côté, l'opinion générale est que si la loi « est rejetée, une baisse immédiate et considérable en sera la conséquence. » Le savant rapporteur cherche à dissiper ces alarmes et ajoute : « Rappelez-vous ce qui « est arrivé l'année dernière dans des circonstances semblables ; une baisse assez forte « a suivi le rejet de la loi des rentes ; les cinq pour cent qui s'étaient élevés au-dessus « du pair sont retombés au-dessous : qu'en est-il résulté ? les rentiers des départe-« ments qui s'étaient presque tous retirés de la rente dans les prix élevés des pre-« miers mois de l'année, ont jugé convenable d'y rentrer à un cours plus modéré. « Des ordres partis de toutes les grandes places de commerce feraient bientôt remonter « nos fonds à leur cours naturel. »

C'est ainsi, messieurs, que s'explique la majorité de votre commission, en soutenant le projet de loi : vous ne révoquerez pas en doute cette autorité, si bien exprimée par son éloquent et noble organe.

Si donc il doit y avoir baisse dans le cas de l'adoption comme dans celui du rejet ; s'il faut se décider entre l'affaire et la loi, entre les capitalistes et la France, entre l'accident particulier et une catastrophe générale, mon choix, et sans doute le vôtre, messieurs, est tout fait.

Ainsi le projet de loi dans son ensemble est désastreux et ne peut produire aucun des avantages qu'on lui attribue.

Il enchaîne notre avenir politique, il augmente notre dette d'un milliard, il surcharge d'un tiers le capital de la caisse d'amortissement, il diminue de deux cinquièmes la force de l'intérêt composé, puisque l'amortissement sera surtout affecté au rachat des trois pour cent ; il nous forcera à emprunter postérieurement à trois pour cent, ce qui fera croître nos dettes à venir de deux cinquièmes, et il attaque virtuellement le crédit public, en avilissant nos rentes destinées à devenir, sous leurs différents titres, des véhicules d'agiotage.

Les deux nécessités dont on veut faire sortir ce projet, la nécessité d'abaisser le taux de l'argent, la nécessité de mettre en mouvement la caisse d'amortissement, n'existent pas. Les trois pour cent sont créés dans la loi d'indemnité, ils suffisent; et le projet de loi de conversion rejeté, les indemnisés héritent de tous les bénéfices qui, dans l'autre cas, iraient aux seuls agioteurs, en ruinant le rentier et en augmentant le fardeau du contribuable.

Il ne me reste plus, messieurs, qu'à développer quelques considérations générales.

Lors de l'apparition du système de Law, la magistrature et le sacerdoce élevèrent la voix; le parlement fit des remontrances, l'Église tonna du haut de la chaire contre un système également subversif de l'ordre et de la morale publique. Aujourd'hui la France entière est appelée à la Bourse; tous les genres de propriété sont obligés de venir s'y perdre. Ceux qui voudraient éviter de jouer, la loi les y contraint par corps, les uns cédant aux tentations, les autres aux menaces. Toutes les classes de la société ont appris le bas langage de l'agiotage; une inquiétude générale s'est emparée des esprits. On entend répéter de toutes parts cette question alarmante : « Où allons-nous? « que devenons-nous? » On ne sait comment disposer de ce qu'on possède : se retirera-t-on d'une rente continuellement menacée? placera-t-on son argent en fonds de terre? l'ensevelira-t-on dans ses coffres, en attendant de meilleurs jours? La perplexité des propriétaires les précipite dans une multitude de spéculations hasardeuses, pour éviter une catastrophe que chacun pressent, et contre laquelle chacun veut se prémunir.

Et pourtant notre crédit s'affermissait tous les jours! Encore quelque temps, et notre dette était réduite à ce qu'elle doit être pour nous rendre toutes nos forces; et nous eussions fait alors des emprunts, s'il eût été nécessaire, et nous eussions eu des valeurs de différentes espèces, sans violence, sans aventure, sans engager et compromettre l'avenir de la France.

Aperçoit-on la plus petite raison satisfaisante pour toute cette agitation? Pas la moindre. Un sage monarque disait : « A côté du besoin d'améliorer est le danger « d'innover. » Cinq ans de repos auraient fait ce que vous prétendez faire par cinq ans d'inquiétudes et de périls; l'intérêt aurait baissé par l'élévation naturelle d'une rente respectée. Nous sommes réduits à désirer que l'Europe nous laisse tranquilles pendant cinq ans, pour ébranler nous-mêmes en paix nos fortunes pendant cinq ans. Ou des événements forceront l'Europe à ne pas écouter nos vœux, ou, applaudissant à notre impuissance volontaire, elle réglera sans nous le sort du monde.

Toute la question se réduit à ce peu de mots : si la mesure est nécessaire, si l'État ne peut être sauvé que par cette mesure, il faut la prendre, il faut courir toutes les chances de l'avenir, priant Dieu qu'elles soient assez favorables pour nous faire échapper aux écueils que multipliera autour de nous un pareil projet de loi.

Mais si cette mesure n'est pas nécessaire, s'il n'y a pas péril dans la demeure, s'il n'y va pas de notre existence sociale; si, au contraire, nous trouvions notre sûreté extérieure et notre indépendance, comme nation, à ne rien changer; si nous trouvions notre prospérité intérieure, et l'affermissement du trône et de l'autel, à laisser nos fortunes et nos existences en repos pendant quelques années, ne serait-ce pas folie de tenter, de propos délibéré, une opération désastreuse en elle-même et au milieu de laquelle peuvent encore nous surprendre les événements renfermés dans un temps qui s'approche rapidement de nous?

Veuille le ciel que mon opinion soit erronée! Mais je pense que la loi actuelle, combinée avec la loi d'indemnité, peut ouvrir sous nos pas des abîmes. Certes, des ministres si sincèrement dévoués à leur auguste maître, ont dû se faire une cruelle violence, ont dû étrangement souffrir de venir nous demander la conversion des rentes dans les circonstances où nous sommes. Au commencement d'un règne nouveau, à la première session de ce règne, était-ce bien le moment d'embrasser des mesures qui ébranlent le crédit, détruisent la confiance, alarment et divisent les citoyens?

L'huile sainte qui coula sur le front de Louis IX, de François Ier, de Henri IV, de Louis XIV, va couler sur la tête de Charles X : quelle époque pour toucher à la dette publique, que celle d'une cérémonie qui consacra, il y a treize cent vingt-neuf ans, la fondation de l'empire des rois très-chrétiens! cérémonie que l'usurpation même crut devoir adopter pour emprunter à la religion l'air du pouvoir légitime. La monarchie va, pour ainsi dire, renaître dans son berceau, à ce baptistère de Clovis où j'eus le bonheur de l'appeler le premier, quand un roi-chevalier vint nous consoler de la perte d'un roi-législateur. Lorsque Paris, qui jadis avait vu notre prince orné de toutes les grâces de la jeunesse, le revit paré de toute la dignité du malheur, ce n'était encore qu'un simple Français, *qu'un Français de plus* parmi nous : aujourd'hui c'est un monarque; car cette France remplie de gloire a toujours des couronnes à donner ou à rendre. Ah! qu'il eût été facile d'offrir au cœur compatissant et paternel de Charles X, des moyens bien différents de ceux par lesquels on nous invite à signaler son avénement au trône! Que ne laissait-on déborder la joie populaire? Faudra-t-il que quelques voix plaintives se mêlent à des bénédictions, qui pourtant sortiront encore du fond des cœurs les plus attristés?

Si, à l'intérieur de la France, le moment est mal choisi pour courir les terribles aventures du projet de loi, l'est-il mieux dans l'ordre de la société générale? On nous dit que rien ne menace notre tranquillité. Peut-être la politique du moment est-elle stagnante, et il serait facile d'assigner les causes de cet engourdissement : mais il y a une grande politique, qui sort de l'esprit, des mœurs et des événements du siècle; politique que doit comprendre un homme d'État, qui doit entrer dans tous ses calculs, s'il veut se rendre maître des destinées de son pays.

Jetez les yeux sur l'Europe, vous n'y verrez plus que des royaumes, des institutions, des hommes mutilés dans cette lutte à main armée entre les principes anciens et les principes modernes des gouvernements. Les limites des États, le cercle des constitutions, la barrière des mœurs, les bornes des idées, sont déplacées; rien n'est assis; rien n'est stable; rien n'est définitif; tous les peuples semblent attendre encore quelque chose. Il y a trêve entre les principes, mais la paix n'est pas faite; ce qui se passe en Grèce et dans un autre univers augmente les embarras du traité. Les vieux soldats, fatigués d'une mêlée sanglante, veulent le repos; mais les générations nouvelles arrivent au camp, et sont impatientes de partir. La tranquillité du monde tient peut-être au plus petit événement.

Et lorsqu'en France tout recommence à peine, que chaque élément n'a pas encore repris sa place; lorsqu'au mouvement général qui entraîne la société nous joignons notre mouvement intérieur; lorsque entre les crimes du passé et les fautes du présent, nous vacillons sur un terrain remué, labouré, déchiré par le soc révolutionnaire; sans avoir égard à cette position déjà si difficile, nous nous précipiterions tête baissée dans des projets qui sont à eux seuls des révolutions! La restauration a bâti sur les débris de notre antique monarchie le seul édifice qui puisse s'y maintenir, la Charte : il dépend de nous d'y vivre à l'abri de tout malheur; mais ce n'est pas en admettant les mesures qu'on nous propose. L'expérience, messieurs, doit nous avoir appris que tout va vite dans ce pays, que beaucoup de siècles peuvent se renfermer dans peu d'années. Deux avenirs plus ou moins éloignés existent pour la France : l'un ou l'autre peut sortir de l'urne où vous déposerez bientôt vos suffrages.

Le système de Law et les réductions de l'abbé Terray contribuèrent à la ruine de la monarchie; les assignats en tombant précipitèrent la république; les banqueroutes de Buonaparte préparèrent la chute de l'empire. Que tant d'exemples nous avertissent. Qui bouleverse les fortunes bouleverse les mœurs, qui attaque les mœurs, ébranle la religion, qui ébranle la religion perd les États.

Il nous importe, messieurs, de sauver le gouvernement d'une grande méprise dans laquelle les dépositaires de l'autorité ne sont tombés, sans doute, que par le louable désir d'accroître la prospérité publique. Qu'ils ne dédaignent pas, dans l'illusion du pouvoir, des prévoyances salutaires, parce qu'elles leur sembleraient sortir d'une bouche suspecte; qu'ils rendent justice à ceux qui, en évitant de blesser, et respectant toutes les convenances, expriment avec ménagement, mais avec sincérité, des choses qu'ils croient utiles au roi et à la patrie.

Nobles pairs, supplions les ministres de Sa Majesté de retirer un projet funeste. Toutefois, s'ils se trouvaient trop engagés, s'ils se croyaient obligés de renoncer à cet honneur, nous, nous n'aurions plus qu'à suivre ce qui me semble la route du devoir. De même que nous n'avons point écouté les cris des partis contre le principe d'une loi de propriété et de justice, tout en reconnaissant les vices multipliés des détails; de même nous pouvons secourir l'autorité qui s'égare en croyant faire le bien : prêtons l'oreille à des plaintes trop motivées; mettons à l'abri le rentier, en honorant le sort de l'indemnisé. L'adoption de la loi d'indemnité sera pour les garanties monarchiques; le rejet de la loi des rentes sera pour les garanties nationales : notre place est sur les marches du trône entre le roi et ses peuples.

Je vote contre le projet de loi.

DISCOURS

SUR L'INTERVENTION

PRONONCÉ DANS LA CHAMBRE DES PAIRS [1], EN MAI 1823.

On m'a sommé, messieurs, de répondre à des questions qu'on a bien voulu m'adresser. On a accusé mon silence; je vais vous en exposer les raisons, et peut-être vous paraîtront-elles avoir quelque valeur.

Un noble comte aurait voulu, messieurs, qu'à l'exemple de l'Angleterre nous eussions déposé sur le bureau les pièces officielles relatives aux affaires d'Espagne. On n'avait pas besoin d'en appeler à cet exemple. La publicité est de la nature même du gouvernement constitutionnel; mais on doit garder une juste mesure, et surtout il ne faut jamais confondre les temps, les lieux et les nations.

Si le gouvernement britannique n'est pas, sous quelque rapport, aussi circonspect que le nôtre doit l'être, il est évident que cela tient à la différence des positions politiques.

En Angleterre, la prérogative royale ne craint pas de faire les concessions les plus larges, parce qu'elle est défendue par les institutions que le temps a consacrées. Avez-vous un clergé riche et propriétaire? Avez-vous une Chambre des pairs qui possède la majeure partie des terres du royaume, et dont la Chambre élective n'est qu'une sorte de branche ou d'écoulement? Le droit de primogéniture, les substitutions, les lois féodales normandes, perpétuent-elles dans vos familles des fortunes pour ainsi

[1] Ce discours a été prononcé par l'auteur en qualité de ministre des affaires étrangères.

dire immortelles? En Angleterre, l'esprit aristocratique a tout pénétré : tout est priviléges, associations, corporations. Les anciens usages, comme les antiques lois et les vieux monuments, sont conservés avec une espèce de culte. Le principe démocratique n'est rien; quelques assemblées tumultueuses qui se réunissent de temps en temps, en vertu de certains droits de comtés, voilà tout ce qui est accordé à la démocratie. Le peuple, comme dans l'ancienne Rome, client de la haute aristocratie, est le soutien et non le rival de la noblesse. On conçoit, messieurs, que dans un pareil état de choses, la couronne en Angleterre n'a rien à craindre du principe démocratique; on conçoit aussi comment des pairs des trois royaumes, comment des hommes qui auraient tout à perdre à une révolution, professent publiquement des doctrines qui sembleraient devoir détruire leur existence sociale : c'est qu'au fond ils ne courent aucun danger. Les membres de l'opposition anglaise prêchent en sûreté la démocratie dans l'aristocratie : rien n'est si agréable que de se donner les discours populaires en conservant des titres, des priviléges et quelques millions de revenu.

En sommes-nous là, messieurs, et présentons-nous à la couronne de pareilles garanties? Où est l'aristocratie dans un État où le partage égal anéantit la grande propriété, où l'esprit d'égalité n'avait laissé subsister aucune distinction sociale, et souffre à peine aujourd'hui les supériorités naturelles?

Ne nous y trompons pas : il n'y a en France de monarchie que dans la couronne; c'est elle qui, par son antiquité et la force de ses mœurs, nous sert de barrière contre les flots de la démocratie. Quelle différence de position! En France, c'est la couronne qui met à l'abri l'aristocratie; en Angleterre, c'est l'aristocratie qui sert de rempart à la couronne : ce seul fait interdit toute comparaison entre les deux pays.

Si donc nous ne défendons pas la prérogative royale, si nous laissons les Chambres empiéter sur cette prérogative, si le gouvernement croit devoir céder à toutes les interpellations qui lui sont faites, apporter tous les documents que l'opposition croira pouvoir lui demander, vos institutions naissantes seront promptement renversées, et la révolution rentrera dans ses ruines.

J'ai peur, messieurs, d'avoir fatigué votre patience par ces développements un peu longs. Il m'était nécessaire d'établir solidement que ce n'est ni par ignorance de la constitution, ni par abus de pouvoir, que le gouvernement n'a pas imité l'Angleterre, mais pour conserver à la prérogative royale cette force qui supplée à celle qui manque encore à nos institutions. Cette vérité une fois posée, je ne fais aucune difficulté d'examiner les autres objections.

Un noble comte a cru devoir reproduire tout ce qu'on a dit contre le congrès de Vérone. Un noble duc, que vous venez d'entendre, est entré dans cette question avec la candeur, la noblesse, la sincérité qui le caractérisent. Je pourrais donc me dispenser de répondre; mais je demanderai la permission de joindre quelques réflexions à celles du noble duc.

La préoccupation de nos adversaires les a fait tomber dans une singulière erreur; ils partent toujours du dernier congrès comme du commencement de tout en politique. Mais, messieurs, les transactions de Vérone ne sont point le principe et la cause de l'alliance, elles en sont la conséquence et l'effet : l'alliance prend sa source plus haut. On peut dire qu'elle remonte jusqu'au congrès de Vienne; et lorsque M. le prince de Talleyrand a donné, au nom du roi, son assentiment à l'union des grandes puissances contre l'invasion de Buonaparte, il a réellement posé les premiers fondements de l'alliance. Régularisée au congrès d'Aix-la-Chapelle, cette alliance, toute défensive contre les révolutions, a pris ses développements naturels dans les congrès qui se sont succédé. Les puissances y ont examiné ce qu'elles avaient à espérer ou à craindre des événements : cette politique en commun a l'avantage de ne plus permettre à des cabinets de poursuivre des intérêts particuliers, et de cacher des vues ambitieuses dans le secret de la diplomatie.

Ainsi tombe, messieurs, par cette grande explication, tout l'échafaudage qu'on a prétendu élever autour du congrès de Vérone. On voit encore par là que la France n'a point amené à Vérone la question de l'Espagne comme une chose à laquelle personne ne pensait. L'établissement de notre armée d'observation nous obligeait d'en exposer les motifs à nos alliés, et la révolution d'Espagne n'était pas une chose assez inconnue, assez insignifiante, pour qu'elle ne se présentât pas dans la série des affaires de l'Europe : il y avait déjà longtemps qu'elle avait fixé l'attention des cabinets; on en avait parlé à Troppau et à Laybach ; et avant d'être examinée à Vérone, elle avait occupé les conférences de Vienne. Que la France, plus particulièrement menacée, et craignant d'être obligée tôt ou tard de recourir aux armes, ait voulu connaître le parti que prendraient les alliés, le cas d'une guerre avenant, elle a agi selon les règles d'une simple prudence.

Remarquez bien, messieurs (et ceci répond péremptoirement à un noble baron), que les questions posées à Vérone par un noble duc sont éventuelles, hypothétiques; elles laissent aux cours à qui elles sont faites le libre exercice de leur volonté ; elles ne demandent rien, ne sollicitent rien dans le sens positif. Chaque cour pouvait répondre ce qu'elle voulait, et tel a été le cas : l'une pouvait dire : *J'agirai comme la France*; l'autre, *je resterai neutre* ; une troisième aurait pu même se déclarer ennemie. Il est impossible de ne pas reconnaître dans cette conduite une politique franche qui va droit au but et cherche seulement à connaître sa position extérieure, pour proportionner ses moyens aux événements.

Enfin, messieurs, et je l'ai déjà remarqué, voudrait-on que la France fût séparée de tous les autres peuples, qu'elle fût abandonnée au milieu de l'Europe? Si elle était attaquée, ne devrait-elle avoir aucun allié? Une nation civilisée a-t-elle jamais existé dans un tel état d'isolement? L'Angleterre elle-même ne se réunit-elle pas dans plusieurs points à l'alliance, et n'a-t-elle pas aussi ses traités particuliers? Par exemple, ne doit-elle pas défendre le Portugal, si le Portugal était exposé à une agression? Vous voyez, messieurs, comment les objections s'évanouissent quand on les examine de près.

D'ailleurs, qu'est-ce que les papiers publiés en Angleterre vous ont appris? Rien de nouveau, rien que je n'eusse déjà dit et expliqué à la tribune; mais du moins ils font voir une chose, c'est que les doctrines secrètes du gouvernement ont été parfaitement d'accord avec ses doctrines publiques; qu'il n'est pas échappé à un ministre, ni dans ses dépêches, ni dans ses conversations confidentielles, un seul mot qui ne montrât le plus sincère désir de maintenir la paix, qui ne fît voir la plus réelle sollicitude pour la liberté et le bonheur de l'Espagne. Y avez-vous remarqué les principes du pouvoir absolu, de l'intolérance religieuse, les vœux de l'ambition et de l'intérêt? Ces deux mots, *paix et honneur*, se retrouvent partout; et si la faction qui domine l'Espagne ne nous a pas permis de les concilier, ce n'est pas la faute de la France.

Un noble pair veut savoir s'il a été conclu des traités en vertu desquels les étrangers doivent entrer en France. Je lui répondrai ce que j'ai déjà répondu à la Chambre des députés : Jamais.

On nous fait un crime de toute chose. Une junte fait une proclamation : quoique cette proclamation ait été imprimée de diverses manières, quoi que nous ayons cent fois déclaré que nous ne nous mêlerions en rien de la politique intérieure de l'Espagne, quoique la proclamation de monseigneur le duc d'Angoulême soit le seul document que nous puissions reconnaître, n'importe, nous répondrons de tout ce qui se fera, de tout ce qui se dira en Espagne.

Il faut que nous touchions encore la question la plus délicate en politique, il faut que nous disions ce que nous pensons sur les colonies espagnoles, que nous prononcions sans façon et sur-le-champ sur l'avenir de l'Amérique, afin que l'on voie si dans nos réponses nous ne heurtons pas quelques-uns de ces intérêts si divers et si compliqués.

Autre grief : si nous voulions sincèrement la paix, que n'avons-nous accepté la médiation de l'Angleterre?

Nous n'avons jamais refusé ses bons offices pour un accord amical; quant à la médiation, nous n'avions de jugement à subir de personne. L'Angleterre n'aurait pas pu peser nos torts, puisque nous n'en avions pas envers l'Espagne, et que nous ne pouvions pas consentir à établir l'arbitrage entre la révolution et la légitimité. La France est reconnaissante de la bienveillance qu'on lui témoigne, mais elle prendra toujours soin de prononcer elle-même sur tout ce qui concerne sa dignité et son honneur.

Après tout, messieurs, le moment approche où les événements vont décider la question ; mais il est clair que si, comme on l'a prétendu, la guerre d'Espagne était d'abord impopulaire, elle se popularise tous les jours depuis que les hostilités sont commencées, et surtout depuis qu'on a prodigué à la France des outrages qui ont retenti dans tous les cœurs français.

N'imitons point, messieurs, ces exemples ; les gouvernements représentatifs deviendraient impossibles si les tribunes se répondaient : les récriminations imprudentes auraient bientôt changé l'Europe en champ de bataille. C'est à nous à donner l'exemple de la modération parlementaire. On a fait des vœux contre nous : souhaitons la prospérité à toute puissance avec laquelle nous conservons des relations amicales. On a osé élever la voix contre le plus sage des rois et contre son auguste famille. Qu'avons-nous à dire du roi d'Angleterre, sinon qu'il n'y a point de prince dont la politique soit plus droite et le caractère plus généreux; point de prince qui, par ses sentiments, ses manières et son langage, donne une plus juste idée du monarque et du gentilhomme ? On a traité avec rigueur les ministres français. Je connais les ministres qui gouvernent aujourd'hui l'Angleterre, et ces personnages éminents sont dignes de l'estime et de la considération dont ils jouissent. J'ai été l'objet particulier des insultes : qu'importe, si vous trouvez, messieurs, que je ne les ai méritées que pour avoir bien servi mon pays? ne craignez pas que ma vanité blessée puisse me faire oublier ce que je dois à ma patrie; et quand il s'agira de maintenir la bonne harmonie entre deux nations puissantes, je ne me souviendrai jamais d'avoir été offensé.

Au surplus, on a posé un principe que je ne puis adopter dans toute sa rigueur et sans restriction, car il établirait la société sur le droit physique ou le droit de force, et non sur le droit moral : je crois que les décisions de la justice doivent passer avant les décrets d'une majorité qui peuvent quelquefois être injustes. Mais j'adopte dans le cas particulier où nous sommes ce droit de la majorité. Les hommes respectables qui blâment l'intervention armée de la France disent donc que cette intervention sera justifiée si la majorité espagnole se prononce en notre faveur. Alors, messieurs, notre cause est gagnée, même aux yeux de nos adversaires.

L'erreur qui fait le fond de tous les raisonnements contre la guerre d'Espagne vient d'avoir éternellement comparé l'invasion de Buonaparte à la guerre que nous avons été obligés d'entreprendre contre la faction militaire de l'île de Léon. Buonaparte fit la guerre la plus injuste, la plus violente au roi et à la nation espagnole; nous, nous prenons les armes pour ce même roi et cette même nation. On nous a prédit tous les malheurs qui suivirent l'invasion de l'usurpateur, comme si la position était la même pour l'intervention tout amicale d'un roi légitime.

Sans doute, si nous prétendions agir comme Buonaparte, quatre cent mille hommes et quatre cents millions ne suffiraient pas; mais voulons-nous suivre son exemple? Remarquez, messieurs, dès nos premiers pas en Espagne, une différence de fait qui détruit toutes les comparaisons de nos adversaires.

Dans la guerre de Buonaparte, presque toutes les villes fortifiées qu'il avait d'abord occupées comme allié étaient pour lui, parce qu'il y avait mis garnison; mais toutes les populations des campagnes étaient contre lui. Aujourd'hui, c'est précisément le contraire : les villes où les Cortès ont jeté quelques soldats, nous ferment les portes, mais le peuple entier des campagnes et des villes ouvertes est pour nous. Non-seulement le peuple et le paysan sont pour nous, mais ils nous regardent comme leurs libérateurs : ils embrassent notre cause, ou plutôt la leur, avec une ardeur qui ne laisse aucun doute sur les sentiments de l'immense majorité espagnole. Les paysans servent eux-mêmes de guides à nos soldats. Dans ce même pays où nos officiers ne pouvaient voyager sans escorte sans courir risque de la vie, ces mêmes officiers voyagent seuls comme en pleine paix, trouvant partout assistance, et sont salués sur la route par les cris de *vive le roi!* Les particuliers et les fonctionnaires publics s'empressent de donner aux commandants français les lieux où les troupes des Cortès, en se dispersant, ont caché leur argent, leurs munitions et leurs armes.

Il ne se formera point, ou il ne se formera que peu de guérillas, car c'étaient les paysans qui formaient ces guérillas, et ces paysans sont pour nous. Ils seraient les premiers à s'armer contre les bandes qui pourraient rester des troupes des Cortès : on en a déjà vu des exemples.

Je ne dois point oublier qu'un noble comte qui soutient le principe de la guerre d'Espagne l'appuie sur la raison politique que c'est une guerre d'influence. Je suis obligé de lui déclarer que telle n'est point la pensée du gouvernement. Nous ne prétendons rétablir avec l'Espagne aucun des traités détruits à jamais par le temps. Nous combattons seulement pour nous soustraire au retour des maux dont nous avons été trente ans les victimes.

La question, messieurs, n'a jamais été pour nous de savoir ce que nous avions à gagner en prenant les armes, mais ce que nous avions à perdre en ne les prenant pas; il y allait de notre existence; c'était la révolution qui, chassée de France par la légitimité, voulait y rentrer de force.

Il a donc fallu nous défendre : le bruit de toutes les déclamations n'a pu étouffer cette voix intérieure qui nous disait que nous étions en danger. Non-seulement nous le sentions, mais nos ennemis le voyaient, et leur indiscrète joie, d'un bout de l'Europe à l'autre, trahissait leur espérance. De cette nécessité qui nous a mis les armes à la main sortira, j'ose le dire, un bien immense. Vous le savez, messieurs, tous les efforts révolutionnaires s'étaient tournés contre notre armée; on n'avait pu soulever le peuple, on voulait corrompre le soldat.

Que de tentatives faites sur nos troupes! que de complots toujours déjoués et sans cesse renaissants! On employait jusqu'au souvenir de la victoire pour ébranler cette fidélité : de là cette fatale opinion (que, grâce à Dieu, je n'ai jamais partagée), de là, dis-je, cette opinion qu'il nous serait impossible de réunir dix mille hommes sans nous exposer à une révolution. On ne nous menaçait que de la cocarde tricolore, et l'on affirmait qu'à l'apparition de ce signe aucun soldat ne resterait sous le drapeau blanc. De cette erreur, adoptée même par des hommes d'État, résultait, pour la France, une faiblesse qui nous livrait, sinon au mépris, du moins à la volonté de l'Europe.

Eh bien ! messieurs, l'expérience a été faite, et, comme je n'en avais jamais douté, elle a parfaitement réussi. Le coup de canon tiré à la Bidassoa a fait évanouir bien des prestiges, a dissipé bien des fantômes, a renversé bien des espérances. Huit années de paix avaient moins affermi le trône légitime sur ses bases que ne l'ont fait vingt jours de guerre. Un roi qui, après nous avoir rendu la liberté, nous rend la gloire; un prince qui est devenu au milieu des camps l'idole de cent mille soldats français, n'ont plus rien à craindre de l'avenir. L'Espagne délivrée de la révolution, la France reprenant son rang en Europe et retrouvant une armée, la légitimité acquérant la seule force qui lui manquait encore, voilà, messieurs, ce qu'aura produit une guerre passagère que nous n'avons pas voulue, mais que nous avons acceptée.

Ces grandes considérations devraient faire cesser toutes divisions politiques; nous devrions imiter ces vieux compagnons de Conégliano, ces vétérans de l'armée de Condé, qui dorment aujourd'hui sous la même tente, et qui n'ont plus qu'un même drapeau.

DISCOURS

SUR LES DÉBATS DU PARLEMENT D'ANGLETERRE

PRONONCÉ A LA CHAMBRE DES PAIRS, LE 26 DÉCEMBRE 1826.

Dans la déclaration que M. le ministre des affaires étrangères a cru devoir faire connaître, j'ai été étonné du silence que le noble ministre a gardé sur les discours prononcés dernièrement dans le parlement d'Angleterre. Je respecte cette prudence, bien que je n'en comprenne pas les motifs; mais moi, sur la tête de qui aucune responsabilité ne pèse, si ce n'est comme pour tout Français, la responsabilité de mon pays, je dirai franchement ce que M. le ministre des affaires étrangères a cru devoir omettre.

Vous vous souvenez peut-être, messieurs, de m'avoir vu repousser, comme ministre, à cette tribune, des outrages adressés au nom français, dans le parlement anglais. Les généreuses victoires de M. le Dauphin répondraient bien mieux et bien plus haut que nos vaines paroles aux déclamations de nos adversaires.

Aujourd'hui les choses sont bien changées : je n'eus à combattre, en 1823, que l'opposition anglaise; en 1826, c'est le principal ministre de Sa Majesté Britannique qui dépasse dans la carrière les membres de cette opposition; ma tâche est pénible, ce ministre fut mon honorable ami; j'admire ses talents, je respecte sa personne; mais il me pardonnera, j'espère, d'essayer de faire pour mon pays ce qu'il a trop bien fait pour le sien.

Il faut d'abord, messieurs, que je m'exprime nettement sur le fond de l'affaire de Portugal.

Je ne reconnaîtrai jamais à des soldats le droit de faire et de défaire des institutions politiques, de proclamer et de détrôner des rois; j'aime peut-être mieux la Charte portugaise que les ministres anglais eux-mêmes, qui en parlent presque dérisoirement et qui ont cru devoir rappeler sir Charles Stuart de sa mission, pour avoir envoyé cette Charte à Lisbonne. Je pense que l'indépendance appuie l'indépendance, qu'un peuple libre est une garantie pour un autre peuple libre; je crois qu'on ne renverse pas une constitution généreuse, quelque part que ce soit sur le globe, sans porter un coup à l'espèce humaine tout entière.

Cette large part faite à mes principes, j'entre avec hardiesse dans l'examen du document qui nous est venu d'outre-mer.

Le ministre de Sa Majesté Britannique a commencé son discours par l'inventaire des traités qui lient l'Angleterre au Portugal : il aurait pu en citer davantage ; il aurait pu parler de l'alliance de la maison de Lancastre avec l'ancienne maison de Portugal ; mais alors nous aurions pu lui dire que la maison de Bragance tire son origine de la maison de France. Pourquoi se tant effaroucher de nos liaisons avec l'Espagne, quand on fait un si fastueux étalage des rapports que l'on a eus dans tous les temps avec le Portugal ? Et nous, n'avons-nous pas des traités qui nous enchaînent à l'Espagne ? Sans remonter à la reine Brunehaut, à Charlemagne et à la mère de saint Louis, n'avons-nous pas le traité du roi Jean et de Pierre, roi de Castille, en 1351, pour le mariage de Blanche de Bourbon ; le traité de Charles V et de Henri II le Magnifique, roi de Castille, en 1368 ; le renouvellement de la même alliance en 1380 ; le traité de Charles VI et de Jean, roi de Castille, en 1387, contre l'Angleterre, et renouvelé en 1408 ; le traité entre Louis XI et Henri, roi de Castille et de Léon, en 1469 ; un autre traité avec Ferdinand et Isabelle, roi et reine de Castille, en 1478 ? Louis XII renouvela ce traité en 1498. Germaine de Foix, nièce de Louis XII, fut promise en mariage à Ferdinand, roi d'Espagne, en 1503. Autre traité d'alliance.

Le traité du 13 octobre 1640 avec Louis XIII et la principauté de Catalogne, et les conditions de Barcelone du 19 septembre 1641, nous donnèrent des droits sur la Catalogne ; puis viennent le fameux traité des Pyrénées, du 7 mars 1659, le contrat de mariage de Louis XIV, du 7 novembre de la même année ; tous les traités qui accompagnèrent et suivirent la guerre de la Succession, de 1701 à 1713 ; et enfin le pacte de famille en 1761, qui, par son article 8, déclare que les États respectifs doivent être regardés et agir comme s'ils ne faisaient qu'une seule et même puissance. Que le pacte de famille ait été annulé par les derniers traités, cela est vrai jusqu'à un certain point ; mais il n'est pas du tout clair que ces mêmes traités avaient maintenu toutes les conventions antérieures entre l'Angleterre et le Portugal.

Au reste, qu'est-ce que cette érudition diplomatique prouve des deux côtés ? rien du tout ; elle n'établit pas plus notre droit nouveau de nous mêler des affaires d'Espagne, qu'elle ne confirme le droit que l'Angleterre prétend avoir de s'immiscer dans les affaires *intérieures* du Portugal : nos droits respectifs se tirent tout simplement de part et d'autre de nos intérêts essentiels. On parle beaucoup d'un *casus fœderis*, lequel serait arrivé. Un membre de l'opposition anglaise a très-bien répondu qu'il ne voyait pas comment la révolte de deux régiments portugais établissait le *casus fœderis*. On cherche des coupables, les Espagnols sont derrière l'insurrection portugaise : si ce ne sont les Espagnols, ce sont les Français ; pourquoi pas les Autrichiens ? Don Miguel n'est-il pas à Vienne ? Dans ce pays-là on n'aime pas beaucoup les Chartes : pourquoi la colère du cabinet anglais ne se tourne-t-elle pas de ce côté ? Pourquoi, messieurs ? il y a de bonnes raisons pour cela ; ces raisons sont les mêmes qui font que le libéralisme anglais porte le bonnet de la liberté à Mexico et le turban à Athènes.

Mais tandis qu'on proclame le *casus fœderis*, s'il arrivait, ce qui n'est nullement probable, que Lisbonne tombât aux mains du marquis de Chaves, et que les Anglais, au lieu d'y trouver un allié, n'y trouvassent qu'un ennemi ; s'il fallait entrer de force en Portugal, n'est-il pas clair qu'au lieu *d'alliance et d'occupation* il y aurait *conquête*, et conquête sur les seuls Portugais ? Que deviendrait alors le *casus fœderis* ? La question politique sera entièrement changée pour l'Europe.

Je viens maintenant, messieurs, à la partie des discours qui nous regardent particulièrement ; il faut rapporter les textes : « Je ne puis que redouter la guerre quand

« je pense au pouvoir immense de ce pays, quand je pense que les mécontents de
« toutes les nations de l'Europe sont prêts à se ranger du côté de l'Angleterre.

« Un des moyens de redressement était une guerre contre la France; il y avait en-
« core un autre moyen : c'était de rendre la possession de ce pays inutile entre des
« mains rivales; c'était de la rendre plus qu'inutile; c'était enfin de la rendre pré-
« judiciable au possesseur; j'ai adopté ce dernier moyen. Ne pensez-vous pas que
« l'Angleterre ait trouvé en cela une compensation pour ce qu'elle a éprouvé en
« voyant entrer en Espagne l'armée française, et en voyant bloquer Cadix?

« J'ai regardé l'Espagne sous un autre aspect; j'ai vu l'Espagne et les Indes; j'ai
« dans ces dernières contrées appelé à l'existence un nouveau monde, et j'ai ainsi ré-
« glé la balance; j'ai laissé à la France tous les résultats de son invasion.

« J'ai trouvé une compensation pour l'invasion de l'Espagne, pendant que je laisse
« à la France son fardeau, fardeau dont elle voudrait bien se débarrasser, et qu'elle
« ne peut porter sans se plaindre. C'est ainsi que je réponds à ce qu'on a dit sur l'oc-
« cupation de l'Espagne.... Je sais, dis-je, que notre pays verra se ranger sous ses
« bannières pour prendre part à la lutte, tous les mécontents et tous les esprits in-
« quiets du siècle, tous les hommes qui, justement ou injustement, ne sont pas sa-
« tisfaits de la condition actuelle de leur patrie.

« L'idée d'une pareille situation excite toutes les craintes; car elle montre qu'il
« existe un pouvoir entre les mains de la Grande-Bretagne plus terrible peut-être
« qu'on n'en vit jamais en action dans l'histoire de la race humaine. (Écoutez!)
« Mais est-il bon d'avoir une force gigantesque; il peut y avoir de la tyrannie à en
« user comme un géant : la conscience de posséder cette force fait notre sécurité; et
« notre affaire est de ne point chercher d'occasion de la déployer, excepté partielle-
« ment et d'une manière suffisante pour faire sentir qu'il est de l'intérêt des deux
« côtés de se garder de convertir leur arbitre en compétiteur. (Écoutez!) La situation
« de notre pays peut être comparée à celle du maître des vents, telle que la décrit le
« poète,

Celsa sedet Æolus arce.
. . . .

« Voici donc la raison, raison inverse de la crainte, contraire à l'impuissance, qui
« me fait appréhender le retour de la guerre, » etc.

Ces paroles ne peuvent que nous attrister profondément ; c'est la première fois que des aveux aussi dédaigneux, que des malédictions aussi franches ont été prononcées à une tribune publique; ni les Chatam, ni les Fox, ni les Pitt, n'ont exprimé contre la France des sentiments aussi pénibles. Lorsque lord Londonderry faisait au parlement anglais le récit de la bataille de Waterloo, que disait-il dans toute l'exaltation de la victoire? Il disait : « Les soldats français et les soldats anglais lavaient leurs mains « sanglantes dans le même ruisseau en se félicitant mutuellement de leur courage. » Voilà le langage d'un noble ennemi.

Que l'Angleterre soit un *géant*, je ne lui dispute point la taille qu'elle se donne; mais ce géant ne fait aucune frayeur, que je crois, à la France. Un colosse a quelquefois les pieds d'argile. Que l'Angleterre soit Éole, je le veux bien encore ; mais Éole n'aurait-il pas des tempêtes dans son empire? Il ne faut pas parler des mécontents qui peuvent se trouver en d'autres pays, quand on a chez soi cinq millions de catholiques opprimés, cinq millions d'hommes qu'on est obligé de contenir par un camp permanent en Irlande; quand on est dans la dure nécessité de faire fusiller tous les ans des populations ouvrières qui manquent de pain; quand une taxe des pauvres qui s'augmente sans cesse annonce une misère toujours croissante : on sait que la misère fait des mécontents. Eh quoi ! messieurs, si l'étendard britannique se levait, on verrait se ranger autour de lui tous les mécontents du globe ! Est-ce la France seule qui doive s'inquiéter de cette naïve révélation ? N'y a-t-il pas des mécontents en Italie, en Hongrie, en Pologne et en Russie ?

C'est une triste chose d'avoir à craindre pour auxiliaires les passions et les malheurs des hommes, d'apercevoir des succès qui pourraient prendre leur source dans le bouleversement des empires, de posséder un drapeau d'une telle vertu qu'il serait à l'instant choisi par la discorde. Il est malheureux d'avouer qu'on pourrait trouver la puissance dans la confusion et le chaos ! Si le géant de l'Angleterre, en sortant de son île, reconnaît qu'il peut brûler le monde, ne justifie-t-il pas le blocus continental d'un autre géant ?

La France, messieurs, a des prétentions différentes. Si jamais, ce qu'à Dieu ne plaise, elle était obligée de reparaître pour sa défense sur les champs de bataille, *elle rallierait autour de son drapeau, non les mécontents des divers pays, mais tous les hommes fidèles à leur roi, à leur honneur, à la patrie, tous les hommes amis des libertés publiques dans un ordre sage et légal.*

Si jamais nous étions obligés de combattre l'Angleterre elle-même, nous n'essaierions point de soulever dans son sein ces millions de mécontents que j'ai indiqués. Ce n'est point en allumant le flambeau de la guerre civile chez un peuple ennemi que nous tâcherions d'obtenir des succès ; une victoire qui ne serait pas le prix de notre propre sang serait indigne de nous.

Dieu nous préserve, messieurs, que la nation anglaise, qui fait tant d'honneur à la nature humaine, périsse à jamais par les troubles que l'on pourrait exciter dans son sein ! Le monde reconnaissant s'obstinera à ne voir dans la patrie des Bacon, des Locke et des Newton, que des lumières, que des principes de liberté et de civilisation. Le monde ne croira jamais que le pavillon britannique puisse être l'étendard de ces désordres qui amènent l'anarchie, et avec l'anarchie le despotisme, qui la suit et la punit.

Le ministre anglais se vante d'avoir prévu les résultats de la guerre d'Espagne, et d'en avoir profité pour affranchir un nouveau monde. Il n'y a là dedans qu'une erreur de date. On oublie que longtemps avant le ministère de M. Canning, lord Castlereagh, au congrès d'Aix-la-Chapelle, avait déclaré que l'Angleterre reconnaîtrait tôt ou tard l'indépendance des colonies espagnoles. Ce n'est donc point notre guerre en Espagne qui a produit cette reconnaissance. Les colonies espagnoles étaient émancipées, les ports de l'Angleterre étaient ouverts à leurs vaisseaux, pour le commerce, à l'époque même où l'honorable M. Canning allait s'embarquer pour les Indes. Aujourd'hui cet homme d'État a tout simplement suivi les événements comme tant d'autres ministres. Nous l'en félicitons, car s'il avait prévu les maux dont l'Espagne est accablée depuis trois ans, et s'il les avait laissés s'accroître dans l'unique espoir de nuire à la France, de quel nom faudrait-il appeler cette politique ?

Le ministre anglais a déclaré que les forces britanniques allaient occuper le Portugal. Il le peut et le doit aux termes de ses traités, si le *casus fœderis* est réellement arrivé : il faut être juste d'ailleurs, le ministère anglais nous a fait grâce ; il a déclaré au gouvernement français, appelé à la barre du parlement anglais, qu'on est content de lui. On doute encore un peu de notre franchise ; on aurait voulu des actions et non des paroles ; mais enfin, vaille que vaille, on est satisfait.

La France était peu accoutumée à se voir ainsi mandée par *l'huissier de la verge noire*. Cela est assez dur pour cette France qui a encore les plus belles finances de l'Europe (il est vrai un peu malgré les combinaisons) ; pour cette France qui, sur un seul mot du roi, rassemblerait un million de soldats autour de monseigneur le Dauphin.

L'occupation du Portugal par les Anglais, qui peut avoir des avantages sous des rapports généraux, est cependant en particulier très-fâcheuse pour nous, en ce qu'elle nous condamne à rester en Espagne. C'est ici le *casus fœderis* de l'honneur; jamais les Français ne refusent d'en accepter les charges.

Au reste, je ne crois point à une guerre entre l'Espagne et l'Angleterre. L'Angleterre n'a plus rien à prendre à un peuple dépouillé, si ce n'est son dernier manteau. On ne s'imagine pas sans doute que nous puissions livrer aux Anglais les portes de Barcelone et de Cadix. Pour s'emparer de Cuba, il faut faire la guerre aux États-Unis; l'Angleterre sait tout cela.

Je ne crois pas davantage à la possibilité d'une guerre entre la France et l'Angleterre, dont nous nous déclarons d'ailleurs, dans ce moment même, les fidèles alliés. Qu'aurions-nous à perdre dans une guerre maritime? deux ou trois rochers dans deux océans : nos cent cinquante vaisseaux armés, non réunis en escadre, mais dispersés sur les mers du globe, feraient plus de mal à l'immense commerce anglais que toutes les flottes de l'Angleterre n'en pourraient faire au commerce malheureusement trop borné de la France. Sur le continent, où est le point d'attaque? les Anglais, qui n'auraient plus pour eux les populations du Portugal, pourraient-ils s'y maintenir contre nous? Puisque l'Angleterre se vante justement de sa force, elle nous donne le droit de parler de la nôtre. Qu'on n'oublie pas qu'il y a en France une population surabondante, pleine d'énergie et de courage; une population qui voit ce que la France a perdu, et qu'il est plus difficile de retenir que de soulever. Il serait souverainement impolitique de blesser par des paroles méprisantes l'orgueil d'un million de jeunes Français qui jettent des regards impatients sur le vaste champ de bataille glorieusement arrosé du sang de leurs aînés.

Je ne viens point, messieurs, vous proposer de rendre dans votre adresse outrage pour outrage; cela ne conviendrait point à votre dignité, et j'ose dire que cela n'est point dans mon caractère. Mais je suis persuadé que vous penserez, comme moi, qu'un ton grave et même un peu sévère est celui qui convient dans ce moment à cette Chambre, gardienne de l'honneur français comme des libertés publiques. On a déjà poussé bien loin les complaisances; quiconque se laisse humilier n'obtient pas la paix, mais la honte.

J'ai fait tous mes efforts pour mettre dans mes paroles la mesure et la modération que les circonstances exigent; je ne me suis pas même souvenu des ministres. Nous nous retrouverons dans les affaires intérieures de la France; aujourd'hui il s'agit de l'étranger : sur ce point-là l'opinion ne connaît point de dissensions; nous sommes tous Français.

Soutenons, messieurs, les intérêts de notre pays, la majesté du trône et de la France. Si l'on voulait encore une fois enchaîner nos pensées; si l'on osait encore, par impossible, nous ravir les franchises que la Charte nous garantit et que les serments de nos rois nous assurent, sauvons du moins l'honneur : tôt ou tard, avec l'honneur et la gloire, nous referions la liberté.

DISCOURS

PRONONCÉ A LA CHAMBRE DES PAIRS, DANS LA SESSION DE 1827.

SUR LA LOI DES POSTES.

Messieurs, il y a bientôt une douzaine d'années que la loi sur les *cris et écrits séditieux* m'obligea de me placer à regret dans les rangs de l'opposition, et j'eus l'honneur de prononcer devant vous mon premier discours en faveur de la plus précieuse de nos libertés. Depuis cette époque les autorités successives m'ont retrouvé au même poste. Le temps a marché : les uns, par un mouvement progressif et naturel, sont mieux entrés dans l'esprit de la Charte, et ont reconnu la nécessité de la liberté de la presse; les autres, au contraire, par un mouvement rétrograde, après avoir défendu cette liberté, ont découvert qu'il n'y avait rien de plus funeste. Ainsi tout le monde s'est corrigé; il n'y a que quelques entêtés comme moi, qui, répétant toujours les mêmes vérités, sont restés incorrigibles.

Il a fallu qu'un malheureux article 8 se rencontrât dans un projet de loi sur les postes, pour me forcer à monter de nouveau à la tribune. En vérité, messieurs, je ne sais trop que vous dire, car je ne veux pas même effleurer aujourd'hui des questions que je me propose d'examiner plus tard, lorsque nous discuterons le projet de loi relatif à la police de la presse [1]. Il m'aurait beaucoup mieux convenu de me taire jusqu'à l'arrivée de ce projet; mais enfin il ne sera pas dit que j'aie laissé passer un article vexatoire pour la liberté de la presse, sans avoir au moins protesté contre.

Je déclare ne porter aucune inimitié secrète au présent projet de loi, considéré dans sa généralité : mon instinct de voyageur me rend plutôt favorable à l'institution des postes. Que l'on retranche l'article 8 du projet de loi, et je suis prêt à voter pour ce projet. Afin de ne rien perdre, on pourra transporter, si l'on veut, cet article dans le projet de loi sur la presse; il en est tout à fait digne, et lui appartient par ordre de matières. En effet, messieurs, cet article 8 se trouve dans le projet de loi actuel, on ne sait trop pourquoi : c'est un paquet dont on aura mal mis l'adresse, et que le courrier aura porté à une fausse destination.

J'ai néanmoins entendu dire que le projet de loi sur le tarif des postes a été conçu avant le projet de loi sur la presse. Ainsi l'article 8, innocent d'intention et d'origine, se trouverait, par le plus grand hasard du monde, avoir un air de complicité et de parenté avec un étranger qui me paraît fort suspect. Si cela est, il faut plaindre la loi des postes d'être arrivée aux Chambres avec la loi de la presse, comme nous avons gémi de voir l'indemnité des émigrés accolée aux trois pour cent : rien ne montre mieux le danger des liaisons.

On assure qu'il n'y a rien d'hostile dans l'article 8 contre la liberté de la presse : c'est, dit-on, une mesure purement fiscale. Les journaux gagnent beaucoup d'argent : n'est-il pas juste qu'ils en rendent quelque chose? D'ailleurs, ne pourront-ils pas accroître la dimension de leur papier? Ces bonnes raisons, et mille autres encore meilleures, ont engagé à produire l'état commercial des journaux, ou le bilan de l'opinion publique : on a vu à qui cette opinion avait fait banqueroute.

Ainsi, messieurs, les journaux, moyennant la somme de six cent mille francs qu'ils paieront de plus au trésor, auront l'inappréciable avantage de pouvoir s'enfler à la grosseur du *Moniteur* : ils pourront, en élargissant leur *justification*, et en grossis-

[1] Voyez dans les *Mélanges politiques* l'opinion de l'auteur sur ce projet de loi.

sant leurs *caractères*, transformer le petit in-folio dans le grand in-folio sans plus de dépense d'esprit et sans augmentation de frais de rédaction. Ils en seront quittes pour payer le papier plus cher, et une taxe plus élevée : bénéfice certain pour les propriétaires de ces feuilles ; et si, par contagion, en atteignant la taille du *Moniteur*, les journaux partageaient les autres destinées du journal officiel, ils auraient alors, en vertu de la loi des postes, un avant-goût des joies que la loi de la presse leur prépare.

Cependant, ce nouveau droit sur les journaux est-il réparti comme il devrait l'être, pour produire, indépendamment du résultat fiscal, la conséquence morale que sans doute on en espère ? Non, messieurs, car cet article frappe également tous les journaux, quel que soit leur contenu. Les personnes habiles en matières de douanes ont très-bien distingué les différentes grandeurs de papier, afin de leur faire payer un tarif proportionnel : espérons que l'on finira par inventer pour la pensée ces espèces de petits instruments avec lesquels on s'assure du nombre des fils qui composent un tissu, afin de l'assujettir à un droit plus ou moins élevé. Si les idées sont plus généreuses, elles paieront une surtaxe ; on sera plus indulgent pour une autre espèce d'idées, marchandises dont il est bon que le peuple jouisse à vil prix, et dont même la contrebande sera tolérée.

En attendant ce perfectionnement, le gouvernement percevra-t-il les six cent mille francs qu'il espère ? J'en doute.

On a calculé cette somme sur le nombre des journaux existants ; mais, pour lever des contributions, il ne faut pas tuer les contribuables. Si la loi sur la presse venait malheureusement à être adoptée, combien resterait-il de journaux ?

Il est donc plus que probable que les six cent mille francs qu'on espère obtenir par la taxe sur les journaux n'entreront point dans les coffres publics ; on aura nui à la liberté de la presse sans tirer aucun avantage pécuniaire de la mesure. Les trois quarts et demi des journaux périront : si même ils devaient survivre, il suffirait, comme on l'a remarqué, qu'ils s'abstinssent de paraître le dimanche pour que l'impôt ne rendît pas une obole. Je sais que les compagnies formées pour l'amortissement des journaux s'écrieront : « Attrapez-nous toujours de même ! Nous consentons volontiers à dé-
« dommager le gouvernement, à perdre six cent mille francs pour qu'il n'y ait pas
« de journaux le dimanche, six cent mille autres francs pour qu'il n'y en ait pas le
« lundi, et ainsi de suite toute la semaine. Combien faut-il de millions pour retourner
« au temps où l'on faisait une croix au bas d'un acte, déclarant ne savoir signer ?
« Parlez : nous cotiserons. » Ne prenez pas ceci, messieurs, pour une mauvaise plaisanterie ; il y a telles personnes qui achèteraient de toute leur fortune la ruine de la liberté de la presse pour arriver à la destruction de la Charte ; elles ne s'aperçoivent pas que la Charte est la seule chose qui les mette à l'abri :

......Le cerf hors de danger
Broute sa bienfaitrice.

Il me semble, messieurs, que l'on pourrait trouver dans un budget d'un milliard les six cent mille francs nécessaires à l'exécution du projet de loi que nous examinons, sans prélever cette somme sur les canaux, où coule la principale de nos libertés. L'article 8 a l'inconvénient d'introduire une disposition politique dans une loi d'administration, et une disposition fiscale dans une loi qui n'est pas une loi de finances. Pour être conséquent, il faut renvoyer cet article au budget ou au projet de loi sur la police de la presse. Au reste, en attaquant l'article 8 comme ne remplissant pas son but, et comme anomalie dans le projet de loi, ce n'est pas la grande raison pour laquelle je le repousse.

Que les journaux soient embarrassants à porter par leur poids et leur volume ; qu'ils coûtent plus à l'administration qu'ils ne lui rapportent; qu'il y ait justice à leur faire payer quelque chose de plus pour avoir l'avantage d'un départ quotidien, peu m'importe : je veux bien ne rien contester de tout cela; car ce n'est pas là pour moi la question; ces petits détails administratifs sont dominés par un intérêt supérieur : au fait matériel se trouve mêlé le fait moral et politique. Il s'agit moins de connaître les poids et les distances, les embarras des commis et le prix des transports que de savoir s'il faut gêner ou encourager la circulation de la presse périodique dans une monarchie constitutionnelle. Ainsi posée, la question doit être résolue autrement que par des additions de kilomètres et des multiplications de décimes. Mais cette question se lie à un système général dont les développements ne seraient pas à leur place dans la discussion d'une loi sur le tarif des postes. Je me contenterai donc de dire en peu de mots les motifs de mon vote; ces motifs, les voici :

Dans une législation où la liberté de la presse n'existe que par privilége, mon devoir est de refuser mon assentiment à tout ce qui donnerait de nouvelles entraves à cette liberté; si la presse était libre en France, comme en Angleterre et aux États-Unis, je serais moins opposé à la chose qu'on me demande; mais ajouter un anneau à une chaîne déjà trop pesante, pressurer encore une propriété dont on vient de rendre les conditions doublement onéreuses, c'est à quoi je ne puis consentir.

Je ne puis consentir davantage à ce dernier paragraphe de l'article 8, qui prive les recueils consacrés aux lettres de l'avantage accordé aux bulletins périodiques consacrés aux arts, à l'industrie et aux sciences. Et comment distinguerez-vous ce qui appartient aux lettres de ce qui appartient aux sciences ? Où sera la ligne de démarcation ? Aurez-vous à chaque bureau de poste un commis-priseur de l'intelligence humaine, un écrivain-juré à la police qui décidera que ceci est du domaine de Newton, et cela du ressort de Montesquieu.

Il y a là dedans quelque chose à la fois de puéril et de sauvage qui fait véritablement rougir. La France est-elle donc redevenue barbare? Quoi! c'était sous la restauration qu'une pareille haine des lettres devait éclater! Les poursuivre partout où elles se rencontrent, les aller chercher jusque dans les paquets de la poste, c'est joindre l'ingratitude à la déraison. Les amis de la royauté ne doivent pas oublier que cette royauté a été longtemps absente, que lorsqu'elle était sans soldats, les écrivains étaient restés seuls pour elle sur le champ de bataille. Et ici il n'y a point d'hyperbole : la mort, la déportation, les cachots, voilà ce qui attendait le dévouement des gens de lettres. Ils ne demandaient aucune récompense, mais ils ne pouvaient pas deviner qu'ils méritassent d'être punis de leurs sacrifices. Que faisaient dans les jours d'oppression les accusateurs des anciens serviteurs du roi? Ces nouveaux défenseurs de la religion rétablie et du trône relevé, osaient-ils écrire? Dès ce temps-là ils avaient une telle horreur de la liberté de la presse qu'ils se donnaient bien garde d'en user pour l'infortune et pour la légitimité.

Pourquoi proscrire les lettres? Si elles se rendent coupables, manquons-nous de lois à présent pour les punir? N'a-t-on pas vu déjà un écrivain accouplé à des galériens, et renfermé dans les cachots de la plus basse espèce de scélérats? Il y a des esprits austères qui approuvent ces choses; moi, je ne saurais m'élever à tant de vertu. Partisan de l'égalité des droits, je ne vais pas jusqu'à désirer l'égalité des souffrances. Je n'ai jamais aimé l'anarchie politique; je ne me saurais plaire à celle des crimes et des douleurs.

J'ai à peine le sang-froid nécessaire pour achever ce discours, lorsque je viens à songer qu'au moment où je vous parle on recueille peut-être dans une autre Chambre les suffrages sur un projet de loi qui, dans un temps donné et assez rapproché de nous, doit nécessairement faire tomber le monopole de la presse périodique entre les mains du pouvoir administratif, quel qu'il soit. Si ce n'est pas là un péril, et un péril de la nature la plus menaçante, j'avoue que je ne m'y connais pas. C'est vous, messieurs, qui achèverez de décider une question d'où peut dépendre l'avenir de la France. Des hommes qui, comme vous, joignent au savoir et au talent le respect pour la religion, le dévouement pour le trône, l'amour pour les libertés publiques; des hommes qui, comme vous, sont placés si haut dans l'opinion, sauront se maintenir à ce rang élevé, également inaccessibles à un esprit d'hostilité ou de complaisance. Le calme de nos discussions apaisera les passions agitées; vous saurez réprimer les abus de la liberté de la presse sans violer les principes de cette liberté, et sans déroger aux droits de la justice.

Je vote contre le projet [1].

DISCOURS

PRONONCÉ A LA CHAMBRE DES PAIRS

CONTRE LE BUDGET DE 1828.

Messieurs, il m'a fallu faire un effort sur moi-même pour paraître à cette tribune. La Chambre héréditaire considérablement réduite par le départ d'un grand nombre de ses membres; la Chambre élective à peu près absente tout entière; une attention fatiguée d'une session de plus de six mois, sont des circonstances qui ne laissent aucun espoir raisonnable de succès à l'orateur qui prend la parole.

De plus, si les vérités qu'il se propose de faire entendre sont sévères et vives, elles tombent mal dans un moment où les esprits refroidis sont peu disposés à les écouter. Au milieu d'une session, lorsque chacun est à son poste, que la polémique a toute son ardeur, un pair, un député entouré de ses amis, voit ses arguments repris et développés; ce qu'il n'a pas assez bien prouvé, d'autres le prouvent mieux que lui; mais à la fin d'une session, que dis-je! au dernier jour, à la dernière heure de cette session, l'orateur qui vient seul faire du bruit à une tribune ressemble à un artilleur qui tire un dernier coup de canon quand la bataille est finie.

Enfin, messieurs, quel est mon dessein? De vous engager à rejeter le budget; je prends bien mon temps! Chaque année le budget nous arrive trop tard pour être examiné avec soin : nous nous en plaignons, et nous n'en donnons pas moins notre passavant au milliard annuel. Ce n'est peut-être pas aussi bien que possible; mais c'est comme cela.

Au reste, il y a des rencontres d'affaires où, parmi les hommes même qui n'approuvent pas un système d'administration, le défaut de confiance produit le même effet que l'extrême confiance : ils sentent que la question est en dehors de la loi présente; peu leur importe alors que cette loi soit ou non discutée : ou ils se retirent, ou ils renoncent à des votes négatifs qui ne leur semblent plus qu'une taquinerie, qu'une petite querelle sur un grand sujet. Le mal poussé à un certain point, comme le bien arrivé à son comble tue l'opposition. Je ne connais pas de symptôme plus formidable que ce consentement à laisser tout faire lorsque l'on ne peut rien empêcher.

[1] On sait que le projet de loi a été adopté.

Telle n'est pas ma politique; et c'est pour obéir à ma conscience que je parais à cette tribune, quelle que soit d'ailleurs une position dont je sens tous les désavantages.

Maintenant, nobles pairs, regardez-moi comme un annotateur fidèle, qui vient vous présenter l'histoire abrégée de la session, qui vient remettre sous vos yeux le tableau du passé, en essayant de soulever un coin du rideau derrière lequel se cache l'avenir. Les hommes ne sont pas tous des prophètes; mais, s'ils ne prédisent pas d'une manière rigoureuse l'événement à naître, ils peuvent souvent conjecturer, par la chose qu'ils voient, de la chose qu'ils verront, et procéder du connu à l'inconnu.

C'est en parcourant la série des actes de l'administration, c'est en recherchant dans l'avenir l'influence que de nouveaux actes, dérivés de ceux-ci, pourraient avoir sur nos destinées, que je me vais efforcer de justifier mon vote négatif. Je rejette le projet de loi du budget, non pour des raisons tirées uniquement de ce projet, mais pour une foule d'autres motifs : rien de plus logique : car, avant de remettre la fortune d'une famille entre les mains d'un régisseur, on veut savoir d'où il vient, ce qu'il est, ce qu'il a fait, et l'on se décide d'après l'enquête.

Depuis l'invention du trois pour cent, de ce trois pour cent qu'on annonçait être à quatre-vingts et à quatre-vingt-deux sur diverses places, et qui tomba à soixante presque aussitôt qu'il eut paru ; depuis l'établissement de ce fonds contradictoirement créé à l'intérêt réel de l'argent; de ce fonds que soutiennent à peine à soixante-dix un syndicat, des banquiers intéressés à la hausse, et une caisse d'amortissement détournée de son but; depuis l'invention de ce fonds d'agiotage, un esprit funeste s'est emparé de l'administration. L'humeur que donne une première faute à celui qui la commet détériore le naturel, et l'on ne retrouve plus les hommes que l'on croyait avoir connus.

C'est ainsi que les agents actuels de l'autorité, après avoir été les plus zélés défenseurs de la liberté de la presse, s'en sont montrés les plus cruels ennemis; c'est ainsi que, sortis des rangs de l'opposition, qu'on appelait *royaliste*, ils ont frappé les meilleurs serviteurs du roi. Pour n'en citer qu'un exemple, une administration née de la Chambre introuvable devait-elle faire tomber un seul cheveu de la tête d'un député que je m'honore de compter au nombre de mes amis? Attaquer à la fois l'indépendance de la tribune législative et un dévouement presque fabuleux, n'est-ce pas blesser les choses les plus respectables?

Que les puissances du jour, avant leur élévation, n'aient donné aucun gage à la légitimité, je ne leur en fais pas un reproche; mais il y aurait eu peut-être plus de convenance à ne pas entrer dans les rangs de ceux dont on voulait ensuite se déclarer ennemi : il fallait se souvenir que la fidélité est sacrée. Nobles pairs, la couronne communique ses vertus sans en rien diminuer; ainsi qu'elle a donné son hérédité à votre sang, elle a fait part de son inviolabilité aux malheurs supportés pour elle. C'est donc commettre une sorte de sacrilège que de toucher à ces malheurs, c'est abandonner les intérêts moraux ; c'est réduire la vie aux intérêts matériels. Et alors, hommes du pouvoir, tenez-vous bien ; car dans cette politique de l'ingratitude, on ne vous sert qu'autant que vous sourit la fortune.

Repousser les anciens serviteurs de la monarchie sans adopter les idées du siècle; punir les services des vieilles générations, et répudier les doctrines des générations nouvelles, n'est-ce pas rejeter tout appui? Il faut être bien riche pour n'avoir besoin ni de dévouement ni de liberté.

Considérez, messieurs, ce qui s'est passé depuis l'ouverture de la présente session; voyez s'il est possible de voter en sûreté le budget, si la force des choses ne commande pas, au contraire, d'user du moyen constitutionnel placé entre nos mains, d'en user pour obliger l'administration à modifier son système.

D'abord on présente un projet de loi contre la presse, lequel a pour but de rendre muette la presse non périodique, et de livrer la presse périodique au pouvoir. L'opinion se soulève d'un bout du royaume à l'autre. Le projet vient à votre Chambre; vous n'avez pas le temps d'en faire justice; un pouvoir bienfaiteur entend nos vœux : éclate alors une générale allégresse. Cette liberté de la presse qui intéresserait tout au plus, répétait-on, une douzaine de journalistes, cette liberté est si populaire, que la France entière se trouve spontanément illuminée; que, jusque sur des vaisseaux prêts à mettre à la voile, des matelots saluent de leur dernier cri, au nom de cette liberté, les rivages de la patrie.

L'administration est-elle éclairée? abandonne-t-elle ses voies impraticables après le renversement d'une mesure dont elle avait déclaré ne pouvoir se passer? Non, messieurs, elle est aussi satisfaite du retrait du projet de loi qu'elle était contente de la présentation de ce projet : défaite ou succès, tout lui est victoire.

Arrive la déplorable affaire du Champ-de-Mars. Un ministre a pris d'abord sur lui la responsabilité de la mesure; le lendemain il a fait entendre qu'une autre autorité avait *provoqué* cette mesure, puis il a cru devoir expliquer ce mot de *provocation*, et revendiquer la gloire de sa déclaration première.

Un autre ministre, qui ne jugeait pas les choses de la même façon, s'est retiré. L'opinion publique a entouré de ses respects cet homme de conscience et de vertu; elle a su gré à ceux des autres ministres qui passent pour avoir été opposés à un licenciement qui frappait en masse une garde aussi dévouée que fidèle. Hier encore on s'affligeait de chercher vainement à la fête du Dieu de la patrie la protection paisible de ces citoyens, dont les femmes et les enfants priaient pour le salut du roi.

Des méprises aussi graves ne me forcent-elles pas à rejeter les lois de finances, afin de couper court à des systèmes dont les auteurs seraient un jour les premiers à déplorer les conséquences.

Le 11 mai devait être témoin d'un changement de scène. Tout le monde a lu dans le *Moniteur* les paroles prononcées le 10 février, lors de la présentation de trois projets de loi concernant le règlement définitif du budget de 1825, les suppléments nécessaires pour 1826, et la fixation du budget de 1828 : il est essentiel de reproduire ces paroles.

M. le ministre des finances, après avoir annoncé un excédant de vingt-deux millions deux cent dix-neuf mille cinq cent quarante-quatre francs qu'il propose d'appliquer à la dotation du service, ajoute :

« C'est par l'exposé de ces faits, dont la France entière peut apprécier l'exactitude,
« que nous avons dû repousser les efforts sans cesse renouvelés pour altérer la
« confiance et la sécurité sur lesquelles repose le maintien de cette heureuse si-
« tuation.

« Le sens exquis de la nation rend lui-même ces efforts moins dangereux.....

« Un fait, le dernier que je puisse fournir à la Chambre en ce moment, prouvera
« sans réplique l'indifférence du pays pour toutes ces déclamations mensongères : nous
« n'en avons jamais été plus assourdis que durant le mois qui vient de finir. Hé bien!
« messieurs, les produits des taxes sur les consommations et les transactions se sont
« élevés durant ce mois à deux millions huit cent soixante mille francs de plus que
« ceux du mois correspondant en 1826. »

Voilà, messieurs, des paroles remarquables

Le 18 avril, à propos d'une pétition, on disait encore : « Loin d'être en déficit, il

« me semble que nous nous trouvons dans une position aussi forte et aussi heureuse
« que jamais. La discussion du budget le prouvera. »

Eh bien! messieurs, le 11 mai on adhérait au retranchement de vingt-trois millions de francs, retranchement proposé par la commission de la Chambre des députés; on déclarait que, « lorsque la commission avait fait son rapport, il y avait déjà une di-
« minution sur les trois premiers mois de cette année (1827); qu'un autre déficit
« s'étant présenté sur le mois d'avril, la commission proposait de retrancher la tota-
« lité des augmentations demandées. »

Comment! le 10 février, jour de la présentation du budget, une diminution était déjà commencée, le 18 avril elle avait continué, et l'on n'en persistait pas moins à tenir le langage que l'on est forcé de démentir le 11 mai!

Le sens exquis de la nation, qui ne prenait aucune part *aux déclamations mensongères* dont les ministres étaient *assourdis*, ce *sens exquis* qui payait si bien le 10 février, et qui empêchait même une perception rétrograde le 18 avril; ce *sens exquis* ne payait cependant plus, alors même qu'on annonçait un excédant de revenu dont on se hâtait de partager les deniers entre tous les ministres! on prétendait régler en février, et pour toujours, une dépense fixe sur des recettes éventuelles qui déjà ne rentraient plus!

Ou l'administration ignorait l'état réel des choses le 10 février et le 18 avril, ou elle le connaissait : dans l'un ou l'autre cas, lui était-il permis de l'ignorer ou de le connaître, en s'exprimant comme elle s'exprimait à ces deux époques?

Je vous demande à présent, messieurs, puis-je voter le budget en étant forcé de reconnaître des contradictions si manifestes, de si notables erreurs? On vous a fait entendre, dans l'exposé des motifs de ce budget, que si l'on était embarrassé pour les crédits, on y suppléerait par le fonds d'un dégrèvement alloué; on avait déjà dit la même chose le 25 et le 28 mai. C'est un moyen qu'on s'est réservé : mais que deviennent et les justes louanges qu'on s'est données à propos de ce dégrèvement, et les choses qu'on a dites sur le fardeau dont est accablée la propriété foncière?

Nobles pairs, je ne ferai jamais d'un embarras dans nos finances un objet de triomphe; je me réjouirai si le mois de mai a ramené la fortune, s'il offre, comme on l'assure, un excédant qui s'élève à la somme de près de quatre millions; mais la plus-value du mois de mai ne fait rien au déficit du mois d'avril, et le déficit du mois d'avril n'a rien à voir avec la plus-value du mois de mai. La question, quant au système administratif, n'est pas des augmentations ou des diminutions alternatives des recettes; il peut y avoir à ces augmentations et à ces diminutions des causes tout à fait indépendantes du ministère; il s'agit de savoir si des ministres doivent tenir à la tribune un langage contradictoire de quinze jours en quinze jours; s'ils doivent apporter en preuve de leur habileté des excédants de produits, alors que ces produits sont en baisse; et demander sur une prospérité présumée des crédits dont la base manque au moment même où on les demande. A ce compte, puisqu'il y a amélioration dans les recouvrements du mois de mai, pourquoi ne viendrait-on pas réclamer les vingt-trois millions que l'on a cédés? Il est vrai qu'en cas de réduction dans le chiffre de juin, ou de juillet ou d'août, il faudrait les abandonner de nouveau, et les deux Chambres, déclarées permanentes, passeraient toute l'année à faire et à défaire le budget.

La commission de la Chambre des députés a trouvé dans le budget de 1825 un déficit de plus de cent trente et un millions; la dette flottante est augmentée de soixante millions. Si les places fortes étaient réparées; si le matériel de la guerre s'était récupéré de ses pertes; si nos monuments s'élevaient; si nos chemins n'étaient pas dégradés; si notre marine était pourvue de bois et de vaisseaux; si les vénérables pasteurs de nos campagnes avaient le pain suffisant, on aurait quelque consolation; mais peut-on se rassurer entièrement, lorsque l'accroissement futur de l'impôt est au moins matière de doute, et que les services publics sont en souffrance?

Il est trop prouvé qu'on s'est trompé quelquefois dans ces matières de finances auxquelles d'anciennes études ne m'ont pas laissé tout à fait étranger : on s'est trompé sur les trois pour cent; on s'est trompé sur l'application exclusive de l'amortissement à cette valeur, puisque, acquise au terme moyen de soixante-huit, c'est comme si on avait acheté du cinq à cent treize, lorsqu'on pouvait prendre celui-ci au pair; on s'est trompé sur le prétendu milliard des émigrés; on s'est trompé sur l'affaire de Saint-Domingue. Qui paiera les colons de Saint-Domingue, si le président Boyer ne remplit pas les conditions du traité? La France? Les Chambres ont-elles voté des fonds pour cette dette?

J'entends dire que le semestre des obligations d'Haïti sera soldé à bureau ouvert chez les banquiers chargés de cette opération; mais de quel semestre s'agit-il? De celui qui représente l'intérêt du premier cinquième du capital, ou l'intérêt du premier et du second cinquième échu? Qu'y a-t-il, en un mot, d'acquitté du prix d'une colonie si étrangement cédée par ordonnance, sans même avoir entre les mains une garantie de l'exécution du traité? Que de choses inconnues vos seigneuries devraient pourtant connaître!

Il y aurait beaucoup à dire sur les bons du trésor, sorte de papier-monnaie à la disposition de M. le ministre des finances. Dans quel état se trouvent les caisses publiques? Possèdent-elles leurs fonds respectifs, ou les ont-elles prêtés sur dépôts de rentes, peut-être sur simples reçus à des maisons de banque qui peuvent, comme les joueurs sur la rente, subir les chances de la Bourse?

On conçoit que dans une machine aussi vaste, aussi compliquée que les finances de la France, on soit tenté quelquefois de faire des revirements de parties, des déplacements de fonds spéciaux pour appliquer ces fonds à une nécessité urgente : on vient au secours d'un service en péril; on soutient un capitaliste; on arrête une baisse avec l'intention de remettre toutes choses à leur place par des rentrées qu'on attend : un milliard passe annuellement à travers les coffres de l'État; quelle ressource! on s'y fie.

Mais il faut qu'aucune chance ne vienne déranger les calculs; il faut un repos absolu dans les hommes et dans les choses; il faut du temps, et le temps échappe. Que le plus petit événement arrive, les fonds baissent, les banquiers à qui on a trop sacrifié se retirent, le désordre reste dans l'intérieur des affaires : tout est dérangé, tout est compromis; et, du plus haut point de prospérité financière en apparence, on tombe au fond d'un abîme.

Il est certain que, par suite des emprunts, des services de la guerre d'Espagne, et surtout de l'établissement du trois pour cent, diverses phases ont dû avoir lieu dans les fortunes des capitalistes. Ceux qui peuvent se trouver encombrés de trois pour cent, et qui sont forcés de jouer à la Bourse sur eux-mêmes, auront besoin de pomper longtemps l'amortissement, afin de remplir le vide de leurs coffres. Qu'on désire les soutenir pour empêcher les fonds de fléchir, rien de plus naturel; mais il faudrait nous plaindre si nous en étions à ces sacrifices, à ces fictions de prospérités.

Quel moyen avez-vous, messieurs, de connaître la vérité? Comment éclairciriez-vous la moindre des graves questions que je viens de faire? Ne faudrait-il pas nous contenter de réponses quelconques ou du silence de la partie intéressée?

Si je demandais avant de voter l'impôt quelles sont les sommes réelles engagées dans le syndicat par les receveurs généraux; si je voulais connaître l'action de ces agents comptables à la Bourse, les gains qu'ils ont faits ou les pertes qu'ils ont éprouvées si je m'enquérais de l'état de leurs caisses publiques ; si je soutenais que cette association menaçante fait refluer à Paris les capitaux, en desséchant les provinces, on me répondrait ce que l'on voudrait; on me dirait que tout va à merveille, que toutes les précautions sont prises, qu'on peut s'en fier à la prévoyance de l'administration : l'administration avait-elle prévu, le 10 février, la diminution de revenu sur les trois premiers mois de l'année ?

La Banque de France est encombrée d'argent mort, le commerce est paralysé, les paiements se font souvent en métalliques transportés par les diligences comme dans les temps de la plus grande stagnation des affaires.

Avons-nous sur le recouvrement des impôts les renseignements nécessaires ? Il y a des lois de finances qui s'appliquent en raison ascendante du nombre des individus. Si des recensements inexacts faisaient, involontairement sans doute, monter la population d'une commune au delà de son taux réel, on pourrait venir vous annoncer un accroissement de recettes qui ne serait au fond qu'une augmentation d'impôt illégal.

J'appelle fortement l'attention de vos seigneuries sur le sujet que je viens de toucher : un déficit plus ou moins contestable ou contesté ne serait pas la seule plaie de nos finances. Je désire que le temps ne justifie pas mes craintes. Pour quiconque étudie l'opinion, la position politique s'altère; une révolution s'accomplit dans les esprits; nous marchons vers le terme de la septennalité; force sera d'arriver à un dénoûment. Je sais qu'un ou deux ans paraissent à bien des gens l'éternité; mais nous, gardiens héréditaires du trône, nous ne verrons pas d'un œil aussi tranquille un si court avenir.

C'est maintenant de cet avenir que je vais tirer les autres raisons qui m'obligent à repousser les lois de finances.

Ici, messieurs, je le sais, je porte la main à une plaie vive; tout autre que moi aurait besoin de dévouement pour aborder un pareil sujet. Mais que suis-je ? un naufragé, *sœvis projectus ab undis,* un homme qui ne dérange rien dans sa vie, en ajoutant quelques vérités à toutes celles dont il s'est déjà rendu coupable.

Avant de m'expliquer, je dois avouer loyalement que je ne crois pas tout à fait à l'exécution des projets que je me propose de développer et de combattre : si j'ai trop de franchise pour caresser les faiblesses du pouvoir, je suis aussi trop sincère pour l'accuser d'un mal auquel il ne me semble pas encore participant; mais il peut être entraîné à ce mal, et, dans l'appréhension où je suis d'une influence funeste, je dois rejeter le budget pour rejeter à la fois tous les périls.

Des idées malfaisantes sont certainement entrées dans les têtes mal organisées; en se répandant au dehors elles ont effrayé le public : ces idées ont pris une telle consistance, que des députés ont cru devoir en occuper la Chambre élective.

Ce seul fait nous force à nous expliquer. Quand nous aurions voulu nous taire, cela ne nous serait plus possible; nous ne pouvons rester muets lorsque l'autre Chambre a pris l'initiative sur des desseins dangereux à l'État; nous ne pouvons laisser clore la session sans dire nous-mêmes quelques mots, nous, messieurs, qui sommes les principaux intéressés dans cette affaire. J'ose réclamer votre attention, c'est principalement de la pairie qu'il s'agit. Il est bon que cette matière soit une fois pour toutes éclaircie et traitée dans cette tribune. Les ministres de Sa Majesté y trouveront l'avantage de se fortifier dans la résolution où je les suppose, de ne pas se laisser entraîner aux dernières mesures de perdition; mesures qui, tout incertaines qu'elles sont, m'empêchent d'accorder un milliard à des hommes qui peuvent n'avoir plus assez de force pour résister au parti qui les presse et les déborde. Je viens au fait.

On entend répéter, relativement à l'armée, à la magistrature, aux colléges électoraux, des choses si étranges, que je ne les mentionnerai point. Je me renfermerai dans le probable, parce qu'on peut toujours raisonner sur le probable, lorsqu'il est la suite d'une position donnée.

Je vous dirai donc, messieurs, que ceux dont l'esprit d'imprudence inspira le projet de loi contre la liberté de la presse n'ont pas perdu courage. Repoussés sur un point ils dirigent leur attaque sur un autre; ils ne craignent pas de déclarer à qui veut les entendre que la censure sera établie après la clôture de la présente session.

Mais, comme une censure qui cesserait de droit un mois après l'ouverture de la session de 1828 serait moins utile que funeste aux fauteurs du système, ils songeraient déjà au moyen de parer à cet inconvénient : ils s'occuperaient, pour l'an prochain, d'une loi qui prolongerait la censure, ou d'une loi à peu près semblable à celle dont la couronne nous a délivrés.

La difficulté, messieurs, serait de vous faire noter un travail de cette nature, si d'ailleurs il était possible de déterminer les ministres eux-mêmes à l'accepter. Vous n'avez pas de complaisance contre les libertés publiques. Quel moyen aurait-on alors de changer votre majorité? Un bien simple selon les hommes que je désigne : obtenir une nombreuse création de pairs.

Avant de toucher à ce point essentiel, jetons un regard sur la censure.

Les auteurs des projets que j'examine en ont-ils bien calculé les résultats? Quand on établirait la censure entre les deux sessions, si cette censure décriée par les ministres eux-mêmes ne produisait rien de ce que l'on veut qu'elle produise; si elle n'avait fait que multiplier les brochures; si le ministère avait brisé le grand ressort du gouvernement représentatif, sans avoir amélioré les finances, sans avoir calmé l'effervescence des esprits; si au contraire les haines, les divisions, les défiances s'étaient augmentées; si le malaise était devenu plus général, si l'on avait donné une force de plus à l'opposition, en lui fournissant l'occasion de revendiquer une liberté publique, comment viendrait-on demander aux Chambres la continuation de cette censure? On conçoit que, du sein de la liberté de la presse, on réclame la censure sous prétexte de mettre un frein à la licence; mais on ne conçoit pas que, tout chargé des chaînes de la censure, on sollicite la censure, lorsqu'on n'a plus à présenter pour argument que les flétrissures de cette oppression.

L'abolition de la censure, le retrait de la loi contre la liberté de la presse, sont des bienfaits de Charles X; rien ne serait plus téméraire que d'effacer par une mesure contradictoire le souvenir si populaire de ces bienfaits. Et quelle pitié d'établir au profit de quelques intérêts particuliers une censure qu'on n'a pas cru devoir imposer pendant la guerre d'Espagne, lorsque le sort de la France dépendait peut-être d'une victoire! Nous nous sommes confiés à la gloire de M. le Dauphin : il n'est pas aussi sûr, j'en conviens, de s'abandonner à toute autre gloire; mais enfin, que messieurs les ministres aient foi en eux-mêmes; qu'ils nous épargnent la répétition des ignobles scènes dont nous avons trop souffert. Reverrons-nous ces censeurs proscrivant jusqu'aux noms de tels ou tels hommes, rayant du même trait de plume et les éloges donnés aux vertus de l'héritier du trône, et la critique adressée à l'agent du pouvoir?

Après avoir été témoin des transports populaires du 17 avril, on ne peut plus nier l'amour de la France pour la liberté de la presse. Dans quels rangs pourriez-vous donc trouver aujourd'hui des oppresseurs de la pensée? Parmi des fanatiques qui courraient à la honte comme au martyre, et parmi des hommes vils qui mettraient du zèle à gagner en conscience le mépris public.

Je suis heureux, messieurs, de pouvoir m'appuyer dans cette matière des témoignages les plus décisifs. J'invoque l'irrécusable autorité de quelques-uns de messieurs les commissaires du roi, présents à cette séance. J'en appelle à mon illustre ami M. de Bonald, à mon noble collègue le marquis d'Herbouville : avec quelle force de raison tous n'ont-ils pas foudroyé la censure ! Écoutez, messieurs, des paroles bien plus puissantes que les miennes; ce sont celles de M. le président du conseil :

« Un seul exemple prouvera, disait-il en 1817, quel abus un ministre peut se per-
« mettre de ce pouvoir exorbitant : J'ai tenu, dit un homme d'État, j'ai tenu dans
« mes mains, en 1815, l'épreuve d'un journal dans lequel la réponse faite au ministre
« par mon honorable ami M. de Corbière, comme rapporteur de la commission du
« budget, avait été effacée par le censeur, dans la partie qui tendait à laver la com-
« mission d'une inculpation grave dirigée contre elle. »

M. le comte de Corbière, allant encore plus loin que son collègue, s'écrie dans toute la puissance de sa conviction : « N'a-t-on pas vu naguère que les journaux, tombés « sous le joug du despotisme, étaient devenus des instruments d'oppression et de « servitude ? C'est la meilleure preuve du danger de subjuguer les journaux. »

Qu'ajouter, messieurs, à de telles paroles ? Qu'on le dise : sont-ce là les doctrines que l'on professe encore ? Je vote le budget.

Dans les provinces, où il n'y a presque aucun moyen de vérifier les faits, de réparer les omissions du journal censuré, la défiance et le mécontentement se prolongent ; qu'une brochure paraisse alors, cette brochure, lue et oubliée dans vingt-quatre heures à Paris, occupe et agite un département pendant six mois. Plus elle est proscrite, plus elle est recherchée ; elle remplace et vaut, dans un moment décisif, cent articles de journaux. On en fait des copies à la main; elle devient, pour ainsi dire, le manuel des élections. Je parle, messieurs, d'après mon expérience. Vous me pardonnerez, en faveur de la cause importante que je plaide devant vous, de me laisser aller à un mouvement d'amour-propre. Je garde précieusement une lettre dans laquelle on a l'extrême bonté de m'apprendre l'effet produit à Toulouse par la publication de *la Monarchie selon la Charte*; lettre par laquelle on veut bien me féliciter d'avoir contribué au succès de quelques nominations dont la France a retiré de si grands avantages.

L'opinion publique était-elle plus hostile au ministère de cette époque qu'elle ne l'est au ministère actuel ? Non, messieurs, elle l'était beaucoup moins. Cette opinion publique, saisie toute vive aujourd'hui par la censure, serait conservée et transportée telle qu'elle est aux élections prochaines.

Ou je me trompe fort, ou les véritables ennemis des ministres se réjouissent au fond du cœur de l'établissement présumé de la censure. Il est de fait que la liberté de la presse périodique s'affaiblit chaque jour, faute de pouvoir trouver de nouvelles formules de plaintes. Imposez la censure, et à l'instant l'opposition reprendra sa première vigueur; elle sera justifiée de tout ce qu'elle a dit contre le pouvoir ministériel ; placée sur un excellent terrain, elle attendra une victoire certaine.

Pour moi, messieurs, je ne voterai jamais le budget tant que j'aurai à craindre qu'un ministère, ou par calcul, ou par faiblesse, consente à supprimer la liberté de la presse périodique ; je voterai encore bien moins ce budget si l'établissement même de la censure doit, par une conséquence forcée, et pour prolonger légalement la censure, amener la tentative d'un dérangement dans la majorité de la Chambre héréditaire.

Nous voici revenus, nobles pairs, à la grande question, question telle à mes yeux qu'elle domine toutes les autres. Il est bien temps de s'occuper de loi de finances, quand on sait que les hommes influents sur les décisions du pouvoir vont jusqu'à rêver des mesures destructives de la pairie !

Vous vous en souvenez, messieurs, lorsqu'une nombreuse nomination de pairs eut lieu autrefois, un de vos collègues, courageux à cette tribune comme il l'avait été à Quiberon, un noble vicomte dont vous avez entendu prononcer dernièrement l'éloquente oraison funèbre, vous proposa une humble adresse au roi, afin de le supplier de choisir d'autres ministres.

Que serait-ce en effet qu'une assemblée où, pour faire passer les lois les plus désastreuses, des ministères successifs pourraient tour à tour, au gré de leurs passions, de leurs intérêts et de leurs systèmes, introduire de nouveaux pairs?

Où serait le terme de ces créations, tantôt pour des lois déjà en partie discutées, tantôt pour de simples amendements? Ne ressembleraient-elles pas à des commissions contre les choses, comme on nommait autrefois des commissions contre les hommes?

Mais dans le cas même où l'on prétendrait étouffer au sein de cette noble Chambre la première de nos libertés, ne serait-on pas déçu? Les nouveaux pairs auraient-ils cet esprit de docilité dont on les gratifie d'avance? Se chargeraient-ils de la responsabilité qu'on eût désiré leur imposer? Se voudraient-ils laisser soupçonner d'avoir acheté, aux dépens des libertés de la France, la première dignité de la monarchie? Enfin j'ose croire que, si de pareils projets pouvaient jamais s'accomplir, mes nobles collègues actuels, ceux dont j'ai le malheur de ne pas partager aujourd'hui l'opinion, déserteraient les drapeaux des ministres : l'honneur nous rendrait la majorité qu'aurait voulu nous enlever la violence.

Si je traite du principe, il me sera facile de prouver qu'augmenter la Chambre des pairs, de manière à changer la majorité des suffrages, c'est violer la Charte.

La Charte n'admet point la dissolution de la Chambre des pairs : or, des accroissements démesurés de cette Chambre, ayant pour but d'en briser la majorité, ne seraient autre chose qu'une dissolution sous une autre forme; ainsi l'on violerait réellement la Charte en donnant à la Chambre héréditaire la constitution de la Chambre des députés; et on lui donnerait cette constitution, puisqu'elle deviendrait, par le fait, dissoluble et élective.

Mais cette espèce d'anéantissement de la Chambre héréditaire aurait les résultats les plus funestes, résultats que n'a pas la cassation de la Chambre élective. Celle-ci, rappelée, revient avec le nombre fixe de ses membres, dans ses proportions légales. La Chambre haute, renouvelée par une accession de pairies, reparaîtrait considérablement augmentée.

Poussez les choses à leur dernière conséquence, et vous arriverez par différentes dissolutions, c'est-à-dire par différentes augmentations de la Chambre des pairs, à former dans l'État un corps aristocratique si puissant, ou si impuissant, qu'il usurperait les autres pouvoirs, ou qu'il tomberait dans le plus profond avilissement. La pairie serait tout, ou ne serait rien ; la Charte serait anéantie.

D'un autre côté, les deux Chambres pouvant être dissoutes, l'équilibre des trois pouvoirs se trouverait rompu : on serait menacé ou de la dictature ministérielle, ou du retour de la monarchie absolue.

Et pourquoi jouerait-on ce terrible jeu? Pour obtenir un succès dans une loi! succès bien court, car enfin il n'est pas dit que tous les pairs nouvellement nommés voteraient éternellement avec un ministère qui ne serait pas lui-même éternel. C'est donc pour le triomphe d'un moment que l'on vicierait à jamais un des premiers éléments de la Charte; c'est à la nécessité d'une heure, à l'ambition d'un jour, que l'on sacrifierait l'avenir.

Il y a des ressources contre la censure; faussez l'institution de la pairie, où est le remède?

Supposez qu'on nous envoyât soixante pairs à la session prochaine pour faire passer un projet contre la liberté de la presse : voilà ce projet devenu loi. Un an, deux ans après, peu importe, vient un autre ministère; celui-ci trouve que la loi dite salutaire à la France la met au contraire en péril : vite soixante autres pairs pour défaire l'ouvrage des soixante premiers. Ce second ministère tombe ; un troisième arrive dans des opinions opposées : vite soixante autres pairs pour remettre les choses en bon état. Un quatrième... Je m'arrête, messieurs ; l'absurdité et l'abomination de ces procédés ont-elles besoin d'une plus longue démonstration?

Qu'on ne dise pas que ces lois contradictoires sur la presse, ou sur tout autre objet, n'auraient pas lieu : depuis la restauration vous avez eu quinze lois et fragments de lois concernant la presse, et sept ou huit ministères.

Le résultat de ces exagérations serait qu'un jour la Chambre héréditaire périrait, comme je l'ai déjà dit, ou qu'on serait obligé de la réformer par un déplorable coup d'État. On se trouverait dans la monstrueuse nécessité de priver arbitrairement de la pairie ceux ou les enfants de ceux à qui on l'aurait conférée légalement, mais aux dépens de l'institution. On verrait peut-être la législature par des lois, la pairie par des règlements, essayer de se mettre à l'abri, et faire revivre contre des ministres, pour abus de conseil, le crime de lèse-majesté.

Sans recourir à des mesures désastreuses, il y a, messieurs, un moyen sûr de dominer vos suffrages; c'est de ne vous proposer que des choses approuvées par la raison. Je ne sache pas une loi utile qui n'ait passé dans cette Chambre, je ne dis pas à la majorité, mais à la presque unanimité des votes. Est-ce là une majorité factieuse? Parler d'altérer cette majorité par une création nombreuse de pairs, serait presque avouer l'intention de nous présenter des projets pour lesquels on aurait à craindre les impartiales investigations de votre sagesse. Les ministres de Sa Majesté seraient sans doute les premiers à repousser cette supposition.

Remarquez bien que tout ce que je dis pour la Chambre des pairs s'applique dans des proportions correspondantes à la Cour des pairs, de sorte que les ministres puissants et coupables seraient libres d'augmenter les juges de cette cour suprême dans des procès criminels ; ils auraient la possibilité, s'ils étaient accusés par la Chambre élective, d'assembler un tribunal de nature à déclarer leur innocence : leur responsabilité disparait. On sent dans des temps de trouble, de minorité, de successions à la couronne, jusqu'où cela peut aller.

Mais la Chambre héréditaire ne peut-elle donc être augmentée? La Chambre des lords en Angleterre n'est-elle pas plus nombreuse que la Chambre des pairs en France, bien que la population de ce dernier royaume surpasse d'un tiers la population des trois royaumes unis? Ai-je la coupable prétention de borner l'exercice de la prérogative de la couronne?

La constitution de la pairie dans la Grande-Bretagne est, messieurs, toute différente de la constitution de la pairie actuelle en France. Les pairs d'Angleterre, qui dérivent leur puissance de la *loi normande*, représentent la propriété foncière, que vous ne représentez pas; ils la représentent d'origine, par usurpation ou conquête, comme petits souverains jadis féodaux. En cette qualité, ils peuvent être nombreux, parce qu'ils sont primitivement les députés du sol, tandis que les communes sont, du moins en théorie, les députés de la liberté et de l'industrie nationale.

Vous, messieurs, vous n'avez rien usurpé, vous êtes un corps aristocratique fait pour balancer l'autorité de la couronne et du peuple; vous êtes nés non d'un fait accompli, la possession, non de votre propre pouvoir, mais d'une combinaison politique, d'une volonté placée hors de vous, abstraction faite de vos propriétés territoriales. Vous représentez un principe plutôt qu'un intérêt; sous ce rapport, le resserrement de votre nombre est une nécessité presque absolue pour augmenter le prix d'une institution que le temps n'a pas encore consacrée.

Vous pouvez sans doute être augmentés, mais lentement, mais avec mesure, si l'on veut que la pairie soit une institution utile et non pas nuisible à l'État.

Voilà pour le principe : voici pour l'histoire.

Le nombre des pairs en Angleterre a-t-il toujours été ce qu'il est aujourd'hui ? Jugez en, messieurs.

En 1215, douze évêques et vingt-huit barons seulement sont témoins de la concession de la grande Charte.

En 1265, le Parlement appelé *Leicester*, où l'on remarque le premier modèle de la division du Parlement en deux Chambres, ne donne que cinq comtes et dix-huit barons.

En 1377, un duc, treize comtes, quarante-sept barons, des évêques, vingt-deux abbés et deux prieurs composent toute la Chambre haute.

En 1539, après la réforme religieuse, vous ne trouvez que quarante et un lords temporels, vingt lords spirituels, et en tout soixante et un pairs.

Ainsi, messieurs, pendant trois siècles, de 1215 à 1539, la pairie anglaise ne s'est composée que de quatre-vingts à cent pairs, et il a fallu trois siècles pour qu'elle arrivât au nombre où nous la voyons aujourd'hui. Et nous, nous prétendrions créer en six ans autant de pairies que les Anglais en ont institué en six siècles !

Mais je conteste donc à la couronne le droit de créer des pairs ? J'attaque donc à la fois la prérogative royale et l'article 26 de la Charte ?

Je contesterais à la couronne elle-même le droit de cesser d'être, si des conseillers imprudents l'exposaient au suicide politique : tout pouvoir peut se donner la mort par l'usage abusif de son droit, comme on se tue en se jetant sur la pointe de son épée. La royauté peut se détruire par la royauté, la constitution par la constitution. N'est-il pas possible de confisquer la Charte au profit de l'article 10, comme je l'ai dit autrefois ? Si on créait un million, deux millions, trois millions de pairs, y aurait-il une Chambre des pairs, bien que le droit de plusieurs millions de pairs soit implicitement dans l'article 26 de la Charte ?

Qu'on abandonne l'argumentation tirée du droit rigoureux contre le droit possible, laquelle mène d'abord à l'absurde, ensuite à la destruction. C'est précisément cette même argumentation qui a fait dire : Périssent les colonies plutôt qu'un principe !

Quant à ceux qui me pourraient répondre : « Tant mieux si la Charte périt ! Il est « bon d'en fausser les institutions, pour la rendre impossible ; » à ceux-là je n'aurais rien à répliquer.

Me résumant sur ce point, je ne conteste rien de légal à la couronne dans les limites de sa propre sûreté ; mais je disputerais au ministre le droit de faire nommer des pairs pour conserver des portefeuilles, pour changer une majorité, pour corrompre et pour renverser finalement nos institutions. Une simple création de douze pairs fit mettre en accusation lord Oxford, la première année du règne de Georges 1er. Les communes accusèrent ledit comte « d'avoir enfreint les droits et l'honneur des sei- « gneurs, en faisant créer douze pairs pour s'en servir à ses fins. »

Un grand exemple est dans ce moment même sous vos yeux. Le ministère anglais semble avoir perdu la majorité dans la Chambre haute ; songe t-il, ose-t-il songer à une nombreuse nomination de pairs ?

Quel sujet de réflexion si l'on voyait parmi nous les hommes qui ont le plus blâmé une précédente mesure comme attentatoire aux droits et à l'existence même de la pairie, recourir à une mesure semblable !

A tout ceci que me dira-t-on, si toutefois ce discours vaut la peine d'une réponse ?

Me dira-t-on que j'ai entretenu la Chambre de bruits de salons, de nouvelles des rues; qu'il n'est question ni de censure, ni de nominations de pairs? Plût à Dieu que je fusse ainsi confondu! Avec quelle joyeuse humilité je confesserais mes erreurs!

Me ferait-on une autre réponse qu'on a déjà faite, savoir, qu'on mettra ou qu'on ne mettra pas la censure, selon les circonstances; qu'on créera ou qu'on ne créea pas de pairs, selon qu'il sera avisé; qu'on ne doit pas venir ainsi au-devant des desseins du roi; qu'après tout on n'a rien à démêler avec mes paroles, puisque je me suis écarté de la question du budget, et que l'on ne répond pas à des déclamations?

Aujourd'hui, messieurs, les chiffres même sont des déclamations, quand ils ne disent pas ce qu'on veut qu'ils disent : le cinq pour cent déclame contre le trois. Je ne suis pas sorti de la question du budget, puisque c'est de l'ensemble des faits et des craintes que je déduis les raisons qui m'obligent à rejeter les lois de finances. J'ai assez répété ce refrain pour qu'on l'ait compris, si on a voulu le comprendre.

Quant à l'impropriété de venir au-devant des desseins de la couronne, nous avons ici des idées trop précises du gouvernement constitutionnel pour supposer jamais qu'on puisse mettre un nom sacré comme un bouclier impénétrable au-devant de la responsabilité des ministres. Dans la monarchie absolue, le bon plaisir royal était tout; dans la monarchie représentative, le bon plaisir ministériel ne serait rien : permis à chacun d'en rire ou de s'en indigner.

Si quelque chose me semblait appuyer le système que j'ai combattu dans les faits du passé et dans les craintes de l'avenir, je pourrais croire que je me trompe; un *j'ai eu tort* ne me coûtera jamais; mais quand je jette les yeux sur la France, je ne puis m'empêcher de voir le commerce et les manufactures en détresse, la propriété foncière écrasée et menacée du retrait du dégrèvement, dans le cas possible d'un déficit; j'aperçois des tribunaux dont l'indépendance fatigue, une Chambre des pairs, objet, dans un certain parti, de desseins plus ou moins hostiles; une opinion publique qu'on a d'abord voulu corrompre, ensuite étouffer; une capitale en deuil, la tristesse dans le présent, l'incertitude dans l'avenir. Les hommes que leurs places rattachent au système que l'on suit sont-ils satisfaits? Interrogez-les en particulier : excepté le petit nombre qui, par caractère ou par besoin, est tombé dans la pure domesticité, tous vous exprimeront des alarmes.

Au reste, il est naturel que tout souffre, parce que tout est dans une position forcée. Le gouvernement représentatif tend à amener les capacités au pouvoir, et le système que l'on suit les repousse. Il arrive de là qu'il n'y a pas une véritable supériorité sociale, pas un talent de quelque valeur qui ne soit en opposition ouverte ou secrète avec l'administration.

Les songes ont bien leur mérite, mais ce n'est pas à nous, émigrés, qu'il faut venir raconter des songes. Nous avons assez déraisonné dans notre jeunesse, pour que la raison nous soit venue dans nos vieux jours. Et nous aussi nous disions en 1789 que personne ne voulait de la révolution, comme certaines gens disent aujourd'hui que personne ne veut de la Charte; et nous aussi nous nous vantions d'avoir pour nous l'argent et l'armée; et nous aussi nous ne parlions que d'être fermes, que de frapper des coups d'État, pour sauver malgré eux les insensés qui ne pensaient pas comme nous. Un matin nous nous réveillâmes exilés, proscrits, dépouillés; nous cherchâmes nos chimères dans notre havresac, elles n'y étaient plus; mais nous y trouvâmes l'honneur qu'un Français emporte avec lui.

Ceux qui voudraient regarder comme une tranquillité née de la force et de l'habileté de l'administration le repos actuel, ou plutôt le sang-froid de la France, ignorent les temps où ils vivent : ils voient toujours ce qui s'est passé en 1789; ils comptent pour rien les leçons qu'on a reçues, les expériences qu'on a faites, les lumières qu'on a acquises, la raison politique qui est entrée dans tous les esprits, et surtout le déplacement qui s'est opéré dans les générations et dans les intérêts. Ce n'est plus le peuple qui, ému des passions turbulentes, se forme une idée confuse de ses droits ; c'est la partie éclairée de la nation qui sait ce qu'elle veut avec autant de fermeté que de modération. Les mœurs de la société instruite, si j'ose m'exprimer ainsi, sont entrées dans la politique, et l'on prend la patience et le calme de ces mœurs pour de l'impuissance d'action.

Tout se réduit à ce point : Veut-on l'établissement paisible des libertés publiques, en les dirigeant, en se plaçant soi-même dans le mouvement du siècle ; ou veut-on faire que ces libertés triomphent par leur propre force, en essayant de les détruire ? Elles emporteraient aussi facilement ce qui serait devant elles qu'un torrent emporte une digue impuissante.

Quoi qu'il en soit de l'avenir, si jamais, ce qu'à Dieu ne plaise, des fautes répétées engendraient de nouveaux malheurs, ces malheurs me rencontreraient encore, malgré les années, aux pieds du roi : y trouverais-je ceux qui prétendent aujourd'hui si bien servir la couronne, en frappant les plus fidèles sujets de Sa Majesté et en attaquant les libertés publiques ? Je l'espère pour eux.

Je vais voter, messieurs, contre le budget. Si la Chambre prenait ce parti, dans quelques jours tout serait fini ; ou les ministres changeraient de marche, ou ils seraient forcés de s'éloigner. L'application du grand moyen constitutionnel dénouerait sans effort ce que le temps peut briser avec violence. En montant à cette tribune, je ne me suis pas flatté un seul moment d'obtenir un pareil résultat de mes efforts : aussi n'ai-je eu pour but que de remplir un devoir.

On s'irrite contre ces esprits indisciplinés qui viennent troubler un repos agréable, qui se croient le droit de dire tout haut ce que tant d'autres pensent tout bas ; contre ces hommes qui sacrifient les succès de leur personne à l'utilité de leurs paroles ; mais enfin ce qu'ils peuvent avoir avancé de bon par hasard demeure, et l'avenir en profite.

Au surplus, les contradicteurs du système ministériel sont-ils donc si exigeants ? Ils ne disent pas même à leurs adversaires : « Faites quelque chose pour les libertés « publiques. » Ils savent bien qu'ils ne seraient pas écoutés. Ils se contentent de leur dire : « Ne faites rien contre ces libertés. Cessez d'attaquer tous les ans ce que la « nation a de plus cher. Revenez sur quelques actes de colère qui ne vous ont été « bons à rien. Voilà ce qui suffira pour rendre la couronne légère à cette tête au« guste trop longtemps courbée sous le poids de l'adversité, ce qui suffira pour nous « donner des élections monarchiques et constitutionnelles, pour dissiper tous les « nuages. »

Je ne descendrai pas de cette tribune sans dire le bien avec autant d'impartialité que j'ai dit ce qui m'a paru de mal. J'adresserai des remercîments à M. le ministre des affaires ecclésiastiques, pour la tolérance de ses opinions politiques. (Il y a toujours de la générosité dans le talent.) J'offrirai les mêmes remercîments à M. le ministre de la marine, pour ses instructions humaines aux chefs de nos escadres dans les mers du Levant ; à M. le ministre des affaires étrangères, pour les bruits d'un traité favorable à la délivrance d'un peuple. C'est avec un plaisir sincère que j'apprendrais que le noble baron a été plus heureux que moi ; qu'il a pu achever l'édifice dont on m'avait à peine laissé le temps de poser la première pierre.

Il est un peu tard, il est vrai, de s'apercevoir du danger d'enseigner la discipline militaire à des hordes mahométanes ; le cri de la religion et de l'humanité aurait pu monter plus tôt à l'oreille des rois; il était parvenu au cœur des peuples; mais enfin il faut encore s'en féliciter si, après cinq années de dévastations et de massacres, on a trouvé que la Grèce était assez dépeuplée, que les Arabes y avaient suffisamment établi leurs tentes et leur désert! Dieu veuille seulement qu'on arrive avant les funérailles.

Messieurs, joignez-vous à moi pour solliciter la prompte conclusion d'un traité de miséricorde : les infortunés Hellènes sont devenus vos clients, puisque vous êtes le seul corps politique en Europe qui ait exprimé le vœu de la pitié. Mais il n'y a pas un instant à perdre; de nouveaux gémissements se font entendre; ils ne viennent pas du Péloponèse, où il n'y a plus personne; ils s'élèvent des rivages de l'Attique. La Providence a amené le combat au pied de la cité *magna parens virum!* comme pour donner ce grand témoin à ce grand effort d'une gloire qui lutte avec la puissance d'un simple nom contre les Barbares de trois parties de la terre.

Mais Athènes chrétienne, trop longtemps abandonnée par les chrétiens, la mère de la civilisation trahie par la civilisation elle-même, ne succombera-t-elle point avant d'être secourue? Le coup qui peut tuer la Grèce moderne peut détruire ce qui reste de la Grèce antique. La même explosion qui ferait sauter la garnison héroïque de l'Acropolis disperserait dans les airs les ruines du temple de Minerve : mémorable destinée! Le dernier souffle de la liberté de la Grèce serait-il attaché aux derniers débris de ses chefs-d'œuvre? Est-il écrit qu'il s'évanouira avec eux?

Les peuples comme les individus ont leur jour fatal. Puisse ma belle patrie conserver la liberté et le génie de la Grèce, dont elle semble fille, et puisse-t-elle en éviter les malheurs! Mais qui ne tremblerait en nous voyant sortir des routes faciles qui mènent au salut pour nous jeter dans des chemins scabreux qui aboutissent à l'abîme! Cet aveuglement surnaturel tient-il à quelque dessein caché de la Providence? Je l'ignore; mais je ne puis me défendre pour le trône, pour les libertés publiques, pour mon pays, pour vous-mêmes, messieurs, d'un sentiment d'inquiétude dont je vous prie de ne voir la source que dans le cœur d'un bon Français et d'un honnête homme.

RÉPONSE A UN AMENDEMENT [1].

Je viens combattre, messieurs, l'amendement de l'honorable préopinant, non par des raisons particulières, mais par des raisons générales, qui vous sembleront peut-être de quelque poids, et que j'étendrai par un examen rapide sur tout le chapitre X du budget du ministère de l'intérieur : à son tour mon honorable collègue répondra aux spécialités.

Loin de penser que des diminutions pourraient être faites à ce chapitre, il eût été heureux, suivant moi, qu'on eût pu augmenter les allocations. Si nous en avions les moyens, nous achèverions du moins quelques-uns de ces monuments commencés, qui affligent les yeux dans Paris. Les ennemis de la légitimité voient avec un malin plaisir ces demi-ruines; ils affectent de gémir sur l'abandon de ces monuments; ils ne disent

---

[1] M. de Chateaubriand était alors ministre des affaires étrangères. Dans cet amendement M. le baron de Puymaurin avait proposé de supprimer, dans un des chapitres du budget : 1° l'article intitulé : *Ecole des Beaux-Arts*, cent dix mille francs; 2° l'article *Reconstructions au bâtiment de l'institution des Sourds-Muets*, cinquante mille francs; 3° celui de l'*Ecole royale vétérinaire d'Alfort*, porté pour soixante-dix mille francs; 4° la réduction à dix mille francs de l'article intitulé : *Constructions non terminées et édifices provisoires*, portées à vingt-deux mille francs; 5° une réduction de dix mille francs demandés pour l'achèvement de l'éléphant de la place de la Bastille.

pas qu'il a fallu payer les dettes des Cent-Jours, et réparer d'autres ruines de l'usurpation !

Il est fâcheux que les travaux urgents que demanderait la Bibliothèque du Roi restent en suspens jusqu'en 1827. Je regrette moins pourtant ce délai; car, tôt ou tard, si l'on veut faire quelque chose digne de la France, il faut que la Bibliothèque soit établie au Louvre avec les statues et les tableaux. Notre économie pour le Jardin du Roi est vraiment déplorable : vingt-deux mille francs affectés pour veiller seulement à la conservation de l'arc de triomphe de l'Étoile, de l'hôtel du quai d'Orsay, du piédestal de la statue de Louis XIII, nous rappellent combien il serait utile d'achever ces beaux monuments. Que de raisons, je dirai presque de devoirs, nous commandent de finir l'église de la Madeleine !

En général, messieurs, il faut améliorer le sort des gens de lettres, des savants et des artistes; il faudrait leur donner cette indépendance sans laquelle l'esprit préoccupé ne peut arriver à la perfection qu'il entrevoit, et qu'il n'a pas le temps d'atteindre. Aujourd'hui on demande un retranchement sur la somme fixée pour l'École des Beaux-Arts; hier on a fait des observations sur le logement des artistes; mais, messieurs, n'allons pas croire que ce soit une prodigalité, une suite de nos innovations. Il faut toujours remonter à nos rois quand il s'agit des arts et des lettres : c'est Charles V qui a établi la Bibliothèque du Roi; c'est François Ier qui a reçu dans ses palais le Primatice, Benvenuto, Léonard de Vinci; c'est Louis XIII qui a fondé l'Académie française; c'est Louis XIV qui a établi à Rome l'École des Beaux-Arts; et l'Opéra même d'aujourd'hui n'est qu'une tradition de ses fêtes.

Je sais qu'il y a des esprits peu touchés des arts; ils voudraient nous reporter à des époques où la gravité des mœurs tenait lieu de tout, et où les plaisirs de la famille remplissaient les pompes publiques : mais, messieurs, il faut prendre les siècles tels qu'ils sont; le temps ne s'arrête ni ne recule. On peut regretter les anciennes mœurs, mais on ne peut pas faire que les mœurs nouvelles n'existent pas. Les arts ne sont pas la base de la société, mais ils en sont l'ornement; chez les vieux peuples, ils remplacent souvent les vertus, et du moins ils reproduisent l'image au défaut de la réalité. Les arts et les lettres ne sont plus, comme autrefois, confinés dans un petit nombre d'hommes qui ne se mêlaient pas à la société : les savants, les gens de lettres, les artistes forment aujourd'hui une classe immense que l'on retrouve partout, et qui exerce un grand empire sur l'opinion. Rien de plus facile que de vous attacher ces hommes qui font tant d'honneur à la patrie; car enfin, messieurs, c'est autant à la supériorité de nos arts, qu'à la renommée de nos armes, que nous devons notre prépondérance en Europe. Il est juste, convenable et politique d'environner d'estime, de bienveillance et de considération des hommes dont les noms connus des étrangers font une partie de la richesse de notre pays. Honorons-les, recherchons-les, montrons-leur la gloire; ils se laisseront prendre à cette amorce à laquelle ils n'ont jamais pu résister. Que nous en coûtera-t-il? pas grand'chose; un peu d'admiration, qu'il est si naturel d'accorder aux talents et au génie.

Vous pardonnerez, messieurs, ces observations; il m'était impossible d'oublier mes anciens amis, et de ne pas plaider leur cause à votre tribunal.

DISCOURS

PRONONCÉ LE 10 MARS 1829 DEVANT LE CONCLAVE.

Éminentissimes seigneurs, le réponse de Sa Majesté très-chrétienne à la lettre que lui avait adressée le sacré collége, vous exprime, avec la noblesse qui appartient au fils aîné de l'Église, la douleur que Charles X a ressentie en apprenant la mort du père des fidèles, et la confiance qu'il repose dans le choix que la chrétienté attend de vous.

Le roi m'a fait l'honneur de me désigner à l'entière créance du sacré collége réuni en conclave : je viens une seconde fois, éminentissimes seigneurs, vous témoigner mes regrets pour la perte du pontife conciliateur qui voyait la véritable religion dans l'obéissance aux lois et dans la concorde évangélique; de ce souverain qui, pasteur et prince, gouvernait l'humble troupeau de Jésus-Christ du faîte des gloires diverses qui se rattachent au grand nom de l'Italie. Successeur de Léon XII, qui que vous soyez, vous m'écoutez sans doute dans ce moment : pontife à la fois présent et inconnu, vous allez bientôt vous asseoir dans la chaire de saint Pierre, à quelques pas du Capitole, sur les tombeaux de ces Romains de la république et de l'empire, qui passèrent de l'idolâtrie des vertus à celle des vices sur ces Catacombes où reposent les ossements non entiers, d'une autre espèce de Romains : quelle parole pourrait s'élever à la majesté du sujet, pourrait s'ouvrir un passage à travers cet amas d'années qui ont étouffé tant de voix plus puissantes que la mienne ? Vous-même, illustre sénat de la chrétienté, pour soutenir le poids de ces innombrables souvenirs, pour regarder en face ces siècles rassemblés autour de vous sur les ruines de Rome, n'avez-vous pas besoin de vous appuyer à l'autel du sanctuaire, comme moi au trône de saint Louis?

A Dieu ne plaise, éminentissimes seigneurs, que je vous entretienne ici de quelque intérêt particulier, que je vous fasse entendre le langage d'une étroite politique ! Les choses sacrées veulent être envisagées aujourd'hui sous des rapports plus généraux et plus dignes.

Le christianisme, qui renouvela d'abord la face du monde, a vu depuis se transformer les sociétés auxquelles il avait donné la vie. Au moment même où je parle, le genre humain est arrivé à l'une des époques caractéristiques de son existence ; la religion chrétienne est encore là pour le saisir, parce qu'elle garde dans son sein tout ce qui convient aux esprits éclairés et aux cœurs généreux, tout ce qui est nécessaire au monde, qu'elle a sauvé de la corruption du paganisme et de la destruction de la barbarie. En vain l'impiété a prétendu que le christianisme favorisait l'oppression et faisait rétrograder les jours : à la publication du nouveau pacte scellé du sang du Juste, l'esclavage a cessé d'être le droit commun des nations; l'effroyable définition de l'esclavage a été effacée du Code romain : *Non tam viles quam nulli sunt.* Les sciences, demeurées presque stationnaires dans l'antiquité, ont reçu une impulsion rapide de cet esprit apostolique et rénovateur qui hâta l'écroulement du vieux monde : partout où le christianisme s'est éteint, la servitude et l'ignorance ont reparu. Lumière quand elle se mêle aux facultés intellectuelles, sentiment quand elle s'associe aux mouvements de l'âme, la religion chrétienne croît avec la civilisation et marche avec le temps; un des caractères de la perpétuité qui lui est promise, c'est d'être toujours du siècle qu'elle voit passer, sans passer elle-même. La morale évangélique, raison divine, appuie la raison humaine dans ses progrès vers un but qu'elle n'a point encore atteint. Après avoir traversé les âges de ténèbres et de force, le christianisme devient, chez les peuples modernes, le perfectionnement même de la société.

Éminentissimes seigneurs, vous choisirez pour exercer le pouvoir des clefs un homme de Dieu, et qui comprendra bien sa haute mission. Par un caractère universel qui n'a jamais eu de modèle ou d'exemple dans l'histoire, un conclave n'est pas le conseil d'un État particulier, mais celui d'une nation composée des nations les plus diverses, et répandues sur la surface du globe. Vous êtes, éminentissimes seigneurs, les augustes mandataires de l'immense famille chrétienne, pour un moment orpheline. Des hommes qui ne vous ont jamais vus, qui ne vous verront jamais, qui ne savent pas vos noms, qui ne parlent pas votre langue, qui habitent loin de vous sous un autre soleil, par delà les mers, aux extrémités de la terre, se soumettront à vos décisions, que rien en apparence ne les oblige à suivre, obéiront à votre loi qu'aucune force matérielle n'impose, accepteront de vous un père spirituel avec respect et gratitude. Tels sont les prodiges de la conviction religieuse.

Princes de l'Église, il vous suffira de laisser tomber vos suffrages sur l'un d'entre vous pour donner à la communion des fidèles un chef qui, puissant par la doctrine et l'autorité du passé, n'en connaisse pas moins les nouveaux besoins du présent et de l'avenir; un pontife d'une vie sainte, mêlant la douceur de la charité à la sincérité de la foi. Toutes les couronnes forment un même vœu, ont un même besoin de modération et de paix. Que ne doit-on pas attendre de cette heureuse harmonie, que ne peut-on pas espérer, éminentissimes seigneurs, de vos lumières et de vos vertus?

Il ne me reste qu'à vous renouveler l'expression de la sincère estime et de la parfaite affection du souverain aussi pieux que magnanime dont j'ai l'honneur d'être l'interprète auprès de vous.

DISCOURS

SUR LA DÉCLARATION FAITE PAR LA CHAMBRE DES DÉPUTÉS,

LE 7 AOUT 1830,

PRONONCÉ A LA CHAMBRE DES PAIRS LE MÊME JOUR, DANS LA SÉANCE DU SOIR.

Messieurs, la déclaration apportée à cette Chambre est beaucoup moins compliquée pour moi que pour ceux de messieurs les pairs qui professent une opinion différente de la mienne. Un fait dans cette déclaration domine à mes yeux tous les autres, ou plutôt les détruit. Si nous étions dans un ordre de choses régulier, j'examinerais sans doute avec soin les changements qu'on prétend opérer dans la Charte. Plusieurs de ces changements ont été par moi-même proposés. Je m'étonne seulement qu'on ait pu entretenir cette Chambre de la mesure réactionnaire touchant les pairs de la création de Charles X. Je ne suis pas suspect de faiblesse pour les *fournées*, et vous savez que j'en ai combattu même la menace; mais nous rendre les juges de nos collègues, mais rayer du tableau des pairs qui l'on voudra, toutes les fois que l'on sera le plus fort, cela ressemble trop à la proscription. Veut-on détruire la pairie? soit : mieux vaut perdre la vie que de la demander.

Je me reproche déjà ce peu de mots sur un détail qui, tout important qu'il est, disparaît dans la grandeur de l'événement : la France est sans direction, et j'irais m'occuper de ce qu'il faut ajouter ou retrancher aux mâts d'un navire dont le gouvernail est arraché! J'écarte donc de la déclaration de la Chambre élective tout ce qui est d'un intérêt secondaire, et, m'en tenant au seul fait énoncé de la vacance vraie ou prétendue du trône, je marche droit au but.

Une question préalable doit être traitée : si le trône est vacant, nous sommes libres de choisir la forme de notre gouvernement.

Avant d'offrir la couronne à un individu quelconque, il est bon de savoir dans quelle espèce d'ordre politique nous constituerons l'ordre social. Établirons-nous une république ou une monarchie nouvelle ?

Une république ou une monarchie nouvelle offre-t-elle à la France des garanties suffisantes de durée, de force et de repos ?

Une république aurait d'abord contre elle les souvenirs de la république même. Ces souvenirs ne sont nullement effacés; on n'a pas oublié le temps où la mort, entre la liberté et l'égalité, marchait appuyée sur leurs bras. Quand vous seriez tombés dans une nouvelle anarchie, pourriez-vous réveiller sur son rocher l'Hercule qui fut seul capable d'étouffer le monstre? De ces hommes fastiques, il y en a cinq ou six dans l'histoire : dans quelque mille ans, votre postérité pourra voir un autre Napoléon; quant à vous ne l'attendez pas.

Ensuite dans l'état de nos mœurs et dans nos rapports avec les États qui nous environnent, la république, sauf erreur, ne me paraît pas exécutable. La première difficulté serait d'amener les Français à un vote unanime. Quel droit la population de Paris aurait-elle de contraindre la population de Marseille ou de telle autre ville de se constituer en république? Y aurait-il une seule république, ou vingt ou trente républiques? seraient-elles fédératives ou indépendantes? Passons par-dessus ces obstacles; supposons une république unique; avec notre familiarité naturelle, croyez-vous qu'un président quelque grave, quelque respectable, quelque habile qu'il puisse être, soit un an à la tête de l'État sans être tenté de se retirer? Peu défendu par les lois et par les souvenirs, avili, insulté soir et matin par des rivaux secrets et par des agents de trouble, il n'inspirera ni la confiance si nécessaire au commerce et à la propriété; il n'aura ni la dignité convenable pour traiter avec les gouvernements étrangers, ni la puissance nécessaire au maintien de l'ordre intérieur; s'il use de mesures révolutionnaires, la république deviendra odieuse, l'Europe inquiète profitera de ces divisions, les fomentera, interviendra, et l'on se trouvera de nouveau engagé dans des luttes effroyables. La république représentative est peut-être l'état futur du monde, mais son temps n'est pas arrivé.

Je passe à la monarchie.

Un roi nommé par les Chambres ou élu par le peuple sera toujours, quoi qu'on fasse, une nouveauté. Or, je suppose qu'on veut la liberté, surtout la liberté de la presse par laquelle et pour laquelle le peuple vient de remporter une si étonnante victoire. Eh bien! toute monarchie nouvelle sera forcée, ou plus tôt ou plus tard, de bâillonner cette liberté. Napoléon lui-même a-t-il pu l'admettre? Fille de nos malheurs et esclave de notre gloire, la liberté de la presse ne vit en sûreté qu'avec un gouvernement dont les racines sont déjà profondes. Une monarchie, bâtarde d'une nuit sanglante, n'aurait-elle rien à redouter de l'indépendance des opinions? Si ceux-ci peuvent prêcher la république, ceux-là un autre système, ne craignez-vous pas d'être bientôt obligés de recourir à des lois d'exception malgré les huit mots supprimés dans l'article 8 de la Charte?

Alors, amis de la liberté réglée, qu'aurez-vous gagné au changement qu'on vous propose? Vous tomberez de force dans la république, ou dans la servitude légale. La monarchie sera débordée et emportée par le torrent des lois démocratiques, ou le monarque par le mouvement des factions.

Dans le premier moment d'un succès, on se figure que tout est aisé : on espère satisfaire toutes les exigences, toutes les humeurs, tous les intérêts; on se flatte que chacun mettra de côté ses vues personnelles et ses vanités; on croit que la supériorité des lumières et la sagesse du gouvernement surmonteront des difficultés sans nombre; mais, au bout de quelques mois, la pratique vient démentir la théorie.

Je ne vous présente, messieurs, que quelques-uns des inconvénients attachés à la formation d'une république ou d'une monarchie nouvelle. Si l'une et l'autre ont des périls, il restait un troisième parti, et ce parti valait bien la peine qu'on en eût dit quelques mots.

D'affreux ministres ont souillé la couronne, et ils ont soutenu la violation de la foi par le meurtre ; ils se sont joués des serments faits au ciel, des lois jurées à la terre.

Étrangers, qui deux fois êtes entrés à Paris sans résistance, sachez la vraie cause de vos succès; vous vous présentiez au nom du pouvoir légal. Si vous accouriez aujourd'hui au secours de la tyrannie, pensez-vous que les portes de la capitale du monde civilisé s'ouvriraient aussi facilement devant vous ? La race française a grandi depuis votre départ sous le régime des lois constitutionnelles; nos enfants de quatorze ans sont des géants; nos conscrits à Alger, nos écoliers à Paris, viennent de vous révéler les fils des vainqueurs d'Austerlitz, de Marengo et d'Iéna; mais les fils fortifiés de tout ce que la liberté ajoute à la gloire.

Jamais défense ne fut plus juste et plus héroïque que celle du peuple de Paris. Il ne s'est point soulevé contre la loi, mais pour la loi; tant qu'on a respecté le pacte social, le peuple est demeuré paisible; il a supporté sans se plaindre les insultes, les provocations, les menaces : il devait son argent et son sang en échange de la Charte; il a prodigué l'un et l'autre. Mais lorsque après avoir menti jusqu'à la dernière heure, on a tout à coup sonné la servitude; quand la conspiration de la bêtise et de l'hypocrisie a soudainement éclaté; quand une terreur de château organisée par des eunuques, a cru pouvoir remplacer la terreur de la république et le joug de fer de l'empire, alors ce peuple s'est armé de son intelligence et de son courage; il s'est trouvé que ces *boutiquiers* respiraient assez facilement la fumée de la poudre, et qu'il fallait plus de quatre soldats et un caporal pour les réduire. Un siècle n'aurait pas autant mûri les destinées d'un peuple que les trois derniers soleils qui viennent de briller sur la France. Un grand crime a eu lieu; il a produit l'énergique explosion d'un principe : devait-on à cause de ce crime et du triomphe moral et politique qui en a été la suite, renverser l'ordre de choses établi?

Examinons.

Charles X et son fils sont déchus ou ont abdiqué, comme il vous plaira de l'entendre ; mais le trône n'est pas vacant : après eux venait un enfant; devait-on condamner son innocence?

Quel sang crie aujourd'hui contre lui? Oseriez-vous dire que c'est la faute de son père? Cet orphelin, élevé aux écoles de la patrie dans l'amour du gouvernement constitutionnel et dans les idées de son siècle, aurait pu devenir un roi en rapport avec les besoins de l'avenir. C'est au gardien de sa tutelle que l'on aurait fait jurer la déclaration sur laquelle vous allez voter; arrivé à sa majorité, le jeune monarque aurait renouvelé le serment. Le roi présent, le roi actuel, aurait été M. le duc d'Orléans, régent du royaume, prince qui a vécu près du peuple, et qui sait que la monarchie ne peut être aujourd'hui qu'une monarchie de consentement et de raison. Cette combinaison naturelle m'eût semblé un grand moyen de conciliation, et aurait peut-être sauvé à la France ces agitations qui sont la conséquence des violents changements d'un État.

Dire que cet enfant séparé de ses maîtres n'aura pas le temps d'oublier jusqu'à leurs noms avant de devenir homme; dire qu'il demeurera infatué de certains dogmes de naissance après une longue éducation populaire, après la terrible leçon qui a précipité deux rois en deux nuits, est-ce bien raisonnable?

Ce n'est ni par un dévouement sentimental, ni par un attendrissement de nourrice transmis de maillot en maillot depuis le berceau de saint Louis jusqu'à celui du jeune Henri, que je plaide une cause où tout se tournerait de nouveau contre moi si elle triomphait. Je ne vise ni au roman, ni à la chevalerie, ni au martyre. Je ne crois pas au droit divin de la royauté, et je crois à la puissance des révolutions et des faits. Je n'invoque pas même la Charte; je prends mes idées plus haut; je les tire de la sphère philosophique, de l'époque où ma vie expire. Je propose le duc de Bordeaux tout simplement comme une nécessité d'un meilleur aloi que celle dont on argumente.

Je sais qu'en éloignant cet enfant, on veut établir le principe de la souveraineté du peuple; niaiserie de l'ancienne école qui prouve que, sous le rapport politique, nos vieux démocrates n'ont pas fait plus de progrès que les vétérans de la royauté. Il n'y a de souveraineté absolue nulle part; la liberté ne découle pas du droit politique, comme on le supposait au dix-huitième siècle; elle vient du droit naturel, ce qui fait qu'elle existe dans toutes les formes du gouvernement, et qu'une monarchie peut être libre et beaucoup plus libre qu'une république; mais ce n'est ni le temps ni le lieu de faire un cours de politique.

Je me contenterai de remarquer que, lorsque le peuple a disposé des trônes, il a souvent aussi disposé de sa liberté; je ferai observer que le principe de l'hérédité monarchique, absurde au premier abord, a été reconnu, par l'usage, préférable au principe de la monarchie élective. Les raisons en sont si évidentes, que je n'ai pas besoin de les développer. Vous choisissez un roi aujourd'hui : qui vous empêchera d'en choisir un autre demain? La loi, direz-vous. La loi? Et c'est vous qui la faites!

Il est encore une manière plus simple de trancher la question, c'est de dire : Nous ne voulons plus de la branche aînée des Bourbons. Et pourquoi n'en voulez-vous plus? Parce que nous sommes victorieux; nous avons triomphé dans une cause juste et sainte : nous usons d'un double droit de conquête.

Très-bien : vous proclamez la souveraineté de la force. Alors gardez soigneusement cette force, car si dans quelques mois elle vous échappe, vous serez mal venus à vous plaindre. Telle est la nature humaine! Les esprits les plus éclairés et les plus justes ne s'élèvent pas toujours au-dessus d'un succès. Ils étaient les premiers, ces esprits, à invoquer le droit contre la violence; ils appuyaient ce droit de toute la supériorité de leur talent; et au moment même où la vérité de ce qu'ils disaient est démontrée par l'abus le plus abominable de la force, et par le renversement de cette force, les vainqueurs s'emparent de l'arme qu'ils ont brisée! Dangereux tronçons qui blesseront leur main sans les servir.

J'ai transporté le combat sur le terrain de mes adversaires; je ne suis point allé bivouaquer dans le passé sous le vieux drapeau des morts, drapeau qui n'est pas sans gloire, mais qui pend le long du bâton qui le porte, parce qu'aucun souffle de la vie ne le soulève. Quand je remuerais la poussière des trente-cinq Capets, je n'en tirerais pas un argument qu'on voulût seulement écouter. L'idolâtrie d'un nom est abolie; la monarchie n'est plus une religion, c'est une forme politique préférable dans ce moment à toute autre, parce qu'elle fait mieux entrer l'ordre dans la liberté.

Inutile Cassandre, j'ai assez fatigué le trône et la pairie de mes avertissements dédaignés: il ne me reste qu'à m'asseoir sur les débris d'un naufrage que j'ai tant de fois prédit. Je reconnais au malheur toutes les sortes de puissances, excepté celle de me délier de mes serments de fidélité. Je dois aussi rendre ma vie uniforme : après tout ce que j'ai fait, dit et écrit pour les Bourbons, je serais le dernier des misérables si je les reniais au moment où, pour la troisième et dernière fois, ils s'acheminent vers l'exil.

Je laisse la peur à ces généreux royalistes qui n'ont jamais sacrifié une obole ou une place à leur loyauté, à ces champions de l'autel et du trône qui naguère me traitaient de renégat, d'apostat et de révolutionnaire. Pieux libellistes, le renégat vous appelle! Venez donc balbutier un mot, un seul mot avec lui pour l'infortuné maître qui vous combla de ses dons et que vous avez perdu. Provocateurs de coups d'État, prédicateurs du pouvoir constituant, où êtes-vous? Vous vous cachez dans la boue du fond de laquelle vous leviez vaillamment la tête pour calomnier les vrais serviteurs du roi : votre silence d'aujourd'hui est digne de votre langage d'hier. Que tous ces preux dont les exploits projetés ont fait chasser les descendants de Henri IV à coups de fourche, tremblent maintenant accroupis sous la cocarde tricolore : c'est tout naturel. Les nobles couleurs dont ils se parent protégeront leur personne et ne couvriront pas leur lâcheté.

Au surplus, en m'exprimant avec franchise à cette tribune, je ne crois pas du tout faire un acte d'héroïsme : nous ne sommes plus dans ces temps où une opinion coûtait la vie; y fussions-nous, je parlerais cent fois plus haut. Le meilleur bouclier est une poitrine qui ne craint pas de se montrer découverte à l'ennemi. Non, messieurs, nous n'avons à craindre ni un peuple dont la raison égale le courage, ni cette généreuse jeunesse que j'admire, avec laquelle je sympathise de toutes les facultés de mon âme, à laquelle je souhaite, comme à mon pays, honneur, gloire et liberté.

Loin de moi surtout la pensée de jeter des semences de division dans la France, et c'est pourquoi j'ai refusé à mon discours l'accent des passions. Si j'avais la conviction intime qu'un enfant doit être laissé dans les rangs obscurs et heureux de la vie, pour assurer le repos de trente-trois millions d'hommes, j'aurais regardé comme un crime toute parole en contradiction avec le besoin des temps : je n'ai pas cette conviction. Si j'avais le droit de disposer d'une couronne, je la mettrais volontiers aux pieds de monseigneur le duc d'Orléans. Mais je ne vois de vacant qu'un tombeau à Saint-Denis, et non pas un trône.

Quelles que soient les destinées qui attendent M. le lieutenant général du royaume, je ne serai jamais son ennemi s'il fait le bonheur de ma patrie. Je ne demande à conserver que la liberté de ma conscience, et le droit d'aller mourir partout où je trouverai indépendance et repos.

Je vote contre le projet de déclaration.

DOCUMENTS GÉNÉRAUX [1]

N° 1 (6).

Extrait des instructions envoyées au ministre de la police.

Paris, 12 septembre 1816.

Sous le rapport de la convocation, point d'exclusions odieuses, point d'applications illégales des dispositions de la haute police pour écarter ceux qui sont légalement appelés à voter; surveillance active, mais liberté entière; point d'extension arbitraire aux adjonctions autorisées par l'ordonnance, et de nature à détruire l'effet d'une précaution dictée par une sage prévoyance.

Sous celui des élections, ce que le roi veut, ses mandataires doivent le vouloir. Il n'y a point deux sortes d'intérêts dans l'État; et pour faire disparaître jusqu'à l'ombre des partis, qui ne sauraient résister sans menacer son existence, il ne faut que des députés dont les intentions soient de marcher d'accord avec le roi, avec la Charte, avec la nation, dont les destinées reposent en quelque sorte entre leurs mains. Les députés qui se sont constamment écartés de ces principes tutélaires ne sauraient donc être désignés par l'autorité locale, se prévaloir de son influence, obtenir une faveur qui tournerait au détriment de la chose publique.

Point de grâce pour la malveillance qui se déclarerait par des actes ostensibles, qui afficherait de coupables espérances, qui croirait trouver, dans un grand acte de politique et de justice, une occasion favorable de trouble et de désordre. La loi du 29 octobre reste dans toute sa vigueur; mais ce n'est point pour en abuser, c'est pour s'en servir à propos, avec connaissance de cause, et en rendant un compte exact de leurs opérations, que le soin d'en appliquer les dispositions a été confié à des administrateurs éclairés.

Ils s'opposeront à la publication de ces correspondances empressées, et toujours marquées au coin de l'exagération, que les membres des sociétés secrètes sont en possession de faire parvenir sous le manteau du royalisme.

Dans l'ordonnance du roi, ils ne verront que sa volonté, les besoins de l'État et la Charte. Dans leurs incertitudes, ils s'adresseront aux ministres. A des demandes exprimées avec franchise, ils recevront des réponses non moins franches: des directions étrangères ne pourraient que les égarer. Leur tâche est importante, mais elle est facile, parce qu'elle est clairement indiquée, et qu'ils sont assurés de l'appui d'un ministre surveillant, et fort de la volonté du roi et de sa confiance.

Celle que Sa Majesté a placée dans les préfets ne sera point trompée dans cette circon-

---

[1] J'ai marqué de deux numéros ces Pièces justificatives: le premier est le numéro d'ordre de l'impression, le second est le numéro d'ordre des manuscrits.

Je ne publie que les *Documents généraux*: ce sont des pièces déjà imprimées, ou des pétitions, ou des lettres de protestation, adressées à divers ministres; je ne donne pas même tous ces documents: il m'en reste en manuscrit un assez grand nombre, notamment sur les départements de la Corrèze, des Basses-Alpes, de l'Aude, de la Côte-d'Or, de l'Ain, de la Nièvre, du Pas-de-Calais et de Seine-et-Marne.

Quant à la *correspondance privée et aux renseignements particuliers*, je la supprime.

Si ma proposition eût été prise en considération, j'aurais confié à la prudence de MM. les pairs ces renseignements particuliers; mais la proposition ayant été écartée, je dois retrancher, par des raisons faciles à comprendre, des détails trop personnels.

Au reste les originaux de ces Pièces sont déposés chez un notaire. On pourra les consulter, mais seulement en ma présence, ou en vertu d'une autorisation écrite de ma main. Toutefois on n'en pourra *prendre ni notes ni copies*.

(*Note de la brochure publiée en 1816.*)

stance. Elle attend d'eux qu'ils dirigent tous leurs efforts pour éloigner des élections les ennemis du trône et de la légitimité, qui voudraient renverser l'un et écarter l'autre; et les amis insensés qui l'ébranleraient en voulant le servir autrement que le roi ne veut l'être; qui, dans leur aveuglement, osent dicter des lois à sa sagesse, et prétendent gouverner pour lui. Le roi ne veut aucune exagération. Il attend, des choix des colléges électoraux, des députés qui apportent à la nouvelle Chambre les principes de modération, qui sont la règle de son gouvernement et de sa politique, qui n'appartiennent à aucun parti, à aucune société secrète, qui n'écoutent d'autres intérêts que ceux de l'État et du trône, qui n'apportent aucune arrière-pensée et respectent avec franchise la Charte, comme ils aiment le roi avec amour.

Le ministre d'État au département de la police générale,

Signé le comte DECAZES [1].

N° 2 (88).

Ministère de la police générale.

M. l'inspecteur général se rendra dans les départements ci-contre. Dans chacun d'eux, il s'adressera directement à M. le préfet; il fera connaître à ce magistrat que l'objet confidentiel de sa mission est de lui exprimer toute la pensée du gouvernement, qu'il convient de suivre et d'imprimer relativement à la convocation des colléges électoraux.

Sous le rapport de la convocation, etc., etc.

(Le reste, mot pour mot, conforme au n° 1, à l'exception du paragraphe suivant, qui ne se trouve pas dans le n° 1.)

Sa Majesté m'a spécialement chargé de faire connaître à MM. les préfets qu'elle suivra avec intérêt leurs efforts dans cette circonstance si importante, et qu'elle y cherchera la preuve la moins équivoque pour elle de leur dévouement et de leur fidélité.

Le ministre de la police générale,

Signé le comte DECAZES [2].

N° 3 (13, 50).

(CABINET DU DIRECTEUR GÉNÉRAL.)

Administration de l'enregistrement et des domaines.

Paris, le 20 septembre 1816.

Le ministre secrétaire d'État des finances me fait remettre, monsieur, les copies, ci-après transcrites, de la lettre et de la note concernant les prochaines élections, qu'il vient d'adresser aux agents des finances.

Son excellence désire que la connaissance de ces deux pièces parvienne aussitôt aux principaux préposés de l'administration dans les départements. Je ne perds pas un instant pour vous les transmettre : je ne doute point d'un empressement égal de votre part à seconder les intentions tutélaires du roi.

Suite du n° 3.

Copie de la lettre du ministre des finances aux divers agents de son ministère, sous la date du 18 septembre.

Je joins ici, monsieur, un extrait d'instructions approuvées par le roi, tendantes à donner aux électeurs une direction qui n'amène à la Chambre des députés que des hommes qui allient au même degré l'amour de la légitimité et l'amour de la Charte.

Elles sont à l'appui l'une de l'autre; ce sont deux éléments inséparables.

Vous donnerez connaissance de ces principes professés par le roi aux *personnes qui seront dans le cas d'en faire un usage profitable*, et si vous êtes appelé aux fonctions d'électeur, ils vous apprendront les devoirs que vous aurez à remplir.

[1] A Toulouse, de l'imprimerie de Douladoure.
[2] Copie authentique venue du département de Seine-et-Oise.

La propagation de cette doctrine est la preuve la plus pure d'attachement qu'on puisse donner au roi et à la patrie.

Je vous salue avec un bien sincère attachement.

Signé le comte CORVETTO.

Pour ampliation :
Le secrétaire général des finances,
Signé LEFÈVRE.

Copie de la Note jointe à la lettre ci-dessus

(Extrait d'instructions sur les élections.)

« Sous le rapport des élections, ce que le roi veut, ses mandataires doivent le vouloir.

« Il ne faut que des députés dont les intentions soient de marcher d'accord avec le roi, « avec la Charte et avec la nation, dont les destinées reposent en quelque sorte entre leurs « mains.

« Les individus qui ne professent pas ces principes tutélaires, ne sauraient donc être dé-« signés par l'autorité locale.

« Point de grâce pour la malveillance, qui se décèlerait par de coupables espérances, qui « croirait trouver dans un grand acte de justice et de politique une occasion favorable de « troubles et de désordres.

« S'opposer à la publication de ces correspondances empressées et toujours marquées au « coin de l'exagération, que les membres des sociétés secrètes sont en possession de faire « parvenir sous le manteau du royalisme.

« Dans l'ordonnance du roi il ne faut voir que sa volonté, les besoins de l'État et la Charte.

« Éloigner des élections les ennemis du trône et de la légitimité qui voudraient renverser « l'un et écarter l'autre, et les amis insensés qui l'ébranleraient en voulant le servir autrement « que le roi ne veut l'être; qui, dans leur aveuglement, osent dicter des règles à sa sagesse « et prétendent gouverner pour lui. Le roi ne veut aucune exagération, et attend, des choix « des collèges électoraux, des députés qui apportent à la nouvelle Chambre les principes de « modération qui font les règles de son gouvernement et de sa politique, qui n'appartiennent « à aucun parti, à aucune société secrète, qui n'écoutent d'autres intérêts que ceux de l'État « et du trône, qui n'apportent aucune arrière-pensée, qui respectent la Charte avec fran-« chise, comme ils aiment le roi avec amour. »

Veuillez m'accuser la réception de la présente aussitôt qu'elle vous parviendra.

Recevez, monsieur, l'assurance de ma parfaite considération.

Le conseiller d'État, directeur général,
BARRAIRON.

Suite du N° 3.

(N° 527 des dossiers ; n° 48 des circulaires.)

Beauvais, 23 septembre 1816.

Vous avez ci-dessus, monsieur, ampliation de la lettre que M. Barrairon, conseiller d'État, directeur général de l'administration, m'a adressée, le 20 de ce mois, en me transmettant la lettre de S. Exc. Le ministre secrétaire d'État des finances, du 18 du même mois, et l'extrait d'instructions approuvées par le roi, pour les élections.

Je vous adresse également ampliation de ces pièces ; leur lecture vous apprendra de quelle manière le roi désire que la Chambre des députés soit composée.

J'ajouterai que l'intention du roi et des ministres est que tous les fonctionnaires publics contribuent de tous leurs moyens à ce qu'il soit fait de bons choix. Je suis convaincu qu'ils useront de toute leur influence pour parvenir à ce but si désirable, et je crois inutile de prévenir MM. les employés que si un fonctionnaire public s'écartait à cet égard de la ligne de ses devoirs, il perdrait *sans retour la confiance du gouvernement.*

Le directeur de l'enregistrement et des domaines,
LANGLUMÉ [1].

N° 5 (67).

Le marquis de Clermont Mont-Saint-Jean, à M. T...

Herné, 6 novembre 1816.

MON TRÈS-CHER ET RESPECTABLE AMI,

Vous m'avez demandé un exemplaire de l'écrit injurieux pour les députés de la Chambre de 1815, répandu avec profusion dans ce département au moment des élections pour la session de 1816. Je m'empresse de vous le faire parvenir ci-joint, ainsi qu'une copie de la plainte que j'en ai rendue à S. Exc. Mgr le chancelier et à M. le procureur général, auquel j'ai postérieurement fait connaître que cet écrit a été adressé à MM. les électeurs dans les paquets de la correspondance administrative, remis à domicile dans les villes par leurs employés, les noms mis au-dessus à la main, et les adresses de l'écriture des employés de leurs bureaux; renseignements que, par une seconde lettre sous la date du...., j'ai aussi donnés à M. le procureur général.

Enfin, je joins encore ici copie d'une lettre écrite par M. C.... à M. P.... relative à moi nominativement. Le même M. C... en a encore de plus fortes dont je n'ai pas encore pu me procurer copie.

Recevez l'assurance, etc.

(J'observe que je n'ai pas la lettre de M. C... à M. P... en original, mais je l'ai copiée moi-même. Il en existe une autre de M. D..... plus forte encore ; j'espère en avoir au moins copie.)

Copie de la plainte portée par M. le marquis de Clermont Mont-Saint-Jean, membre de la Chambre des députés de 1815, à Son Excellence Monseigneur le chancelier et à M. le procureur général, relativement à l'écrit intitulé : *A MM. les électeurs du département de Seine-et-Marne, par un habitant du département ; et autres menées des autorités administratives pour exclure différentes personnes des élections, et notamment M. de Clermont.*

Comme fidèle serviteur du roi, membre de la dernière Chambre des députés français, et même comme simple individu, il est de mon devoir de faire connaître ce qui se passe ici, et de rendre plainte contre l'écrit séditieux ci-joint, portant le nom de Michelin, imprimeur de la préfecture à Melun, dans lequel se trouve cette phrase :

« *Le roi a senti qu'une Chambre qui voulait attenter au pacte de famille, n'avait « point rempli le vœu de ses commettants : il en a ordonné la dissolution.* »

Cette phrase est injurieuse pour le roi, pour tous les membres de la dernière Chambre des députés, qu'elle calomnie et qu'elle signale comme des traîtres et des parjures à la vindicte publique.

Il n'y a rien de semblable dans l'ordonnance du roi du 5 septembre dernier, et ce n'est point ainsi qu'on doit employer le nom du roi, pour répandre des calomnies sur une Chambre que Sa Majesté a qualifiée d'introuvable.

Quant à ce qui se passe relativement aux élections, M. le préfet a évidemment violé et la Charte et la liberté qu'elle assure.

Il a ordonné aux sous-préfets de faire nommer pour candidats dans les collèges d'arrondissements tels et tels, d'employer toute leur influence pour empêcher qu'on ne présente comme candidats messieurs tels et tels, comme trop royalistes, et notamment moi.

M. le préfet a mandé chez lui des employés du gouvernement électeurs, notamment M. Le

---

[1] Toutes ces pièces renfermées sous le n° 3 n'en forment qu'une dans leur ensemble, et sont, par cette raison, imprimées ensemble dans l'original.

Blanc, recèveur des domaines à Provins, auquel il a intimé les mêmes ordres, en se servant du nom du roi et de celui de ses ministres, le menaçant de perdre sa place si j'étais nommé. M. Barrairon a écrit dans le même sens.

Ces faits sont publics, ils irritent tous les esprits, et cela au moment où va s'ouvrir la session du collége électoral à Melun. M. le préfet a déjà indiqué les députés qu'il veut qu'on nomme. De tels moyens ne sont ni constitutionnels, ni conformes aux vœux et aux intérêts du roi : ils mettent la couronne en danger.

Attaqué personnellement par une violation manifeste de la Charte, j'aurais droit de poursuivre juridiquement cet outrage fait à la liberté concédée. Je renonce à tout ce qui m'est personnel : que la légitimité n'éprouve point d'atteinte, que l'État soit heureux et tranquille, mes vœux seront accomplis.

Mais quant à l'imprimé contre lequel je rends plainte, il crie vengeance et demande justice. Je suis, etc.

Signé le marquis DE CLERMONT MONT-SAINT-JEAN.

N° 6.

ÉCRIT DÉNONCÉ DANS LA LETTRE PRÉCÉDENTE.

Aux électeurs du département de Seine-et-Marne.

Les lois d'un peuple sont rarement applicables à un autre ; de même les institutions d'un siècle peuvent ne pas entièrement convenir au siècle qui le suit. On demanda à Solon si les lois qu'il avait données aux Athéniens étaient les meilleures. « Je leur ai donné, répondit-il, « les meilleures de celles qu'ils pouvaient souffrir. » Parole admirable, et qui a été la règle du Solon de la France.

La Charte que le roi nous a donnée n'est pas seulement l'expression de la volonté souveraine, elle est celle de nos besoins et de nos vœux. Elle consacre à la fois le principe de la monarchie et celui d'une sage liberté. Elle est la conclusion des dissensions qui, depuis vingt-cinq ans, ont agité notre patrie. Elle nous préserve pour toujours des fléaux qui n'ont cessé de signaler l'époque désastreuse de notre révolution, l'anarchie et le despotisme.

Ce ne serait pas en vain que l'esprit de parti chercherait à révoquer en doute le mérite d'un pareil bienfait; il reçoit son prix et de la main dont il sort, et des droits qu'il établit. Ouvrage de la légitimité, il a le caractère de la sagesse comme les préceptes divins. Dicté par la modération, dans le but de la tranquillité, on ne saurait le changer ou l'altérer sans sortir de la modération et de la tranquillité. Ce qu'un peuple a obtenu en ce genre devient sa propriété irrévocable, et la volonté générale y adhère si fortement, que ce n'est point sans de violentes secousses et de cruels déchirements que l'on parviendrait à l'en dessaisir.

Le roi, dont toutes les actions tendent à l'utilité publique, et qui par conséquent est l'organe et l'arbitre de la volonté générale, a senti qu'une Chambre qui avait voulu attenter au pacte de famille, n'avait point rempli le vœu de ses commettants. Il en a ordonné la dissolution, et a convoqué de nouveaux députés. Cet acte important a raffermi sur sa base la Charte constitutionnelle ébranlée par quelques atteintes, et consacré le grand principe de l'inviolabilité de la loi fondamentale. Bien plus, il nous assure cette paix intérieure que nous ne pouvons obtenir que dans le calme des passions et qu'à force de sagesse.

Les colléges électoraux vont s'assembler pour remplir la plus importante des missions. Dans une circonstance aussi solennelle, le premier devoir d'un électeur doit être de réfléchir sur la nature de ses fonctions.

Un électeur, comme un député, est un fondé de pouvoirs. Ainsi, il doit apporter dans l'assemblée dont il fait partie une connaissance approfondie des vœux de ses concitoyens. Il doit ne consulter que sa conscience ; mais sa conscience ne sera véritablement éclairée que quand il aura étudié l'esprit public. Qu'il fasse abnégation de tout intérêt personnel, et dût-il, comme Aristide le Juste, graver sur la coquille du paysan son propre ostracisme, il aura fait son devoir, s'il a exprimé la volonté de ses commettants. Le roi lui-même n'a-t-il pas donné l'exemple de cette sublime renonciation, en se dépouillant d'une portion de son autorité pour en agrandir le domaine de nos priviléges? et quel audacieux voudrait se prétendre plus sage et plus juste que le roi? Et si ce prince s'est conduit ainsi, c'est parce qu'il a appelé l'expérience au secours de la théorie des lois.

Nos vœux sont de jouir des institutions libérales de la Charte; nos besoins sont la modération et la tranquillité. Les passions sont de mauvais conseillers; nous en avons fait la triste expérience; il faut qu'elles s'éteignent, et que la raison, l'amour du bien public, l'oubli des dissensions et des erreurs, soient désormais les vertus de ceux que nous associerons au gouvernement. *Le roi et la Charte*, ces deux noms renferment tout ce que veulent les Français. Le roi présente ce que la légitimité a de plus imposant, tout ce que le bienfait a de plus sacré; la Charte est inséparable de lui, parce qu'elle est le lien qui unit le roi et son peuple : vouloir séparer l'un de l'autre, c'est vouloir annuler le plus sain des contrats, bannir la bonne foi de la terre, isoler le père de ses enfants.

Ainsi un électeur doit faire tous ses efforts pour arriver à l'assemblée exempt de passions et de préjugés : son opinion se sera formée d'avance de l'opinion des hommes sages et éclairés de toutes les classes. S'il appartient à l'une d'elles, il sortira de sa sphère pour connaître le vœu des autres, parce que la représentation législative n'est pas celle d'une corporation ou d'une classe en particulier, mais bien l'expression de la volonté générale, et que le plus grand écueil que nous ayons rencontré dans les assemblées délibérantes a été l'esprit de corps et de parti.

C'est après cette étude réfléchie que celui qui est appelé par ses concitoyens à donner son suffrage, saura distinguer les hommes dignes de siéger dans l'assemblée de nos députés. Déjà la voix publique les désigne, en même temps qu'elle fait connaître ceux qui sont jugés inhabiles à remplir d'aussi importantes fonctions.

Ainsi l'anarchiste qui, pendant nos discordes civiles, a appelé la proscription sur la tête de ses concitoyens; celui qui, dans les assemblées tumultueuses qui se sont succédé, s'est fait remarquer par l'exagération de ses opinions et de ses discours, et s'est montré l'ennemi du roi et le partisan de la démagogie, n'est pas celui sur lequel doivent se réunir les suffrages.

Celui qui veut la constitution sans le roi, qui rêve encore la république, ou dont les vœux impies appellent un usurpateur quel qu'il soit, et que rien n'a pu guérir de cette maladie anarchique, ne saurait être encore le député que nous cherchons.

Ne serait-ce pas une sorte d'opposition aux volontés du roi, que de donner sa voix à celui qui veut le roi sans la Charte, le rétablissement de priviléges détruits et oubliés, l'anéantissement des institutions libérales; qui aspire à reculer l'opinion d'un demi-siècle, et à replacer la France sous un ordre de choses dont les éléments n'existent plus?

Le fonctionnaire qui a abusé de son autorité pour rendre suspects au gouvernement des habitants paisibles; qui n'a pardonné ni à l'erreur, ni à la faiblesse; qui s'est érigé en persécuteur, et ne s'est cru envoyé que pour être un ministre de vengeances; celui-là n'est point digne de siéger dans l'assemblée de nos représentants.

Celui qui, se disant l'ami du roi, condamne la modération et la traite de malveillance; qui frappe d'anathème toute une province où les habitants obéissent aux lois, paient les impôts, cultivent paisiblement leurs champs et adorent dans le fond de leur cœur les vertus d'un roi juste et bienfaisant auquel ils doivent leur repos; qui se tourmente et s'agite pour trouver d'invisibles ennemis; qui jette la méfiance et le soupçon sur les magistrats les plus fidèles; celui-là, dis-je, n'aura point la voix d'un ami du roi et de la Charte.

L'ambitieux, quelle que soit sa conduite passée, quelles que soient ses opinions, qui n'aspire à siéger dans la Chambre des députés que par des vues d'intérêt personnel; qui ne voit dans cette dignité qu'un moyen de parvenir à de plus hautes fonctions, et serait disposé à trahir les intérêts de ses commettants et à vendre ses opinions à l'intrigue; doit être écarté d'un poste où l'amour du bien public doit être le seul guide.

Un député doit vouloir la légitimité et la Charte, être exempt de passions, avoir un grand dévouement à la chose publique, et n'être imbu ni des erreurs révolutionnaires, ni des préjugés anticonstitutionnels. Il faut qu'il ait un cœur droit, un esprit juste, un amour ardent pour le bien de l'Etat, et qu'il sacrifie, au besoin, ses propres intérêts à la prospérité publique. Si, à ces qualités essentielles, il joint l'expérience des affaires et des talents distingués, il apportera dans les grandes discussions d'importantes lumières. Mais le dévouement au roi, le bon sens et la modération doivent passer avant tout ; car les talents sans la vertu ne sont souvent que des poisons.

Ils existent parmi nous, ces hommes dignes de confiance et d'estime, et j'oserais les nommer en toute autre circonstance. Dans celle qui nous occupe, il est permis à tout ami de son pays d'exercer sur ses concitoyens une influence morale, de faire un appel à la concorde, de proclamer des vérités utiles au bonheur de tous; mais la brigue doit être écartée de nos *comices*; l'honnête homme n'a pas besoin de tels moyens, et la corruption des voix ne peut produire que le choix d'hommes corrompus.

Le magistrat qui a vieilli irréprochable dans de pénibles travaux ; l'administrateur éclairé qui est resté fidèle au roi, à ses devoirs et aux règles de la modération ; le propriétaire dont les intérêts sont si étroitement liés à ceux de l'ordre public ; le commerçant qui vivifie les canaux de l'industrie et a fait un honorable usage de sa fortune; celui qui, comptant d'illustres aïeux, et portant un nom recommandable, a cependant suivi la marche de son siècle, et soumis à l'empire de la raison et de la justice ses affections héréditaires, sont également dignes de nos suffrages. C'est dans le but du maintien de la légitimité et de la Charte que la représentation doit être formée ; et la légitimité et la Charte ne peuvent être respectées et maintenues que par des hommes éloignés des excès opposés, et capables d'apporter dans la discussion le calme et l'impartialité qu'exigent les intérêts de la France. Aucune classe n'est exclue de cet honneur, ou plutôt toutes les classes de la société ne doivent former qu'une seule et même famille, ayant un but et des droits communs.

Electeurs ! le bonheur de notre pays est en vos mains ; du choix que vous allez faire dépendront notre prospérité, notre repos et notre avenir. Est-il un sujet plus imposant de méditations? Quels regrets, si vos délégués ne répondaient point dignement à votre attente ! Quelle responsabilité vous auriez à encourir à l'égard de vos concitoyens, si leur espoir et leurs vœux étaient déçus ! Mais vous entendrez la voix de la patrie qui vous adresse ces paroles, désormais le ralliement des Français : *Le Roi et la Charte, modération et justice*; et ces mêmes paroles seront le mandat que vous donnerez à vos délégués.

UN HABITANT DU DÉPARTEMENT [1].

N° 4 (49).

PRÉFECTURE DU PAS-DE-CALAIS.

Collèges électoraux.

Arras, 27 septembre 1816.

Votre qualité d'électeur est un titre bien important dans un moment où les collèges tiennent dans leurs mains les destinées de la France.

Veuillez, monsieur, réfléchir à l'esprit qui a dicté l'ordonnance du 5 septembre. Le roi a-t-il dissous la Chambre pour la recomposer entièrement des mêmes éléments? Non sans doute.

Je suis autorisé à le dire, à le répéter, à l'écrire, le roi verra avec mécontentement siéger dans la nouvelle Chambre ceux des députés qui se sont signalés dans la dernière session par un attachement prononcé à la majorité opposée au gouvernement.

A votre arrivée à Arras, monsieur, faites-moi l'honneur de venir chez moi; moi seul puis vous faire connaître la pensée du roi, ses véritables intentions. Ne négligez pas surtout de vous rendre à un devoir aussi sacré que celui de venir voter ; le roi, la Charte, la France, le réclament.

J'ai l'honneur, etc.

Signé MALOUET.

4 Mélun, chez Michelin, imprimeur de la préfecture.

N° 7 (64).

Copie de la lettre écrite par M. de Forbin aux ministres de l'intérieur, de la police et de la justice.

Avignon, 25 septembre 1816.

MONSEIGNEUR,

J'ai l'honneur d'informer Votre Excellence d'un fait qui, bien qu'il me soit personnel, peut acquérir quelque gravité par les circonstances où nous nous trouvons, et par la forme actuelle de notre gouvernement.

Depuis quelques jours un bruit sourd s'était répandu à Avignon et dans tout le département de Vaucluse, que le préfet, nouvellement arrivé de Paris, avait apporté des *ordres* et des instructions pour les électeurs; que ces ordres portaient des *exclusions nominatives* et des demandes formelles. Un grand nombre de personnes dignes de foi assuraient que le préfet leur avait communiqué ces *ordres*; qu'il leur avait dit en termes formels d'écarter des élections M. de Forbin, et de faire nommer M. de Liautaud. Plusieurs fonctionnaires publics avaient été fortement menacés par M. le préfet, s'ils donnaient leurs voix dans un sens contraire. On parlait de lettres adressées aux présidents des collèges d'arrondissement, qui contenaient ces instructions d'une exclusion formelle; on parlait de lettres pareilles adressées par les sous-préfets aux maires de leurs arrondissements; on colportait des copies de lettres, des originaux même; la surprise était grande, la mesure paraissait nouvelle. Sujet soumis et dévoué, prêt à obéir au nom du roi au premier ordre, je ne pouvais croire à de pareilles assertions.

D'un côté, je considérais et les lois fondamentales du royaume, et les instructions générales et particulières que j'avais reçues en pareilles circonstances; je repassais dans ma mémoire ce que j'avais vu dans d'autres temps; tout m'obligeait à repousser une pareille idée : d'un autre côté, je pensais que, quelles que fussent les intentions de Sa Majesté, elle me les aurait fait connaître par mes chefs ordinaires, et un seul mot aurait suffi. Le préfet, me disais-je, s'il en eût reçu l'ordre, se serait empressé de me le dire à moi-même d'une manière officielle : il l'écrit à d'autres, pourquoi ne pas l'écrire à moi-même? Il me semblait que l'auguste nom du roi était compromis dans le public : tout enfin s'accordait et me forçait à douter, malgré l'évidence de ces manœuvres et de ces assertions; mais j'ai appris d'une manière positive que M. Desjardins, secrétaire particulier de M. le préfet, s'est transporté, hier 24, veille des élections d'arrondissement, dans la ville de Cavaillon. Là, dans la mairie, en présence du *maire*, il a fait *convoquer* les électeurs d'arrondissement, et leur a lu publiquement une lettre de M. le préfet, dans laquelle il leur annonça qu'il avait ordre d'éloigner des élections M. de Forbin, et qu'il désirait la nomination de M. de Liautaud; la publicité d'une pareille démarche, le nom auguste qui y était invoqué, a frappé les esprits d'étonnement; il s'en est suivi une explication assez vive de la part d'un électeur avec M. Desjardins, qui a révoqué en doute une pareille assertion; le secrétaire a insisté, et l'on s'est retiré. La même opération a eu lieu de la part de la même personne dans plusieurs communes du département. Les lettres du préfet, celles du sous-préfet de Carpentras, ses menaces publiques, ses violences circulent dans toutes les mains, dans toutes les bouches, font l'objet de toutes les conversations; et j'ai acquis les preuves les plus légales et les plus complètes à ce sujet.

Ici doit se terminer, monseigneur, le récit des faits qui viennent de se passer dans le département de Vaucluse, et comme sujet, comme citoyen, je dois m'abstenir de toutes réflexions; j'ignore jusqu'à quel point peuvent s'étendre les droits et l'autorité d'un préfet, concernant l'influence sur les élections, l'exclusion des droits civils envers un citoyen, etc., etc. Je laisse à la profonde sagesse de Votre Excellence, à sa justice et à son respect pour les lois, de peser les faits ci-dessus, leur gravité et leurs conséquences.

J'ai l'honneur d'être avec respect, etc.

DE FORBIN.

N° 8 (59).

MÉMOIRE SUR LES ÉLECTIONS DU DÉPARTEMENT DU LOT, A LA CHAMBRE DES DÉPUTÉS.

Les élections du Lot ont présenté un résultat si peu avantageux, qu'il devient nécessaire, pour l'honneur de ce département, de prouver au roi, à la famille royale, à la Chambre des pairs, à celle des députés et à la France entière que les habitants de cette province sont éminemment royalistes.

Les électeurs soussignés réclament contre les violences, les séductions et les menaces qui ont été employées, soit dans les colléges d'arrondissement, soit dans celui du département, par les autorités civiles et judiciaires.

Le préfet du Lot a toujours protégé, depuis son arrivée dans ce département, les hommes coupables. L'influence révolutionnaire y régit tout depuis vingt-cinq ans, et presque aucune épuration n'y a été faite.

Les sous-préfets, devenus ses agents, professent les mêmes principes; presque tous les membres des trois tribunaux, dont deux n'ont pas encore reçu l'institution royale, à cause de leur félonie dans les Cent-Jours, n'ont connu que la volonté de cet administrateur et leur ambition particulière.

Dans le mois d'août, M. de Lezai Marnézia fit une tournée dans son département; il caressa avec affectation tous les intérêts révolutionnaires; il fut reçu avec allégresse par les ennemis du roi, et surtout dans les villes de Gourdon et Souillac. Dans celle de Saint-Céré, ils lui élevèrent un arc de triomphe avec une couronne tricolore, en proclamant que c'était un des leurs. La preuve de ce fait existe dans un procès en police correctionnelle devant le tribunal de Figeac, intenté par les soins et la fidélité du commandant de la garde nationale de Saint-Céré.

C'est dans cette situation que l'ordonnance du 5 septembre a trouvé le département du Lot, et c'est sous ces malheureux auspices que les colléges électoraux ont été convoqués.

Aussitôt des libelles diffamatoires contre la Chambre des députés ont été abondamment distribués, entre autres un extrait du *Journal Général*, des lettres du préfet aux électeurs et aux maires; des propos révolutionnaires ont été propagés par les autorités civiles et judiciaires.

Le sous-préfet de Figeac et le procureur du roi mandent chez eux les électeurs; ils emploient les menaces et les séductions; ils osent dire que les députés veulent faire revenir les dîmes et les droits féodaux, que le roi n'en veut plus : et, dans leur délire révolutionnaire, ils proscrivent les nobles, et offrent en contradiction M. le comte de Lezai Marnézia pour candidat. Les preuves sont authentiques, et seront fournies en cas de déni.

A Figeac, des moyens aussi vils que méprisables ne procurent aucun résultat. Deux députés sont nommés candidats, avec deux propriétaires.

A Gourdon, les intrigues réussissent; aucun député n'est nommé. A leurs places figurent le préfet, M. Barrairon, directeur général des domaines; Verninac, ex-ambassadeur, gendre d'un régicide; et Calmon, administrateur des domaines.

A Cahors, même résultat et des candidats nouveaux.

En 1815, le préfet provisoire, d'après des instructions ministérielles, et en vertu d'une ordonnance royale, avait adjoint au collège de département quarante électeurs, dont vingt pour remplir le nombre désigné par l'ordonnance, et vingt pour compléter le collège, en raison de décès. Le préfet, pour réduire les adjonctions faites au nombre indiqué par l'ordonnance, a éliminé à son choix, sans suivre aucune trace certaine, les individus qui lui ont paru suspects. Il a retranché les plus forts propriétaires, les chevaliers de Saint-Louis, sans établir aucune proportion entre les arrondissements; et il a conservé les hommes dont il croyait plus aisément pouvoir disposer, ou dont il a présumé l'absence. Les noms des adjoints conservés et éliminés ne furent point connus ni proclamés, et plusieurs de ces derniers arrivèrent à Cahors pour voter, et n'apprirent que là leur élimination.

Toutes les manœuvres employées dans les arrondissements furent renouvelées au chef-lieu. On ajouta aux pamphlets une prétendue lettre des ministres, qui, au nom du roi, désignait nominativement deux députés comme indignes d'être élus.

Le chef d'escadron de la gendarmerie, homme aussi fidèle que surveillant, fut envoyé, par ordre du préfet et du général, le jour même des élections, à Figeac, pour se concerter avec le maire, le procureur du roi et le sous-préfet ; et ces trois fonctionnaires étaient à Cahors depuis deux jours, à la connaissance du préfet. Il lui fut enjoint de faire arrêter un homme qui était enfermé depuis six mois, et de poursuivre d'autres individus contre lesquels le procureur du roi n'avait jamais voulu décerner le mandat d'amener, comme n'existant pas de preuves suffisantes. Son Excellence le ministre de la guerre peut éclaircir les faits, en communiquant les rapports du chef d'escadron. Il est à observer que le colonel de la gendarmerie était, à cette époque, consigné aux arrêts, et le lieutenant en congé.

Le grand vicaire, chargé de l'administration du diocèse, l'évêque absent, fut mandé par le préfet, qui blâma sévèrement sa conduite, et celle de quelques ecclésiastiques qui étaient à Cahors, disait cet administrateur, pour intriguer. Dans le même instant la ville de Cahors était encombrée par les agents du préfet, par les sous-préfets, par tous les employés des domaines du département, et par plusieurs autres des départements de Lot-et-Garonne et de Tarn-et-Garonne.

Un juge de paix fut menacé de perdre sa place, s'il votait pour les députés.

On offrit des emplois, soit dans les gardes nationales, soit ailleurs, pour des votes pour le préfet. On promit la réintégration d'un homme destitué, pour un vote.

Le premier scrutin ouvert (parmi les candidats) présenta quatre-vingt-onze votants pour un ex-député ; quatre-vingt-six pour M. Barrairon ; quatre-vingt-cinq pour le préfet, et soixante-dix-huit pour un autre député.

M. Lapergue se présenta, dans ce scrutin, pour un électeur du même nom, et signa sous le n° 130. M. Rossignol avait voté de même pour la formation du bureau.

Au second scrutin formé le lendemain, MM. le préfet et Barrairon furent proclamés députés.

Au troisième scrutin, un ex-député eut le plus grand nombre de voix.

Au quatrième scrutin, M. Moizen fut proclamé député.

On suspendit alors la séance pendant deux heures, pour mieux combiner les projets. Il restait un ballottage entre un ex-député et un candidat. Les apparences étaient en faveur du député. Les chefs du parti mirent deux bulletins de plus dans la boîte, et le scrutin fut déclaré nul. La séance, quoiqu'il ne fût que trois heures et demie, fut renvoyée au lendemain, malgré les réclamations de quelques électeurs. Plusieurs d'entre eux, croyant l'opération finie, s'étaient retirés dans leurs foyers avant l'ouverture des urnes.

Le lendemain, la tactique changea, ne pouvant empêcher la nomination d'un ex-député, on donna l'ordre de ne plus voter. Les bons et fidèles serviteurs du roi votèrent au nombre de quatre-vingt-quinze ; plusieurs n'osèrent s'y rendre. Les signatures font foi. Parmi elles on distingue celles de trois députés de 1815, et les personnes les plus recommandables. On n'y voit point, comme dans les autres scrutins, des noms odieux à la légitimité. Le préfet et le sous-préfet veillaient ceux qui entraient pour voter. Plusieurs électeurs, mandés et menacés, n'osèrent remplir leurs fonctions.

Le scrutin reste ouvert deux jours, et il est brûlé comme ne contenant pas la moitié, plus un, des suffrages de tous les membres du collège.

Le département n'a que trois députés au lieu de quatre. Il est à observer que, pendant toute la tenue des séances du collège, le secrétaire intime du préfet a resté constamment dans la salle, malgré les réclamations de plusieurs électeurs.

Voilà le récit exact des opérations des collèges du Lot. Les signataires, fidèles à l'honneur et au roi, certifient les faits exposés, et ils offrent les preuves.

« Dans ces temps de délire et de passion, on a vu l'amalgame honteux des administrateurs du roi avec ses ennemis les plus prononcés. Cette association funeste d'un préfet et de sous-préfets avec les agents de la tyrannie de 93, avec les signataires de la protestation du camp de la Villette, avec des hommes mis en surveillance et destitués, a ouvert, mais trop tard, les yeux aux électeurs, séduits par le nom du roi, pris à témoin par ses ennemis.

Les électeurs, pénétrés de respect et de confiance dans la Chambre des députés, sollicitent la cassation des élections du Lot, et motivent leur demande sur les faits exposés, sur l'influence toujours dangereuse qu'exerce un préfet dans son département, qui seul démontrerait le vice d'une nomination pareille, en écartant toute liberté de suffrage.

(*Suivent les signatures, au nombre de quarante-huit* [1].)

N° 9.

INSTRUCTIONS SUR LES ÉLECTIONS.

(Les deux pièces qu'on va lire ci-dessous, et qui sont citées dans le n° précédent, se trouvent aussi dans le *Moniteur* du 10 novembre. Les originaux de ces deux pièces, imprimés à Cahors, sortent des presses de Ramel, imprimeur de la préfecture.)

Sous le rapport des élections, ce que le roi veut, ses mandataires doivent le vouloir. Il n'y a pas deux sortes d'intérêts dans l'État; et pour faire disparaître jusqu'à l'ombre des partis, qui ne sauraient subsister sans menacer son existence, il ne faut que des députés dont les intentions soient de marcher d'accord avec le roi, avec la Charte, avec la nation, dont les destinées reposent en quelque sorte entre leurs mains. Les députés qui se sont constamment écartés de ces principes tutélaires ne sauraient donc être désignés, ni obtenir une faveur qui tournerait au préjudice de la chose publique.

Point de grâce pour la malveillance qui se déclarerait par des actes ostensibles, qui afficherait de coupables espérances. qui croirait trouver, dans un grand acte de politique et de justice, une occasion favorable de trouble et de désordre.

Il faut s'opposer à la publication de ces correspondances empressées, et toujours marquées au coin de l'exagération, que les membres des sociétés secrètes sont en possession de faire parvenir sous le manteau du royalisme.

Dans l'ordonnance du roi, les électeurs ne verront que sa volonté, les besoins du roi et la Charte.

Le roi attend des électeurs qu'ils dirigent tous leurs efforts pour éloigner des élections les ennemis du trône et de la légitimité, qui voudraient renverser l'un et écarter l'autre, et les amis insensés qui l'ébranleraient, en voulant le servir autrement que le roi veut l'être; qui, dans leur aveuglement, veulent dicter des lois à sa sagesse, et prétendent gouverner pour lui. Le roi ne veut aucune exagération; il attend, des choix des collèges électoraux, des députés qui apportent à la nouvelle Chambre les principes de modération qui sont la règle de son gouvernement et de sa politique; qui n'appartiennent à aucune société secrète; qui n'écoutent d'autres intérêts que ceux de l'État et du trône; qui n'apportent aucune arrière-pensée, et respectent avec franchise la Charte, comme ils aiment le roi avec amour.

Paris, le 19 septembre 1816.

Le ministre secrétaire d'État au département de la police,

Signé DECAZES.

Pour ampliation, le préfet du Lot,

Signé LEZAI MARNÉZIA.

M. le préfet du Lot à MM. les fonctionnaires administratifs du ressort, et à ses administrés.

Le roi, qui sait être fort, comme il est bon et juste, a, par son ordonnance du 5 septembre, dissous la Chambre des députés, et raffermi la Charte sur des bases désormais inébranlables.

L'énergie de cette mesure a eu pour effet de terrasser toutes les folles prétentions, de ga-

---

[1] Ce mémoire a été imprimé dans le *Moniteur* du 10 novembre dernier.

rantir tous les droits, de contenir chacun dans sa place ; elle a doublé les forces du roi, elle lui a rallié tous les esprits qui hésitaient encore, elle lui a donné la preuve que, pour que la nation entière fût à lui, il suffisait de la convaincre qu'il était tout à elle.

Cependant, tandis que la France reconnaissante rend hommage à cet acte de haute sagesse de Sa Majesté, je suis informé que quelques hommes aigris, soit par un faux zèle, soit par le renversement de je ne sais quelles espérances, se permettent d'indécentes observations, cherchent à décréditer l'autorité, calomnient les intentions du roi et de son gouvernement, et portent l'audace de leurs propos jusqu'à l'irrévérence pour la personne sacrée de Sa Majesté.

Mon devoir est de faire respecter l'autorité royale et les lois de l'Etat ; je le ferai contre tous les genres de malveillance, sous quelque nom, sous quelques couleurs qu'ils se déguisent.

Ces nouveaux ennemis de la France, rares sans doute, qui, au nom du roi, conspirent contre sa cause, et cherchent à le séparer de son peuple, pour l'intérêt de leur vanité et de leurs prétentions, ne sont pas moins séditieux que les autres ennemis qui, pour la satisfaction d'une ambition coupable, prétendraient éterniser l'esclavage de la France.

Tous sont également dignes d'être réprimés.

J'appelle sur tous les genres de malveillance et sur leurs menées la vigilance du magistrat, des vrais amis du roi et de la monarchie paternelle. Après tant d'exagérations diverses, la modération triomphe enfin ; prouvons qu'au lieu de mériter le reproche de faiblesse, c'est en elle que consiste la véritable force.

Cahors, 16 septembre 1816

Le préfet du département du Lot,

Signé LEZAI MARNÉZIA.

N° 10.

(Pièce également mentionnée dans le Mémoire n° 8.)

Lettre d'un électeur du département de..... à M***, député de la dernière Chambre.

Monsieur, la lettre que vous m'avez fait l'honneur de m'écrire, pour me demander ma voix aux prochaines élections, m'a été remise par M. le curé de....., qui a pris soin de la commenter avec tout le zèle et toute l'onction que vous lui connaissez. Son neveu, que vous avez fait nommer juge, l'accompagnait, et m'a dit, sans beaucoup de détours, qu'incertain sur la manière dont il doit prononcer dans une affaire qu'un chicaneur très-connu m'a suscitée, il est disposé à vous consulter et à s'en rapporter à vos lumières. J'aime à croire que l'oncle et le neveu sont allés fort au delà de vos intentions, l'un par ses longs discours, l'autre par ses insinuations singulières. Je trouve tout simple qu'ayant été député, vous désiriez être réélu ; je m'étonne peu que vous me demandiez ma voix ; mais il me paraît étrange qu'on essaie de me circonvenir, et qu'on veuille m'inquiéter sur des intérêts auxquels je ne puis songer quand il s'agit de l'intérêt public. La franchise et la loyauté me guideront toujours ; c'est pourquoi je ne fais nulle difficulté de vous répondre que vous n'aurez pas ma voix, et de vous exposer les raisons sur lesquelles se fonde mon refus.

Je veux la tranquillité, monsieur ; il me semble que le repos doit avoir autant de charmes pour un Français, que la santé pour un homme longtemps malade à peine convalescent. Dites-moi si la majorité de la Chambre des députés a fait beaucoup pour la tranquillité publique. Le roi a donné l'exemple de toutes les vertus conciliantes ; la Chambre des pairs a reçu de ses membres l'éclat qui semblait n'appartenir qu'aux vieilles institutions ; les Français, ou du moins la presque totalité d'entre eux, ne demandaient qu'à respirer de tant d'orages ; mais, vous et vos amis vous avez voulu voir d'une autre manière. Vous avez paru reconnaître cet axiome incontestable, que la violence produit les révolutions, et que la modération les termine ; vous semblez vous être plu à rappeler tous les souvenirs funestes, et à remettre en question ce qui était décidé ; vos discours imprudents ont attisé les haines et répandu les alarmes. De bonne foi, monsieur, devez-vous être surpris si, pour amener le repos, je préfère d'autres hommes à ceux qui l'ont repoussé malgré le vœu du roi, de la Chambre des pairs, et de la presque totalité des Français.

Une partie de la Chambre des députés n'a montré ni calme ni modération. Que serait-ce si l'on recomposait sa majorité des mêmes éléments ; si vous et vos amis vous reparaissiez à la tribune, aigris par les souffrances de l'amour-propre, ardents à vous venger de la joie générale qu'excite l'ordonnance du 5 septembre, tout fiers d'un triomphe remporté sur la volonté du roi, en regardant la France comme un patrimoine qu'on ne peut arracher de vos mains ? Vous auriez eu ma voix l'année dernière, que je me garderais de vous la donner cette année.

Il faut des députés sages dans leurs opinions, calmes dans leurs discours, dignes de s'associer à cette bonté touchante qui siége sur le trône. Depuis trop longtemps les exagérés de diverses couleurs envahissent nos Chambres de députés ; voyons enfin quelle pourrait être l'influence d'une assemblée modérée. Après tant d'expériences, je n'aperçois pas le danger d'essayer encore celle-ci.

Sujet fidèle, dévoué au meilleur des rois, puis-je vous donner mon suffrage, quand vous avez refusé de suivre ses principes et tenté d'affaiblir son autorité ? Oubliant dans quelle sphère élevée est placé le monarque, il n'a pas tenu à vous que des sentiments de haine et de vengeance ne parvinssent jusqu'à lui ! Si, pour juger ses principes, il ne suffisait pas de votre cœur, vous pouviez consulter l'histoire de Louis XVIII, qui dans une situation semblable à celle d'Henri IV, suit l'exemple de son aïeul. L'un et l'autre ont avec douleur frappé quelques coupables, et déployé leur clémence pour ramener des sujets égarés. Louis, en ces jours déplorables, pardonne à des rebelles, comme Henri fit grâce.

Vous n'avez pas moins méconnu l'autorité que les principes du monarque. Je ne puis, en quelques lignes, tracer l'histoire de votre session ; mais pensiez-vous affermir l'autorité royale quand vous dénaturiez les projets de loi, quand vous les étouffiez sous les amendements, et que vous cherchiez avec tant d'ardeur à substituer des volontés irréfléchies aux propositions émanées du trône ? Vous sembliez avides de réunir en vos mains tous les pouvoirs, et vous paraissiez près de renouveler cette assemblée constituante qui s'arrogea le droit de gouverner. Quoi ! vous n'avez pas senti combien il importe que le roi jouisse pleinement du pouvoir qu'il s'est réservé, en faisant à son peuple des concessions si nombreuses ! Tant de légèreté suffirait pour m'interdire de vous donner mon suffrage.

Aux dernières élections, vous parliez de la Charte comme d'une superfétation politique, et vous annonciez assez hautement le projet de nous reporter en 1788. Vous osiez alors mettre en doute la force des lois constitutionnelles, l'irrévocabilité d'une promesse sacrée ; l'ordonnance du 5 septembre doit commencer à vous détromper.

Sans discuter avec vous les avantages de la Charte, elle existe ; on ne peut l'ébranler sans alarmer la France, et sa destruction serait une révolution nouvelle ajoutée à tant d'autres. Il suffit donc de vouloir la tranquillité pour vouloir le maintien du gouvernement tel qu'il est. Ne nous livrons point à des discussions métaphysiques ; portons nos regards autour de nous. Le commerce et l'industrie languissent ; la sécurité seule pourra les ranimer, et la sécurité des peuples est le fruit de la stabilité des lois. Que des députés jaloux de conserver, non d'innover, viennent s'unir de cœur aux volontés du roi, et bientôt notre sol paisible s'enrichira des prodiges de l'activité française. Mais si l'on s'aperçoit que les députés regrettent des priviléges dont l'éclat a flatté leur enfance ; si l'on voit qu'ils aimeraient à recouvrer des propriétés qui ont fui de leurs mains, et circulé dans une multitude de familles ; si l'on croit qu'ils traitent le gouvernement constitutionnel comme un gouvernement provisoire, les inquiétudes subsisteront dans les esprits, toute entreprise manufacturière ou commerciale sera différée, et les capitaux resserrés laisseront s'anéantir l'industrie. Voilà des vérités simples et palpables. Indépendamment des observations précédentes sur les députés, peut-on confier le soin de maintenir la Charte aux hommes qui l'ont si souvent attaquée pendant votre session ? Montriez-vous du respect pour la Charte quand vous vous éleviez, avec tant de chaleur, contre l'article qui prescrit le renouvellement par cinquième ?

Le département que nous habitons, monsieur, a d'autant plus besoin de sages députés, qu'il y règne moins d'union et de calme que dans beaucoup d'autres. J'en connais plusieurs où nulle division n'existe : *le roi et la Charte* y rallient tous les cœurs. Mais parmi nous, je vois encore s'agiter deux partis : une poignée d'hommes regrettent les priviléges, fatiguent de leurs prétentions tout ce qui les environne; et, s'ils avaient autant de pouvoir que d'orgueil, leur domination serait bientôt cruelle. D'autres hommes, presque tous de la lie du peuple, craignent les Bourbons, comme l'oiseau de nuit craint la lumière. Prompts à inventer ou à croire des fables absurdes, ils prédisent sans cesse des révolutions prochaines. Entre ces deux partis sont des hommes nombreux, paisibles, pleins d'honneur et dévoués au gouvernement; c'est dans leurs rangs que nos députés seront choisis, si mes vœux se réalisent : je dirai plus, c'est parmi eux qu'il faut prendre les différents fonctionnaires pour sauver les deux partis de leurs propres fureurs.

Un gouvernement ne peut être bien servi que par des hommes qui lui soient dévoués. Notre gouvernement est constitutionnel. Si Louis XVIII eût rétabli l'ancien régime, vous seriez très-propre à seconder ses vues; mais Sa Majesté ayant jugé qu'après tant de bouleversements la France ne trouvera le repos que sous une monarchie tempérée, je vote pour des hommes dévoués au roi et à la Charte.

Voilà, monsieur, quelques-unes des raisons qui ne me permettent pas de vous donner ma voix.

Je n'en ai pas moins l'honneur d'être, ***.

(Extrait du *Journal Général*, du 25 septembre.)

N° 11.

(Extrait du *Moniteur*, du 11 novembre.)

DÉSAVEU DE LA PIÈCE N° 9.

Paris, 10 novembre 1816.

Il a été donné lecture hier à la Chambre des députés d'une pièce intitulée *Instructions sur les Élections*, et dont l'impression paraît avoir été ordonnée par M. le préfet du Lot.

La copie que nous avons donnée de ces instructions dans notre numéro d'hier n'est qu'un extrait inexact sous beaucoup de rapports. Plusieurs phrases ont été supprimées, d'autres ont subi des altérations qui sont de nature à en changer le sens. Par exemple, le premier paragraphe de l'extrait qui a paru dans le *Moniteur* se termine ainsi : « *Les députés qui se sont constamment écartés de ces principes tutélaires ne sauraient donc être désignés, ni obtenir une faveur qui tournerait au préjudice de la chose publique.* » Dans l'original de ces instructions, que nous avons sous les yeux, il y a : *Ne sauraient être désignés par l'autorité locale, ni se prévaloir de son influence pour obtenir une faveur qui tournerait au préjudice de la chose publique* [1]. On sent toute la différence de ces deux versions sans qu'il soit besoin de la faire ressortir. Les autorités locales devaient protection à tous; mais il n'était ni juste ni convenable qu'elles employassent l'influence qu'elles pouvaient avoir en faveur des hommes qui s'étaient montrés constamment opposés au système politique suivi par le gouvernement.

Au surplus, ces instructions adressées confidentiellement aux préfets n'étaient point destinées à l'impression; elles avaient pour objet de régler la conduite des dépositaires de l'autorité publique dans les départements, de les éclairer sur les véritables intentions du gouvernement, et en même temps de leur prescrire les mesures propres à assurer la tranquillité et l'indépendance des colléges électoraux. Sous ce rapport, l'esprit qui a dicté ces instructions se trouve tout entier dans ces mots qui font partie d'un des paragraphes omis dans l'extrait qui a paru hier : *Surveillance, activité, mais liberté entière.*

(Extrait du *Journal Général*, du 10 novembre.)

[1] N'est-ce pas une chose singulière que monseigneur le ministre des finances et M. le préfet de Toulouse aient commis la même faute et défiguré de la même manière le texte de la circulaire de M. le comte Decazes? Voyez le n° 1 et le n° 3 (à l'extrait des Instructions qui parlent aussi des désignations à faire par les *autorités locales*.)

N° 12.
(Extrait du *Journal Général,* du 10 novembre.)
DÉSAVEU DE LA PIÈCE N° 10.

Il est de notre devoir de dire que la lettre dont il est ici question était l'ouvrage d'un des rédacteurs de ce journal, qu'elle renfermait l'expression de son opinion très-indépendante, et que monseigneur le ministre de la police générale, pensant que cette opinion était énoncée en termes faits pour offenser les membres de la majorité de l'ancienne Chambre, crut devoir arrêter l'envoi du numéro à la poste, bien qu'une note du rédacteur du journal adoucît et restreignît beaucoup le sens des expressions dont s'était servi l'auteur de la lettre. Il est surprenant que l'on ait argumenté contre la validité des élections du département du Lot, d'un numéro de journal qui n'a pu circuler que dans Paris [1].

N° 13 (67).
Pièce à l'appui d'un fait mentionné dans le Mémoire n° 8.

Je, Jean-François de Saunhac de Belcastel, premier vicaire général, président du chapitre de Cahors, gouvernant et administrant le diocèse en l'absence de monseigneur l'évêque, déclare, sur la demande qui m'en est faite, et pour rendre hommage à la vérité, qu'ayant été invité par M. le comte Lezai Marnézia, préfet du département du Lot, de passer chez lui le samedi 5 octobre courant, entre onze heures et midi, et que m'y étant réellement rendu, ce magistrat commença par me reprocher d'avoir parlé favorablement des députés de ce département à la dernière Chambre, à ceux de MM. les électeurs de 1816 que des affaires ecclésiastiques, ou le plaisir de me voir, avaient conduits chez moi depuis que les élections étaient commencées ; qu'il me porta ensuite plainte sur la présence de plusieurs ecclésiastiques de la campagne, qu'il prétendait être venus en ville pour faire porter les voix sur MM. lesdits députés, me disant que le roi ne voulait point qu'ils fussent réélus ; et ajoutant avoir reçu dix instructions différentes, qui contenaient cette exclusion, particulièrement une, dont il me lut quelques lignes, que je ne trouvai point avoir le sens qu'il lui donnait, laquelle il me présenta comme signée du roi lui-même, sans cependant me faire voir la signature de Sa Majesté. Je déclare ensuite que M. le comte Lezai Marnézia, se trouvant embarrassé pour détruire les observations que je lui fis contre la réalité de l'exclusion royale des anciens députés, et voulant cependant la soutenir, me dit que Sa Majesté s'y était déterminée par le motif de leur trop grande exaltation dans la dernière session, et que notre conversation se termina par ma réponse que je ne voyais dans l'ordonnance du 5 septembre dernier qu'un motif, celui de rétablir les membres de la Chambre des députés à l'âge et au nombre prescrit par la Charte ; et qu'on ne pouvait, sans vouloir se jeter dans l'arbitraire, en supposer d'autre que celui exprimé par le roi lui-même à toute la France dans son ordonnance, qui ne laissait même pas présumer la plus légère défense de renommer ceux des anciens députés que les colléges électoraux jugeraient propres à consolider l'autorité royale et la légitimité. Je déclare enfin être parfaitement convaincu que la très-grande majorité de MM. les électeurs du département du Lot, laissés à leurs propres et véritables sentiments, comme dans l'entière liberté de leur choix, eussent, par attachement pour leur roi et son auguste dynastie, réélu leurs quatre députés à la dernière Chambre, comme leur étant connus par leur sagesse, leur véritable dévouement au trône, et leur fidélité aux Bourbons.

A Cahors, ce 26 octobre 1816.

Signé l'abbé DE SAUNHAC, vicaire général.

Vu pour légalisation de la signature de M. l'abbé de Saunhac, vicaire général.

Cahors, le 26 octobre 1816.

Le maire de la ville,
Signé ISAAC DELVINCOURT, adjoint.

---

[1] M. le rédacteur aurait raison si la pièce, qui n'a pu circuler que dans Paris n'avait été réimprimée à Cahors, chez Ramel, imprimeur de la préfecture. Je possède l'original de cette réimpression.

N° 14 (60).

Pièce à l'appui du Mémoire n° 8.

Je soussigné certifie que, le 2 du présent mois, M. de Lezai Marnézia, alors préfet du département du Lot, me fit prévenir de me rendre chez lui vers midi; que, m'y étant rendu, il me reprocha d'avoir improuvé sa circulaire aux électeurs, d'avoir en cela manqué de respect à l'autorité, et de m'être donné même des mouvements pour influencer les élections; sur quoi je répondis que cela ne me regardait pas, mais que, du reste, si on laissait les choix libres, MM. les électeurs du collége du département étaient incapables de choisir des députés autres que ceux qui sont attachés au roi et à son auguste famille; et je lui ajoutai que les choix faits en 1815 justifiaient mon opinion; et je lui dis même que ce qu'il y avait d'alarmant pour les vrais amis du roi, c'était de voir cette réunion de Jacobins qui avaient assiégé le collége d'arrondissement. Le préfet m'observa alors que cela ne me regardait pas, qu'il fallait laisser agir l'autorité, et que l'intention du gouvernement était de ne pas permettre que les anciens députés fussent réélus. En foi de quoi me suis signé, à Cahors, le 22 octobre 1816.

Signé CALMEJANE, avoué licencié.

Vu pour légalisation de la signature ci-dessus.

Cahors, 26 octobre 1816.

Le maire de la ville,

Signé ISAAC DELVINCOURT, adjoint.

N° 15 (59 *bis*).

Nouveau Mémoire en confirmation du Mémoire n° 8.

A monsieur le président de la Chambre des députés et à messieurs les membres qui la composent.

Messieurs, les instructions, les proclamations et les lettres circulaires, contenues dans les imprimés joints à une pétition qui a dû être présentée à la Chambre, suffiront à vos yeux pour vous convaincre des desseins de M. le préfet Lezai Marnézia, et de la part active qu'il a prise dans ces mêmes résultats.

Une infinité de faits graves qui ont précédé et accompagné les élections viennent à l'appui de cette vérité, et leur preuve se fera aisément sur les lieux si vous la jugez nécessaire. Elle vous convaincra, messieurs, qu'on a gagné une partie des électeurs, en leur faisant accroire que le roi ne voulait pas d'anciens députés; qu'ils étaient ses ennemis; qu'ils avaient voulu rétablir la dîme et les rentes, et dépouiller les acquéreurs des biens nationaux;

Que les personnes honnêtes qui se permettaient de raisonner sur le véritable sens de l'ordonnance du 5 septembre étaient mandées à la préfecture, grondées sur leur prétendue indiscrétion, et menacées;

Que d'autres personnes revêtues d'un caractère respectable avaient été chassées de la ville, sous le faux prétexte qu'elles s'y étaient rendues pour diriger les votes sur les anciens députés;

Qu'au collége de l'arrondissement de Cahors, un des anciens députés ayant obtenu le plus grand nombre de suffrages lors de la sortie du premier candidat, un électeur du canton de Castelnau se rendit sur la place où un certain nombre d'électeurs se trouvaient réunis, et qu'il leur dit à haute voix que le préfet l'avait chargé de leur déclarer que s'ils persistaient à donner leurs suffrages à ce député, il dissoudrait l'assemblée, parce que le roi ne voulait pas des anciens députés, et que le préfet dut à cet orateur des halles une seconde candidature;

Qu'il avait été fait un appel à tous les ennemis du gouvernement pour accréditer cette insigne fausseté, et proclamer d'avance ceux qu'il fallait choisir en abusant du nom du roi;

Que les chefs de file de cette honorable clientèle étaient des sous-préfets, des magistrats, des conseillers de préfecture, des juges de paix et d'anciens fonctionnaires destitués ou occupant les premières places.

Que pour avoir la force armée à leur disposition, ils en écartèrent les deux chefs supérieurs de la gendarmerie, l'un en le mettant aux arrêts, sous un prétexte déguisé, tandis que son véritable tort était d'avoir dit dans un cercle que le préfet n'était pas éligible dans ce département; et l'autre, en l'envoyant, sur la réquisition du préfet, à l'extrémité du département, soit pour y arrêter des prévenus de vol et d'assassinat remontant à des époques reculées; dont l'un était d'ailleurs constitué prisonnier depuis six mois, et dont les autres jouissaient de leur liberté sur le refus du procureur du roi de décerner de mandat contre eux, soit pour prévenir les troubles dont la ville de Figeac était, disait-on, menacée, tandis que cette ville jouissait de la plus parfaite tranquillité, quoique le préfet eût appelé et retint près de lui le sous-préfet, et que le procureur du roi et le maire fussent absents, ainsi que le tout doit résulter plus amplement du procès-verbal de cet officier supérieur envoyé au ministre de la guerre;

Qu'au premier tour de scrutin, deux anciens députés avaient obtenu la presque majorité des suffrages; que le secrétaire intime du préfet, quoiqu'il ne fût pas électeur, resta constamment dans l'assemblée et auprès du secrétaire de cette assemblée; que la séance ne fut renvoyée au lendemain que pour avoir le temps de faire arriver des électeurs qui, à cause de leur félonie, n'avaient osé d'abord se présenter ou pour gagner ceux qui leur avaient résisté;

Qu'après les trois premiers députés pris dans le parti qui s'opposa constamment à l'élection des anciens, la majeure partie de l'assemblée s'étant hautement prononcée pour l'un des quatre anciens députés, le scrutin fut déclaré nul au moyen de deux billets en sus du nombre des votants qui furent trouvés dans la boîte;

Que la séance ayant été renvoyée au lendemain pour continuer l'opération, on ne vit plus dans la salle que la partie de cette saine assemblée, à l'exception de trois électeurs qui refusèrent de voter, et de deux autres à double face qui, pour n'avoir pas l'air d'être de la coalition, votèrent, ainsi que le tout doit résulter de la liste des votants signataires, qui est restée au pouvoir du président, comparée avec celle de la totalité des électeurs;

Que le scrutin est resté ouvert pendant deux jours sans qu'aucun électeur de ce parti se soit présenté pour compléter la majorité requise, quoiqu'ils se montrassent dans la cour de la préfecture, dans les promenades, à la comédie, et qu'ils n'aient quitté la ville qu'après que le délai pour voter a été expiré.

Qu'enfin leur conduite à la comédie, et l'inertie du préfet à cette occasion, ont dû affliger tous les sujets fidèles au roi, puisque après s'être inutilement opposés au chant d'une cantate dont le refrain est *Vive le roi! vive la France!* ils accompagnèrent ce refrain de coups de sifflets.

Mais tous ces faits, et beaucoup d'autres que nous passons sous silence, nous paraissent de surérogation pour faire ressortir les nullités intervenues dans les délibérations de cette assemblée, et venger par ce moyen l'outrage fait à ce département, en ramenant par séduction, par menace et par violence, la majeure partie des électeurs aux écarts déplorables de 1793. Nous allons nous borner à articuler les nullités prises en majeure partie dans les actes de cette assemblée, et sur autres pièces jointes à l'une des pétitions présentées à la Chambre dans l'intérêt de ce département.

Le premier moyen de nullité dérive de la séduction et de la violence que le préfet et ses agents ont exercées sur une classe d'électeurs qui leur étaient subordonnés, tant au moyen de la tournée dans le département, qu'au moyen des circulaires, des instructions, des proclamations qu'il a fait répandre à pleines mains, et dont une partie est remise sous les yeux de la Chambre.

Le second moyen de nullité est pris de ce que, durant les élections, le secrétaire intime du préfet a été constamment présent, et s'est tenu à côté du secrétaire de l'assemblée, quoiqu'il ne fût pas électeur, malgré que plusieurs électeurs aient demandé au bureau de l'en faire sortir.

Les soussignés, mettant tout intérêt personnel et tout sujet de ressentiment à l'écart, réclament pour le respect dû à la loi, pour le maintien de l'ordre et pour l'honneur du département, l'annulation de l'assemblée électorale du département du Lot.

Cahors, ce 11 octobre 1816.

(*Suivent quarante et une signatures* [1].)

[1] Les quarante et une signatures de ce Mémoire, qui n'a pas été présenté à la Chambre des députés, jointes aux quarante-huit du Mémoire sous le n° 8, forment quatre-vingt-neuf signatures.

FIN DES OPINIONS ET DISCOURS.

POLÉMIQUE.

PRÉFACE

(1827)

Je n'ai pas recueilli, dans ce volume, tout ce que j'ai publié sur les affaires du temps, depuis 1818 jusqu'à 1827; j'ai fait un choix : des écrits éphémères n'ont d'intérêt que celui même du moment. Qui pourrait relire des réflexions sur un ancien budget, ou des raisonnements sur une vieille nouvelle !

J'ai fait disparaître aussi de ces feuilles d'un jour les attaques trop personnelles que justifiaient et motivaient les circonstances : toutefois, une composition *polémique* a dû garder le caractère indiqué par son propre nom.

On pourra remarquer peut-être, dans la variété infinie des sujets que j'ai traités, ma fidélité à mes principes : la religion, le roi, la Charte et les honnêtes gens, voilà le texte dont je ne me suis jamais écarté, et que j'ai commenté de mille manières.

Mais deux époques bien différentes divisent naturellement ces deux productions successives de neuf années.

A la première époque, après les Cent-Jours, je faisais l'éducation constitutionnelle des royalistes; je combattais la faction buonapartiste, qui cherchait à réveiller la faction révolutionnaire, et j'essayais d'arrêter les gouvernements sur la pente démocratique où ils s'étaient placés.

A la seconde époque, les positions étaient changées : les buonapartistes et les révolutionnaires n'existaient plus; les royalistes avaient obtenu la victoire par la Charte, mais beaucoup d'hommes que j'avais ralliés aux libertés légales les avaient trahies. Mon public, sous le rapport constitutionnel, n'était plus le même; on avait passé d'une extrémité à l'autre, et j'étais obligé d'avertir les gouvernements des dangers de l'*absolutisme*, après les avoir prémunis contre l'entraînement populaire.

Ces faits sont exacts et prouvent que je suis resté immobile dans ce qui m'a paru le juste milieu politique.

Accoutumé à respecter mes lecteurs, je ne leur ai jamais livré une seule ligne que je n'aie écrit cette ligne avec tout le soin dont je suis capable. Sans ce témoignage que je me rends de la conscience et de la bonne foi de mon travail, je n'aurais pas réimprimé mes opuscules polémiques : il y a tel de ces opuscules qui m'a coûté plus de temps et de peine, proportion gardée, que les plus longs ouvrages sortis de ma plume.

Paris, ce 22 octobre 1818.

Lorsque Buonaparte eut disparu, il resta de sa tyrannie des institutions fortes et un peuple obéissant. Avec ces deux éléments on pouvait tout créer, la liberté comme l'esclavage : si l'on sentait le poids du second, on se rappelait les malheurs qu'avait coûtés la première; peut-être désirait-on moins la liberté que la fin de l'oppression.

Les Bourbons furent et parurent des libérateurs. Quelques grands criminels les virent arriver avec remords; tous les Français les reçurent comme l'espérance.

Le roi était maître de donner à la France tel gouvernement qu'il eût voulu : tout était possible alors, excepté le rétablissement de l'ancien régime, dont les éléments n'existaient plus. Nul doute que la constitution même de l'*Empire* eût paru bonne avec les Bourbons. La magnanimité de Louis XVIII aima mieux briser nos chaînes que les consacrer.

Le roi, remonté sur son trône, délégua l'administration de son pouvoir. Ceux qui s'en trouvèrent chargés firent des fautes de plusieurs sortes : les unes par rapport aux hommes, les autres relativement aux institutions. On aurait dû licencier l'armée : si l'on eût pris ce parti, Buonaparte n'aurait pas fait vingt lieues en France après son débarquement à Cannes. Conserver la presque totalité des administrateurs impériaux, ce fut une autre erreur capitale.

Quant aux institutions, la commission nommée pour rédiger les articles de la Charte ne constitua pas assez fortement la Chambre des pairs : les privilèges et les substitutions manquant à cette Chambre, elle se trouva trop rapprochée du caractère d'une Chambre des députés. Par une méprise opposée, en resserrant le nombre des députés et fixant l'âge de l'élection à quarante ans, on donna à la Chambre des députés quelque chose de la constitution d'une Chambre des pairs. Sans soldats formés pour elle, la couronne resta isolée entre les deux autres pouvoirs que le temps n'avait point consolidés : Buonaparte n'eut qu'à étendre la main pour la reprendre.

Après le 20 mars toutes les fautes étaient connues, tous les masques, tombés : on savait que faire et qui choisir.

On parut d'abord vouloir prendre la vraie route : on parla de substitutions pour la Chambre des pairs; on changea provisoirement l'âge et le nombre des députés : on se proposa de réviser d'autres articles de la Charte.

On écarta beaucoup d'administrateurs; on en écarta trop. Le bon sens prescrivait de ne pas confier les hautes places à ceux qui venaient de donner des preuves récentes de leur infidélité; mais il fallait épargner les subalternes : le contraire eut lieu. On ménagea les grands, on frappa les petits, ce qui était se donner à la fois l'air de la peur et de la vengeance : c'était faire beaucoup de mécontents et quelques ingrats. La justice doit voir sous son bandeau; ce bandeau doit la rendre impartiale, non aveugle.

La Chambre de 1815 fut convoquée. Jamais la Providence n'avait tant fait pour le salut d'un royaume. Après trente années de malheurs, paraissait enfin une assemblée qui voulait mettre la religion dans la morale, la morale dans les lois, la force dans le trône, la liberté chez le peuple, la justice partout. Et, ce qu'il y a de remarquable, les membres de cette assemblée, qui avaient suivi différents chemins, se rencontraient au même but : ils voulaient le bien, ou par le souvenir de leurs maux, ou par celui de leurs fautes. Ceux que la fortune avait enrichis, ceux qu'elle avait dépouillés, venaient, en s'embrassant au pied du trône, lui offrir le sacrifice de ce qu'ils avaient acquis ou perdu. C'est encore faire un noble présent que donner ce qu'on nous a ravi : beaucoup d'hommes protestent contre leurs malheurs; il y en a peu qui les ratifient.

Les ministres pouvaient conduire une telle assemblée avec un fil, la faire marcher avec un mot : ils aimèrent mieux la combattre. Quelques phrases sur la religion, un cri d'honneur, un *vive le roi !* leur assuraient une majorité puissante : ils préférèrent se jeter dans la minorité. De pitoyables raisons d'amour-propre causèrent ce malheur : les intérêts de la vanité furent préférés à ceux de la patrie.

Comme la minorité ne décrète pas des lois, le résultat nécessaire du parti que l'on avait embrassé fut la dissolution de la Chambre ; comme on n'avait rien fait en cassant cette Chambre si l'on n'obtenait une majorité, il fallut employer pour l'acquérir toute espèce de moyens : comme une majorité ne pouvait être prise parmi les hommes qui composaient la première, on dut la chercher ailleurs. On rétablit l'âge et le nombre des députés fixés par la Charte. Le premier ministère avait cru qu'une assemblée réduite en nombre, augmentée en âge était facile à conduire : c'était oublier que la majorité est flottante dans une Chambre peu nombreuse, surtout lorsqu'un cinquième de cette Chambre se renouvelle tous les ans : c'était oublier que l'âge de quarante ans est l'âge de l'ambition et des passions politiques.

Alors un grand scandale fut donné : des commissaires partirent pour les départements, avec mission de faire nommer ou de faire rejeter les candidats désignés. Des ministres écrivirent des circulaires dans le même esprit, des préfets osèrent eux-mêmes en répandre dans leurs propres et privés noms. Les candidats exclus étaient des hommes tels que MM. de Kergorlay, de Bonald, de Villèle, de Corbière, etc. Partout on voyait voter les hommes qui avaient proscrit les Bourbons pendant les Cent-Jours, partout se présentèrent d'anciens agents de police qui, durant vingt ans, avaient fait fusiller les serviteurs du roi. Les individus mis en surveillance par mesure de haute police, en raison de leur conduite après le 20 mars, furent relâchés, afin qu'ils pussent se rendre à leurs colléges électoraux : on vit accourir jusqu'à un homme accusé d'avoir été juré dans le procès de la reine. Voilà ce que les *correspondances privées* ont présenté à l'Europe comme des élections libres, manifestant le vœu de l'opinion du peuple français ! Je ne dis pas tout ; des choses que l'on croit cachées me sont connues : j'ai entre les mains un volume de faits prouvés qui serviront à l'histoire.

La double conséquence de tout ceci fut de se jeter dans les bras de ceux qu'on avait appelés, et de calomnier ceux qu'on avait exclus ; il fallait et récompenser des hommes dont on s'était servi, et justifier les mesures qu'on avait prises.

On rappela donc aux places les hommes des Cent-Jours, d'où l'on chassa les royalistes. Quiconque dans l'administration avait fait quelques remontrances contre les nouvelles mesures, ou refusé de les favoriser, fut destitué : ainsi tombèrent tour à tour les préfets de Gap, de Carcassonne, de Montpellier, de Nîmes, de Mende, de Clermont, de Moulins, de Bourges, de Niort, de Périgueux, de Laval, du Morbihan, de Rouen, de Tours, d'Amiens, de Bar-le-Duc, et tant d'autres royalistes dans les plus petites comme dans les plus grandes places. La chose en est venue au point que, lorsqu'on veut réussir dans une demande, il faut cacher soigneusement ce qu'on a fait pour le trône.

Ce n'était pas tout de repousser en France les royalistes, il fallait les calomnier et les perdre en Europe. Alors commencent ces *correspondances privées,* où les injures les plus grossières font place aux plus atroces accusations ; moyen de diffamation inconnu même à Buonaparte. Buonaparte tuait ceux qu'il estimait ; il mettait du prix à la pureté de la victime : quand il a déshonoré quelqu'un, c'est moins par sa haine que par sa faveur.

Les concessions faites aux hommes amenèrent les concessions aux principes. Les hommes devenus l'appui du ministère avaient leurs systèmes : il fallut suivre en parti ces systèmes, ou courir la chance de se voir abandonné. De là les lois démocratiques des élections et du recrutement; de là les ordonnances qui en sont dérivées; de là les entraves que l'on a mises au Concordat. L'esprit a suivi l'homme, l'opinion est sortie de la chose : mille brochures, où les principes de la monarchie légitime sont attaqués paraissent chaque jour; mille libelles contre la religion, les prêtres et les nobles, sont donnés quand ils ne sont pas vendus : tout cela doit être. Si un parti dangereux inquiète aujourd'hui les ministres, qu'ils ne s'en prennent qu'à eux-mêmes ; ce sont eux qui l'ont ranimé au moment où il allait s'éteindre : ils l'ont appelé pour leur puissance : Dieu veuille que ce ne soit pas pour leur malheur!

C'est dans cette position que la France recouvre enfin sa dignité et son indépendance [1]. C'est un de ces moments qui font la destinée des empires : un ministre qui ne le sentirait pas ferait mieux d'aller cultiver son héritage que de labourer le champ du public.

Trois opinions divisent aujourd'hui la France : celle qui s'attache au pouvoir se compose des hommes qui ont ou qui attendent des places : il faut y joindre les égoïstes qui ne se soucient de rien, les faibles qui ont peur de tout, et ces hommes errant de maîtres en maîtres, de principes en principes, qui applaudirent à l'ordonnance du 13 juillet, qui bénirent celle du 5 septembre, porteurs de toutes les livrées, approbateurs de tous les systèmes, qui s'effraient de penser, qui n'ont pas même l'honneur d'une mauvaise opinion.

Ajoutez une portion considérable de ministériels éclairés, pleins d'honneur, de probité, de talents, qui voient le mal comme nous et qui, se défiant trop de leurs lumières, craignent de prendre une résolution. Ces hommes offrent un espoir à la France : le jour où ils passeront aux royalistes, dont ils sont tout près par les sentiments, ils rendront le plus grand service à leur pays.

C'est avec ce contre-poids que les ministres actuels veulent tenir la balance égale entre les indépendants et les royalistes. Ce jeu de bascule, qu'on ne peut jouer longtemps dans un gouvernement représentatif, est près de finir. Les opinions vont retrouver leur indépendance avec celle de la patrie : ce ne sera plus par des intrigues qu'on parviendra à les tenir en équilibre.

Les royalistes font la grande division de la France : la tête de la société et le corps du peuple sont évidemment royalistes. Les royalistes vont se classer : par une imprudence insigne, on les a jetés dans l'opposition. Cette opposition, qui n'existe pas encore hors des Chambres, se formera, parce qu'elle dérive, comme le crédit, de la nature du gouvernement constitutionnel.

Les royalistes, bien que plus nombreux que leurs adversaires, ont, jusqu'à présent, paru plus faibles, faute d'oser parler et d'avoir un organe. Ils mettaient toujours leurs espérances dans quelque chose de vague, d'indéfinissable : l'opposition faisait peur à leurs vertus. Je les ai ouïs souvent s'écrier : « Comment faire telle chose? comment « prendre tel parti? Écrire, parler, se montrer est si peu dans nos mœurs, dans nos « convenances!

Erreur que tout cela : nous sommes dans l'empire de la Charte; nos devoirs sont changés. Jadis on pouvait être beaucoup par sa position; maintenant on n'est quelque chose que par soi-même : jadis on voulait des titres; maintenant on demande des talents : nouvelle espèce de noblesse qui s'étend dans l'avenir, comme l'ancienne dans le passé; celle-là compte les aïeux; celle-ci la postérité.

Le refuge des royalistes est donc maintenant dans une opinion. Ils se défendront d'un bout de la France à l'autre par l'uniformité des sentiments. S'ils éprouvent des

[1] La retraite des alliés.

injustices, leurs journaux en dehors; la minorité dans les deux Chambres, élèveront la voix. On sera obligé de les ménager lorsqu'on les trouvera partout prêts à se faire entendre à l'opinion publique. On n'a pas voulu d'eux pour appui, ils sont forcés de se constituer opposition, afin de n'être pas écrasés. Bientôt nous serons étonnés de voir cette opposition croître et s'étendre. Elle brisera la petite digue de la censure; misérable obstacle qui prouve à quel point le ministère ignore le gouvernement représentatif.

Telle est la position des royalistes; celle des indépendants est bien connue. Le ministère est-il assez fort pour lutter seul avec ses créatures contre les opinions hostiles que lui-même a fait naître, contre les périls qu'il a placés jusque dans les fondements de la monarchie? Quel parti va-t-il prendre? Essaiera-t-il de tenir la balance entre deux opinions, l'une son propre ouvrage, l'autre objet de sa haine? Qu'il ne s'y trompe pas, la position n'est plus ce qu'elle était : chaque opinion, devenue plus libre, va se prononcer plus fortement. Ce que nous avons comme loi, comme système administratif, n'est pas complet. Nous ne resterons pas où nous sommes; il faudra reculer ou avancer : ou nous achèverons de nous précipiter dans la partie démocratique de la Charte, ou nous remonterons du côté monarchique.

Le ministère se flatterait-il d'amener l'opinion indépendante à une soumission passive, en lui donnant les places, les honneurs, les richesses? Buonaparte l'a fait.

Mais le ministère est-il Buonaparte, et oublie-t-il la nature de nos institutions? Pour gouverner despotiquement, il faut que la constitution soit despotique : sans quoi il y a un côté par où l'arbitraire s'enfuit.

Sous l'usurpateur il n'y avait pas de Charte; il n'existait point d'institutions qui pussent reproduire l'esprit de contention. Il suffisait de gagner quelques hommes pour détruire l'opinion de tout un parti. Transformez aujourd'hui les indépendants en ministériels, il en naîtra d'autres demain. La Charte amènera tôt ou tard ses conséquences, ou il y aura révolution. Tôt ou tard nous aurons la liberté de la presse, tôt ou tard les lois d'exception seront rejetées : il s'élèvera dans la Chambre des députés des orateurs populaires, des hommes influents. Et croyez-vous qu'avec une tribune, des journaux non censurés, vous empêcherez les indépendants de renaître en les attachant au ministère? Le jour où ils seront à vous, ils ne seront plus indépendants; d'autres prendront leur place : vous croirez avoir conquis une opinion, vous n'aurez enchaîné que des hommes.

Si donc, après avoir travaillé en France et en Europe à perdre les plus fidèles serviteurs du roi; après les avoir représentés, au moyen des *correspondances privées*, comme une race perverse et stupide, on avait conçu le projet de les écraser par les mains de ceux qui furent leurs premiers ennemis, voici quelles seraient les conséquences d'un projet d'ailleurs trop épouvantable pour y croire :

1° On ne s'attacherait point le parti démocratique par ce moyen, car ce parti renaîtra toujours de la nature libre de nos institutions : on satisferait ses passions, sans contenter sa politique;

2° En anéantissant les royalistes, vous auriez appris à la terre que les vertus, les talents honorables, les sacrifices, la fidélité, peuvent être comptés pour rien. Les peuples profiteraient vite de cette leçon : au premier mouvement, ils ne manqueraient pas de la mettre en pratique contre les autorités mêmes qui l'auraient enseignée. Vous tomberiez dans une suite de révolutions : l'injustice est un sable mouvant et stérile, où l'on ne fonde ni ne moissonne.

Quoi qu'il en soit des desseins du ministère, desseins que l'avenir nous apprendra, ce qui menace aujourd'hui le plus, c'est l'opinion que le ministère a flattée. Cette opinion nous fait pencher vers la démocratie : elle ne demande aujourd'hui que des choses plus ou moins raisonnables, demain elle avancera d'un pas : de concession en concession elle aura bientôt dépouillé la prérogative royale.

Le ministère a quelquefois l'air de sentir le danger; mais des flatteurs, mais des succès qui ne tiennent pas à lui, mais sa haine contre les royalistes, l'empêchent de revenir sur ses pas : quand il dort, il marche au précipice en rêvant; quand il veille, il y court par amour-propre et par colère. Et pourtant il n'a pas un moment à perdre : les lois qu'il a voulues augmentent le danger. Chaque année, la loi des élections reproduit une lutte dangereuse et pénible; chaque année, cette loi met en question les principes de la monarchie. N'aura-t-on jamais d'autre ressource contre le vice de cette loi que l'usage de l'arbitraire et de la corruption? Faudra-t-il toujours soumettre les électeurs à des cartes, multiplier les patentes, faire voyager des commissaires, déplacer les administrateurs pour les envoyer aux colléges électoraux? Laissez aller la loi toute seule, elle vous mène à la démocratie; essayez de la retenir, vous ne pouvez l'arrêter que par des moyens illicites. Un seul moment de relâche, le mal est sans remède : une majorité démocratique arrivée, il y a révolution. Ainsi, notre destinée tient à une distraction des ministres; et s'ils n'ont pas cette distraction, notre existence monarchique est fondée sur une corruption. Telle est cette loi, qu'elle vous place entre une révolution inévitable et une prévarication forcée : pour soutenir le trône, il faut violer la loi; pour accomplir la loi, il faut exposer le trône.

Que si l'on dit que telle est la position de l'Angleterre, l'assertion est fausse. En Angleterre, la corruption des élections ne s'étend qu'aux hommes; la loi est saine, car elle ne fait entrer dans la Chambre des communes que la propriété. Peu importe alors à la monarchie que de riches candidats achètent des suffrages : le choix peut nuire à l'existence du ministère, jamais à celle de l'État.

La démocratie est au fond de la loi de recrutement comme au fond de la loi des élections. L'ordonnance qui l'a suivie a augmenté le mal, puisqu'en vertu de cette ordonnance on pourrait désorganiser à la fois toute la garde royale. Ici le ministère lutte encore contre la démocratie; c'est encore lui qui a établi cette nouvelle lutte : il aime à se créer des obstacles.

Enfin, l'ordonnance sur la garde nationale achève de démocratiser nos institutions[1].

Tandis que l'interprétation littérale d'une ordonnance pouvait offrir un moyen de déplacer à volonté les officiers de la garde royale, une autre ordonnance, par une coïncidence singulière, allait atteindre les officiers de la garde nationale : de sorte qu'on aurait pu voir briser à la fois tous les appuis et tous les instruments de la restauration.

Est-ce une chose sage, dans les temps où nous vivons, d'ôter au trône l'avantage qu'il retirait d'une correspondance plus intime entre l'héritier du trône et les sujets de ce trône? La monarchie légitime est-elle depuis si longtemps relevée qu'il soit politique de couper brusquement les relations de bienveillance par lesquelles nos princes communiquaient avec les Français?

Au moment où notre armée n'est pas encore créée, était-il bon de bouleverser la garde nationale? N'eût-il pas été meilleur de laisser l'organisation actuelle tomber par un mouvement insensible? L'armée se serait formée tandis que la garde nationale se fût dissoute; et, de même que les soldats auraient eu le temps de s'assembler sur nos remparts pendant le service des citoyens, ceux-ci, à leur tour, seraient rentrés dans leurs foyers sous la protection des soldats.

[1] Elle était à MONSIEUR, aujourd'hui le roi, le commandement de la garde nationale.

On peut douter que l'institution d'une garde nationale permanente soit une chose bonne en principe. Mais une fois l'existence de cette garde admise, n'est-il pas évident que son organisation ne saurait être trop monarchique, par la raison même que son principe est républicain ? La démocratiser, c'est abonder dans ses défauts.

Une chose fait illusion : un État se soutient, il semble même prospérer au milieu des principes qui peuvent le perdre. On rit des prophètes; on attribue à la faiblesse de leurs cerveaux, aux intérêts de leurs passions, ce qu'ils disent dans la simplicité de leur cœur, dans l'amour de leur patrie. On triomphe aujourd'hui : la France, s'écrie-t-on, est florissante et tranquille; les fonds montent, la dette se paie, les alliés se retirent : si l'on eût suivi vos idées, serions-nous dans cet état de prospérité ?

Que les parents et les serviteurs des ministres raisonnent ainsi, rien de plus naturel. Les admirations de famille et les affections domestiques ne sont point défendues par la Charte : c'est un bien léger dédommagement des soucis qui environnent un homme d'État. Mais quand on n'appartient ni au foyer ni à l'antichambre, on voit les choses autrement.

Il y a dans un pays comme le nôtre une vigueur qui ne dépend point des hommes : la France vit d'elle-même, et, pour ainsi dire, de son propre tempérament. Le cercle de ses années est pour elle un cercle de richesses naturelles. Rien ne peut empêcher nos blés de mûrir, nos vins et nos huiles de couler, pas même le ministère. Ainsi, d'abord, on ne peut rien attribuer de nos prospérités natives à la bonté du système qu'on a suivi. Hélas! nous avons vu le plus beau soleil se lever et se coucher sur nos malheurs et sur nos crimes!

Rendons ensuite à nos institutions la portion de nos succès qui appartient à ces institutions mêmes : nous avons du crédit, parce que nous avons un gouvernement représentatif, que notre dette n'excède pas nos forces, que nos fonds n'ont pas encore atteint le niveau des autres fonds de l'Europe. Quand il se fût trouvé quelques royalistes parmi les ministres, les conseillers d'État, les préfets, les sous-préfets, cela n'eût pas empêché la rente de monter, et l'année d'être abondante.

Les étrangers quittent la France. Je reconnais ici l'œuvre de la sagesse du roi. Je fais aussi la part à la modération des princes alliés. Je paye à notre auguste monarque, pour ce nouveau bienfait, un nouveau tribut d'amour et de reconnaissance. Cela fait, il faut bien, sous peine d'ineptie, que je voie dans l'évacuation de notre territoire quelque chose qui tient aussi à la position de la France et aux relations politiques de l'Europe. Tenir longtemps garnison chez un peuple belliqueux, chez un peuple encore tout près de ses triomphes, chez une nation de vingt-six millions d'hommes, dont la population militaire s'est accrue par trois années de paix, était-ce une chose facile? De plus, les intérêts des différentes cours, qui, réunies dans un danger commun, reprennent dans la paix leurs divisions naturelles, n'étaient-ils pas encore un obstacle à une occupation prolongée dans un même but, et, pour ainsi dire, sous un même drapeau ? Voilà donc trois choses heureuses sur lesquelles le système qu'on a suivi n'a rien à réclamer : nos moissons, notre crédit et la délivrance de notre territoire. Reste à examiner la tranquillité de la France.

D'abord cette tranquillité a été troublée : sans les services inappréciables des généraux Donadieu et Canuel, nous aurions vu renaître de grands malheurs. Mais je veux bien convenir que les insurrections de Grenoble et de Lyon étaient comme un reste de la coupable folie des Cent-Jours : ce dernier mouvement ayant été contenu, il est peu probable qu'on le voie renaître. J'admets que tout est calme, et j'ajouterai, à la grande satisfaction des admirateurs éclairés du système ministériel, que rien ne remuera en France.

La lassitude est partout; chacun soupire après le repos : les uns veulent du moins profiter des restes de leur vie; les autres, commençant cette vie, ne partagent ni nos haines ni nos amours. Les générations se succèdent chaque jour en silence; et celles qui naissent et celles qui meurent ramènent incessamment dans le monde le calme de l'enfance et des tombeaux. On croit qu'on a toujours affaire aux mêmes hommes, et par le fait on agit sur une société nouvelle.

En outre, il y a chez les vieux peuples un progrès réel de civilisation qui rend les mouvements populaires et moins fréquents, et plus faciles à apaiser. La machine de la société est assez connue, même du vulgaire, pour que tout aille tellement quellement, malgré les fautes. Un village aujourd'hui se conduit seul, une administration marche, bien que le chef soit absent ou incapable. Le défrichement des forêts, la multitude des grands chemins, les communications entretenues par le commerce et l'imprimerie, font régner une sorte de police naturelle qui maintient l'ordre à la surface de la société. D'une autre part, le morcellement des propriétés, l'abolition des ordres de l'État, ont fait disparaître les grandes tentations de la cupidité et de l'envie. Il n'y a plus dans les mœurs du peuple de fanatisme : à peine avons-nous des passions. La foule végète en paix, sûre d'être toujours ce qu'elle est, quoi qu'il arrive : elle a assisté à tant de spectacles, qu'elle est indifférente à tout. Cela prouve-t-il qu'une révolution est impossible? loin de là, cela prouve qu'il suffirait de quelques hommes pour accomplir une révolution; cela prouve la vérité de ce que j'ai avancé dans *la Monarchie selon la Charte :* « Par l'établissement du système, disais-je, les révolutionnaires espèrent
« que toutes les places se trouveront dans leurs mains au moment de la catastrophe.
« Les autorités diverses étant alors dans le même intérêt, le changement s'opérera
« d'un commun accord, sans résistance, sans coup férir. »

Le système que l'on a suivi n'est donc point la cause de la paix de la France; la France est tranquille, parce qu'elle ne peut être agitée. Ses révolutions futures, si elle doit en éprouver, ne s'accompliront point dans le trouble, mais dans le repos : *Suscepere duo manipulares imperium... transferendum, et transtulerant.*

Conclusion : Je ne vois rien d'heureux qu'on puisse attribuer au système des ministres, et je vois parfaitement ce que ce système a de désastreux. Il ne fonde point la royauté, il ne tend point à rétablir les bases morales et religieuses; il est si peu monarchique, dans le sens du gouvernement *de droit,* qu'il conviendrait également au gouvernement *de fait,* et que celui-ci pourrait l'adopter sans y rien changer. Je cherche en vain dans ces combinaisons les intérêts de la monarchie légitime.

En voulant être despotique par les théories et les hommes démocratiques, le ministère court risque d'être entraîné malgré ses efforts. Y a-t-il quelque moyen d'éviter ce danger? Un bien simple, et le plus facile du monde : favoriser la religion, reviser des lois dangereuses, se rapprocher des principes et des hommes monarchiques : une fois dans cette route, la monarchie de saint Louis peut encore marcher huit cents ans.

Paris, 29 octobre 1818.

Les élections sont à peu près terminées : elles sont ce qu'elles doivent être dans l'esprit de la loi. La loi est démocratique; il est naturel qu'elle amène des hommes dans le sens du pouvoir où elle incline : c'est l'arbre qui produit son fruit. Cet arbre sera d'autant plus productif que le ministère s'efforce d'élaguer les rameaux vigoureux qui pourraient en absorber la sève, c'est-à-dire, pour parler sans figure, que le ministère met toute sa science à s'opposer à la nomination des royalistes, d'où il résulte que l'action de la loi n'éprouve aucune résistance.

POLÉMIQUE.

En dépit de son expérience, le ministère continuera-t-il de croire qu'il y a en France un parti mixte, capable de tenir l'équilibre entre les deux opinions réelles, l'opinion royaliste et l'opinion indépendante? L'opinion ministérielle n'est qu'une pure négative, une absence de volonté : or, il n'y a point de puissance dans le néant.

Si les députés sortants, remplacés par des indépendants, étaient des membres de l'opposition de droite, on pourrait dire que les ministres, désespérant de faire passer des ministériels, ont favorisé les élections des indépendants, dans la crainte de voir nommer les royalistes; il y aurait de l'apparence à ce raisonnement. Mais le ministère n'a pas même cette consolation; il ne peut pas dire qu'il a voulu ce qui arrive, car ce sont des candidats ministériels qui ont été culbutés, des présidents de colléges électoraux qui ont péri sur leur chaire curule; c'est, en un mot, la fleur de l'armée qui s'est ensevelie au champ d'honneur. On va jusqu'à dire que le président du collége où M. Manuel a été nommé n'a obtenu que huit voix. Les ministres ne peuvent donc pas nier leur défaite; ils vont bientôt voir revenir leurs blessés; ils les panseront avec des places.

Il est vrai que le ministère, battu sur un point, dira qu'il a vaincu sur un autre. En effet, quelques membres de l'opposition de droite n'ont pas été réélus; mais ils sont en petit nombre, et quelques-uns d'entre eux n'ont pas été remplacés par des ministériels, mais encore par des indépendants. Le côté droit a perdu, mais le côté gauche a gagné aux dépens de la majorité ministérielle.

Si les royalistes, plus nombreux que les indépendants, sont cependant moins forts dans une lutte contre le ministère, cela tient au caractère même et à la position des royalistes. Aucune ambition ne les conduit; ils ne résistent que dans le cercle de la conscience et du devoir. S'ils s'aperçoivent que l'on ne veut pas d'eux, ils se retirent. Ils ne comprennent pas encore bien l'opposition où on les a jetés : quand on vient inconstitutionnellement leur présenter le nom du roi, ils inclinent la tête à ce nom sacré, et se laissent opprimer par le ministère. Ils semblent, depuis vingt-six ans, avoir si bien appris le rôle de victimes, qu'ils ne peuvent plus l'oublier.

Il faut faire observer encore que le ministère a montré dans ces dernières élections une opposition aux nominations royalistes bien plus prononcée qu'aux nominations indépendantes; toutefois il est vrai de dire en général que le crédit ministériel, si puissant aux élections de 1816 et 1817, a bien perdu de son importance en 1818.

N'accusons cependant pas la docilité des préfets. Nous les avons vus en 1815 favoriser de tout leur pouvoir la nomination des royalistes : on en voulait alors, et la matière était abondante. Nous les avons vus en 1815 fureter dans tous les coins de leur département pour y trouver des ministériels; il leur en fallait à tout prix : ils eurent le bonheur de s'en procurer. Comment n'ont-ils pas obtenu le même succès dans cette dernière campagne?

Pour atténuer l'effet des élections, on se vante déjà d'être sûr du parti des indépendants. On dit : « Nous aurons facilement tels et tels : nous les achèterons. » Pour l'honneur des Français, je suppose qu'il n'y a personne à vendre; mais enfin, sous la Charte, s'il était possible qu'il y eût un tarif pour les hommes, il est certain qu'il n'y en a pas pour les opinions.

Les ministres, dit-on d'autre part, sont déjà tout consolés des nombreux échecs qu'ils viennent d'éprouver, et, ne pouvant encore donner le nom de ministériels aux députés nouvellement élus, ils sont convenus de les appeler ministériels *inclinant vers l'indépendance* : le mot est joli.

Après tout, répètent les clients et les serviteurs, l'opposition de gauche ne se recrute que de quelques voix : elle ne changera pas la majorité. C'est une grande erreur que de fonder ses calculs dans une Chambre populaire sur le nombre absolu : un seul homme de talent peut faire ou défaire une majorité. D'ailleurs, encore un renouvellement de cinquième, et vous verrez le résultat de la loi.

On se demande si les ministres effrayés ne vont pas incliner à l'opposition royaliste, ou s'ils ne sacrifieront pas de nouveau à l'objet de leur peur. Dans l'espoir de s'attacher à l'opposition démocratique, lui accorderaient-ils la nouvelle loi démocratique? s'imagineront-ils la gouverner parce qu'ils seront tout ce qu'elle voudra? Comme Attale dans le camp de ses maîtres, se croiront-ils souverains parce que l'opinion dont ils porteraient le joug permettrait à leur servitude de traîner la pourpre ministérielle?

A Dieu ne plaise que nous autres royalistes éprouvions aujourd'hui une satisfaction coupable à voir s'accomplir nos prédictions! Que sont les triomphes de l'amour-propre auprès des dangers de la patrie? Et ces dangers, ce n'est pas nous qui les imaginons; il nous suffirait, pour y croire, de nous rappeler les efforts de toute espèce que firent les ministres l'année dernière, afin d'écarter de la tribune législative les mêmes hommes qui s'y trouvent portés aujourd'hui. Et cependant ces hommes avaient été appelés aux élections de 1816! Ainsi, on les voulait lorsqu'ils étaient faibles, on les repousse lorsqu'ils paraissent forts, tour à tour instruments des passions ou objets des frayeurs ministérielles. Que tout cela est à la fois pitoyable et funeste! Quelle déplorable conception que cette loi, dont les auteurs semblent avoir ignoré les premiers principes de la monarchie!

Il est curieux de remarquer les mouvements qu'on se donne aujourd'hui auprès des royalistes : on se récrie sur le *scandale* des élections, on nous invite à tonner contre les indépendants. Mais en supposant que ces indépendants soient aussi dangereux qu'on le dit, de quel droit les ministériels viennent-ils se plaindre à nous des choix qui les alarment? Où étaient les indépendants en 1815? On ignorait jusqu'à leurs noms. Qui les a créés? qui a fait revivre leur doctrine? qui a repoussé les hommes qui pouvaient les combattre, si ce n'est le ministère? Qu'ont donc fait les indépendants de plus que certains ministériels? M. Benjamin de Constant n'a-t-il pas montré, l'année dernière, qu'il sied mal à de hauts personnages de rechercher la conduite que l'on a tenue pendant les Cent-Jours? Cette délicatesse du ministère au sujet des indépendants est au moins inconvenante : en s'élevant contre eux, ne craint-il pas de blesser quelques-uns de ses amis?

Quant à nous, nous l'avons dit et nous le répétons, la querelle des indépendants et des ministériels n'est pas la nôtre : ce ne sont pas les indépendants qui nous ont poursuivis et calomniés. Nous rejetons leurs principes; mais ils se rencontrent avec nous dans plusieurs opinions constitutionnelles : ils viennent d'être justes et généreux sur l'affaire du général Canuel. Nous ne les craignons donc pas pour nous; mais nous craignons leurs principes pour la France, et nous nous élevons contre la loi des élections, non pour des intérêts personnels, mais pour ceux du trône et de la monarchie.

La France est encore pleine de ressources : d'un mot on peut dissiper toutes ces apparences de danger. Ce qui paraît si fort n'est rien : qu'on ose attaquer le fantôme, et il s'évanouira. Mais c'est avec la religion, avec la liberté légale qu'il faut combattre : placez-vous dans la vraie monarchie constitutionnelle, et vous n'aurez rien à craindre des systèmes révolutionnaires. Vous avez devant vous la plaine ou le précipice, il faut marcher ou tomber : c'est à vous de choisir, et voilà tout.

Paris, ce 2 novembre 1818.

Je ne puis me taire sur ce qui arrive dans ce moment : cet événement ne se lie point au sujet que je viens de traiter; mais il m'est en quelque sorte personnel, et l'on me permettra d'en parler ici.

M. le baron Canuel, M. le comte de Rieux-Songy, M. de Romilly et M. de Chauvigny-Blot, viennent d'être déchargés de toute accusation, et rendus à la liberté, en vertu d'un arrêt de la cour royale : on sait que MM. de Chappedelaine et de Joanis avaient déjà été acquittés. Ainsi se maintient l'ancienne et incorruptible équité de notre magistrature! ainsi se manifeste toujours la courageuse indépendance du barreau français [1]! ainsi s'évanouit la prétendue conspiration royaliste!

Je ne puis que féliciter les nobles victimes des dénonciations les plus folles comme les plus abominables. Je me regarde moi-même vengé par l'arrêt qui prononce leur innocence : mon nom, celui de quelques-uns de mes amis, n'ont-ils pas été outragés dans cette affaire déplorable? C'est M. de La Rochejaquelein, digne de ses frères; c'est M. Berthier de Sauvigny, dont les services et les malheurs sont si connus dans les annales du royalisme; c'est M. le duc de Fitz-James, resté sans tache au milieu de tant de bassesse; c'est M. le marquis de Vibraye, un des naufragés de Calais; c'est M. le baron de Vitrolles, négociateur pour les Bourbons à Troyes, et prisonnier de Buonaparte pendant les Cent-Jours; c'est M. le marquis de Puyvert, enfermé dix ans dans les cachots de l'usurpateur; c'est M. Agier, défenseur des compagnons de Moreau, Georges et Pichegru, et qui, pendant les Cent-Jours, osa présenter une pétition à la Chambre des représentants pour le rappel des Bourbons; c'est moi-même enfin, et plusieurs autres; c'est cette troupe de *conspirateurs* qui devait, avec les sauveurs de Lyon et de Grenoble, attenter à la liberté et peut-être à la vie du roi! « Vous avez su,
« a dit le juge-instructeur à M. de Romilly, que MM. de Chateaubriand, de Fitz-
« James, de Vibraye, Berthier de Sauvigny, de Limayrac, de Vitrolles, de Berthier,
« La Poterie, La Rochejaquelein, de Chauvigny-Blot, de Viomesnil, Roussiale, etc.,
« étaient de la conspiration; que les réunions avaient lieu chez MM. de Fitz-James,
« de Chateaubriand, de Vitrolles, et que ces différentes réunions correspondaient avec
« celles qui se tenaient chez le général Chappedelaine, et dont vous faisiez partie [2]. »

Ce même juge-instructeur a dit encore au général Canuel : « Vous connaissez M. de
« Chateaubriand; vous êtes allé chez lui tel jour; vous y êtes resté jusqu'à minuit;
« quelles étaient les personnes qui étaient chez lui? Qu'y a-t-on dit [3]? etc. » Que M. le juge d'instruction sache que tous les amis du roi peuvent entrer chez moi à toutes les heures du jour et de la nuit; mais que tout ennemi du roi, lorsqu'il me sera connu, ne passera jamais le seuil de ma porte. Pendant quatre mois, la *correspondance privée* n'a cessé de nous représenter comme des traîtres, et elle a trouvé des hommes assez stupides pour croire à de pareilles abominations. Que va-t-elle dire aujourd'hui? Par quelle nouvelle imposture justifiera-t-elle son imposture? Est-ce donc notre tête que l'on voulait? car personne ne peut nous enlever l'honneur. La haine contre les royalistes s'est bien accrue : naguère on ne faisait encore que les amnistier pour avoir été fidèles : aujourd'hui aurait-on voulu leur faire subir la peine de ce crime? Est-ce notre sang que désirent ces dénonciateurs, ennemis de la légitimité? Mais quand avons-nous refusé de le verser pour notre roi? Heureux, ô vous, mon cousin et mon frère, immolés en accomplissant vos devoirs! Vous n'êtes point morts le cœur flétri, l'âme abreuvée de dégoût et d'amertume! Heureux les royalistes qui ont payé de leur vie leur attachement à leur souverain! Heureux, vous surtout, ô prince dont j'ai tant déploré la perte! Quand vous tombâtes à Vincennes, quand vous fûtes précipité encore à

---

[1] Voyez les beaux Mémoires de MM. Berryer fils, Couture et Ducancel.
[2] Voyez la Défense du baron Canuel, etc., interrogatoire de M. de Romilly, 18 août.
[3] Voyez l'interrogatoire du général Canuel.

demi-vivant dans la fosse creusée à vos pieds, quand on jeta des pierres sur votre poitrine pour étouffer votre dernier soupir, au moins vous ignorâtes le sort qui attendait vos compagnons d'armes; vous quittâtes la terre sans avoir été témoin de leur misère et de leur douleur. Et que sais-je! votre mort peut-être nous a épargné l'horreur de voir calomnier aussi le héros de Berstheim, le petit-fils du grand Condé!

Paris, le 17 novembre 1818.

Nous avons dans ce moment une nouvelle preuve de l'inutilité et même du danger de la censure. Il est merveilleux de lire dans nos gazettes des articles extraits des gazettes de Londres, et de n'y pas trouver les dernières nouvelles arrivées de Sainte-Hélène. A qui prétend-on les cacher? Les journaux anglais ne sont-ils pas dans tous nos cabinets de lecture? les ambassadeurs et une foule de particuliers ne les reçoivent-ils pas? n'arrivent-ils pas dans nos ports? Les gazettes de la Belgique ne franchissent-elles pas nos frontières? Quelques heures après l'arrivée du courrier de Londres, la prétendue évasion de Buonaparte était connue de tous les porteurs d'eau et de toutes les servantes de Paris. Qu'en résulte-t-il donc de ces interdictions de la censure? Des fables monstrueuses, que la réalité dissiperait.

Jeté au milieu des mers où le Camoëns plaça le génie des tempêtes, Buonaparte ne peut se remuer sur son rocher sans que nous ne soyons avertis de son mouvement par une secousse. Un pas de cet homme à l'autre pôle se ferait sentir à celui-ci. Si la Providence déchaînait encore son fléau, si Buonaparte était libre aux États-Unis, ses regards, attachés sur l'Océan, suffiraient pour troubler les peuples de l'ancien monde : sa seule présence sur le rivage américain de l'Atlantique forcerait l'Europe à camper sur le rivage opposé.

Et toutefois cet homme formidable aurait depuis longtemps cessé de l'être pour nous, n'était le fatal système établi par les ministres. Mais si, comme avant le 20 mars, les partisans de l'usurpateur obtiennent seuls la confiance, occupent seuls les places; si des lois démocratiques ressuscitent la puissance et les passions populaires, c'est de nouveau paver le chemin à l'homme de malheurs. La tentative de son évasion est du mois de septembre, il était donc possible qu'il nous arrivât pour les élections et pour le recrutement : il aurait pu voter à son tour pour ceux qui ont voté pour sa dynastie, et avoir le plaisir d'entendre retentir son nom.

Paris, ce 30 novembre 1818.

Ce fut le 25 du mois d'août 1451 que Bayonne ouvrit ses portes à Charles VII, et que les Anglais quittèrent la France. On avait vu en l'air une croix blanche, surmontée d'une couronne qui se changea en fleur de lis. On conclut de cette merveille que le ciel voulait que les Français se réunissent, et qu'ils prissent tous la croix blanche telle que nos gens d'armes la portaient alors. Au moment où j'écris, les derniers soldats étrangers abandonnent nos frontières : allons-nous nous réunir, et prendre tous la croix blanche? Cela dépend des ministres. On dit qu'ils s'occupent déjà de leurs discours, et qu'ils veulent régenter tout le monde. Dans ce cas, un rapprochement est impossible. Si le ministère affecte la menace, il ne fera peur à personne ; on l'aime trop pour le craindre.

Les uns se flattent que le retour du président du conseil amènera d'heureux changements; les autres prétendent que nous resterons comme nous sommes; c'est notre sentiment : nous croyons même qu'on abondera dans le sens de l'opinion indépendante.

L'antipathie des ministres contre les royalistes l'emportera ; ils nous ont fait trop de mal pour nous le pardonner.

Qu'un homme en place est heureux ; il peut faire autant de sottises qu'il le veut, et aussi longtemps qu'il le peut. Mais si un beau jour il lui est utile de changer de système, il n'a qu'à parler. Qu'il dise seulement : « J'ai fait, je vous assure, tout le bien possible ; j'ai empêché tout le mal qui ne s'est pas fait. Continuez-moi ministre, et vous verrez. » Chacun, enchanté, répète les paroles du grand homme : il pense comme vous et moi, disent les bons royalistes ; il n'a aucune raison d'être mauvais. Il a été forcé de faire comme les autres pour garder sa place ; mais au fond c'est lui qui a empêché telle destitution, qui s'est opposé à la désorganisation de la garde royale. — Qui vous a dit cela ? Hé ! mais c'est le ministre lui-même. — Dans ce cas, le fait est certain.

Le *Conservateur* a sa part d'injures dans tous les pamphlets du jour ; mais il ressemble aux médecins qui ne craignent pas de s'exposer au mauvais air des hôpitaux pour guérir des fièvres contagieuses : il continue à purifier l'opinion, à ranimer les idées monarchiques et les droits d'une sage liberté. Le bruit de la tentative de Buonaparte pour s'évader de Sainte-Hélène inquiétait les esprits, quand le *Conservateur*, en racontant le simple fait, a dissipé les alarmes. Alors il a fallu se décider à instruire le public. Le premier esclave de la censure, le grave *Moniteur*, s'est excusé de son silence sur ce que quelques journaux anglais paraissaient douter de la vérité d'un événement consigné dans un rapport du gouverneur de Sainte-Hélène. On voit que le *Moniteur* a le secret des dépêches officielles, ce qui l'a rendu cette fois un peu incrédule.

Tandis que les feuilles ultra-libérales en France accusent le *Conservateur* de gothicisme, il est curieux de voir l'*Argus*, en Angleterre, l'anathématiser comme libéral. L'*Argus* reproche au *Conservateur* ses principes constitutionnels ; il attaque, sous les mêmes rapports, les *Réflexions politiques* et la *Monarchie selon la Charte*. Nous allons mettre tout le monde d'accord : nous acceptons des ultra-libéraux notre brevet de vieux royalistes, et nous prenons de la main de M. le marquis de Chabannes notre certificat de constitutionnels.

Nos tribunaux retentissent encore de la douloureuse affaire de madame de Saint-Morys. Rien ne peint mieux l'esprit des temps que cet épouvantable procès : des juges écoutent une discussion sur le duel, sans qu'on rappelle les anciennes lois, regardées comme abolies, tandis qu'on reconnaît force juridique à une foule de décrets de la Convention ; une veuve plaide elle-même pour son mari tué, et ce n'est pas elle qui attaque, c'est elle qui se défend contre celui qui a tué son mari ; à cette cause se joignent des détails révoltants sur la mort du gendre de la veuve infortunée : et personne ne parle de madame de Saint-Morys, et Paris et la France entière ont été occupés de madame Manson ! Voilà ce que nous sommes. Doux, indulgent, humain, citoyen vertueux, brave soldat, M. de Saint-Morys était un de ces hommes rares chez lesquels la chaleur des sentiments n'exclut pas les lumières de la raison ; la modération de son esprit réglait les mouvements de son cœur. Il n'aura eu, en expirant, que le regret de mourir pour sa propre cause, et non pour celle de son roi.

Ce nom de madame Manson nous fait souvenir qu'on vient de publier une dernière déclaration de Bastide et de Jausion, faite en présence d'un magistrat et d'un prêtre ; ils y protestent de leur innocence. Desrues en fit autant, mais au moins ne chercha-t-il pas à provoquer les soupçons contre des innocents ; et Jausion n'a pas craint de le faire. Ces infortunés avaient-ils pu oublier les dépositions de leurs complices et des témoins oculaires, de la Bancal, de Bach, de Bousquier, des enfants de la Bancal, de madame Manson et de tant d'autres ?

Si les journaux étaient libres, rien de plus naturel que cette publication ; mais quel goût singulier la censure a-t-elle pour de pareils morceaux, lorsqu'il faut lui forcer la main pour l'obliger à parler de l'innocence des royalistes?

Une considération plus grave vient se mêler à ces réflexions. Si les débats qui ont précédé le jugement ont établi jusqu'à l'évidence la culpabilité des accusés; si la conviction de deux jurys a pu seule déterminer deux fois l'arrêt de la justice, n'y a-t-il pas péril pour la société à laisser mettre en question les lumières ou l'équité des tribunaux?

Le public semble se décider contre la loi des élections; mais on doute que le ministère ait quelque rapport avec le public. En attendant, les raisonnements principaux sont de deux sortes : « La loi des élections, disent les indépendants, est une loi « populaire : une concession faite au peuple, des droits acquis que vous ne pouvez « plus retirer. En ce faisant vous vous placeriez en dehors de la nation. »

« Ce n'est point, disent plus justement les royalistes, une loi populaire, c'est au « contraire une loi qui exclut le peuple des élections, et qui crée une classe de privi- « légiés à cent écus : et dans cette classe de privilégiés réside essentiellement l'opi- « nion démocratique. Pour que la loi fût populaire, il faudrait qu'elle descendît plus « bas. Loin d'avoir donné des droits au peuple, vous lui en avez ôté. Corriger la loi, « c'est vous replacer dans la monarchie, dont vous êtes sortis. »

Ainsi l'on raisonne. Mille projets sont formés : les serviteurs particuliers des ministres voudraient faire à la loi des élections un amendement dont le résultat serait de donner à leurs maîtres une espèce de dictature pour cinq années. Reste à savoir si les Chambres consentiraient à violer la Charte, à gêner l'exercice de la prérogative royale, afin d'établir un renouvellement intégral qui ne serait pas uni au changement radical de la loi. On parle aussi de former une seconde classe d'électeurs qui seraient choisis parmi des hommes de soixante ans : cela ne conviendrait pas trop mal à une vieille monarchie.

Les députés arrivent lentement à Paris. Les embaucheurs pour le ministère les attendent à leur débotté ; ils se tiennent en embuscade à la porte des hôtels garnis, comme nos anciens recruteurs sur le quai de la Ferraille : l'enrôlement volontaire n'est plus en faveur. Cependant chaque député s'occupe de son travail : on assure qu'un membre de l'opposition de gauche a le projet de renouveler la proposition de M. le maréchal Macdonald, en faveur des émigrés dont les biens ont été vendus; les royalistes reviennent comme ils sont partis; les doctrinaires s'attachent plus à faire des prosélytes qu'à préparer des opinions.

Nous attendons, pour parler des élections du Gard, à avoir reçu tous les renseignements. Les hommes voulant avec sincérité la liberté des suffrages doivent, quelles que soient leurs opinions, se réunir pour mettre fin à des scandales qui feraient de notre gouvernement représentatif une véritable moquerie. Nous n'avons point examiné les discours des présidents des collèges électoraux, car on ne peut tout examiner : ils nous auraient cependant fourni des rapprochements curieux avec d'autres pièces authentiques. Nous aurions fait remarquer la grande prudence d'un président, qui loue si bien les électeurs d'avoir toujours été soumis à l'autorité du moment : heureux ceux qui prêchent d'exemple.

Paris, 3 décembre 1818.

J'ai parlé de l'état intérieur de la France relativement à la politique [1].

---

[1] Voyez-ci-dessus l'arti le du 22 octobre.

J'ai dit que le système ministériel tend à faire sortir le despotisme des principes populaires; que ce système veut former une royauté sans royalistes, une monarchie sans bases monarchiques.

J'ai annoncé que nos lois fondamentales, ouvrages irréfléchis du ministère, le mèneraient malgré lui à la démocratie.

Maintenant je vais considérer le système ministériel dans ses effets moraux : ici le mal est grand; la plaie est au cœur.

Le ministère a inventé une morale nouvelle, *la morale des intérêts :* celle des *devoirs* est abandonnée aux imbéciles.

Or, cette morale des intérêts, dont on veut faire la base de notre gouvernement, a plus corrompu le peuple dans l'espace de trois années, que la révolution entière dans un quart de siècle.

Ce qui fait périr la morale chez les nations, et avec la morale les nations elles-mêmes, ce n'est pas la violence, mais la séduction : et par séduction j'entends ici ce que toute fausse doctrine a de flatteur et de spécieux. Les hommes prennent souvent l'erreur pour la vérité, parce que chaque faculté du cœur ou de l'esprit a sa fausse image : la froideur ressemble à la vertu; le raisonner, à la raison; le vide, à la profondeur; ainsi du reste.

Donc, le dix-huitième siècle fut un siècle destructeur, car nous fûmes tous séduits. Nous rîmes de la religion; nous dénaturâmes la politique; nous nous égarâmes dans de coupables nouveautés de paroles. Au lieu de regarder en haut, nous regardâmes en bas, cherchant l'existence sociale dans la dégradation de nos mœurs, dans les principes populaires : nous commencions à voir ce que l'Écriture appelle *les vices des derniers temps :* mot profond.

La révolution vint nous réveiller : en poussant le Français hors de son lit, elle le jeta dans la tombe. Toutefois, le règne de la Terreur est peut-être, de toutes les époques de la révolution, celle qui fut la moins dangereuse à la morale. Pourquoi? Parce qu'aucune conscience n'était forcée : le crime paraissait dans sa franchise. Des orgies au milieu du sang, des scandales qui n'en étaient plus à force d'être horribles; voilà tout. Les femmes du peuple venaient travailler à leurs ouvrages domestiques autour de la machine à meurtre, comme à leurs foyers; les échafauds étaient les mœurs publiques, et la mort, le fond du gouvernement. Rien de plus net que la position de chacun : on ne parlait ni de spécialité, ni de positif, ni de système d'intérêts. Ce galimatias des petits esprits et des mauvaises consciences était inconnu. On disait à un homme : « Tu « es chrétien, noble, riche : meurs; » et il mourait. Antonelle écrivait qu'on ne trouvait aucune charge contre tels prisonniers, mais qu'il les avait condamnés comme aristocrates. Monstrueuse franchise, qui nonobstant laissait subsister l'ordre moral; car ce n'est pas de tuer l'innocent comme innocent qui perd la société, c'est de le tuer comme coupable.

En conséquence, ces temps affreux sont ceux des grands dévouements. Alors les femmes marchèrent héroïquement au supplice; les pères se livrèrent pour les fils, les fils pour les pères; des secours inattendus s'introduisaient dans les prisons, et le prêtre que l'on cherchait consolait la victime auprès du bourreau qui ne le reconnaissait pas. Alors les paysans vendéens se faisaient des armes des débris de leurs charrues, pour enlever des batteries de canon; alors La Rochejaquelein tombait, enveloppé dans le drapeau blanc, dans les mêmes champs où, à la bataille de Poitiers, « fut occis, dit « Froissard, monseigneur Geoffroy de Charny, la bannière de France entre ses mains.»

La morale, sous le Directoire, eut plutôt à combattre la corruption des mœurs que celle des doctrines; il y eut débordement. On fut jeté dans les plaisirs comme on avait été entassé dans les prisons. Dissipateur de l'avenir, on forçait le présent à avancer des joies sur cet avenir, dans la crainte de voir renaître le passé. Chacun n'ayant pas encore eu le temps de se créer un intérieur, vivait dans la rue, sur les promenades, dans les salons publics. Familiarisé avec les échafauds, et déjà à moitié sorti du monde, on trouvait que cela ne valait pas la peine de rentrer chez soi. Il n'était question que d'arts, de bals, de modes : on changeait de parures et de vêtements aussi facilement qu'on se serait dépouillé de la vie.

Tandis qu'une partie du Directoire favorisait cette corruption, en faisant falsifier des pièces historiques, publier des romans infâmes, vendre et abattre les restes des monuments de nos rois, une autre partie prenait une route opposée. La Réveillère-Lepeaux inventait la *théophilanthropie*. Cette vision était au moins conforme à la morale : les *théophilanthropes* ne préconisaient pas les intérêts; ils recommandaient les devoirs. Ridicules, mais pauvres, ils ont épargné à la mort le soin de les dépouiller : elle les a trouvés nus.

Sous Buonaparte, la séduction recommença, mais ce fut une séduction qui portait son remède avec elle : Buonaparte séduisait par un prestige de gloire; et tout ce qui est grand porte en soi un principe de législation. Il concevait qu'il était utile pour lui de laisser enseigner la doctrine de tous les peuples, la morale de tous les temps, la religion de toute éternité. Il recherchait même les victimes de la révolution : il y avait honneur à avoir souffert. Ceux qui refusaient d'entrer dans le nouvel ordre social restaient à part; ils s'élevaient comme des ruines vénérables au milieu des édifices modernes. On disait, en les regardant avec un sentiment de respect : Voilà la vieille France!

Pourquoi donc un royaliste isolé, sans appui, sans fortune, sans influence, était-il quelque chose aux yeux d'un homme qui comptait les hommes pour rien? Cet homme n'avait pas pour maxime de se rapprocher de la faiblesse. C'est qu'il voyait dans le royaliste un ennemi naturel de ces dogmes démocratiques que, par un contre-sens stupide, nous favorisons aujourd'hui; c'est que le royaliste lui représentait une force, la force morale, la preuve irréfragable de la puissance du devoir. Il reconnaissait, dans cette puissance, un grand élément de la société, puisqu'elle avait maintenu la monarchie pendant quatorze siècles. Le devoir, toujours le même, fait participer les gouvernements qu'il soutient à la permanence de son principe; l'intérêt, variable et divers, ne peut être que la base mouvante d'un édifice de quelques jours.

Je dis encore que l'ordre moral est moins attaqué quand la fausse position où il se trouve est la suite d'une fausse position politique. Or, avant la restauration, le gouvernement lui-même était une violence : les prospérités pouvaient être injustes, l'infortune non méritée, sans qu'il y eût dépravation. La chose existante n'était point le résultat d'un consentement, mais d'une force; les droits de la morale n'étaient pas méconnus : ils n'étaient que violés.

Mais si ces droits continuent d'être violés sous un gouvernement légitime, il s'ensuit qu'ils sont méconnus, et cela ne va pas moins qu'à établir qu'ils sont en eux-mêmes chimériques; que, par le fait, ils n'existent point : alors il y a principe de dissolution dans le corps social.

Je ne serais pas étonné de m'entendre répondre : Fonder la société sur un devoir, c'est l'élever sur une fiction; la placer dans un intérêt, c'est l'établir dans une réalité.

Les esprits spéciaux ne seraient-ils que des esprits bornés? Je remarque que leur positif est presque toujours un manque d'idées : ce sont des joueurs d'échecs qui ne voient que le premier coup, et qui n'ont pas assez de force de tête pour calculer la série des coups renfermés dans le mouvement qu'ils font. Il faut donc leur apprendre que c'est précisément le devoir qui est un fait, et l'intérêt une fiction. Le devoir qui prend sa source dans la Divinité descend d'abord dans la famille, où il établit des relations réelles entre le père et les enfants; de là, passant à la société, et se partageant en deux branches, il règle dans l'ordre politique les rapports du roi et du sujet; il établit dans l'ordre moral la chaîne des services et des protections, des bienfaits, et de la reconnaissance. C'est donc un fait très-positif que le devoir, puisqu'il donne à la société humaine la seule existence durable qu'elle puisse avoir.

L'intérêt est une fiction quand il est pris, comme on le prend aujourd'hui, dans son sens physique et rigoureux, puisqu'il n'est plus le soir ce qu'il était le matin; puisqu'à chaque instant il change de nature; puisque, fondé sur la fortune, il en a la mobilité.

J'ai intérêt à conserver le champ que j'ai acquis, mais mon voisin a intérêt à me le prendre : si pour s'en rendre maître il n'a besoin que de faire une révolution, il la fera, car il est reconnu que partout où il y a intérêt, il n'y a plus crime.

On réplique : « Les lois sont là pour maintenir l'ordre et la propriété. » Eh! que sont les lois sans les devoirs? Elles sont lois tant que je serai le plus faible; le jour où je deviendrai le plus fort, n'étant arrêté par aucun devoir, je me rirai de ces lois, et j'en ferai d'autres à mon usage. Et cela m'arrivera souvent; car une mort, une naissance, un accident fortuit peuvent faire varier ma position : il faudra que la société se modifie autant de fois que mes intérêts cesseront d'être les mêmes. L'intérêt meurt avec l'homme, le devoir lui survit : voyez si vous voulez faire une société mortelle comme notre corps, ou immortelle comme notre âme.

Que si vous dites que je ne parle ici que de l'intérêt personnel; qu'il y a d'autres intérêts généraux, d'autres nécessités politiques qui consolident la société; que chacun, par exemple, veut l'ordre, la paix, la prospérité de l'État, parce qu'il maintient l'ordre, la paix, la prospérité des individus et des familles : tout cela sont des mots. Par la morale des intérêts, chaque citoyen est en état d'hostilité avec les lois et le gouvernement, puisque, dans la société, c'est toujours le grand nombre qui souffre. On ne se bat point pour des idées abstraites d'ordre, de paix, de patrie ; ou si l'on se bat pour elles, c'est qu'on y attache des idées de sacrifices; alors on sort de la morale des intérêts pour rentrer dans celle des devoirs : tant il est vrai que l'on ne peut trouver l'existence de la société hors de cette sainte limite!

Les bonnes lois ne sont que la conscience écrite : la morale des intérêts contrarie la conscience. Que disent les lois? Respectez le bien d'autrui. Que disent les intérêts? Prenez le bien d'autrui. La morale des intérêts est donc par le fait anti-sociale. Elle prend pour levier politique les vices des hommes, au lieu d'agir avec leurs vertus. Or, les vices sont faibles et caducs; vous bâtissez donc avec des instruments qui se briseront dans vos mains.

Qui remplit ses devoirs s'attire l'estime; qui cède à ses intérêts est peu estimé : c'était bien du siècle de puiser un principe de gouvernement dans une source de mépris!

Le système des intérêts est le système du despotisme, qui resserre tout; il contrarie la nature du gouvernement représentatif, qui étend tout. Dans ce dernier gouvernement la vie est en commun : de là ces nombreuses associations existantes en Angleterre, et consacrées à toutes les sortes de malheurs et d'industries. La plupart de ces associations ne sont pas fondées sur des intérêts personnels, puisqu'elles sont soutenues par des hommes riches et puissants, à l'abri des infortunes qu'ils soulagent. Dans notre ancienne monarchie, c'était la religion qui se chargeait de cette partie des devoirs sociaux. Maintenant que nous avons renversé nos fondations chrétiennes, si nous ne créons pas, à l'aide de la morale des devoirs, un esprit public, les intérêts individuels ne rétabliront pas les monuments de l'antique charité. Élevez nos hommes politiques à ne penser qu'à ce qui les touche, et vous verrez comment ils arrangeront l'État. Ils chercheront à arriver au pouvoir par mille bassesses, non pour faire le bien public, mais pour faire leur fortune. Vous n'aurez que des ministres corrompus et avides; semblables à ces esclaves mutilés qui gouvernaient le Bas-Empire, et qui vendaient tout au plus offrant, se souvenant d'avoir eux-mêmes été vendus.

Par la morale des intérêts l'âme humaine perd sa beauté; la vertu, ses leçons; l'histoire, ses exemples. Je n'ai point demandé aux ruines de Sparte si Léonidas avait connu la morale des intérêts. « Il y a des pertes triomphantes à l'envi des victoires, « dit Montaigne; ni ces quatre victoires sœurs, les plus belles que le soleil ait oncques « veu de ses yeux, de Salamine, de Platée, de Mycales, de Sicile, n'osèrent oncques « opposer toute leur gloire ensemble à la gloire de la desconfiture du roi Léonidas. » La France comme la Grèce repousse par son caractère la morale des intérêts. Notre vieille monarchie était fondée sur l'honneur : si l'honneur est une fiction, du moins cette fiction est naturelle à la France, et elle a produit d'immortelles réalités. Était-ce pour l'intérêt ou le devoir que la fleur de la chevalerie française mourut à Crécy et à Poitiers? Était-ce l'intérêt ou le devoir qui porta les bourgeois de Calais à livrer leurs têtes à Édouard? Quand Charles VII était à Bourges, et Henri V à Paris, tous les intérêts étaient d'un côté, tous les devoirs de l'autre. Qui l'emporta, des intérêts ou des devoirs? On trouve, dans les anciens comptes de la ville de Chartres, une somme de quarante sous donnée à un tailleur pour avoir raccommodé le pourpoint de Henri IV : il paraîtrait que ceux qui suivaient alors ce roi n'y trouvaient point un grand intérêt.

Remarquez ceci : les intérêts ne sont puissants que lors même qu'ils prospèrent. Le temps est-il rigoureux, ils s'affaiblissent. Les devoirs, au contraire, ne sont jamais si énergiques que quand il en coûte à les remplir. Le temps est-il bon, ils se relâchent. J'aime un principe de gouvernement qui grandit dans le malheur : cela ressemble beaucoup à la vertu.

Il y a plus : les mauvaises consciences ne sont pas touchées, autant qu'on le pourrait croire, par la morale des intérêts, et c'est ce qui trompe dans les catastrophes des empires. On se dit : Cet homme est si bien traité, il a toutes les places! pourquoi voudrait-il faire une révolution? Parce que sa conscience lui fait des reproches; parce qu'il ne peut exister dans un ordre de choses légitimes; parce que la société des méchants est sa société naturelle : comme ces malheureux depuis longtemps accoutumés à vivre dans les bagnes, il ne peut respirer à son aise que dans un air infect et pestiféré.

Quoi de plus absurde que de crier aux peuples : Ne soyez pas dévoués! n'ayez pas d'enthousiasme! ne songez qu'à vos intérêts! C'est comme si on leur disait : Ne venez pas à notre secours; abandonnez-nous, si tel est votre intérêt. Avec cette profonde politique, lorsque l'heure du dévouement arrivera, chacun fermera sa porte, se mettra à la fenêtre, et regardera passer la monarchie. Ce n'est pas en favorisant les passions, mais en les combattant, que tous les législateurs ont cherché à donner force aux empires. Platon défendait le vin à la jeunesse, et ne le permettait qu'aux vieillards. Si la politique n'est pas une religion, elle n'est rien ; or, la religion ne commande pas aux hommes d'être avares et égoïstes, et leur prescrit des règles toutes contraires. La société, comme l'homme, n'est forte que de privations : lorsque les Romains vivaient de fromentée et de pois chiches, ils étaient libres et puissants. C'était alors qu'ils avaient des rois pour instruments de servitude, selon l'expression de Tacite : *Ut haberent instrumenta servitutis et reges*. Ils étaient esclaves et faibles lorsque Héliogabale les nourrissait de gâteaux et de foies de murène. Camille les délivra de Brennus avec son épée ; pour échapper aux mains d'Alaric, ils donnèrent des épiceries et des manteaux. Ils rachetèrent leur liberté avec du sang; leur esclavage, avec de la pourpre. A la première époque ils en étaient à la morale des devoirs; à la seconde, au système des intérêts.

Et quel moment a-t-on choisi pour établir parmi nous ce vil système? celui-là même où l'on était, pour ainsi dire, affamé de devoirs, et disposé à les remplir tous. Pourquoi la France pleurait-elle de joie en 1814, au seul nom d'un roi qu'elle n'avait jamais vu? Pourquoi chacun s'empressait-il de faire les sacrifices qui semblaient conformes à l'équité? Pourquoi ce transport des pères de famille, qui présageaient des jours plus heureux pour leurs enfants? Il semble qu'on ait pas des sentiments généreux prêts à renaître. Quand la Chambre de 1815 écoutait avec tant de respect et de résignation la lecture d'un traité si cruel à la France, tout annonçait dans cette religieuse et monarchique assemblée le retour aux plus touchants devoirs. Espérances d'un avenir réparateur, qu'ils sont coupables les hommes qui vous ont fait évanouir!

Que voulez-vous que le peuple conclue de la morale qu'on lui prêche, du spectacle qu'on lui donne? De toutes parts on lui répète, dans un jargon subtil, qu'il a bien fait d'avoir fait ce qu'il a fait, d'avoir pris ce qu'il a pris, que si les nobles ont été égorgés, les prêtres proscrits, les propriétaires dépouillés, c'est apparemment leur faute; que ces nobles étaient des tyrans; ces prêtres, des fanatiques; ces propriétaires, des aristocrates : que ce sont eux qui ont tué Louis XVI par leur résistance; que le trône n'a péri que par hasard; que si l'on a détruit la monarchie, c'était pour son bien; que rien n'est si beau que la révolution; qu'il y a une alliance naturelle entre cette révolution et la royauté légitime. Oui, il y a alliance : si je m'en souviens bien, elle fut faite le 21 janvier 1793, à dix heures dix minutes du matin; la démocratie fut témoin, et prêta serment, en cette qualité, sur la tête sanglante de Louis XVI!

De telle façon, endoctriné par de tels pédagogues politiques, le peuple de nos villes voit l'exemple confirmer la leçon : on chasse à ses yeux des plus grandes places comme des plus petites tous ceux qui ont eu le bonheur de rendre quelque service à la couronne; on élève aux honneurs tous ceux qui ont trahi cette même couronne. Les paysans dans les campagnes reçoivent les mêmes enseignements : là reparaît l'ancien propriétaire qui fut persécuté pour son roi; il revient mourir de faim à la porte de la maison où jadis il distribuait ses aumônes. Au moins est-il honoré dans son indigence, dans ses sacrifices? Point : on le dépeint comme un ennemi du roi, un conspirateur, un pervers, un stupide. On lui avait donné d'abord un chétif emploi pour vivre; on le lui ôte. Dépouillé comme royaliste par les agents d'un gouvernement usurpateur, il est dépouillé de nouveau comme royaliste par les ministres d'un gouvernement légitime.

Rien n'est plus facile à un ministre que de signer négligemment une destitution que lui commande la haine, que lui enlève l'intrigue; le soir il n'en retrouve pas moins sa table, son lit, ses laquais de toutes les sortes. Mais le malheureux qu'il a frappé, le pauvre royaliste qui, pour remplacer la perte entière de sa fortune, n'avait que les modiques appointements d'une place ignorée, retrouve-t-il sa table, son lit, ses serviteurs? Il ne retrouve qu'une famille en larmes, que la compagne de son exil, que des enfants élevés dans la misère à prier Dieu pour le roi! Voulez-vous donc qu'il se mette au service des possesseurs de son bien; qu'il devienne le valet de sa ferme? Cela serait possible à la rigueur; mais il ne faudrait pas qu'il eût reçu au service du roi des blessures qui l'empêchent de labourer une terre ingrate, de creuser au moins sa tombe dans le sillon qui n'est plus à lui.

Par un tel système, un horrible ravage est fait dans le cœur humain; c'est comme si vous donniez des leçons publiques de trahison, d'injustice, et d'ingratitude. Les docteurs de cette science sont véritablement assis dans la chaire empestée. Les méchants diront : « Continuons à faire le mal, puisqu'on en est récompensé. » Les bons commenceront à regarder la vertu comme une duperie, les sacrifices comme une sottise. Dans cet ordre de choses, il n'y a que des prospérités fragiles, *fortuna vitrea*, des bénédictions que le ciel maudit. Bouleverser toutes les idées du juste et de l'injuste, c'est mettre la hache dans les fondements de la société humaine, c'est briser tous les liens de l'obéissance et de la fidélité. Vous prêchez la morale des intérêts, en contradiction avec celle des devoirs : hé bien! voici la conséquence de cette morale, si vous parveniez à l'établir : le gouvernement ne serait plus qu'un accident dans l'État, accident tantôt légitime, tantôt illégitime, tantôt républicain, tantôt monarchique, au gré de l'intérêt dominant, et une révolution politique deviendrait le moindre des événements chez un peuple.

Nos enfants s'élèvent au milieu du désordre des idées morales : leurs oreilles et leurs yeux s'accoutument à entendre et à voir le mal; ils apprennent à étouffer leurs vertus, à suivre leurs passions. Quelle race doit donc sortir du milieu de nos exemples? La jeunesse, naturellement généreuse, sera flétrie avant d'avoir atteint l'âge où l'expérience détruit les illusions. Ces systèmes, que nous promenons sur la France, loin de la fertiliser, la rendront stérile : ils ne ressemblent pas à ces charrues qui fécondent la terre, mais à celles qui coupent les fleurs :

> Purpureus veluti cum flos succisus aratro
> Languescit moriens.

Paris, 5 décembre 1818.

Que dit-on aujourd'hui? On dit qu'il n'y aura pas renouvellement dans l'administration, mais seulement remue-ménage. Si, pour le bonheur de la France, on consent à rester ministre, il est tout simple qu'un tel sacrifice soit au moins adouci par la faculté de changer de ministère.

Ces arrangements de famille, en cas qu'ils aient lieu (car qui peut sonder la profondeur des conseils ministériels?), n'altèreront en rien le système général, ou plutôt ils lui donneront une nouvelle force; les ministres joueront aux quatre coins sans que nous changions de place. Les hommes d'État ne laissent point leurs mœurs domestiques influer sur la publique destinée. Cependant on pourrait croire que le ministère est divisé en deux parties trop faibles pour s'exclure mutuellement : l'un, par jugement comme par loyauté, voudrait se rapprocher des royalistes; l'autre, par goût comme par humeur, se jette dans les bras des indépendants. Dans cette position perplexe la session s'ouvrira, et la nécessité d'avoir une majorité obligera peut-être l'autorité à favoriser encore l'opinion démocratique.

Les autorités se sont aventurées dans une espèce d'impasse politique, d'où elles ne savent plus comment sortir. De là mille projets fantasques : c'est très-sérieusement que les caudataires des ministres rêvent le renouvellement intégral, sans autres modifications dans la loi des élections. Lorsque les royalistes combattaient pour une loi complète, ils demandaient aussi le renouvellement intégral : ils le voulaient avec le changement d'âge, l'augmentation de nombre, et les deux degrés d'élection. Nous ne demanderons point aux ministres ce que deviendront, dans leur nouveau projet, leurs réclamations contre la violation de la Charte, ce que deviendront l'ordonnance du 5 septembre et sa médaille, monuments triomphaux de notre invariable retour à la Charte. Nous ne citerons point à ces ministres leurs propres discours contre le renouvellement intégral : il faut ménager l'amour-propre et ne pas faire rougir la pudeur. Nous dirons que le principal argument seulement répété dans ce discours était celui-ci : *Que le renouvellement intégral amènerait une révolution tous les cinq ans.* Ce raisonnement, faux lorsqu'il s'applique à une loi monarchique, est parfaitement juste avec la loi démocratique que nous avons aujourd'hui. Ainsi, par le renouvellement intégral, nous aurions le despotisme ministériel pendant cinq ans ; et, après cinq ans, l'espérance d'une république. Au lieu de sauver la France, nous n'aurions sauvé que le ministère ; nous serions tombés dans la méprise du *dauphin* de la fable. Dans quelle antichambre ce grand dessein a-t-il pris naissance ? Cela sent bien ce fier esprit d'égalité, en même temps que d'humble soumission, répandu parmi ces hommes qui attendent leur dîner ou leur maître.

Pourquoi les ministres veulent-ils le renouvellement intégral ? Parce qu'ils craignent le renouvellement partiel : se croyant sûrs de la majorité, ils s'arrangent pour la garder cinq années. Voyez l'énorme vice de cette mesure. Si, dans le cours de cinq ans, vous perdez la majorité (ce qui est très-possible et même très-probable, puisque cette majorité ne se compose que d'un petit nombre de voix), que ferez-vous ? Si la Chambre refusait un budget, la couronne n'oserait donc la dissoudre, dans la peur de voir arriver une Chambre toute démocratique ? Voilà la position dans laquelle on se placerait en prenant un de ces demi-partis qui perdent tout et ne sauvent rien.

Le sort de la France est pour ainsi dire aujourd'hui entre les mains des députés qui, jusqu'à présent, ont cru devoir voter avec le ministère. Ils peuvent faire cesser ces coupables hésitations ; ils peuvent, en s'unissant à la minorité, forcer le ministère à changer de système : la patrie, qui leur devra son salut, placera leurs noms parmi ceux de ses meilleurs et de ses plus généreux citoyens.

Ce n'est pas tout : on sème des bruits sur la suspension de la liberté de la presse ; du moins on voudrait étendre la censure jusque sur les feuilles semi-périodiques. On n'a songé à cette grande mesure constitutionnelle que depuis l'apparition du *Conservateur*. Vous verrez que nous porterons malheur à la *Minerve*. Mais pourtant qui est-ce qui lit le *Conservateur* ? Y a-t-il un ouvrage plus lourd, plus ennuyeux ? On s'y abonne d'une manière folle, mais en vérité on ne sait pourquoi. Pas un seul esprit spécial qui écrive dans cette rapsodie : jamais de positif, d'administratif, de *statistif !*

Pourquoi les ministres demanderaient-ils la suspension de la liberté de la presse ? n'ont-ils pas la loi sur les *cris* et *écrits* séditieux ? Ne trouvera-t-on pas bien dans les ouvrages d'un royaliste quelque page contre la légitimité, et dans les livres d'un indépendant quelque phrase contre la liberté ? Qu'on fasse donc mettre à la Force ces écrivains séditieux. Alors la littérature ministérielle régnera glorieusement en France : le dieu de l'harmonie, comme une divinité assyrienne dont le nom nous échappe, descendra au quai Malaquais, sur un char tiré par des mouches ; la police, nouveau Parnasse, fleurira ornée de toutes les grâces de la liberté.

En attendant que la liberté soit totalement ravie à la presse, pour la plus grande gloire de la Charte, on fait un étrange usage des journaux déjà censurés. Une partie de la plaidoirie de M. Couture, dans l'affaire du général Canuel, est omise dans les journaux. Est-ce que tous les sténographes se sont entendus pour négliger les mêmes passages, ou bien ces passages ont-ils été rejetés par la censure ? Alors nous demanderions de quel droit la police se permet de supprimer quelque chose des débats qui doivent être publics, et qui sont du ressort immédiat de la justice ? Nous avons déjà fait remarquer cette audace de la police à propos du procès de Plaignier, procès dans lequel la vie de plusieurs hommes était compromise.

Des tribunaux de justice à l'arbitraire il y a un peu loin : il semble pourtant que nous prenions plaisir à nous jeter dans cet arbitraire. Dans le 245° numéro du *Bulletin des Lois*, on trouve une ordonnance, cotée numéro 5538, qui distrait certaines communes de certains cantons pour les réunir à d'autres cantons, et qui transporte les registres de ces communes aux archives d'une autre mairie, ce qui suppose réunion de mairies. Dans ce cas, comment les ministres, qui l'année dernière ont présenté aux Chambres des échanges de cette nature, ne se sont-ils pas souvenus qu'ils faisaient faire par une ordonnance ce qui est matière de loi? Il est fâcheux d'être obligé de les rappeler sans cesse à la Charte.

Le *Bulletin des Lois* est la véritable image du chaos où nous avons été ensevelis pendant un quart de siècle. Là sont entassés pêle-mêle tous les débris de la monarchie; là se trouvent les documents confus de toutes nos erreurs et de tous nos crimes. Le portique de ce monument est digne du monument lui-même : c'est le rapport de Couthon sur le tribunal révolutionnaire, et le décret de la Convention qui établit ce tribunal. Au frontispice sont gravés la république, un niveau et un œil, comme pour surveiller la restauration. La mort est partout dans la loi. Cette loi déclare que les *ennemis du peuple sont ceux qui provoquent le rétablissement de la royauté...* et qui cherchent à altérer la pureté des *principes révolutionnaires*. Couthon s'élève, dans son rapport, contre la faction des *indulgents :* « On demanda, dit-il, on obtint « des défenseurs officieux pour le tyran détrôné de la France..... Par ce seul acte, « on abjurait la république; la loi elle-même immolait les citoyens au crime..... »

Quand donc arrachera-t-on ces pages du *Bulletin des Lois*, où l'on n'a pas inscrit les ordonnances rendues à Gand, mais où l'on trouve les décrets des Cent-Jours? Quand cessera-t-on d'asseoir la monarchie sur les bases de la démocratie? Quel étrange piédestal aux ordonnances du roi, que la loi sur la formation du tribunal révolutionnaire !

Ce mot de *révolutionnaire* est aujourd'hui l'objet des plus vives sollicitudes. On le défend, on le lie à tous les intérêts : il est du moins authentique, puisque nous venons de le trouver dans le numéro 1er du *Bulletin des Lois;* c'est le prendre à sa source. Il paraît que, sous la Convention, il y avait aussi des conspirateurs qui ne concevaient pas la pureté des *principes révolutionnaires*, et à qui l'on coupait la tête pour les rendre plus intelligents. On aime à voir que quelques-uns de nos journaux défendent ce mot chéri. Mais que ne disent-ils pas, ces journaux censurés? Nous avons lu dernièrement, dans le *Moniteur*, un article qui nous a affligés, parce que nous sommes sensibles à l'indépendance de notre patrie. Cet article est relatif à la déclaration des puissances. On y rencontre ce passage : « C'est contre la possibilité, même « la plus éloignée, d'un désastre semblable que l'Europe est désormais rassurée, par « l'auguste fédération de tous les monarques, veillant tous d'un commun accord sur « les mouvements de l'esprit révolutionnaire, et *prêts à défendre mutuellement leurs* « *droits légitimes.* »

Et quels sont donc les mauvais Français qui peuvent nous donner pour motif de tranquillité la surveillance de l'Europe? Avons-nous besoin de tuteurs? Une pareille surveillance serait plus propre à nous troubler qu'à nous maintenir en paix. Avant la publication des pièces officielles, nous avions quelque crainte : on nous avait alarmés par des bruits de *garanties mutuelles*. Nous nous demandions quelles seraient ces *garanties* ; si elles ne donneraient pas droit ou prétexte aux étrangers de se mêler de nos affaires intérieures, si on ne viendrait point encore nous parler des *circonstances*, si nous en serions encore à recevoir dans des notes diplomatiques des certificats de bonnes vie et mœurs; si nous n'aurions fait que changer en une garnison d'ambassadeurs une garnison de Cosaques. Rien de tout cela heureusement n'existe dans la déclaration; nous sommes laissés à nous-mêmes : on nous confie à cet honneur, seconde providence de la France, qui ne l'a jamais trahie. La police devrait au moins gourmander une censure qui laisse passer des articles tels que celui que nous combattons, d'autant plus que cet article se trouvant dans le *Moniteur*, on pourrait le croire officiel. Que la police ne soit pas constitutionnelle, chacun le sait, mais il faut au moins qu'elle soit française.

Paris, le 22 décembre 1818.

Les événements politiques qui ont eu lieu depuis huit jours feront époque.

A l'ouverture de la session, tous ceux qui veulent le salut de leur patrie ont travaillé à la réunion des hommes monarchiques : des négociations ont été ouvertes entre les minorités royalistes des deux Chambres, et les royalistes qui, jusqu'à présent, avaient cru devoir voter avec le ministère.

Du moins les royalistes n'auront rien à se reprocher : on ne les taxera plus d'ambition; on ne pourra plus dire qu'ils sont implacables, exclusifs, intraitables. Leur conduite dans les dernières circonstances leur méritera l'estime universelle. Cette totale abnégation d'eux-mêmes n'était pas toutefois sans inconvénients politiques; ils l'ont senti : ils ne se sont pas abusés sur les résultats; mais il leur importait, avant tout, de prouver par un fait authentique leur sincère désir d'union, et d'ôter tout prétexte à la calomnie. Mais ces hommes, si prompts à capituler sur leurs prétentions, à renoncer aux places pour eux-mêmes, seront inflexibles sur les choses : plus leur modération a été grande quand il ne s'est agi que de leur intérêt personnel, plus leur opposition sera forte quand il sera question de combattre pour les intérêts de la monarchie. On dit, par exemple, que le projet des ministres est de demander la suspension des élections pendant trois ans. Croient-ils trouver un seul royaliste qui vote pour un projet aussi monstrueux, pour un projet qui créerait une nouvelle loi d'exception, pour un projet qui gênerait l'exercice de la prérogative royale, et qui n'aurait d'autre résultat que de maintenir les ministres en place, en laissant la France en péril? Si la législation peut se donner par exception des pouvoirs pour trois ans, pourquoi ne se rendrait-elle pas perpétuelle? C'est arriver tout droit au *Long Parlement*.

Les ministres trouvent sans doute la loi des élections dangereuse, s'il était vrai qu'ils voulussent suspendre les élections pendant trois années. Dans ce cas, pourquoi ne la changeraient-ils pas, certains, comme on le leur a démontré, qu'ils ont avec les royalistes la majorité dans les deux Chambres?

Pensent-ils, au contraire, que la loi est bonne? Alors, pourquoi demanderaient-ils la suspension des élections?

Une partie du ministère ne serait-elle que la dupe de l'autre dans ce projet de suspension? Au lieu de garder la Chambre trois années, ne pourrait-on pas avoir l'arrière-pensée d'en provoquer la dissolution? Ne se flatterait on pas d'obtenir, à force d'intrigues, de caresses, de menaces, des choix purement ministériels, et d'essayer de prouver ainsi que la loi des élections est excellente? Terrible partie, dont les chances ne seraient pas en faveur de la monarchie légitime, *contre une fille sanglante de la Convention*.

Quoi qu'il arrive, si les royalistes, après avoir offert tant de fois une alliance généreuse, après avoir mis cette alliance au plus bas prix; si les royalistes, disons-nous, sont encore repoussés, leur conduite dans les Chambres est d'avance tracée. Ils ne voteront point pour une suspension des élections, qui, dans l'état actuel de la loi, perdrait plus sûrement la France que le remplacement partiel; suspension qui ne sauverait pas la monarchie, mais seulement le ministère. On ne s'attend pas aussi que les royalistes se prononcent contre la liberté de la presse. Ils seront conséquents à ce qu'ils ont dit et fait : ils repoussent toute loi d'exception. Autant ils seraient décidés à soutenir la plus forte loi de répression relative aux abus de la presse, à demander des cautionnements considérables pour les journalistes, des châtiments rigoureux pour la calomnie, des peines terribles pour les ouvrages où la légitimité serait attaquée, la constitution ébranlée, la sûreté de l'État compromise, autant ils rejettent la censure arbitraire, qui réunit les inconvénients de la licence et de l'esclavage, qui ne prévient aucun des délits que nous venons d'énumérer, qui donne tout aux uns en refusant tout aux autres, qui n'est jamais que l'instrument du parti en pouvoir, et qui détruit radicalement le gouvernement représentatif.

Que va faire le ministère? sur qui s'appuiera-t-il? Maintenant il n'y a plus de milieu possible : il faut être pour les principes monarchiques, ou abonder dans le sens de la démocratie. Tout est divisé dans les Chambres; la majorité n'existe nulle part. Chaque fraction du ministère va donc s'engager dans des rangs opposés, et mener au combat, les uns contre les autres, les royalistes, les indépendants, les doctrinaires, les ministériels de deux ou trois couleurs? A quels moyens sera-t-on alors obligé de recourir! La *correspondance privée* se mêlera-t-elle encore de nos dissensions nouvelles? Quand serons-nous assez Français pour dérober au moins aux étrangers la connaissance de nos misères?

On nous a fait beaucoup de mal ; on a rappelé les principes de nos erreurs et les hommes de nos adversités. Que ceux qui peuvent nous sauver sachent pourtant que rien n'est encore perdu; qu'ils sachent que, si nous périssons, ce sera par une minorité misérable. C'est devant quelques lois et une centaine d'hommes que vous abaissez le pavillon de la monarchie. Osez regarder en face vos ennemis; faites un signe, et demain la France est royaliste. Voyez quelle consternation quelques mots du discours du roi, et la seule espérance d'une réunion entre les honnêtes gens, avaient jeté dans le parti! Les révolutionnaires fuyaient déjà, ou exhalaient leur rage en invectives impuissantes. Écartez les petits esprits qui vous obsèdent, et vous serez étonnés du calme qui renaîtra parmi nous. Ces hommes, rendus à leur nullité, n'auront pas un seul partisan : ils disparaîtront dans l'oubli qu'appellent la médiocrité de leurs talents et la servilité de leur caractère : ils ne sont forts que de l'idée ridicule que vous avez conçue de leur capacité; ils ne sont à craindre que de la crainte encore plus ridicule qu'ils vous inspirent. C'est vous-mêmes qui créez le fantôme dont vous êtes poursuivis; c'est vous qui produisez des oppositions fictives; c'est dans votre imagination que gît l'obstacle : vous voyez ce qui n'est pas. Et néanmoins il est vrai que n'ayant à combattre qu'une ombre, cette ombre peut vous terrasser. A force de caresser les penchants révolutionnaires, vous leur donnez de la consistance; à force de respecter la démocratie, vous l'établissez : toute la révolution a offert ce prodige d'une nation sacrifiée par une poignée d'hommes à une chimère.

Si une partie du ministère ne se retirait pas, si nous devions désespérer de l'autre partie du ministère en qui nous aimions à placer notre confiance, il y aurait encore des ressources. Ne perdons jamais courage; la France est revenue de loin : quand Charles VII fut sacré à Reims, elle était plus malade qu'elle ne l'est aujourd'hui. Puisse l'huile sainte qui doit bientôt couler sur la tête d'un descendant de saint Louis fermer nos plaies, adoucir nos ressentiments, nous donner à nous-mêmes les vertus royales, à savoir, l'amour de la paix, l'oubli des maux soufferts, et la force de faire du bien à nos ennemis!

Paris, 28 décembre 1818.

Encore une année ajoutée à la vieille monarchie de Clovis! Que de fois, depuis la fondation de notre empire, nous avons brûlé ce que nous avions adoré, adoré ce que nous avions brûlé! *Adora quod incendisti, incende quod adorasti.* Le temps, qui retrouve encore debout ce royaume après quatorze siècles, retrouve aussi les descendants des premiers Français, sinon avec les mêmes mœurs, du moins avec les mêmes passions. Nous nous agitons, comme les compagnons de Clovis, pour quelques dépouilles : la révolution nous a vus retourner à la liberté et à la férocité de nos ancêtres; nous avons tué des rois et des enfants de rois. Que nous reste-il de toutes ces fureurs? que nous restera-t-il des haines et des ambitions qui nous tourmentent encore? Que de bruit pour arriver au silence! que d'efforts pour obtenir six pieds de terre! Laissez venir un autre 1er janvier, et les acteurs seront descendus de la scène, et nous-mêmes nous ne serons plus là pour blâmer ou applaudir.

Toute cette morale n'empêche pas qu'on ne veuille toujours être ministre, maire du palais et même portier, s'il y a lieu. On encensera toujours Landry, Ébroïn, Bertaire, lorsqu'ils seront puissants : on les insultera toujours quand ils seront abattus. Aujourd'hui pourtant on est assez embarrassé, car on ne sait qui est ministre. Que la position des personnes prudentes est pénible! Le mieux pour elles serait de se coucher jusqu'à l'événement.

Quoi qu'il arrive, elles sont bien sûres d'avoir un ministère : alors elles sortiront, comme le renard, pour louer le lion dans sa force; comme l'âne, pour donner le coup de pied au lion malade.

« Dans le doute abstiens-toi, » disait un sage. Ne sachant ni quels ministres on aura, ni quel système on va suivre, il nous est impossible de tirer nos lecteurs de la perplexité qu'ils doivent éprouver.

Jusqu'au moment où nous pourrons les instruire, nous engageons les royalistes à suspendre leur jugement, et à se défier des bruits que l'on répand de tous côtés. La démocratie menacée par un changement de système s'agite et crie, ce qui prouve qu'elle est faible et qu'elle a peur. Elle va jusqu'à dire qu'elle fera présenter des pétitions par les électeurs, en cas que la législature veuille toucher à la loi des élections; comme si les électeurs ne cessaient pas d'exercer des droits au moment même où les colléges cessent d'être rassemblés! comme si ces droits n'avaient pas besoin, pour acquérir force légale, de l'ordonnance royale qui convoque les colléges électoraux! Où en serions-nous si les électeurs allaient s'imaginer qu'ils forment un corps, lequel peut avoir des volontés hors de la fonction spéciale à laquelle il est appelé? Ce serait là de la pure démagogie, des comités d'électeurs comme en 1789. Il est toujours bon que les prétendus constitutionnels se trahissent, et qu'ils nous montrent leur arrière-pensée. Les électeurs ont le droit de pétition individuelle, comme simples *citoyens* : s'ils veulent, en cette dernière qualité, présenter des pétitions aux deux Chambres pour le maintien de la loi actuelle des élections, ils en sont bien les maîtres; mais il y aura d'autres citoyens qui demanderont le changement de cette loi : le roi et les majorités des Chambres trancheront la question. Qu'on ne croie pas venir nous intimider comme en 1793. Dieu merci, ce temps d'*égarements* est passé, il suffit que le gouvernement marche ferme, et qu'il cesse de craindre une centaine de petits personnages qui lui font illusion. Pour les réduire à la nullité la plus complète, il ne lui faut que le courage de les mépriser : dans vingt-quatre heures tout serait fini.

On s'étonne, au reste, un peu trop de ce qui arrive dans ce moment relativement au changement de ministère, parce qu'on ne songe pas assez à l'espèce de gouvernement établi par la Charte.

Dans une monarchie absolue, il n'y a pas à proprement parler de ministère; il n'y a que des ministres. Presque jamais ils ne sont renvoyés à la fois; l'intrigue les place et les déplace un à un. La lutte n'existe dans l'intérieur du palais qu'avant la chute :

le public ignore et cette lutte, et le temps qu'elle a duré. La gazette lui apprend quel est son maître; il s'incline et obéit.

Dans un gouvernement constitutionnel, c'est une opinion qui ouvre et qui ferme les portes du pouvoir. Un ministère tombe souvent avant d'être remplacé, comme cela est arrivé plusieurs fois en Angleterre : survient alors une espèce d'interrègne ministériel. Il faut que le ministère à recomposer remplisse les conditions voulues, qu'il ait la majorité dans les Chambres, et que, choisi dans une opinion arrêtée, il s'avance avec toute la force de cette opinion. S'il ne réunit pas ces deux conditions, il est perdu : contrarié par les Chambres, flottant entre les partis, ne s'attachant personne, il est bientôt obligé de céder la place aux opinions opposées, lesquelles reviennent avec une puissance accrue de toute la faiblesse de l'opinion qui n'a pas su triompher.

Paris, ce 8 janvier 1819.

L'époque où nous vivons est essentiellement propre à l'histoire : placés entre deux empires dont l'un finit et dont l'autre commence, nous pouvons porter également nos regards sur le passé et dans l'avenir. Il reste encore assez de monuments de l'ancienne monarchie pour la bien connaître, tandis que les monuments de la monarchie qui s'élève nous offrent au milieu des ruines le spectacle d'un nouvel univers. Nous-mêmes, avec nos malheurs et nos crimes, nous venons nous placer dans ce tableau ; du moins, si notre siècle est peu fécond en grands hommes et en grands exemples, il est fertile en grands événements et en grandes leçons.

En attendant que l'*Histoire* fasse de nous des personnages, les *Mémoires* nous réclament pour des portraits : le cardinal de Retz peut nous peindre avant que Tacite nous juge. Ce sera un tableau curieux que celui des quinze jours qui viennent de s'écouler. L'Europe, trompée si longtemps, s'étonnait que l'expérience condamnât un système jusqu'alors préconisé comme un chef-d'œuvre de sagesse. La France s'effrayait de la renaissance des principes et des hommes révolutionnaires. Ce qu'on avait prévu arrivait : les deux opinions réelles croissaient, tandis que l'opinion mixte allait disparaître. On assurait qu'une division régnait dans le ministère ; qu'une partie des ministres voulait soutenir l'ancien système ; qu'une autre partie, au contraire, inclinait à un changement de mesures : de sorte qu'il ne s'agissait pas de la chute entière des ministres, mais de la retraite de quelques-uns d'entre eux, selon l'opinion qui prédominait dans le conseil.

A cette cause de dissolution se mêlaient des ambitions particulières, s'il est vrai que tel ministre désirât le département de tel autre. La session s'ouvrit au milieu de ces incertitudes. Le bruit courait que rien n'était prêt. Les députés fixaient leurs regards sur un ministère divisé, dont on annonçait le changement tous les quarts d'heure : ils étaient venus pour discuter des lois, ils assistaient à des querelles.

Les Chambres donnèrent dans ce moment un exemple de bon esprit et de bonne conduite. Uniquement occupés du bien public, les hommes monarchiques se réunirent pour former une majorité à tout ministère qui voudrait remédier aux maux de la patrie.

Ici l'on s'apercevra que nous ne pouvons ni ne devons entrer dans les détails. Que de choses à la fois comiques et déplorables l'avenir nous apprendra ! Quel jour jeté sur différents caractères ! Que de ministères gagnés et perdus, faits et défaits ! Que de conférences inutiles ! Que de discours singuliers ! Que de combinaisons bizarres ! Combien de rôles joués par un même homme ! Combien de *journées des dupes* dans un seul jour ! Combien de tâtonnements, de craintes, de désespoirs ! Tout cela en présence de la France, à peine guérie des blessures de la révolution, et qui, remplie des souvenirs de ses grandes catastrophes, attendait en s'étonnant l'issue de ces petites intrigues.

Il suffit que l'on sache qu'un ministre en faveur a été sur le point de partir pour une ambassade éloignée, et que différentes combinaisons de ministère ont eu lieu. La haine contre les royalistes, la difficulté d'avouer qu'ils avaient eu raison, après les avoir accablés de calomnies; la faiblesse des uns, la passion des autres, la ruse de ceux-ci, l'audace de ceux-là, la frayeur des salariés et des révolutionnaires, ont fait manquer un accord qui pouvait avoir pour la France les suites les plus importantes et les plus heureuses.

Que faut-il penser du nouveau ministère? que peuvent espérer ou craindre de lui les hommes monarchiques? C'est ce qu'il convient d'examiner.

D'abord, pour être justes, remarquons qu'aucun membre du conseil ne porte la tache des Cent-Jours; tous les ministres actuels donnèrent, au contraire, à une époque désastreuse, des preuves de courage et de dévouement; ils pourront donc, sans rougir, parler de fidélité, et ne seront point exposés à se voir frappés par un de ces mots qui précipitent un orateur de la tribune. Ce n'est pas qu'une faute noblement reconnue ne puisse porter au bien une âme élevée; mais dans une âme vulgaire, une première erreur corrompt toutes les actions de la vie : on fait mal, parce qu'on a mal fait; et l'on hait dans les autres la vertu qu'on n'a eu le courage ni de garder ni de reprendre.

Cette part d'éloges faite au nouveau ministère, il faut convenir qu'il se présente sous un aspect inquiétant.

Sur les six ministres qui composent le conseil responsable, trois sont connus par leur administration précédente : il est probable que les trois autres suivront l'impulsion de ceux qui semblent être les personnages dominants.

Et d'abord de quelle manière opérera-t-on sur les fonds et les revenus de l'État? Lorsqu'un homme est rappelé à des fonctions qu'il a déjà exercées, il est naturel qu'on juge de ce qu'il fera par ce qu'il a fait; de là les sentiments opposés que produit sur les esprits la nomination de M. le ministre des finances : satisfaction momentanée chez les spéculateurs sur la rente, crainte chez les contribuables : les uns et les autres se sont souvenus du budget de 1814.

Les centimes additionnels centralisés au trésor, et portés de trente-deux à cinquante, malgré la paix, malgré l'excédant des recettes sur les dépenses, excédant prouvé par les millions que Buonaparte trouva au 20 mars dans nos caisses publiques; l'intérêt de huit pour cent concédé aux porteurs des obligations du trésor, auxquelles on donnait cependant en garantie trois cent mille hectares de forêts, et les biens des communes; nos dettes, portées si haut dans les inventaires, que celui-là même qui avait contracté ces dettes reconnut, quelques mois après, qu'elles s'élevaient à peine à la moitié de la somme additionnée; les dépenses évaluées à leur *maximum*, les recettes calculées à leur moindre produit : telles furent les opérations financières de 1814.

Elles amenèrent leur résultat naturel. Les contribuables, qui s'attendaient à un dégrèvement, se trouvant accablés d'impôts, sentirent moins le bienfait de la restauration; la confusion des fonds du domaine extraordinaire avec les fonds du trésor jeta des inquiétudes dans l'armée accoutumée à recevoir des dotations sur le domaine extraordinaire; des communes dépouillées de leurs biens se plaignirent; des conseils généraux, privés de leurs attributions, s'alarmèrent : ainsi fut ébranlée la foi qu'on avait eue au retour de la justice, cette reine de l'ancienne monarchie, et l'inséparable compagne de nos rois. Si quelques fautes dominent l'époque qui précéda les Cent-Jours, ce furent celles qui découlèrent de notre système de finances.

On peut douter qu'il fût utile de s'attacher aux jeux de la Bourse, et de trop perdre de vue les intérêts de la population payante, les propriétés communales, les libertés administratives. Au moment où les germes de prospérité dont la France abonde allaient se développer par l'influence d'un règne de paix et de liberté; au moment où l'on revenait aux idées saines et conservatrices, on ne parut occupé en finances que d'un tour de force, que de l'idée de payer les obligations du trésor avec l'excédant des recettes.

Était-ce au véritable crédit que l'on faisait le sacrifice d'intérêts si précieux? Mais le crédit n'était-il pas garanti par la supériorité des recettes sur les dépenses, par l'entassement du numéraire, par la non-nécessité même de ce crédit, puisqu'ayant tant d'argent d'avance, et si peu de dépenses éventuelles, aucune occasion de crédit ne se présentait? C'était donc l'intérêt des créanciers de l'arriéré qui primait les autres intérêts? Mais pourquoi la liquidation des titres de ces créances éprouvait-elle tant de difficultés dans les bureaux? pourquoi l'intérêt des créances ne courait-il que du jour où l'on avait obtenu la faveur de la liquidation? Les droits des créanciers auxquels on paraissait vouloir tout accorder, se trouvaient par le fait dans une position défavorable.

Ces mesures financières de 1814 ne sont pas d'un heureux augure. Déjà des administrateurs ont été changés; déjà on entend parler de ventes de forêts, de reprises des biens des communes. Cependant aujourd'hui c'est de raison et non de système qu'on a besoin : il faut que la monarchie entre jusque dans les finances. La vue aussi doit être étendue; quand on n'embrasse pas l'ensemble des objets, on se renferme dans une spécialité qui peut tout perdre en politique. Des convois apportaient l'or à la Banque le jour où d'autres convois emportaient l'espérance et le bonheur de la patrie. Ce n'était pas la peine d'avoir des millions en caisse au mois de mars 1815, pour être obligé de payer en 1818 l'arriéré dû aux musiciens du Champ de Mai [1].

Toutefois, quelle que soit la crainte ou l'espoir qu'inspire dans ce moment la nomination de M. le ministre des finances, il n'est pas certain que cette crainte ou cet espoir puisse se réaliser. Les impôts sont tels, qu'il est impossible de les accroître, et la grandeur de notre dette publique interdit tout nouvel emprunt au moyen duquel on chargerait l'avenir de supporter les fautes du présent. Ajoutons qu'il existe une si forte masse de rentes et de reconnaissances de liquidation dans les mains des étrangers, que les mesures qui tendraient à exagérer fictivement le cours des fonds publics ne feraient qu'augmenter la sortie de notre numéraire.

Passons au ministère de la guerre.

Les affaires de ce gouvernement étant confiées à l'ancien ministre, il est probable que le système militaire actuel sera maintenu dans toute sa vigueur. On sait que la loi du recrutement attaque virtuellement les principes de la monarchie. Les ordonnances, conséquences naturelles de cette loi, frappent particulièrement la garde royale.

Si du département de la guerre nous venons au département de l'intérieur, nous trouverons qu'il reste encore quinze ou vingt préfets et plusieurs sous-préfets de l'opinion royaliste. M. le ministre de l'intérieur va-t-il les changer? on le craint; on craint surtout l'influence des subalternes qui se glissent dans les administrations. Un homme d'État se doit bien garantir de ces talents médiocres qui prennent les irritations de leur amour-propre pour les besoins de la société, leurs prétentions pour des principes, et l'envie pour la politique.

Le ministère qu'on avait un moment espéré était résolu à proposer le changement de la loi des élections ; il est donc probable que le ministère qui a pris sa place ne veut pas changer cette loi. Dans ce cas, que deviendrons-nous au mois de septembre?

[1] Le fait est exact : on vient de payer ce qui était dû aux musiciens du Champ de Mai.

On parle de dissoudre la Chambre, afin d'écarter l'opposition de droite et celle de gauche, et d'obtenir des députés purement ministériels.

Si l'on craint des élections partielles, comment osera-t-on se jeter dans des élections générales? L'opinion démocratique prévaudra dans les colléges électoraux; rien ne saurait empêcher la loi des élections de porter son fruit. On ne pourrait lutter contre le mauvais esprit de cette loi qu'avec l'opinion royaliste; mais si on écarte les royalistes de toutes les administrations; si on les combat dans les colléges électoraux; si eux-mêmes, fatigués de tant d'injustices, ne se présentent pas à ces colléges, ce ne sont ni les préfets ministériels, ni l'opinion ministérielle, qui repousseront le torrent démocratique. Allons plus loin.

Supposons que tous les préfets, que tous les commissaires de la police supprimée ou non supprimée; que toutes les places promises ou données, que toutes les patentes, que toutes les cartes d'électeurs, que tous les rôles de ces électeurs plus ou moins vérifiés, que toutes les caresses et toutes les menaces, que tout l'argent et toutes les destitutions produisent une Chambre ministérielle, c'est-à-dire une Chambre livrée au pouvoir du moment, nous disons que l'on tombe ici dans un autre abîme.

On peut exercer sur quelques départements des influences directes; ces influences se perdent dans la masse des élections libres; mais croit-on que si l'on parvenait à faire, d'un bout de la France à l'autre, des élections fictives; que si deux opinions puissantes, les seules réelles; que si ces deux opinions, opprimées par des moyens illégaux, venaient à élever la voix : croit-on qu'on pût tenir à une pareille clameur? N'y aurait-il pas un mouvement d'indignation contre ceux qui auraient osé avilir nos institutions, violer la Charte, rendre dérisoire le plus cher comme le plus sacré de nos droits? A moins d'anéantir toute liberté de la presse, de détruire tous les journaux, toutes les brochures, tous les livres, une opinion formidable se formerait, et emporterait peut-être, par sa réaction, les choses et les hommes. Et si la presse se taisait, pourrait-on étouffer la voix de la Chambre des pairs?

Le ministère voit-il le danger de la position où il se trouve? Ne va-t-il pas s'endormir, tâcher de passer la session tellement quellement, sans présenter de lois susceptibles de grande controverse? Ne songe-t-il pas même à une prorogation des Chambres? et content d'avoir vécu sans combattre avec une majorité flottante, ne croira-t-il pas avoir triomphé? Mais alors qu'il sera cruellement réveillé! Voit-il, au contraire, le danger? il peut s'en tirer et se faire un immortel honneur en proposant le changement de la loi des élections. Prendra-t-il ce parti? Rien n'est moins probable. Il sera entraîné par les hommes sur lesquels il s'est appuyé : il faudra qu'il leur accorde et les places et les lois, conséquences forcées de cette union.

En résumant ce que nous venons de dire, le nouveau ministère se montre avec un système de finances qui pourra engloutir les dernières propriétés nationales; avec une loi de recrutement qui ronge la garde et l'armée; avec une loi d'élections qu'on n'a plus qu'un seul moment pour changer; avec une administration qui tend à exclure des places jusqu'au dernier royaliste. Il a pour partisans les hommes démocratiques, et pour défenseurs les correspondants privés.

Nous avons exposé avec sincérité et sans amertume ce que nous pensons du nouveau ministère; nous croyons qu'il ne se soutiendra pas longtemps tel qu'il est : c'est avec regret que nous venons troubler, par de funestes présages, la joie qu'il doit éprouver des éloges dont il est aujourd'hui l'objet. Journaux censurés, feuilles indépendantes, tout est devenu ministériel : la brebis égarée retourne au bercail, et la prospérité, pardonnant une infidélité passagère, rappelle ses hôtes à ses banquets. Le *Conservateur* est demeuré seul inébranlable; il garde ainsi le caractère de l'opinion dont il est l'organe, opinion que rien n'effraie, que rien ne séduit, que rien ne rend qu'à la conviction du bien, qui résiste à tout ce qui ne lui présente pas l'idée de l'ordre. C'est une chose admirable que l'immobilité des hommes monarchiques : le monde a beau changer autour d'eux, ils restent les mêmes. Ils voient aujourd'hui passer les intrigues comme ils ont vu passer les échafauds. On ne les trompe ni ne les épouvante : souvent victimes, jamais dupes, après trente ans de proscriptions, ils sont ce qu'ils ont été. Royalistes de toutes les classes, nous vous le répétons, vous êtes les plus forts et les plus habiles. Il faudra que l'on revienne à vous, ou que la monarchie périsse. Vous avez lassé le temps et les bourreaux ; vous triompherez de l'injustice et de la calomnie.

Paris, ce 18 janvier 1819.

Un grand empereur disait : *Revois ce que tu as vu, si tu veux revivre.* On peut dire avec autant de vérité : *Redis ce que tu as dit, si tu veux persuader.* Nous avons plusieurs fois parlé de la *correspondance privée*, mais il ne faut pas nous lasser de dénoncer au public ce manifeste que de mauvais Français publient dans les journaux anglais contre leurs compatriotes et leur pays. Cette *correspondance privée*, nous le répétons, a sa source dans des rangs élevés. Elle a pour but de tromper l'Europe sur notre véritable position, et de répandre hors de France des mensonges qu'elle n'oserait pas publier ici. Sous un seul rapport, elle est assez curieuse : elle fait connaître d'avance les projets de nos ministres. Doit-il y avoir des destitutions, va-t-on remplacer des royalistes par des hommes des Cent-Jours ; aussitôt la *correspondance* calomnie les administrateurs qu'on renvoie et fait l'éloge de ceux qu'on appelle ; elle tâche d'amortir ainsi l'effet de ces mesures, cherche à endormir les bons esprits, et présente comme des faits isolés des déplacements qui ne sont que l'accomplissement d'un système général. M. Pitt disait que la Convention mettait ses flottes sous la protection des tempêtes : le système que soutient la *correspondance privée* veut mettre l'Europe sous la protection de la révolution.

Nous allons, pour la première fois, traduire une lettre de la *correspondance privée* : nous la prenons dans le *Times* du 15 janvier ; elle a été répétée dans le *Courrier* du même jour. Nous n'y ferons que les retranchements qui nous sont commandés par des bienséances impérieuses. Nous ferons ensuite le commentaire du texte.

Extrait du Times *du* 15 *janvier.*

« Paris 11 janvier.

« Après les grands événements, on en connaît peu à peu la cause. Tout ce que j'ai appris sur le dernier changement du ministère prouve que le duc de Richelieu a résigné la présidence de notre ministère de la manière la plus spontanée, d'après les plus mûres réflexions, et avec la détermination la plus fixe de ne plus accepter ce poste élevé, quelque pressé qu'il en pût être. Il a cédé uniquement au sentiment de son inhabileté pour la direction des affaires [1] : non, certes, à défaut de talent, mais parce qu'il avait été précipité dans une fausse route, par les faux renseignements qu'il avait été induit à écouter depuis son retour d'Aix-la-Chapelle. Il n'a pas épargné les reproches à quelques-uns de ses correspondants et de ses conseillers, qui ont abusé de son inexpérience pratique de notre situation intérieure [2] pour lui inspirer des alarmes exagérées : il a même, dit-on, adressé noblement cette déclaration à l'empereur de

---

[1] Yielded only to the feeling of his inability to direct affairs.
[2] Who had abused his practical inexperience of our internal situation.

Russie, pour le mettre sur ses gardes contre les suggestions trompeuses que l'on pourrait faire parvenir jusqu'à Pétersbourg.

« Le comte de Nesselrode, qui était à Paris avec M. Pozzo di Borgo, et qui a observé avec lui tout ce qui s'est passé, a pu informer l'empereur son maître de toute la suite de cette affaire [1]. Ils doivent avoir été bien convaincus, par l'évidence de leur propre sens, qu'il était impossible de réaliser les chimères que l'ambition désespérée des *ultra* proclamait dans toute l'Europe.

« M. Pozzo di Borgo, au plus fort de la crise, a obtenu une audience du roi. Si des rapports fondés sur l'autorité la moins douteuse [2] doivent être crus, il commença par quelques insinuations sur la démission non encore divulguée du duc de Richelieu, lorsque Sa Majesté, qui participait aux regrets que lui exprimait M. Pozzo, voulut bien lui communiquer une lettre de M. le duc de Richelieu lui-même, contenant la déclaration que ni les ordres formels de son souverain, ni les vœux de toute l'Europe, ne le décideraient à reprendre un fardeau sous lequel il se sentait lui-même prêt à succomber [3]. L'audience fut ainsi abrégée, et demeura sans objet.

« Le comte de Nesselrode a eu également, avant son départ, des conférences avec certains de nos ministres : il paraît avoir applaudi, ainsi que votre ambassadeur, au choix du marquis Dessoles. L'un et l'autre l'ont connu avant sa présente élévation, qui ne surprendra pas ceux qui sont instruits des événements précédents de sa vie, et qui sont capables d'apprécier sa juste réputation de talents, de caractère et de fermeté dans les circonstances les plus difficiles.

« Le comte de Nesselrode, en particulier, connaît la grande estime que professe l'empereur son maître envers notre premier ministre, particulièrement pour ses principes politiques, que l'empereur Alexandre a eu l'occasion d'apprécier dans plusieurs conversations, que Sa Majesté aime à provoquer, parce qu'elle est sûre d'y exceller.

« Quel rare bonheur produit par cette chance inespérée qui a appelé à la tête de nos affaires un homme également estimé en Angleterre et en Russie, et qui est digne de cette estime par le double mérite d'une impartialité à la fois politique et française [4] !

« Nous trouvons une nouvelle preuve de cette estime générale dans le ton de la plus grande partie de vos journaux, et dans les innombrables lettres particulières de votre pays, dont plusieurs sont écrites par les personnes les plus distinguées parmi vous. Notre tranquillité intérieure et la paix générale ne peuvent que gagner à ces sentiments bienveillants, et à l'estime mutuelle qui est exprimée par les organes des trois plus puissantes nations de l'Europe [5]. Qui, après cela, peut exciter la moindre discordance ou élever la moindre plainte, comme semblerait l'indiquer un de vos correspondants, certainement mal informé sur ce point? S'il s'élevait de telles plaintes, elles ne pourraient résulter que des calculs intéressés de quelques prétentions personnelles.

« Ne croyez pas qu'il ait été sérieusement question du prince de Talleyrand dans nos combinaisons ministérielles : personne ne pense à lui . . . . On a répandu le bruit que l'arrangement de notre cabinet n'était pas conclu, et que le duc de Dalberg revenait de Turin pour en faire partie, quoique, dans la réalité, cet ambassadeur ne revienne qu'en conséquence d'un congé obtenu depuis longtemps, et sans aucun rapport aux circonstances actuelles : tout ce qu'on écrit de contraire est une pure invention.

---

[1] Of the whole series of transactions.
[2] On the most inquestionable authority.
[3] Under which he felt himself ready to sink.
[4] By the double merit of an impartiality at once political and french.
[5] By the organs of the three most powerful nations in Europe.

« Vous êtes peut-être impatient de connaître l'opinion de nos *ultra* sur notre révolution ministérielle. Au fond, ils n'aiment ni M. de Richelieu, ni M. Molé, ni même M. Lainé, auquel ils ne pourront jamais pardonner à cause de la loi des élections, dont il a été le plus éloquent défenseur; mais ils flattaient dernièrement ces trois ministres, dans la vue de les détruire [1]. Maintenant ils montrent fort peu d'intérêt pour ces anciens ministres, et même ils les accusent de n'avoir pas eu le courage de marcher dans le périlleux sentier où ils avaient souffert qu'on les engageât. Le *Conservateur* ne leur accorde pas le moindre regret; mais il lance ses foudres contre le maréchal Gouvion-Saint-Cyr et le baron Louis dont il connaît l'intime union, et il garde le silence sur leurs collègues dont il ne prononce pas même le nom : petit artifice qui ne peut pas produire un long effet, et dont la seule vue est de jeter sur les autres ministres un soupçon qui pourrait inquiéter les libéraux; mais ce piège est trop grossier, et personne ne s'y prendra.

« Les projets de loi que l'on propose dans ce moment, et les changements qui vont avoir lieu parmi les gens en place, fourniront une prompte réponse à ces insinuations, et porteront les *ultra* à donner une pleine carrière à cette furie que les plus politiques d'entre eux recommandent de tenir confinée dans les salons jusqu'à nouvel ordre.

« Le ministère est unanime dans le sentiment que le premier moyen de fortifier son autorité est dans l'obéissance de ses agents, et dans l'identité de leurs vues avec les siennes. Ainsi il est résolu à destituer les fonctionnaires qui manquent de volonté ou d'habileté pour exécuter les ordres qu'ils reçoivent; et il y en a beaucoup de cette sorte.

Trois préfets ont déjà été changés : ceux de la Vendée, des Côtes-du-Nord et de la Vienne. M. Rogniat, frère du général de ce nom, va à Bourbon-Vendée, quoique cet administrateur fût préfet durant le voyage de Gand [2]....

« Des exclusions de cette espèce cesseront lorsque tous les partis montreront le même désir de se rallier autour du trône pour l'intérêt général, et qu'ils manifesteront l'oubli du passé pour garantir l'harmonie du présent.

« Il est question de rapporter l'ordonnance qui exclut, sans formalité, de la Chambre des pairs plusieurs membres que le roi y avait nommés pour leur vie. Cela garantira l'existence de tout le reste, et montrera par un nouvel exemple que le roi n'a jamais rien promis en vain, comme Sa Majesté se plaît à le répéter souvent. »

Reprenons en détail cette misérable lettre :

Après les grands événements, on connaît peu à peu leur cause. Tout ce que j'ai appris sur le dernier changement du ministère prouve que le duc de Richelieu a résigné la présidence de notre ministère de la manière la plus spontanée, d'après les plus mûres réflexions, et avec la détermination la plus fixe de ne plus accepter ce poste élevé, quelque pressé qu'il en pût être. Il a cédé uniquement au sentiment de son inhabileté pour la direction des affaires, etc.

Il est difficile de renfermer dans quelque chose de plus vague un plus grand nombre de faussetés. On va voir, par le seul ordre des dates et des faits, si la retraite de M. de Richelieu a été l'effet d'une résolution spontanée, ou s'il a succombé aux intrigues de ceux qui voulaient perpétuer le système dont la France est la victime.

Dès le 12 de novembre dernier, avant que M. le duc de Richelieu fût arrivé d'Aix-la-Chapelle, on commença à faire sonder les députés de la minorité de droite sur leurs dispositions relativement à la loi des élections, à la censure, et même à la liberté in-

---

[1] In order to destroy them.
[2] During the journey to Ghent.

dividuelle. Ils déclarèrent qu'ils désiraient le changement de la loi des élections, et le maintien de toutes les libertés constitutionnelles.

Le 17 et le 18 du même mois, des négociations s'ouvrirent entre les minorités royalistes et les royalistes ministériels. Des amis de quelques ministres annoncèrent que ces ministres étaient disposés à proposer le changement de la loi des élections, et que, dans ce cas, les ministres opposés se retireraient.

Le 28, le président du conseil arriva à Paris. Le bruit courut que M. le ministre de l'intérieur avait offert sa démission.

Le 29, changement de scène : le ministère paraissait résolu à maintenir la loi des élections, et à demander seulement le renouvellement intégral, projet que repoussaient toutes les opinions des Chambres.

Le 1er et le 2 décembre, des mutations de ministère semblèrent mettre d'accord tous les ministres.

Le 3, il survint un accident : on parla de la retraite d'un ministre en faveur. Les royalistes en furent informés.

Le 6, projet du ministère, qui ne réussit pas, par l'opposition d'un ministre.

Les deux minorités royalistes achevèrent de se réunir le 12, et montrèrent, le 13, le 14 et le 15, qu'elles formaient, par cette réunion, une majorité incontestable. Mais le 16, une démarche qui ne signifiait rien en elle-même (une visite de M. le duc de Richelieu à M. le comte Decazes) divisa un moment les royalistes ministériels, et rendit la majorité douteuse. On rentra dans les anciennes perplexités:

Le 19, on reprit l'idée d'un ministère décidé à proposer le changement de la loi des élections.

Il paraîtrait que MM. de Richelieu, Lainé et Molé offrirent leur démission le lundi 21 : ces démissions n'ayant pas été, dit-on, acceptées, on assure qu'un de ces trois ministres voulut exiger des deux autres qu'ils ne resteraient au ministère qu'autant que M. le comte Decazes serait éloigné, et partirait pour l'ambassade de Pétersbourg. On ignore jusqu'où cette mesure a été poussée ; mais on tient pour certain que M. le comte Decazes travailla sérieusement à son départ.

M. le comte Decazes ne partit point ; et le jeudi 24, M. le duc de Richelieu parut seul chargé de composer un nouveau ministère. MM. de Lauriston, Mollien, Siméon et de Villèle furent simultanément mandés le jeudi au soir chez M. le duc de Richelieu : il paraît que le premier aurait eu le portefeuille de la guerre ; le second, le portefeuille des finances ; le troisième, le portefeuille de la justice ; et le quatrième, le portefeuille de la marine.

Les ministres désignés se trouvèrent en présence les uns des autres, la plupart pour la première fois. Ils ne montrèrent tous qu'un sentiment, celui de l'impossibilité d'établir un tel ministère dans de telles circonstances.

Alors, et seulement alors, et point du tout *spontanément*, comme on le voit, M. le duc de Richelieu songea à se retirer des affaires. Cependant on parla encore de la composition d'un ministère qui paraissait devoir convenir à toutes les opinions, et qui aurait mis fin aux inquiétudes de la France. M. le duc de Richelieu serait resté aux affaires étrangères ; M. Lainé, à l'intérieur ; M. Roy, aux finances ; M. Lauriston aurait pris le département de la guerre, et M. de Villèle celui de la marine.

Ce fut le samedi 26 qu'eut lieu la séance de la Chambre des députés dans laquelle M. Beugnot fit le rapport sur la demande des six douzièmes de l'impôt. L'opposition de gauche demanda la remise de cette décision au mardi : cette proposition fut adoptée.

Qui pourrait croire qu'une chose aussi peu importante en soi a fait un si grand mal ? On répandit le bruit à l'instant que la majorité se prononçait contre M. le duc de

Richelieu, et que, s'il s'arrêtait au ministère projeté, il n'obtiendrait pas le vote des six douzièmes.

M. le duc de Richelieu donna sa démission, et le ministère actuel fut nommé.

Ainsi l'assertion de la *correspondance privée* est dénuée de toute vérité. La retraite de M. le duc de Richelieu n'a point été l'effet d'une résolution spontanée, mais le résultat d'une longue intrigue par laquelle ceux qui voulaient conserver le système actuel ont fatigué cet homme de bien. Nous ignorons si M. le duc de Richelieu a fait des reproches à ses amis, s'il a écrit à l'empereur de Russie pour le *mettre sur ses gardes;* nous ne sommes point les amis du noble duc, mais nous croyons que ses amis ne l'ont point trompé; et nous pensons aussi que M. le duc de Richelieu est trop bon Français pour rendre compte au cabinet de Saint-Pétersbourg des affaires intérieures de la France. La *correspondance privée* a ses raisons pour n'attribuer la formation du nouveau ministère qu'à la retraite volontaire de M. le duc de Richelieu, et à l'aveu qu'il aurait fait de sa propre insuffisance. Elle ne veut pas avouer que M. le duc de Richelieu sentait la nécessité d'abandonner le vieux système, et de se rapprocher des hommes monarchiques; elle craindrait, par cet aveu, de donner du poids à l'opinion royaliste, et de condamner le système du ministère actuel; elle vient au-devant des reproches de l'Europe.

Le comte de Nesselrode, qui était à Paris avec M. Pozzo di Borgo, et qui a observé avec lui tout ce qui s'est passé, a pu informer l'empereur son maître de toute la suite de cette affaire; ils doivent avoir été bien convaincus par l'évidence de leur propre sens qu'il était impossible de rétablir les chimères que l'ambition désespérée des ULTRA *proclamait dans toute l'Europe.*

M. Pozzo di Borgo, au plus fort de la crise, a obtenu une audience du roi. Si des rapports fondés sur l'autorité la moins douteuse doivent être crus, il commença par quelques insinuations sur la démission non encore divulguée du duc de Richelieu, lorsque Sa Majesté, qui participait aux regrets que lui exprimait M. Pozzo, voulut bien lui communiquer une lettre de M. de Richelieu lui-même, etc.

A Dieu ne plaise que ces *ultra*, dont l'*ambition* est si *désespérée*, fassent jamais partie d'un ministère libre qui s'appuierait du crédit d'un ambassadeur étranger! Où en serions-nous s'il était vrai que des ambassadeurs, de quelque nation qu'ils soient (lorsque nous ne sommes plus liés par des traités, lorsque ces traités accomplis ne laissent aucun prétexte de se mêler de nos affaires intérieures); où en serions-nous, s'il était vrai que des ambassadeurs se crussent avoir le droit de demander compte de ce que nous faisons? Quelle est donc l'*autorité* qui a pu apprendre à la co *respondance privée* ce qui s'est passé entre le roi et M. Pozzo di Borgo? Misérables écrivains salariés, penseriez-vous faire estimer le ministère actuel, en ayant l'air de mendier pour lui la bienveillance de l'Europe d'une manière si honteuse? On découvre dans vos lâches apologies que vous êtes mal assurés : ces royalistes que vous insultez ne font point dépendre leur sort et leur opinion du retour d'un courrier.

Ne croyez pas qu'il ait été sérieusement question du prince de Talleyrand dans nos combinaisons ministérielles; personne ne pense à lui, etc.

Nous ne savons pas réellement s'il a été question de M. le prince de Talleyrand. Nous ne ferons point l'éloge de cet ancien ministre, par la raison que nous avons supprimé les outrages que lui adresse la *correspondance privée*. Mais nous savons que ce n'est pas lui qui nous a donné la loi des élections et la loi du recrutement.

Vous êtes peut-être impatient de connaître l'opinion de nos ULTRA *sur notre révolution ministérielle. Au fond, ils n'aiment ni M. de Richelieu, ni M. Molé, ni même M. Lainé, auquel ils ne pourront jamais pardonner la loi des élections.*

. . . .
Le Conservateur *ne leur accorde pas le moindre regret,* etc.

Ainsi la *correspondance privée* soutient la loi des élections ; elle soutient aussi le ministère actuel.

Elle prétend qu'au fond les royalistes ne regrettent point l'ancien ministère ; elle a parfaitement raison. Ils ont constamment combattu ce ministère. Cela ne veut pas dire qu'ils ne se fussent joints de tout leur cœur à la partie du ministère qui voulait abandonner un système funeste.

On voit ici la *correspondance privée* s'occuper du *Conservateur*. Et comment ce *Conservateur*, qui ne compte pas encore quatre mois révolus, est-il déjà devenu une si grande puissance? Comment la *correspondance privée* le mêle-t-elle aux premiers intérêts politiques, à la chute des ministères, aux mouvements des ambassadeurs, aux dépêches des diplomates? Il faut donc que ce *Conservateur* soit le représentant d'une opinion prépondérante. Mais, d'un autre côté, la *correspondance privée* assure que l'opinion royaliste n'est rien en France : voilà comme les hommes de mauvaise foi se coupent, se trahissent, et laissent malgré eux percer la vérité.

Le ministère est unanime dans le sentiment que le premier moyen de fortifier son autorité est dans l'obéissance de ses agents, et dans l'identité de leurs vues avec les siennes. Ainsi, il est résolu à destituer les fonctionnaires qui manquent de volonté ou d'habileté pour exécuter les ordres qu'ils reçoivent, et il y en a beaucoup de cette sorte. Trois préfets ont déjà été changés : ceux de la Vendée, des Côtes-du-Nord et de la Vienne. M. Rogniat, frère du général de ce nom, va à Bourbon-Vendée, quoique cet administrateur fût préfet pendant le voyage de Gand.

La *correspondance privée* nous annonce donc des destitutions? En effet, elles se multiplient sous nos yeux. Cela ne nous surprend point ; il y a longtemps que nous les avons prédites. Quand toutes les autorités administratives, civiles, politiques, judiciaires et militaires seront changées, on verra ce qui adviendra. Remarquons, pour l'instruction de nos lecteurs, cette expression, le *voyage de Gand* : STUPETE, GENTES! Ce sont les hommes qui se disent les amis du ministère, ce sont les hommes qui paraissent connaître si intimement ses projets, c'est la *correspondance privée* qui parle ainsi : cela nous explique pourquoi nous voyons tant de voyageurs de l'île d'Elbe.

Il est question de rapporter l'ordonnance qui exclut sans formalités, de la Chambre des pairs, plusieurs membres que le roi y avait nommés pour leur vie.

Cette ordonnance, dit-on, est rapportée. On prétend même que les pairs qui sont ou qui pourront être rappelés entreraient sur-le-champ dans la Chambre des pairs, si l'ancienne minorité de cette Chambre, devenue majorité, était opposée au ministère. Il faudrait faire ici deux suppositions injurieuses : l'une, que l'ancienne minorité de la Chambre des pairs appuierait tous les actes du ministère nouveau, quels qu'ils fussent, dans la crainte de voir revenir les pairs exclus par l'ordonnance ; l'autre, que les pairs rappelés auraient engagé leur opinion aux ministres. Nous nous faisons une plus noble idée des pairs de France : tous ceux qui siègent maintenant dans la Chambre verront toujours avec respect des choix qui dépendent uniquement de la puissance et de la sagesse du roi ; ils le sont, de plus, persuadés que tout nouveau pair saura conserver la dignité et l'indépendance de son opinion.

Les nations voisines se laisseront-elles berner encore longtemps par la *correspondance privée?* comment peuvent-elles être dupes de ces récits dont il leur est si aisé de connaître la source? Il n'y a pas de si mince individu à Paris qui ne puisse nommer l'auteur de la *correspondance privée* ; et les cours étrangères et les peuples étrangers ignoreraient ce qui est en France le secret de la comédie! L'Europe croit entendre la voix de la France, et elle n'entend que la voix de quelques hommes intéressés à défendre un système funeste, par la raison que ce système favorise leurs passions, accroît leurs fortunes, et les maintient dans les places et dans les honneurs!

Mais combien ces hommes eux-mêmes sont imprévoyants! Pensent-ils recueillir les derniers fruits de la moisson qu'ils ont semée? Illusions! Poussés par une faction puissante, quand ils seraient parvenus à chasser tous les serviteurs du roi, à écarter tous les hommes monarchiques, alors ils tomberaient eux-mêmes victimes de leur aveugle haine.

Bientôt la faction triomphante serait elle-même trompée dans ses calculs; elle se diviserait en civile et en militaire. Les démocrates, qui auraient cru parvenir à la liberté, arriveraient encore une fois à l'esclavage : un sabre remplacerait leur constitution, et les généraux renverraient les écrivains indépendants dans les bureaux de la police.

Ceux qui ont langui si longtemps sous le despotisme des baïonnettes ne craignent-ils pas de voir renaître ce despotisme? Espérerait-on trouver dans la puissance militaire un abri contre la démocratie? Ce ne serait qu'un nouveau péril. Nous errons d'écueils en écueils, pour ne pas vouloir suivre la route du bon sens, de la justice et de la véritable liberté. Nous laissons périr la morale et la religion, comme pour rendre nos maux incurables. Buonaparte avait tué la révolution, nous l'avons exhumée, et nous prodiguons l'encens à ses restes impurs. Restaurateurs de ses œuvres, propagateurs de ses maximes, nous enlevons la consolation à la mort, l'innocence à la jeunesse. Il semble que nous prenions surtout un soin particulier d'empoisonner les générations nouvelles : nous avons raison. Rendons la postérité complice de nos opinions; subornons l'avenir : les criminels doivent chercher à corrompre le juge.

Paris, ce 21 janvier 1819.

C'est aujourd'hui le jour du grand sacrifice; il semble que la mort redouble d'activité pour augmenter la pompe de sa fête. Elle vient de frapper quatre reines; elle continue parmi nous sa moisson. M. Hue, après avoir partagé la captivité du roi martyr, est allé le rejoindre aux pieds de ce souverain Arbitre qui casse les sentences iniques et punit les juges prévaricateurs. L'oraison funèbre de M. Hue est prononcée aujourd'hui dans toutes les églises de France : c'est Louis XVI lui-même qui l'a faite, en écrivant dans son testament le nom de son fidèle serviteur.

M. Hue est sorti de la vie avec un compagnon digne de lui, M. l'abbé Legris-Duval. Ce dernier avait voulu accompagner Louis XVI sur l'échafaud, comme le premier l'avait servi dans les fers. A un vrai talent pour la parole, M. Legris-Duval joignait la charité la plus active, le caractère le plus doux, les vertus les plus modestes : il est descendu de la chaire de vérité dans la tombe, où toutes les vérités chrétiennes trouvent leurs preuves.

Ces deux hommes, dont la conduite, les discours et les écrits avaient combattu les doctrines modernes, n'ont été devancés que de quelques jours dans un autre monde par le dernier des amis de Voltaire, et le dernier des encyclopédistes. M. l'abbé Morellet avait aidé à poser les premières pierres de la moderne Babel : il a été témoin de la confusion des langues et de la dispersion des peuples. Il s'en est allé quand il ne restait plus rien de cette antique société qu'une fausse philosophie a détruite.

Représentant d'un autre siècle parmi nous, M. l'abbé Morellet avait connu Montesquieu, Voltaire, Buffon et Rousseau. Il aimait à nous raconter leur gloire, comme ces vieux soldats qui, restés seuls au milieu des générations nouvelles, se plaisent à parler des généraux illustres sous lesquels ils ont combattu.

POLÉMIQUE.

On remarque dans les écrits de M. l'abbé Morellet de la lecture, de la perspicacité, de saines doctrines littéraires. Ses derniers ouvrages ne renferment peut-être pas des jugements d'une impartialité rigoureuse; mais l'écrivain qu'il a critiqué avec le plus d'amertume aime à reconnaître ce qu'il lui doit, et le profit qu'il a tiré de la leçon. Il faut convenir, d'ailleurs, que la peinture d'un amour et d'une nature sauvages devait paraître étrange à un homme qui avait passé sa vie dans le désert d'Auteuil et dans le salon de madame de Geoffrin.

Au reste, les bonnes actions valent mieux que les bons livres. On se rappellera toujours que M. l'abbé Morellet a plaidé et gagné la cause des enfants des condamnés. Aujourd'hui n'aurions-nous pas encore besoin de son éloquence? Le temps des victimes est-il passé sans retour? C'est avec une peine réelle que nous voyons ainsi disparaître les véritables gens de lettres; car on ne peut plus appeler de ce nom ces littérateurs sans études, commis le matin, hommes du monde le soir, portant dans les affaires, avec la présomption de l'ignorance, les sentiments de haine et d'envie qui sont comme les remords ou la conscience de la médiocrité.

Ces esprits faibles, qui se nomment entre eux des hommes forts, sont depuis la restauration le véritable fléau des ministères. Ils font partager aux hommes d'État leurs petites passions, leurs basses vengeances d'amour-propre, leur faux système de politique. Le ministère nouveau n'a point échappé à l'influence des apprentis ministres : c'est la coterie qui a triomphé. Or, ouvrez les ouvrages et les journaux de la coterie, vous y verrez partout haine des royalistes, doctrines antimonarchiques, admiration de la plupart des erreurs révolutionnaires.

Et pourtant les génies spéciaux qui fournissent au ministère ses inspirations n'ont pu rédiger un projet de loi constitutionnel et raisonnable.

Quant à la loi sur le changement de l'année financière, comment n'a-t-on pas vu qu'il y avait un moyen bien simple de trancher la difficulté sans violer la Charte? Faites faire sur-le-champ le budget de l'année actuelle; fermez la session au mois d'avril; convoquez les colléges électoraux au mois de mai; rassemblez les Chambres au mois de juin pour discuter le budget de 1820; et vous rentrez ainsi dans l'ordre du temps sans porter une loi, sans exposer la France à rester dix-huit mois sous la dictature ministérielle.

Mais des élections au mois de mai! s'écrie-t-on. Seront-elles moins dangereuses au mois d'octobre? Vous êtes donc effrayés des élections? Comment soutenez-vous alors que la loi des élections est parfaite? Si elle est défectueuse, au contraire, que ne la changez-vous? Avec de la bonne foi, avec un désir sincère de réconciliation et de paix, tout serait facile; tout est difficile avec des systèmes, des passions et des vanités.

Lorsque nous fûmes forcés de parler du nouveau ministère, nous nous exprimâmes avec une mesure que commandaient également le bon sens et la justice. Ce ministère nous était en partie inconnu; nous n'étions pas sans crainte sur la marche qu'il allait suivre; mais nous trouvions aussi dans les intérêts mêmes de ce ministère quelques motifs d'espérance.

Notre espoir a été trompé; la modération bien connue du président du conseil, son esprit fin, son caractère conciliant n'ont pu arrêter le mal. Nous annonçons avec douleur à la France royaliste que le nouveau ministère n'est que le continuateur des fautes du ministère qu'il a remplacé. Avec moins d'éclat, il semble avoir plus de violence. Il tâtonne, il craint; il cherche une majorité qui ne lui est pas assurée, et pourtant ses actes ont quelque chose de décidé. La Charte l'arrête peu : du premier coup il apporte deux lois inconstitutionnelles. Incertain dans sa marche, il paraît avoir un but; indécis dans ses projets, il est fixé dans sa doctrine.

POLÉMIQUE.

Ce que nous avions prévu des nouvelles opérations ministérielles commence à se réaliser. L'avis inséré dans le *Moniteur* du 13 janvier est la preuve du penchant irrésistible qui entraîne le ministère actuel des finances à s'occuper des intérêts de la Bourse, sans trop songer à ceux des contribuables. Par cet avis, le ministre fait connaître aux porteurs de rentes que le trésor leur paiera, à dater du 18 de ce mois, le semestre qui ne leur sera dû que le 22 mars, et qui n'aurait été payé à plusieurs que le 12 avril. Quoique cette avance soit faite sous l'escompte de cinq pour cent l'année, nous devrions la regarder comme des *étrennes* ou comme la joyeuse entrée de M. le ministre des finances, si cette avance ne devait, en définitive être payée par le trésor public, c'est-à-dire par les contribuables.

Sans parler de l'idée assez bizarre de transformer le trésor public en une espèce de caisse d'escompte, on pourrait demander à quel taux M. le ministre des finances emprunte lui-même les capitaux qu'il va prêter à cinq pour cent.

Dira-t-on qu'il n'emprunte pas? Mais n'existerait-il point un traité avec les receveurs généraux qui obligerait M. le ministre des finances à recevoir au trésor tout l'argent qu'ils voudraient y verser d'avance, en leur tenant compte des intérêts à six pour cent, et leur allouant en outre un droit de commission? M. le ministre des finances n'emprunte-t-il pas de fait à tous les porteurs de ses bons royaux et de la caisse de service? n'emprunte-t-il pas en faisant escompter les effets à terme que lui produisent des douanes et des coupes de bois? Il emprunte réellement tous les jours par mille opérations diverses, et le taux de ses emprunts est toujours au-dessus de six pour cent.

Ainsi, à moins que M. le ministre des finances n'ait remboursé à la fois tous les fonds particuliers des receveurs généraux, tous les bons royaux, tous les billets de la caisse de service, etc., etc.; à moins qu'il ne doive rien à personne; à moins qu'il ne possède aujourd'hui en numéraire soixante-dix ou quatre-vingts millions, lesquels n'aient et ne puissent avoir aucun autre emploi, il est évident qu'il grève le trésor de toute la différence de l'intérêt supérieur qu'il paie à l'intérêt inférieur qu'il reçoit pour escompter; il est évident qu'en chargeant le trésor il charge les contribuables; qu'il les charge, disons-nous, inutilement, illégalement, inconstitutionnellement.

Les principes constitutionnels ne sont-ils pas violés si un ministre peut, à sa volonté, disposer de l'argent du trésor, en changer l'application, ou pour les sommes ou pour le temps des paiements? L'État ne serait-il pas compromis si un événement imprévu survenait dans l'intervalle de la distraction des fonds, et rendait nécessaire un autre emploi de ces mêmes fonds? Enfin, comment se fait-il qu'une détermination aussi considérable ne soit motivée sur aucune loi, ni même autorisée par une ordonnance royale? Que devient la responsabilité du ministère, lorsqu'un simple avis, sans signature, prescrit l'emploi de la fortune publique. De grands dangers sont attachés à de pareilles mesures; et un ministre des finances qui paie ce qu'il ne doit pas fait toujours craindre un ministre des finances qui ne paiera pas ce qu'il doit.

Au reste, pour soutenir ces jeux de bourse, il faudra bien en venir à la vente de nos forêts. On parle déjà d'un projet d'ordonnance qui remonterait à une date de dix ou douze jours. Quand la France sera dépouillée, que nous restera-t-il? Une réponse horrible a été faite à cette question par un révolutionnaire : *Sept cent mille soldats payés par la confiscation des biens de vingt mille familles.*

Heureusement les soldats de la légitimité ne combattent que les ennemis et ne dépouillent point les Français. Espérons que notre armée conservera le bon esprit qui l'anime. Cependant la loi de recrutement et les ordonnances qu'elle a produites font un grand mal.

Nous avons à combattre un système qui ne brise pas toujours l'obstacle qu'il rencontre, mais qui tourne la difficulté et ne fait un pas en arrière que pour avancer de nouveau. Quand on jette un regard sur un chemin parcouru, on ne peut s'empêcher de remarquer la rapidité de la course. Depuis l'ordonnance du 5 septembre, vingt-quatre préfets ont été destitués. Quelques-uns de ces préfets ont été replacés, puis destitués encore. Quatre ont été mis à la retraite; un seul a donné sa démission (M. le comte Berthier, frère du colonel de la garde, qui vient de perdre son régiment). La plupart de ces administrateurs avaient rendu des services importants à la monarchie avant et après les Cent-Jours.

Les changements arrivés dans les tribunaux n'ont pas été moins remarquables : à Montpellier, par exemple, les magistrats qui avaient refusé de prêter serment à Buonaparte après le 20 mars se trouvent éloignés par une fatalité inexplicable. La cour de Nîmes vient d'être instituée par une ordonnance du 8 décembre dernier. Parmi les magistrats qui composaient cette cour, sept conseillers avaient eu le noble courage, dans les Cent-Jours, de refuser le serment exigé par l'usurpateur. Un seul de ces dignes conseillers a gardé sa place.

Les conseillers auditeurs, à l'exception d'un seul, avaient suivi ce bel exemple ; il en restait cinq lors de l'installation : l'un d'eux a été éliminé; un autre a été transféré à Montpellier, en qualité de substitut du procureur général; les deux plus anciens ont été laissés dans leurs fonctions d'auditeurs; un seul a été élevé à celles de conseiller en titre, et c'est celui qui avait prêté serment à Buonaparte.

Même chose est arrivée dans l'ordre militaire. D'une autre part, les hommes des Cent-Jours ont été appelés de préférence aux emplois; de sorte que, dans le système, non-seulement la fidélité n'a compté pour rien, mais elle semble avoir nui à ceux qui la tinrent pour quelque chose.

Nous entendons répéter qu'on en agit ainsi sous Henri IV. Il faut redresser cette mauvaise foi ou cette ignorance. L'exemple serait mal choisi pour justifier le système, puisqu'enfin Henri IV fut assassiné par Jean Châtel depuis son abjuration, et qu'il finit par tomber sous le poignard d'un fanatique imbu des maximes de la Ligue. On l'avait averti en prose et en vers de se défier de sa trop grande clémence.

> Ante fuit ducibus magnis clementia virtus :
> Post fuit hæc virtus, extincto Cæsare, crimen.

Ensuite il n'est pas vrai que le ministère Sully suivit les mesures qu'adopte aujourd'hui notre ministère ; il n'est pas vrai qu'on renvoya tous les royalistes, pour donner leurs places aux ligueurs. On n'érigea point l'ingratitude en système de politique. Les partisans de l'Union à qui l'on accorda des honneurs et des emplois ne les obtinrent point au détriment des amis de Henri IV. Il y eut partage, il n'y eut point exclusion.

De plus, la France ne fut point remise tout entière et tout à la fois entre les mains de son prince légitime. Il fut obligé d'en faire la conquête pied à pied; et les commandants des places ne lui ouvraient leurs portes qu'après des capitulations qu'il était obligé de tenir : cette position explique les concessions de Henri IV.

Enfin Henri IV, en embrassant la religion catholique, se réunit aux deux premiers ordres de l'État, au clergé et à la noblesse, à l'archevêque de Lyon, aux évêques de Paris, de Chartres, de Reims, etc.; à MM. de Mayenne, de Nemours, de Mercœur, d'Aumale, d'Harcourt, de Brissac, de Villeroi, de Givry, et à mille autres; c'est-à-dire qu'il abandonna le parti républicain, où il s'était trouvé comme général pour passer comme roi dans le parti monarchique.

Aujourd'hui, au contraire, le système ministériel tend à faire sortir la royauté de l'opinion monarchique, pour la faire entrer dans l'opinion républicaine : contre-sens qui serait pervers s'il n'était stupide. Ce populaire Henri IV se joignait donc aux aristocrates. Il savait bien qu'il ne pouvait être roi avec des religionnaires qui se croyaient en droit d'examiner les titres de la souveraineté politique, comme de scruter les principes de la puissance spirituelle, et avec d'Aubigné qui rêvait une république fédérative. Même dans le parti monarchique où il se plaça et dut se placer, son indulgence ne passa pas certaines bornes : l'édit de Paris, du 28 mars 1594, exclut de l'amnistie générale ceux qui auraient trempé dans l'assassinat du roi Henri III; et l'article 5 du traité de Folembray (janvier 1596), répète la même exclusion en ces termes : « Voulons que des choses dessus dictes rien soit excepté, fors l'assassinat du « feu roy, nostre très honoré seigneur et frère. »

Ainsi donc l'exemple dont on veut s'appuyer est nul, et nos ministres peuvent réclamer la gloire d'être les inventeurs de leur système : ils n'ont rien de commun avec Sully. Ce système, ils ont cru sans doute le maîtriser en sy jetant : erreur de vanité commune à tous les hommes. Mais qu'ils sont emportés loin de ce qu'ils voulaient peut-être!

La Charte restera; elle sera notre sauvegarde. Elle nous mettra à l'abri et de ceux qui voudraient nous ramener le despotisme impérial et de ceux qui chercheraient à nous replonger dans la république. Les honnêtes gens finiront par l'emporter; ils ne se découragent pas; ils savent que les hommes passent, et que la raison demeure. Combien a-t-on gémi des fautes de l'ancien ministère! Ce ministère est tombé; celui-ci tombera à son tour, et plus vite encore.

Que les correspondances privées le vantent, on sait pourquoi; que tout ministère qui succède à un ministère soit toujours le plus beau et le meilleur, c'est dans l'ordre; que la France ait tremblé en apprenant qu'on allait former une administration royaliste, on connaît la vérité de cette assertion : mais on sait aussi que deux lignes du discours du roi avaient abattu ceux qui, quelques jours après, ont levé si fièrement la tête; que leur peur était risible et pitoyable; que l'espoir de voir embrasser un système monarchique avait répandu la joie dans le royaume.

Quant aux royalistes, comme ils sentent leur force, ils ne sont point du tout consternés de ce qu'un ministère se forme dans une opinion différente de la leur. En examinant l'état des partis, rien ne les effraie; ils n'aiment, ni n'estiment, ni ne craignent les révolutionnaires. Ceux-ci peuvent se tenir assurés qu'il n'y aura plus d'émigration. Les partisans de la royauté légitime défendront leur vie et leurs foyers; et si jamais on les forçait de rentrer dans le droit naturel, on les trouverait sur les champs de bataille, mais on ne les traînerait plus à l'échafaud.

Les royalistes savent ensuite que la coterie qui pousse le ministère se réduit à une centaine d'hommes. Si ces hommes sortent des places, ils disparaîtront pour toujours, car ils ne sont rien par eux-mêmes; s'ils gardent ces places, ils en descendront l'un après l'autre, parce qu'ils n'ont aucun talent.

Il n'y a plus rien d'entier, hors l'opinion monarchique. La Chambre des députés, brisée en diverses sections, attend ce qui doit la réunir. On se dispute le matin des places qu'on doit perdre le soir. Les nouvelles élections nous menacent, les affaires de la religion périclitent. Les colléges sont en proie à des insurrections, résultat d'une éducation qui n'a plus la religion pour guide. Des écoliers philosophes veulent être indépendants, et souscrire pour le Champ-d'Asile. On ferme les écoles des frères de la doctrine chrétienne, où régnaient encore la soumission et la paix. On nomme, pour instruire la jeunesse sous les Bourbons, des hommes qui ont condamné Louis XVI à la réclusion et au bannissement, et rejeté l'appel au peuple. Non content d'avoir corrompu le passé, on en veut à l'innocence de l'avenir, et l'on empoisonne les générations dans leur source. Toutes les doctrines qui nous ont perdus sont de nouveau préconisées : on cherche à ranimer les haines populaires contre les prêtres et les nobles; on invente des conspirations royalistes. Ceux qui rendirent quelques services à la couronne perdent leurs places, et sont obligés de défendre leur honneur devant les tribunaux. Le 21 janvier voit la disgrâce des anciens serviteurs de Louis XVI, et le rappel des juges de Louis XVI. On s'agite, on crie; on imprime les choses les plus abominables : hé bien! tout cela passera. Plus le mal paraît grand, plus il sera court : *si gravis, brevis*. Ce sont les derniers efforts du génie révolutionnaire. Les royalistes attendent en silence, les yeux fixés sur les événements futurs. Défenseurs de la légitimité et dépositaires des principes monarchiques, ils se souviennent qu'ils ont deux choses à sauver : le roi et la France!

Paris 17 février 1819.

Nous marchons : si l'on pouvait se désintéresser de la patrie, se mettre à l'écart, regarder passer tous ces personnages qui courent tête baissée à leur ruine, il y aurait de quoi s'émerveiller de leur folie. Les choses en sont venues au point que, tandis que l'on remarque les fautes de détail, l'ensemble des choses périclite, et les rouages de la machine menacent de se briser ou de s'arrêter à la fois. Le danger n'est plus dans tel ou tel ministère en particulier; l'opinion n'est plus précisément dans les Chambres; ce n'est plus une loi, un discours, qui fixent l'attention publique : on a déjà dépassé tous les intérêts, et l'on en est à savoir s'il y aura, ou s'il n'y aura pas d'ordre social.

Ce serait une chose inexplicable, si l'on ne connaissait l'orgueil des systèmes et les fureurs de la vanité, que de voir tant d'hommes aujourd'hui effrayés, tant d'hommes maintenant éclairés sur les faux principes qui nous guident, ne rien faire néanmoins pour en arrêter les effets : loin de revenir sur leurs pas, les dépositaires du pouvoir suivent à l'envi la route tracée. Ils ont beau soutenir à la tribune, dans leurs discours, qu'ils ne veulent *semer la division ni dans la garde ni dans l'armée* ; qu'ils *ne favorisent pas l'agiotage*, leur manière même de se défendre prouve qu'ils font ce qu'ils disent qu'ils ne font pas.

Au ministère de la guerre, les premiers plans ne sont point abandonnés. Les destitutions continuent; elles tombent presque toutes sur des officiers qui ont anciennement servi dans les armées royales, ou sur des jeunes gens qui n'ont été employés que depuis la restauration. Une série d'ordonnances est jetée comme un filet sur l'armée, et enlève tour à tour les militaires qui ont donné le plus de gages à la royauté légitime. Ces ordonnances sont véritablement un chef-d'œuvre : il faut les étudier pour voir avec quelle subtilité elles expliquent la loi du recrutement au désavantage des royalistes, et au détriment de la prérogative royale. Voici une remarque qui en vaut la peine : Buonaparte faisait tous ses efforts pour obliger les fils de famille à entrer dans son armée; il les prenait de force; il leur envoyait des brevets de sous-lieutenants à domicile; il les contraignait d'entrer dans les gardes d'honneur; il voulait remplir ses camps de propriétaires et d'hommes monarchiques. Aujourd'hui, sous l'autorité légitime, il n'y a rien que l'on ne fasse pour écarter les fils de famille qui s'empressent de solliciter du service : s'ils y sont entrés, quoi qu'on ait fait pour les en exclure, on leur dispute leur grade, on les rejette à la queue des contrôles, on les destitue au moindre prétexte, et à force de dégoût on les oblige à se retirer. Et c'est ainsi qu'on prétend reconstruire la monarchie!

Il y a de bonnes gens qui s'endorment, *carpebant somnos*. On leur dit qu'on ne changera plus rien à la garde : les voilà tout satisfaits. Oui, mais il y a des ordonnances préparées, mais tôt ou tard elles seront mises à exécution. On prétend même qu'on va changer le système entier des légions, ce qui amènerait la dislocation des cadres des officiers et la refonte totale des états-majors de l'armée.

Lorsqu'en soutenant la loi de recrutement on asacrifié la prérogative royale, que disait-on pour motiver ce sacrifice ? On disait que l'armée allait acquérir, par le nouveau mode d'avancement, la fixité des emplois ; et voilà que l'on efface deux officiers d'un haut rang du contrôle actif de l'armée, sans jugement préalable, sans même s'enquérir jusqu'à quel point ces officiers étaient entrés dans la chose dont on fait le prétexte de leur destitution ! Avant la révolution, nul officier ne pouvait perdre son grade que par le jugement d'un conseil de guerre; et c'est ce qui existe encore dans tous les pays militaires de l'Europe. Et maintenant, sous notre gouvernement constitutionnel, le caprice d'un ministre, peut-être la vengeance d'un subalterne, pourra priver le militaire le plus distingué du prix de son sang et de ses longs travaux.

On a beaucoup répété que des officiers n'avaient pas le *droit* de faire ceci, de faire cela : pourquoi donc ceux qui raisonnent de la sorte nous ont-ils tant parlé des *droits des soldats*, à l'occasion de la loi du recrutement? Pourquoi nous ont-ils fait entendre que, si l'armée se souleva en 1789, c'est qu'on avait méconnu *ces droits* ? Il ne convient pas à ceux qui ont dépouillé la prérogative royale par la loi du recrutement, qui ont établi par cette funeste loi un principe démocratique dans l'armée ; il ne leur convient pas aujourd'hui de nier leurs propres principes. Souvenons-nous que le système ministériel est surtout dangereux dans le département de la guerre. Ce n'est pas dans ce département une chose indifférente que des destitutions multipliées. En changeant un corps d'officiers, on peut changer en trois mois l'esprit de l'armée. Nous ne cesserons point de signaler ce péril : il est grand, il est imminent. Puisque, tôt ou tard, nous aurons avec la loi des élections une Chambre des députés démocratique, tâchons du moins de conserver la monarchie dans l'armée : ne donnons pas le bras à la tête révolutionnaire que nous avons modelée et façonnée de nos propres mains.

Il est d'autant plus urgent de veiller à ce danger, que le venin démocratique se glisse dans toutes les autres branches de l'administration : partout les principes de la monarchie sont méconnus. Dans les finances, on sacrifie les intérêts de la propriété à un fol esprit d'agiotage. Dans ce moment on se trouve un peu débarrassé des grosses masses de rentes qui pesaient sur la place de Paris. Il paraîtrait qu'il existe une sorte de coalition entre le ministre des finances, MM. Baring, Laffitte et autres, pour ne vendre des rentes que dans une proportion convenue, jusqu'à l'adoption de quelque grande mesure financière. Quelle sera cette mesure? apparemment la vente des forêts. Tout notre génie, depuis trente ans, consiste à nous dépouiller. Mais n'est-ce pas une chose inconcevable qu'on n'eût pas encore remis aux Chambres les comptes qui étaient faits il y a deux mois? On les refaisait, nous dit-on. S'il eût été égal aux ministres de refaire la monarchie au lieu du budget, on se serait arrangé après.

En attendant les comptes faits et refaits de M. le ministre des finances, le propriétaire est accablé d'impôts. Nous avons sous les yeux un document qui prouve que vingt-quatre pièces et demie de vin commun, recueillies sur sept arpents de vignes, auprès de Toulouse, ont été imposées, en droits réunis ou octroi, à la somme de huit cent quatre-vingts francs. Les mêmes pièces de vin, en 1788, auraient coûté, pour tout impôt, vingt-neuf livres seize sous : nous nous perfectionnons. Au reste, quand on charge le contribuable, l'agioteur doit prospérer ; quand on craint des révolutions, les affaires de la Bourse sont brillantes. En France aujourd'hui beaucoup de propriétés sont à vendre; chacun veut avoir sa fortune en portefeuille. Malheur au ministre qui verrait, dans la hausse des fonds produite par cette cause, un signe de prospérité publique!

Mais c'est au ministère de l'intérieur que tout s'agite, s'échauffe, se remue. On assure que le chef de ce département a partagé sa dépouille entre ses amis : comme Alexandre le Grand partant pour la conquête du monde, il ne s'est réservé que l'espérance. Aux uns il a départi les communes; aux autres, les arts et la librairie : l'héritage du frère du roi a été donné à un ancien sous-secrétaire d'État de la guerre.

Il est résulté du démembrement de cet empire une étrange confusion : entre quatre ou cinq demi-ministres, on ne sait plus à qui on a affaire. Chacune de ces petites excellences montre la ferveur du noviciat : l'une fait jeter à terre les arbres des Champs-Élysées, l'autre abat des préfets et des sous-préfets, l'autre destitue les professeurs qui se sont opposés aux insurrections des colléges. On se demande comment ces insurrections se sont propagées, comment la jeunesse a manifesté un si déplorable esprit. A Nantes, le tumulte a été grand : trois coups de pistolet annoncèrent à minuit le soulèvement du collège. L'autorité du premier magistrat fut méconnue : il fallut attaquer de vive force les dortoirs, les salles d'étude. Ces scènes, commencées à Paris, se sont répétées dans plusieurs départements.

Nous allons proposer un problème à nos lecteurs.

Est-ce le ministère de la police qui s'est fondu dans le ministère de l'intérieur, ou le ministère de l'intérieur qui s'est noyé dans le ministère de la police? Le secret et l'arbitraire, qui appartiennent essentiellement à celui-ci, ont-ils envahi celui-là, ou bien la publicité et la constitutionnalité du premier ont-elles passé dans le second? Le ministère de la police est supprimé de nom; l'est-il de fait? Les divisions et subdivisions de ce ministère n'existent-elles pas encore? n'ont-elles pas à leur tête les mêmes hommes, jouissant des mêmes appointements, exerçant les mêmes fonctions? N'y a-t-il pas dans les départements des commissaires de police qui correspondent, comme de coutume, avec leurs anciens chefs? Si cela est, n'est-ce pas une chose énorme, une chose alarmante pour la société, qu'un homme se trouve investi, dans une monarchie constitutionnelle, de deux ministères, lesquels mettent dans sa dépendance les préfets, sous-préfets, conseillers de préfecture, maires, adjoints, conseils généraux, tous les agents du commerce, tous les employés aux mines, aux ponts et chaussées, aux arts et aux métiers, toute la garde nationale, toute la gendarmerie de France, tous les agents publics et secrets, et tous les budgets secrets et publics de l'intérieur et de la police?

D'une autre part, quelle doit être la conduite du citoyen? dans quel rapport se trouve-t-il avec une police dite *supprimée?* s'il est mandé par un commissaire de police, doit-il obéir? De quelle autorité ce commissaire tient-il ses pouvoirs? Est-ce du ministre de l'intérieur ou du ministre de la justice? Quelqu'un peut avoir à se plaindre d'un acte arbitraire de la police; qui recevra sa plainte? quel ministère connaîtra du délit? Cette suppression du ministère de la police n'aurait-elle servi qu'à créer une police mystérieuse, plus dangereuse que la police avouée, parce qu'on ne connaît point sa responsabilité directe? Les commissariats de police dans les départements deviendraient donc des espèces de tribunaux arbitraires sous la direction d'un chef invisible? Rien ne serait plus dangereux que cet état de choses. Ou la police générale, c'est-à-dire la police politique, est supprimée, ou elle ne l'est pas. Si elle est supprimée, qu'on détruise promptement tout ce qui en caractérise l'existence; si elle ne l'est pas, rendons-lui un chef visible qui nous réponde sur sa tête de la liberté des citoyens.

De quelque côté qu'elle arrive, cette police est assez singulière sous un gouvernement représentatif ; elle se glisse dans nos maisons ; elle vient s'asseoir à nos foyers avec une simplicité antique. Des hommes qu'elle ne connaît pas sans doute, et qui abusent de son nom respectable, s'introduisent, à sa faveur, chez les hommes paisibles. Ces hommes, pour le bien des maîtres, cherchent à corrompre les serviteurs, les invitent à dérober quelques petits papiers inutiles. Nous connaissons une maison où deux hôtes de cette espèce s'étaient établis : ils s'adressèrent malheureusement à un domestique breton qui, n'entendant pas le français, fit part à son maître des propositions des deux étrangers. Le maître dit à son domestique de traiter ces gens officieux avec toutes sortes d'égards, et de leur donner les papiers dont ils semblaient si friands. En conséquence, on leur remit des chiffons, dont on garda la note, leur promettant mieux pour l'avenir. Ils furent si transportés d'aise, qu'ils promirent au domestique de lui faire une pension de cinquante francs par mois ; et, pour lui prouver qu'ils étaient hommes de parole, ils voulurent sur-le-champ lui donner cent francs de gratification. L'un des deux étant allé à la campagne, écrivit à l'autre, touchant cette petite affaire, ce billet dont l'original est entre nos mains ; nous connaissons de plus les noms et les demeures de ces deux honnêtes personnes ; elles fréquentent de très-bons lieux : elles vont souvent chez M. de Fitz-James, pour lequel elles semblent avoir un attachement tout particulier. Voici donc le billet en question : nous supprimons par charité, les noms des deux correspondants :

« Je vous préviens, mon cher T..., que je n'arriverai que demain, à midi, à Paris,
« et je descendrai chez M. R..., où j'ai beaucoup à écrire. Si vous comptez avoir
« quelque chose du domestique du vicomte Cha... [1], vous *pourrai* alors venir me
« trouver et lui dire que vous lui *remettrai* les papiers qu'il vous remettra à l'*heure*
« qu'il reviendra avec vous.

« Lui avez vous donné les cent francs que j'ai laissés chez vous, samedi ?

« D... »

Qu'est-ce que ce vicomte Cha... ? Serait-ce un parent ou un ami du *Conservateur* ? un homme qui aurait écrit contre la police trois ou quatre chapitres abominables ? Il mériterait bien qu'on lui eût *acheté secrètement* ces vilains chapitres, avant qu'ils fussent imprimés : il y aurait gagné autant que la police ; car enfin il n'aurait pas été destitué d'une place inamovible. Si ce vicomte Cha... avait voulu continuer ce petit commerce de vieux papiers, son domestique aurait reçu d'un bienfaiteur inconnu une innocente pension de cinquante francs par mois, non compris les gratifications ; mais c'est un homme intraitable et avec lequel il n'y a rien à faire.

Après un pareil document, tout autre fait paraîtrait insipide. Abandonnons les détails et jetons un regard sur l'ensemble de notre position.

Une agitation et une décomposition singulière se manifestent dans le corps social : la jeunesse, soulevée, demande l'indépendance ; la religion, sans appui, voit ses prêtres à la charité ; neuf évêques et un archevêque composent le haut clergé de France ; des artisans de destruction ne dissimulent point le projet d'abolir l'épiscopat et de nous amener à quelque chose de moins que le protestantisme ; l'impiété et la république prêchent ouvertement leurs doctrines dans des brochures révolutionnaires ; des bruits absurdes se répandent dans nos campagnes. Les paysans sont d'autant plus portés à croire ces bruits, qu'ils voient rentrer dans les places les hommes qui occupaient ces places pendant les Cent-Jours et qu'ils se souviennent de ce que ces hommes disaient alors des Bourbons, des proclamations qu'ils faisaient contre cette auguste famille. Puisque ces individus sont employés de nouveau, le bon sens du peuple en conclut

---

[1] Ce nom est ainsi abrégé dans le billet.

qu'ils avaient raison alors et que leur retour annonce quelque catastrophe prochaine. D'un autre côté, un parti puissant pousse à la domination militaire, et les espérances de notre révolution cherchent à mettre à profit les souvenirs de notre gloire.

Nous demandons au père de famille qui forme aujourd'hui un plan pour l'établissement de ses enfants si, dans les chances de son avenir, il n'admet pas les terribles chances d'une révolution ; si une vague inquiétude ne se mêle pas à tous ses projets ? Ce n'est point aux hommes de parti que nous adressons cette question ; c'est à celui qui, étranger aux querelles politiques, ne connaît le gouvernement que comme protecteur de ses droits. Ceux mêmes que des vanités blessées ont jetés dans la faction démocratique tremblent de leur propre triomphe : ils se rappellent les échafauds où montaient ensemble les accusateurs et les victimes. Pourquoi ce malaise général ? Parce que le système adopté a rouvert la porte à tous les hommes, à toutes les doctrines révolutionnaires ; parce que ceux qui ont voulu faire de ces hommes et de ces doctrines le soutien de leur puissance sont entraînés par le torrent dont ils ont rompu les digues. Le ministère s'imagine aujourd'hui ne suivre que son propre système, et il ne s'aperçoit pas qu'il n'est plus le maître de rien ; il croit donner le mouvement, et c'est lui qui le reçoit. Veut-il faire passer une loi, il faut qu'il capitule sur les principes, qu'il donne des effets en nantissement ; il escompte avec des destitutions et des places le petit succès qu'on lui prête : les intérêts le ruinent, et la monarchie paiera le capital.

Et cependant qu'il eût été facile de tout arranger ! qu'il était aisé, sans persécuter personne, en employant les gens de bien de toutes les opinions, de mettre la religion et la morale dans l'éducation, l'ordre et la justice dans l'administration, l'économie dans les finances, l'espoir, le bonheur et la paix partout ! On ne voulait que le repos, on ne demandait que le repos. Les hommes monarchiques sont toujours les plus nombreux ; et néanmoins il est vrai qu'une poignée de méchants peut encore plonger la France dans la Terreur ; les affreuses divinités révolutionnaires qui nous ont fait périr une première fois sont rentrées dans l'abîme, et cependant nous pouvons encore être immolés à leurs simulacres.

Les ministres peuvent-ils se dissimuler encore que ces destitutions, qui tombent sur les fidèles sujets du roi, ont des résultats funestes ? Il semble que plus un homme a donné de marques de dévouement, que plus il a rempli ses devoirs, surtout pendant les Cent-Jours, plus il doit être écarté : tout cela pour donner des leçons de fidélité aux peuples, pour enseigner à chacun ses devoirs, pour faire triompher la justice, ce soutien éternel des empires.

On ne se cache plus : le système effronté marche tête levée. Aussi ce n'est plus sous le rapport de l'exclusion des royalistes qu'il faut considérer les destitutions ; cela va sans dire, la chose est convenue. Ce qu'il faut voir dans ces destitutions répétées (laissant à part toute considération morale), c'est qu'elles avilissent les agents du gouvernement, leur ôtent toute autorité sur les peuples, détraquent la machine entière de l'administration, et la feront tomber en ruines.

Les ministres ne veulent pas de révolution ? Que veulent-ils ? On dit qu'ils rêvent toujours une suspension de la loi des élections. Ils flattent quelques ambitions particulières, et parlent de réunions qui ne réunissent personne. Ils demandent dix-huit mois d'impôts : acheminement au despotisme ministériel. Pendant ces dix-huit mois, que ne peut-on pas faire ? On nous a mis en péril ; et, pour nous en tirer, on ne trouverait d'autre moyen que de nous priver de nos libertés constitutionnelles : rare effort, admirable conception !

M. le garde des sceaux, qui a combattu à la tribune un beau mouvement du discours de M. de Villèle, pense qu'on ne cèderait plus à des *soldats impies et à d'insolentes paroles*; il pourrait être dans une cruelle erreur. L'assemblée que dispersa Buonaparte était soutenue par les souvenirs récents de la révolution; elle était remplie d'esprits plus ou moins habiles, mais tous fermes dans un système politique, tous éprouvés dans de longs périls : toutefois, cette assemblée fut dispersée par les baïonnettes. Qu'un général se présentât maintenant pour opprimer la liberté publique, que trouverait-il devant lui? Serait-il arrêté par ces hommes à principes incertains, qui, jadis soldats de la cause royale, se font aujourd'hui les apôtres des doctrines qui les ont proscrits; par ces hommes qui, tout affaiblis de l'opinion qui les abandonne, ne sont pas fortifiés de l'opinion qui les saisit, et qui, flottant entre le despotisme et la liberté, ne sont propres ni à soutenir une monarchie, ni à fonder une république ?

Paris, ce 1er mars 1819.

La proposition de M. le marquis de Barthélemy a été repoussée par l'influence du ministère. L'aveuglement de ceux qui nous ont gouvernés depuis quatre ans est un miracle : toutes les fois que la Providence a voulu nous sauver, ils ont brisé entre leurs mains l'instrument de notre salut. Comme en toute progression sur une pente, le mouvement s'est accéléré à mesure que nous sommes descendus plus bas. On a d'abord chassé un à un les royalistes; ensuite on en est venu aux destitutions générales. Ces destitutions ont passé du civil au militaire. La révolution que l'on rétablissait dans les hommes a été reportée dans les choses : la loi des élections et celle du recrutement ont démocratisé la monarchie. Effrayé, mais trop tard, des conséquences de son système, le dernier ministère a voulu s'arrêter, et il a disparu.

Nous avons montré un rare instinct de médiocrité : si, dans les derniers rangs de l'empire, sous Buonaparte, il existait quelques génies secondaires dont on eût à peine entendu parler, c'est là que nous avons été chercher de grands hommes pour la monarchie légitime. Tous ces pygmées ont raidi leurs petits bras pour soutenir les ruines colossales sous lesquelles on les a placés.

Sentant l'inutilité de leurs efforts, leur vanité blessée les a rendus persécuteurs. Envieux par nature, ils ont écarté le mérite, dans quelque opinion qu'il se soit trouvé. La tyrannie craint le talent; si elle est faible, elle le redoute comme la puissance; si elle est forte, elle le craint comme la liberté. Incapable de sentir les actions généreuses, ces hommes prennent la fidélité pour l'ambition, le dévouement pour la sottise, l'honneur pour l'intérêt; et noblement armés contre le malheur, ils achèvent à terre ceux que la révolution a laissés expirants sur le champ de bataille. Pour ressembler à nos premiers révolutionnaires, il ne leur manque que le courage d'exécuter le mal dont ils ont la pensée : ils s'abstiennent, parce qu'ils sont impuissants; leur innocence n'est qu'une lâcheté de plus.

Où allons-nous? Chacun se le demande, personne ne le peut dire. Nous avons dépassé tous les rivages; nous voguons à pleines voiles sur une mer inconnue. Et qu'on ne s'aille pas figurer qu'il s'agisse encore de Chambres, de ministères, de lois, de discours. Nous n'en sommes plus là. Nos institutions, debout en apparence, sont tombées. Avons-nous une loi des élections, quand des achats simulés de propriétés fictives, quand des patentes, des cartes, des locations frauduleuses, de doubles emplois d'impôts, peuvent donner des droits à ceux qui n'en ont pas; quand des préfets changent, augmentent, diminuent à volonté la liste des électeurs?

On discute aujourd'hui une loi sur la responsabilité des ministres. Mais y a-t-il une telle chose que cette responsabilité, lorsque vingt, trente, quarante, cinquante, soixante pairs, parents ou amis des ministres, peuvent être tout à coup introduits dans la Chambre haute, et venir s'asseoir sur le banc des juges? Or, c'est pourtant sur la responsabilité ministérielle que roule la monarchie représentative : ôtez cette responsabilité, il n'y a plus rien.

On apporte une loi sur la liberté de la presse; nouvelle dérision. Où est cette liberté dans cette loi?

On substituera la diffamation à la calomnie : cela s'entend; c'est pour nous empêcher d'ouvrir le *Moniteur*, c'est pour nous interdire l'histoire. Les crimes veulent punir les souvenirs.

Un ouvrage pourra être saisi avant le jugement. Belle liberté de la presse!

Il faudra déposer un exemplaire d'un journal, même quotidien, avant sa publication; ce qui détruit par le fait un journal quotidien.

Il sera défendu de rendre compte des séances secrètes des Chambres sans leur autorisation, et néanmoins on sera obligé d'insérer les publications officielles. Qu'entend-on par des *publications officielles?* Sont-ce tous les actes du gouvernement? Alors les gazettes seront transformées en *Bulletin des Lois*. Sont-ce les articles politiques de la police? Pourquoi ne pas dire alors qu'il n'y aura de journaux que pour la police?

La loi parle des *outrages à la morale publique ou aux bonnes mœurs*; mais, pour ne pas déroger au Code et à la sagesse du siècle, elle ne parle point des outrages à la religion.

Le mot vague de *provocation*, introduit dans la prétendue loi sur la liberté de la presse, la *provocation indirecte*, et le crime de lèse-majesté se trouve, pour ainsi dire, à tous les articles de la loi : c'est injure faite au pouvoir souverain que tant de précautions prises pour le mettre à l'abri ; il n'y a que les mauvais rois qui aient besoin de sauvegardes. Quand un prince n'est pas défendu par ses vertus, il faut qu'il le soit par ses lois. Ce ne fut pas Marc-Aurèle, ce fut Tibère qui inventa le crime de lèse-majesté. Et, d'ailleurs, ce crime a perdu en France une partie de son application, en vertu de la Charte, qui abolit la confiscation des biens. Le rusé Tibère, tout en défendant sa personne, avait encore trouvé le moyen de faire du crime de lèse-majesté une loi de finances. La preuve que ce crime avait fini à Rome par être considéré comme une mesure fiscale, c'est qu'on voit des princes, en parvenant à l'empire, annoncer qu'ils ne feront mourir aucun sénateur, comme s'ils eussent déclaré qu'ils ne lèveraient aucun nouvel impôt.

Tout, dans nos nouvelles lois, détruit donc la monarchie constitutionnelle, et les trois pouvoirs de l'État ne sont pas moins ébranlés.

La couronne a cédé sa principale prérogative en abandonnant, par la loi du recrutement, son pouvoir sur l'armée.

La pairie existe-t-elle, si elle est tantôt à vie, tantôt héréditaire, tantôt prescrivant un majorat, tantôt n'en exigeant plus ; ici déclarée première dignité, et jouissant des premiers honneurs; là, compatible avec des fonctions qui la mettent sous la dépendance d'un commis? N'était-elle faite que pour être un instrument ministériel, pour être jetée à la tête du premier venu? Les Anglais sont si jaloux de la pairie que le bill qui investit le prince de Galles de la régence déclare que ce prince ne pourra conférer la pairie que pour des services éminents rendus à la Grande-Bretagne. Le premier bill proposé par M. Pitt, en 1788, portait la même clause.

Et si la Chambre des pairs est plus nombreuse que la Chambre des députés, il faut donc augmenter celle-ci; il faut donc revenir sur ce qu'on a fait, oublier les lois, les ordonnances, les discours! Et nous croirions avoir une constitution!

Si les trois pouvoirs de la société sont mobiles, quel respect aura-t-on pour les lois émanées de ces pouvoirs? Persuadons-nous donc que le ministère a porté, par ces dernières mesures, un coup funeste au gouvernement représentatif, de même que, par son système général, il met en péril la monarchie légitime.

Est-ce par un calcul que nous sommes arrivés à ces résultats? Calcul dans ceux-ci, instinct dans ceux-là, conspiration peut-être dans quelques-uns. Nous sommes livrés aux jacobins et aux buonapartistes : les uns détestent toute forme monarchique; les autres abhorrent toute espèce de liberté. Et que désirent ces révolutionnaires, auxquels le ministère s'est abandonné? La république? l'empire? Ils ne savent pas exactement ce qu'ils veulent; mais ils savent très-bien ce qu'ils ne veulent pas : ils ne veulent pas la légitimité. Peu leur importe à présent ce qu'ils mettront à sa place; il faut d'abord qu'ils se délivrent de l'objet de leur haine. Ils se battront ensuite entre eux, ou se réuniront pour faire la guerre à l'Europe; car une guerre avec l'Europe est encore un des rêves de la faction.

Mais le peuple, dit-on, ne se soulèvera pas. Les jacobins sont peu nombreux, leur faction n'a plus de racines : cela est vrai; mais une poignée d'intrigants sans capacité suffit, au moyen du système adopté, pour changer la face de la France : de vils et faibles animaux minent quelquefois les fondements d'un palais, ou percent un vaisseau de haut bord.

Nos petites combinaisons ne changeront point la nature des choses. Nous avons introduit mille germes de destruction dans l'État. En vain nous espérons que les maximes qui ont déjà perdu la monarchie la sauveront; notre espérance sera déçue. Préconiser ces maximes après le mal qu'elles nous ont fait, c'est imiter les Romains, qui mettaient au rang des dieux les monstres qui les avaient dévorés. Jamais il n'a existé d'empire sans religion et sans justice; il n'en existera jamais. Or, la religion, où est-elle? où sont ses ministres? Le philosophisme tient lieu de sa sagesse; une bienfaisance de parade a remplacé sa charité. Elle n'élève point l'enfance, on ne lui confie point l'infirmité et la vieillesse; on lui dérobe l'innocence et le malheur; on la laisse seule prier pour nous dans ses temples en ruines. L'épiscopat tombe; ce n'est qu'en bravant les persécutions que les missionnaires parviennent à prêcher la parole de Dieu. La liberté de la pensée existe pour tous, excepté pour le pasteur qui instruit son troupeau. Des préfets révisent les mandements des évêques; et l'Évangile, qui a soumis le monde à sa règle, est soumis à la censure de la police [1].

Quant à la justice, où la trouverons-nous? où sont les cœurs qu'elle a réjouis, la famille qu'elle a visitée, le serviteur fidèle qu'elle a couronné de ses mains? Nous avons réduit l'ingratitude en système, et constitué la trahison comme un pouvoir. Telle est, nonobstant cette politique, la nécessité de la justice pour l'existence des peuples, que, si l'on supposait une société uniquement fondée sur l'iniquité, cette injustice, établissant peu à peu des droits, aurait besoin de la justice pour subsister.

Toutefois il y avait dans la restauration une difficulté que nos hommes d'État étaient incapables d'apercevoir, et qu'ils n'ont pas même soupçonnée. Si la restauration avait paru au temps de l'anarchie, sa tâche eût été facile. Il lui eût suffi d'appeler à elle le pouvoir, de remonter de la licence à l'ordre, progrès naturel des choses. Ne trouvant rien debout, elle eût édifié ce qu'elle eût voulu : elle est arrivée, au contraire, au milieu de l'ordre, dans des institutions fausses, il est vrai, mais fortes et complètes. Alors la légitimité a été obligée de prendre place parmi les illégitimités toutes classées. Au lieu de resserrer les liens, son devoir a été de les relâcher : elle est venue comme

---

[1] De cet excès on est tombé aujourd'hui dans l'excès opposé : tant nous savons peu garder un juste milieu.

une liberté; elle a marché du despotisme à l'indépendance légale; et, dans ce mouvement rétrograde qui intervertissait l'ordre naturel, il était difficile de savoir où s'arrêter.

Afin de rendre la légitimité politique moins étrangère, des esprits éclairés auraient fait tous leurs efforts pour multiplier les légitimités morales : on s'est attaché, au contraire, à les détruire. L'incapacité passionnée perd les royaumes; elle ne conspire pas toujours, mais ses petites haines sont pires qu'une conspiration véritable. Veut-elle frapper un homme, elle tue une institution. Elle renversera la pairie pour se conserver, et elle aura l'ingénuité de le dire.

Au reste, nous ne doutons point que l'Europe ne soit menacée d'une révolution générale, par la raison que le christianisme s'affaiblit, et que toujours la chute d'une religion a entraîné la chute des empires : le faîte tombe quand la base s'écroule. Mais les insensés qui poussent à cette destruction se flattent en vain d'atteindre à leurs chimères républicaines. Les peuples européens, comme tous les peuples corrompus, passeront sous le joug militaire : un sabre remplacera partout le sceptre légitime, et ce sabre conviendra particulièrement à la France, amoureuse des armes, folle de l'égalité, mais qui de liberté ne se soucie guère [1]. Le gouvernement de fait, autrement le gouvernement des parjures, deviendra, puisqu'il prend place dans l'ordre politique, le gouvernement dominant; il détruira toute vertu dans le cœur des hommes, il sera le châtiment réservé à leur bassesse.

Nous assistons à la décomposition de la société, parce que le principe religieux qui la soutint pendant tant de siècles se retire. Et nous, nous pensons atteindre, par la sagesse de ces hommes dont les noms seraient ici des ridicules, à cette perfection que la sagesse des Antonins ne put obtenir! Tout stupides de révolution, tout hébétés de philosophisme, mélange de niaiserie et d'orgueil, nous nous croyons des hommes forts, parce que nous persécutons les gens de bien, que nous entendons en police, que nous savons combien de millions d'œufs rapportent les poules de France, et que nous rêvassons des abstractions politiques dans la poussière de nos bureaux. Et pourtant les faibles mains qui ont ouvert les écluses ne peuvent plus les fermer : le torrent se précipite, et nous emporte. Ce qui était hier une affaire principale ne l'est plus aujourd'hui; ce qui eût paru impossible ce matin, ce soir n'est plus qu'une chose naturelle et facile. On s'étonnait des injustices particulières : on ne s'étonne plus que de ce qu'elles ne sont pas encore toutes accomplies. Chacun cherche en quoi il a bien mérité de la légitimité pour connaître ce qu'il a à perdre : on descend dans son fort intérieur; on s'examine; on compte ses vertus passées pour deviner ses souffrances à venir. Quand on est frappé, on peut toujours dire : « C'est pour tel service! » comme le proscrit romain s'écriait : *C'est pour ma maison d'Albe!*

Hé bien! achevez votre ouvrage; mais sachez que votre jugement sera prononcé avant le nôtre. Quoi qu'il arrive, nous autres royalistes, nous serons exempts de reproches; toujours sur la brèche, toujours avertissant du danger; nous le voyons arriver sans crainte, parce que nous l'avons jugé depuis longtemps. Il n'y a d'extraordinaire dans tout ceci que les ministres chargés du salut de l'État : la position, du reste, est naturelle. Les jacobins veulent renverser le trône, les honnêtes gens veulent le soutenir : c'est dans l'ordre. *Les révolutionnaires font leur métier; les royalistes font leur devoir.* Cette belle parole, que le prince de Talmont prononça en allant à l'échafaud, explique les hommes et les doctrines qui continuent à diviser la France.

---

[1] Cela peut être vrai, mais pour un moment : l'espèce humaine marche à la liberté et y arrivera, quels que soient les obstacles qui arrêtent ou prolongent sa marche.

Paris, le 3 mai 1819.

Hier dimanche, 2 mai, a commencé, au mont Valérien, la retraite annuelle pour la fête de l'Invention de la sainte Croix; fête qui semble aujourd'hui plus particulière à la France, où la Croix, après tant de bouleversements, a été retrouvée. Les anciennes congrégations religieuses du mont Valérien sont remplacées maintenant par ces missionnaires que poursuivent de leurs anathèmes et de leurs insultes les écoliers de Diderot et les singes de Voltaire. La tradition fait remonter à près de huit cents ans l'établissement du premier solitaire sur cette montagne; du moins le frère François donne sept cents ans d'antiquité à l'ermitage du Calvaire, dans une lettre qu'il écrivait, vers l'an 1539, à Guillaume Coeffeteau, commentateur des *Psaumes* de David [1].

Ce qu'il y a de certain, c'est qu'en 1400 il y avait sur le mont Valérien un reclus nommé Antoine. Nous avons encore une lettre qui lui fut adressée par le célèbre Jean Gerson, à qui l'on a quelquefois attribué mal à propos l'*Imitation de Jésus-Christ*.

Depuis le solitaire Antoine jusqu'à la révolution, la succession des ermites au Mont-Calvaire n'avait point été interrompue. Jean du Houssay, Jean le Comte, Pierre le Bourbon, le frère François, et Nicolas de La Boissière, donnèrent tour à tour, dans cette retraite, l'exemple de la douceur et de la pauvreté évangéliques. Il se forma autour d'eux une société de ces hommes qui, dans tous les temps, chassés du monde par des passions, ou des malheurs, ne peuvent retrouver la paix que dans la religion et la solitude. Hubert Charpentier, prêtre, et bachelier de Sorbonne, établit, en 1633, auprès des anciens solitaires, une congrégation nouvelle : il fit construire une église et un séminaire; et, consacrant son institution au plus grand mystère des chrétiens, il bâtit les chapelles des stations, et éleva la croix, qui firent donner au mont Valérien le nom de la *montagne du Calvaire*. Les peuples confondirent bientôt les deux ordres des prêtres et des solitaires, et montèrent plus fermement à l'ermitage, depuis qu'ils y étaient attirés par le signe du salut.

Les tableaux de la création que l'on découvre du sommet des montagnes, augmentent dans le cœur de l'homme le sentiment religieux; à la vue de tant de merveilles, on se trouve naturellement disposé à adorer la main qui les tira du néant. Plus on s'élève vers le ciel, moins il semble que la prière ait d'espace à franchir pour arriver à Dieu : les anciens Perses sacrifiaient sur les hauteurs, et les Grecs avaient couronné de leurs temples les cimes de l'Olympe, du Cythéron et du Taygète. Les rochers des Alpes étaient consacrés par les divinités du Capitole; mais si les Romains avaient un Jupiter Pœnnin sur le Saint-Gothard, ils n'y avaient pas un hospice : personne ne s'y enterrait vivant pour secourir le voyageur : ce sont là les œuvres du christianisme.

Lorsque le philosophisme troublait parmi nous les notions du bon sens, on déclamait contre les croix et les ermitages. Si l'on eût consulté les peintres, ils auraient été d'un autre avis que les philosophes, qui pourtant se piquaient d'aimer les arts. Que de paysages en France ont été gâtés par la destruction des futaies, des vieilles abbayes, des monuments religieux! Et quel mal y avait-il donc que, du sein d'une grande ville, l'homme qui marchait peut-être à des crimes, ou qui poursuivait des vanités, aperçût, en levant les yeux, des autels sur le sommet de nos collines? La croix, déployant l'étendard de la pauvreté aux yeux du luxe, rappelant le riche à des idées de souffrances et de misères, était-elle donc si déplacée auprès de nos parcs et de nos châteaux? Les solitaires avaient à leur tour, du haut de leurs montagnes, le spectacle des

---

[1] Il ne faut pas le confondre avec Nicolas Coeffeteau, évêque de Marseille, et auteur de divers traités commandés par Henri IV et le pape Clément.

orages du siècle, et s'applaudissaient de l'abri qu'ils avaient trouvé. Ce commerce de sentiments religieux et d'idées morales entre le monde et la solitude avait bien son prix. Convenons surtout que nos poëtes connaissaient peu leur art lorsqu'ils se moquaient de ces monts du Calvaire, de ces missions, de ces retraites, qui retraçaient parmi nous les sites de l'Orient, les mœurs des solitaires de la Thébaïde, les miracles de la religion, et les souvenirs d'une antiquité qui n'est point effacée par celle d'Homère.

Il y a quelques années que nous allâmes en pèlerinage au mont Valérien. Arrivés à l'ermitage, dont il existait encore des ruines, nous nous assîmes sous une avenue de tilleuls qui couronnait le coteau. Nous avions à notre droite les bois de Saint-Cloud et de Meudon ; devant nous, Paris ; à gauche, Montmartre, Saint-Denis, et les collines qui bordent les vallées de Montmorency ; derrière nous, les hauteurs de Saint-Germain et de Marly où se termine le cercle de l'horizon. La Seine, coulant au milieu de ce beau bassin parmi des bois, sous des ponts, le long des villages, semblait, par ses détours multipliés, vouloir toucher à tous les lieux célèbres dans notre histoire.

Nous songions aux révolutions, aux siècles, aux hommes qui s'étaient succédé sur ces bords ; nous nous représentions les Gaules, et ce grand espace couvert de forêts ; nous voyions ensuite arriver les Romains, les rois chevelus paraissaient ; la Gaule devenait France : alors passaient les trois races.

Au milieu de cette fuite éternelle, de ce changement sans fin de la face de la société et même de la nature ; au milieu de ce tableau dont les aspects ont été tant de fois renouvelés, où les champs de rosiers ont succédé aux forêts, les chaumières aux palais, les palais aux chaumières ; où les hommes ont paru cent fois avec des langages, des mœurs et des coutumes divers, une seule chose était restée la même : une croix de bois, élevée au sommet du mont Valérien, avait vu tomber autour d'elle les monuments en apparence les plus durables, sans être ébranlée de leur chute. Un petit royaume de solitaires, placé au haut d'une colline, toujours gouverné par le même monarque, toujours attaché aux mêmes principes, s'était perpétué sans révolution, tandis qu'au pied de la montagne, la grande monarchie française avait changé de maîtres, d'opinion et de malheurs. Tout passe ; la religion seule demeure. Les solitaires du mont Valérien n'avaient vu qu'une seule chose aussi invariable que leur existence : c'était le pèlerinage des infortunés qui vinrent dans tous les siècles conter leurs diverses douleurs au pied de la même croix.

Aussi les retraites qu'on avait ouvertes à la piété n'étaient-elles que des stations des souffrances de Jésus-Christ. Les rois montaient au mont Valérien avec la foule : Henri IV se reposa dans la cellule d'un des pauvres frères ; la femme de Louis le Grand se prosterna au pied de la croix, et, en 1789, S. A. R. madame la comtesse d'Artois fit chanter un *Salve* solennel dans la chapelle des ermites. C'était la veille de nos malheurs : les bénédictions que demandait la princesse ne devaient être accordées qu'à son auguste époux et à ses fils, lorsqu'après trente années d'exil ils sont venus rendre hommage pour le trône rétabli à la croix relevée.

Les ermites du mont Valérien ne faisaient que des vœux simples : le livre qui contient leurs règles est touchant par sa naïveté. Ils recevaient les malades et les hommes du monde qui consacraient quelques moments à la retraite. Si la grandeur cherchait quelquefois chez eux une consolation à ses ennuis, la philosophie y trouvait un remède à ses dégoûts. Bernardin de Saint-Pierre raconte qu'il alla un jour demander à dîner aux ermites du mont Valérien avec J. J. Rousseau. « Nous arrivâmes chez eux, dit-il, « un peu avant qu'ils se missent à table, et pendant qu'ils étaient à l'église. J. J. Rous- « seau me proposa d'y entrer et d'y faire notre prière. Les ermites récitaient alors « les litanies de la Providence, qui sont très-belles. Après que nous eûmes prié Dieu

« dans une petite chapelle, et que les ermites se furent acheminés à leur réfectoire,
« Jean-Jacques me dit avec attendrissement : « Maintenant j'éprouve ce qui est dit
« dans l'Évangile : *Quand plusieurs d'entre vous seront rassemblés en mon nom, je
« me trouverai au milieu d'eux.* Il y a ici un sentiment de paix et de bonheur qui
« pénètre l'âme. » Je lui répondis : « Si Fénelon vivait, vous seriez catholique. » Il me
« repartit, hors de lui et les larmes aux yeux : « Oh! si Fénelon vivait, je chercherais
« à être son laquais, pour mériter d'être son valet de chambre. »

En 1789, il y avait au Calvaire environ quarante ermites et quatre ou cinq prêtres; en 1790, le Calvaire fut détruit et les prêtres renvoyés; en 1792, on chassa les ermites; en 1793, Merlin de Thionville acheta le Calvaire, et loua à quatre ou cinq ermites le petit bâtiment actuellement existant : il détruisit l'église des prêtres et ne laissa subsister que celle des solitaires; il abattit les stations. En 1803, Merlin vendit le Calvaire à M. Gouai, curé de l'Abbaye-aux-Bois. Un jardin anglais avait remplacé le jardin potager des ermites au mont Valérien. Le dimanche, au lieu des offices divins, on entendait les tambours et les violons d'un bal public : la *nouvelle religion* faisait naître un moment un rire insensé parmi les malheureux dont l'ancienne essuyait les larmes. Rapprochement singulier : les païens avaient élevé un temple à Adonis sur le véritable Calvaire.

Voilà qu'au milieu des triomphes de notre sagesse, au milieu de ces joies nées de nos pleurs, voilà que la croix reparaît tout à coup! Le nouveau propriétaire, le curé de l'Abbaye-aux-Bois, rétablit le culte du Calvaire : les vieilles statues de saint Antoine et de saint Paul ermite sortent des réduits où elles étaient cachées, et viennent reprendre leurs places. Lorsque nous fîmes au mont Valérien le pèlerinage dont nous avons parlé, la croix était plantée vis-à-vis d'un kiosque, et l'on voyait une tête de saint Antoine sur la voûte d'un souterrain qu'on avait transformé en glacière. M. Houdouart, ancien supérieur des ermites, était encore vivant à cette époque. Pendant la révolution, cultivant une vigne au pied de la montagne, et couvert de l'humilité chrétienne comme d'un voile, il avait échappé aux yeux des bourreaux. Nous le trouvâmes au Calvaire; nous visitâmes avec lui l'ermitage en ruine. On lisait encore sur les murs quelques sentences à demi effacées, telles que celles-ci, qui promettait une société aux solitaires : *Deliciæ meæ esse cum filiis hominum*, « J'ai fait mes délices d'être avec
« les enfants des hommes; » et celle-ci, qui convient aux voyageurs chrétiens : « Qui
« me donnera les ailes de la colombe? Je prendrai mon vol et me reposerai; » et celle-ci encore, si formidable à ceux qui prétendent étouffer leurs remords : « Le ver
« qui les ronge ne mourra point. »

En 1805, le curé de l'Abbaye-aux-Bois mourut, et ses héritiers vendirent le Calvaire à un négociant. Le culte de la croix continua d'être public. En 1808, les curés de Paris rachetèrent le Calvaire du nouveau possesseur, et proposèrent à Buonaparte un établissement que le ministère rejeta. Ils furent alors obligés de rendre le Calvaire à celui qui le leur avait vendu, en lui payant un dédit de dix mille francs. Le négociant ne put à son tour effectuer le paiement primitif, et les héritiers du curé de l'Abbaye-aux-Bois rentrèrent dans leur propriété. Ce fut alors qu'ils cédèrent le Calvaire à l'abbé de la Trappe. Mais en 1811, à l'époque du concile de Paris, la publication du bref d'excommunication dans la communauté des trappistes, près de Gênes, entraîna la suppression de l'ordre et la confiscation du Calvaire. Trente ouvriers furent envoyés de nuit au mont Valérien, et celui qui avait gagné tant de batailles à la face du soleil crut devoir se cacher dans l'ombre pour abattre une croix. Pendant trois ans tout culte fut interdit; l'église des ermites, qui restait encore, fut abattue : on se proposait de la remplacer par une autre église dont le dôme ferait le pendant de celui des Invalides. Une maison d'éducation pour les orphelines des officiers de la Légion d'honneur s'éleva sur les ruines de l'ermitage : l'ancien asile de la paix devait servir de retraite aux victimes de la guerre. Au moins dans ce projet les grossiers plaisirs révolutionnaires ne succédaient pas aux nobles pénitences de la foi. Il y a une alliance secrète entre la religion et les armes, dans tous les pays, et surtout en France, berceau de la chevalerie ; les militaires sont naturellement religieux : ce ne sont pas les baïonnettes de nos soldats, ce sont les plumes de nos révolutionnaires qui ont égorgé les prêtres.

Au moment de la restauration, tout était abandonné sur le Calvaire : M. l'abbé de Janson, qui venait, de concert avec M. l'abbé de Rauzan, de former l'établissement des Missions de France, détermina le gouvernement à prendre des arrangements avec l'abbé de la Trappe. Ensuite il sollicita et obtint la jouissance des emplacements du mont Valérien, et il rétablit le culte de la croix.

Les stations qui viennent de s'ouvrir cette année sont d'autant plus intéressantes que M. l'abbé de Janson arrive de Jérusalem, et qu'il a pu montrer au pied du Calvaire du mont Valérien de pieux objets rapportés du véritable Calvaire. La solennité d'hier était admirable : les missionnaires signalant la vanité du monde devant un monument élevé par l'homme de gloire sur les débris de l'asile d'un obscur ermite ; ce monument non achevé, et n'étant lui-même qu'une ruine ; le conquérant qui l'entreprit exilé sur un rocher au milieu des mers ; le prêtre jadis exilé revenu dans sa patrie, et annonçant la perpétuité de la religion sur un monceau d'anciennes et de nouvelles ruines, quel sujet de sentiments et de réflexions ! Qu'on y joigne la grandeur et la beauté du site, l'éclat du soleil, la verdure du printemps ; qu'on se représente la pompe religieuse ; cette tente formant l'église de la Mission, comme aux premiers jours du christianisme ; ces trois croix élevées dans les airs ; ce mélange de prédications et de chants ; cette foule couvrant les flancs de la colline, tantôt marchant en procession avec les prêtres, tantôt s'arrêtant aux stations, tombant à genoux, se relevant, recommençant sa marche en chantant des cantiques nouveaux ou les vieilles hymnes de l'Église, et l'on concevra comment il était impossible d'échapper à l'impression de cette scène. On a surtout remarqué le moment où, parvenus à la dernière station, les archevêques et les évêques présents à la cérémonie se sont réunis sur le rocher au pied de la croix. Le groupe religieux se dessinait seul sur le ciel avec la croix et la crosse d'or, tandis que les fidèles étaient prosternés. Ces vénérables pasteurs, vieux témoins de la foi décimés par la révolution, semblaient tenir une espèce de concile en plein air ; et, confessant la religion pour laquelle ils avaient souffert, ils rappelaient ces anciens Pères de l'Église composant, après la persécution de Dioclétien, le symbole de Nicée.

Le succès des missionnaires étonne les hommes de parti. Il est dur, en effet, d'avoir pendant trente ans bouleversé la France pour déraciner la religion, et d'avoir perdu son temps ; il est dur pour ceux qui nous ont régénérés de n'avoir pu établir ni un gouvernement, ni une institution, ni une doctrine durables, et de voir d'*ignorants* missionnaires échappés au martyre, pauvres, nus, insultés, calomniés, charmer le peuple avec un crucifix et une parole de l'Évangile. Ce démenti donné à la sagesse du siècle n'est-il pas intolérable ? Comment souffrir des apôtres qui rétablissent les droits de la conscience, et qui prêchent la soumission à l'autorité légitime ? On fait des chansons abominables, on étale des caricatures où les missionnaires prennent pour autel un bûcher : reste à savoir si ces chants ne sont pas semblables à ceux que l'on faisait entendre autour de la guillotine ; si ces bûchers ne sont pas ceux que l'on alluma pour y jeter les ecclésiastiques. Non, il faut être juste : on n'a pas brûlé le clergé ; on l'a seulement envoyé mourir à Cayenne et dans les cachots ; on n'a fait que massacrer les capucins dans leur couvent à Nîmes, qu'égorger les prêtres dans la glacière à Avignon, que les noyer dans les bateaux à soupape à Nantes, que les massacrer à Paris aux Carmes et dans la prison de l'Abbaye. Un témoin oculaire nous a raconté comment la chose se passait, pour le plus grand triomphe des lumières sur la superstition et les préjugés.

« A dix heures, dit M. Journiac Saint-Médard, l'abbé Lenfant, confesseur du
« roi, et l'abbé Chap de Rastignac, parurent dans la tribune de la chapelle qui
« nous servait de prison, et dans laquelle ils étaient entrés par une porte qui
« donnait sur l'escalier. — Ils nous annoncèrent que notre dernière heure approchait, et nous invitèrent à nous recueillir pour recevoir leur bénédiction. — Un
« mouvement électrique, qu'on ne peut définir, nous précipita tous à genoux, et,
« les mains jointes, nous la reçûmes. — A la veille de paraître devant l'Être suprême,
« agenouillés devant deux de ses ministres, nous présentions un spectacle indéfinissable. L'âge de ces deux vieillards, leur position au-dessus de nous, la mort pla-
« nant sur nos têtes, et nous environnant de toutes parts, tout répandait sur cette
« cérémonie une teinte auguste et lugubre : elle nous rapprochait de la Divinité,
« elle nous rendait le courage ; tout raisonnement était suspendu ; le plus froid et le
« plus incrédule en reçut autant d'impression que le plus ardent et le plus sensible.
« Une demi-heure après, ces deux prêtres furent massacrés, *et nous entendîmes leurs*
« *cris.* »

Quel est l'homme qui lira les détails suivants sans que ses yeux se remplissent de larmes, sans éprouver les crispations et les frémissements de la mort ? Quel est celui dont les cheveux ne se dresseront pas d'horreur ?

« Notre occupation la plus importante était de savoir quelle serait la position que
« nous devions prendre pour recevoir la mort le moins douloureusement possible,
« quand nous entrerions dans le lieu des massacres. Nous envoyions de temps à autre
« quelques-uns de nos camarades à la fenêtre de la tourelle, pour nous instruire de
« celle que prenaient les malheureux qu'on immolait, et pour calculer, d'après leur
« rapport, celle que nous ferions bien de prendre. Ils nous rapportaient que ceux
« qui étendaient leurs mains souffraient beaucoup plus longtemps, parce que les coups
« de sabre étaient amortis avant de porter sur la tête ; qu'il y en avait même dont les
« mains et les bras tombaient avant le corps, et que ceux qui les plaçaient derrière
« le dos devaient souffrir beaucoup moins.... Hé bien ! c'était sur ces horribles détails
« que nous délibérions. Nous calculions les avantages de cette dernière position, et
« nous nous conseillions réciproquement de la prendre, quand notre tour d'être massacrés serait venu. »

Chantez maintenant de joyeux refrains ; imaginez des caricatures bien bouffonnes sur les sujets précédents ; faites l'éloge de la Convention : quand vous serez en verve, ne vous gênez pas. Il est si courageux aujourd'hui d'attaquer le reste de ces prêtres échappés aux pamphlets de Marat et aux héros de septembre ! il faut tant d'esprit pour rire de ces hommes qui n'ont ni pain ni asile, et qui ne demandent que la permission de consoler les misérables ! Lorsque l'*Esprit* vous saisira, nous seconderons en vous l'inspiration révolutionnaire, en vous lisant quelque beau passage du *Journal des Jacobins*, vos illustres devanciers. Nous ouvrirons le *Moniteur ;* et puisqu'il vous plaît de parler d'échafauds et de massacres, nous compterons.

Dans vos caricatures, vous prétendez que les missionnaires ont un tarif pour leurs services : oui, ce tarif des fautes est un seul repentir. Est-ce trop cher ? Mais vous-mêmes, n'avez-vous pas eu vos tarifs ? Les *bons* avec lesquels vous payiez chaque assassinat aux Carmes et à l'Abbaye n'existent-ils pas encore? Vous êtes des esprits positifs; vous aimez les faits : voilà un fait.

Les missionnaires vous déplaisent; leurs solennités vous importunent. Mais n'avez-vous pas eu aussi vos fêtes? Le bourreau marchait à la tête de ces pompes de la raison : puis venait un âne couvert des habits pontificaux ; puis on traînait les vases sacrés et la sainte hostie; puis on mitraillait les citoyens. Il est vrai que les missionnaires n'ont rien à présenter de pareil : ils portent aussi la sainte hostie, mais elle n'est pas souillée; ils ne prêchent pas la haine, mais la charité; ils ne fomentent pas les divisions, ils recommandent l'oubli des injures; c'est surtout à la *station du pardon* qu'ils s'arrêtent; et à la fin de leurs cérémonies, au lieu d'égorger des hommes, ils montrent au peuple la victime pacifique offerte pour le salut des persécuteurs comme pour celui des persécutés.

Hommes de révolution, vous feriez mieux de vous taire : vous échouerez dans vos projets, et ne réussirez qu'à vous rendre odieux. Grâce à votre audace, qui n'est surpassée que par votre faiblesse, on commence à ouvrir les yeux. Les honnêtes gens de toutes les nuances d'opinion sentent la nécessité de se réunir. Les tribunaux font parler les lois, et ce réveil de la justice ranime l'espérance. C'est aujourd'hui le 3 mai, jour qui a rendu à la France son roi et son père. Cette seule date devrait avertir les petits impies du moment que s'ils ne parviennent à renverser le trône, c'est en vain qu'ils prétendent détruire la religion. Le trône de saint Louis sans la religion de saint Louis est une supposition absurde; la légitimité politique amène de force la légitimié religieuse. On ne peut reconstruire l'ordre social qu'en le fondant sur les mœurs, et on ne rétablit les mœurs qu'en rétablissant la religion.

Paris, le 12 mai 1819.

Il y a un jeu qu'on appelle le *petit bonhomme vit encore,* jeu que les anciens connaissaient sous un nom plus noble, et dont Lucrèce a emprunté cette belle comparaison de la vie que les hommes se transmettent dans leur course rapide ici-bas :

Quasi cursores vitæ lampada tradunt.

Il a paru ces jours derniers une caricature qui représentait le jeu du *petit bonhomme* : ce n'est point le flambeau de la vie que les personnages se passaient mutuellement, mais celui de la monarchie, qui pourrait bien s'éteindre entre des mains ennemies, si l'on s'obstine à l'y laisser plus longtemps.

On voyait, dans la caricature, le personnage le plus auguste; après lui, deux femmes; après les deux femmes, un homme qui ressemblait à Buonaparte; ensuite une autre femme, ensuite un enfant, ensuite un militaire dont les traits rappelaient les portraits du prince Eugène; enfin, un autre militaire qui veut fuir le jeu, et que le militaire, son voisin, retient par la main. Cette caricature a été vendue avec profusion. On la dit aujourd'hui arrêtée par la police : mieux vaut tard que jamais.

Malgré les tentatives du parti révolutionnaire, et les négligences de la police; malgré le système ministériel, malgré les destitutions de presque tous les royalistes, malgré les impiétés et les calomnies qu'on imprime de toutes parts, nous pouvons apprendre à nos lecteurs, avec une vive satisfaction, que l'opinion royaliste fait des progrès considérables. Ils nous permettront, pour dédommagement de nos sacrifices, de nous attribuer une partie de l'honneur de ce changement. Avant l'établissement du *Conservateur,* l'opinion royaliste était sans organe; on n'avait, pour connaître la *vérité,* que les journaux jacobins et les gazettes ministérielles. La censure tenait dans l'oppression les feuilles royalistes : à peine pouvaient-elles faire entendre quelques plaintes. Le décourageusement était général. Le *Conservateur* parut, et tout se ranima. La France vit avec épouvante qu'on n'allait à rien moins qu'à la replonger dans des révolutions; que les hommes qui, depuis trente ans, font tous ses maux recommençaient à agir et à écrire, et que la conséquence de ces déclamations éternelles contre les nobles et les prêtres, la féodalité et la religion, serait de nous ramener au règne de la fraternité et de la mort. Or, la France, qui ne veut plus de révolution, s'est réveillée; les honnêtes gens de toutes les nuances d'opinion ont senti qu'il fallait se réunir, pour opposer une digue à l'invasion démocratique, trop favorisée par le système ministériel. D'autres feuilles royalistes se sont établies à l'ombre du *Conservateur*; et, si l'on compare l'époque où cet ouvrage a pris naissance à l'époque où nous sommes arrivés, on verra que l'opinion s'est singulièrement améliorée.

Les ministres ne pourront pas nous dire qu'ils sont pour quelque chose dans cette amélioration, à moins que ce ne soit par le résultat même de leurs fautes. Ces fautes, tout énormes qu'elles sont, pourraient néanmoins se réparer, n'était l'effet de la loi du recrutement sur l'armée.

Qu'on se souvienne toujours qu'une assemblée démocratique produite par la loi des élections, et une armée démocratisée obéissant à cette assemblée, amèneraient une révolution infaillible. L'opinion publique aurait beau être excellente, elle n'empêcherait rien, parce que l'opinion ne peut rien contre le canon.

Grâce à Dieu, la garde, si violemment travaillée, n'a point encore été rompue. Tantôt on a voulu donner de l'avancement aux officiers, et les officiers, par un dévouement admirable, ont préféré servir dans un grade inférieur, pour avoir l'honneur de rester plus près du roi; tantôt on a parlé de réunir les régiments d'infanterie de cette garde, ce qui entraînerait la suppression de la moitié des officiers. Aujourd'hui on met en avant un nouveau raisonnement : Nous sommes, dit-on, environnés de puissances militaires; il faut augmenter notre armée. Or, les régiments de la garde coûtent autant que coûterait l'entretien d'un corps deux fois plus considérable : donc la garde est bonne à détruire, afin d'acquérir un plus grand nombre de soldats.

Ceci est une règle d'arithmétique, et non pas un raisonnement; les hommes ne sont pas, comme les chiffres, d'une valeur invariable, et les choses sont encore moins soumises que les hommes aux résultats absolus. Si un corps d'élite attaché à la personne du roi, animé par tous les objets d'émulation, par tous les motifs de gloire, rend autant de services qu'un corps deux fois plus nombreux, mais qui, bien qu'aussi vaillant sans doute, est moins exercé, moins bien armé, moins bien entretenu, quel avantage trouvez-vous alors à obtenir par la quantité ce que vous avez par la qualité? Et peut-on nier que les corps d'élite n'aient souvent décidé du sort de la victoire? Tous les souverains de l'Europe n'ont-ils pas des gardes à qui ils doivent particulièrement leurs derniers succès? La maison militaire des rois de France s'est toujours fait remarquer par sa bravoure, depuis les sergents à massue de Philippe-Auguste, les archers du corps de Charles VII, les gentilshommes au bec-de-corbin de Louis XI, les gardes du corps de Charles VIII et de François Ier, les gardes françaises de Charles IX, les gendarmes de Henri IV, jusqu'aux mousquetaires et aux grenadiers à cheval de Louis XIII et de Louis XIV. La maison du roi contribua à tous les succès et soutint tous les revers de Louis le Grand : on sait qu'elle triompha à Fleurus, fit capituler Lille, emporta miraculeusement Valenciennes et Condé, vainquit à Cassel, et sauva l'honneur à Malplaquet. Après avoir, sous Louis XV, ramené la victoire à Fontenoy, elle disparut sous Louis XVI dans les foudres révolutionnaires. Du milieu de la tempête sortit cette fameuse garde impériale qui a rempli le monde de la renommée de ses exploits, et dont les vétérans font aujourd'hui la force et l'orgueil de la garde royale. Quels ennemis de l'honneur de la France pourraient répudier un si bel héritage de gloire? Les considérations politiques ajoutent une nouvelle force aux considérations militaires : après vingt-sept années d'illégitimité, après la trahison des Cent-Jours, toute théorie doit céder à la nécessité de mettre en sûreté le monarque. Le trône est la clef de la voûte : vous défendrez en vain le royaume, si vous ne sauvez pas le roi.

Puisque nous parlons de soldats et de gloire, n'oublions pas que c'est demain l'anniversaire de la mort de M. le prince de Condé. Nous lisons ces paroles dans le testament de ce prince : « Ceci est mon testament ; et s'il n'est pas exactement légal, d'a-
« près les anciennes lois françaises et celles du pays dans lequel je l'écris, ou de celui que
« j'habiterai le jour de ma mort, je prie mon fils de ne point s'arrêter à ces formes.

« Je connais trop le cœur de mon roi pour croire avoir besoin de recommander mon
« fils à ses bontés..... J'ose répondre que le dernier des Condés est aussi digne de son
« estime et de ses bontés que l'était son trop malheureux fils, et que son père a tâché
« de l'être. »

Grand Dieu ! le prince de Condé ne sachant pas quel *pays il habiterait le jour de sa mort*, cette recommandation d'un Condé pour le *dernier des Condés*, le souvenir de *ce trop malheureux fils*, voilà la révolution tout entière ! Que Bossuet n'eût-il point ajouté au dernier chef-d'œuvre de son éloquence, si, lorsqu'il pleurait sur le cercueil du grand Condé, il eût pu prévoir l'avenir !

Il serait bien temps de mettre un terme à cette révolution si féconde en crimes. Par quelle fatalité cherchons-nous à en perpétuer l'esprit ? Chaque ministre, avec les meilleures intentions du monde sans doute, suit un chemin qui ne peut le conduire qu'à de dangereuses erreurs. Si de la guerre nous passons aux finances, nous voyons un plan qui semble être celui d'un avare : entasser des écus, supputer trop haut les dépenses et trop bas les recettes, afin de thésauriser, c'est tout le système. On s'est si bien trouvé de ce système au 20 mars, lorsqu'il est arrivé un homme qui s'est emparé des coffres ! Nous autres, qui cheminions vers Gand par monts et par vaux, il nous eût été très-agréable d'avoir un *bon* de M. le ministre des finances pour payer la poste ; mais le trésor était resté fidèlement à Buonaparte : il n'y manquait pas une obole, sauf quelques centaines de mille francs donnés à quelques personnages qui se retirèrent avec *le vivre et le couvert*, comme le rat dégoûté du monde.

Des lettres de Russie annoncent que la nouvelle de la nomination des soixante pairs n'a pas été reçue du public à Pétersbourg avec plus de faveur qu'à Londres. Quand nos ministres nous faisaient entendre, à la tribune et dans leurs journaux censurés, que les étrangers approuvaient leur conduite, nous n'avons cessé de réclamer contre cet abandon de la dignité nationale : nous aimons à croire qu'elle est mieux sentie aujourd'hui. Pour nous, nous n'hésitons point à déclarer que, le jour où il s'agirait de l'honneur et de l'indépendance de la patrie, il n'y a point d'opinion politique qui nous empêchât de nous réunir à quiconque, combattant pour le trône légitime, voudrait vivre et mourir Français.

Ce serait une chose utile de savoir combien il faudrait de sots ministres pour composer un ministère d'esprit ; nous savons à merveille combien il faut de ministres d'esprit pour former un pauvre ministère. Tous les hommes n'ont pas tous les talents : le ministère actuel réunit sans doute à l'art de l'administration et des négociations diplomatiques la connaissance des finances et de la guerre, mais il n'a pas reçu l'éloquence en partage ; chose assez fâcheuse dans un gouvernement représentatif.

Cependant M. le garde des sceaux a soutenu, sinon dissertement, du moins vaillamment, la discussion sur la liberté de la presse, et ses collègues l'ont laissé seul dans la mêlée. Grâce à ses efforts, les trois lois sur la liberté de la presse ont passé à la

Chambre des députés. Filles du ministère et de la minorité de gauche, elles tiennent de leur père cet esprit de police, et de leur mère ce caractère démocratique, si bien en harmonie avec les libertés constitutionnelles et les principes monarchiques.

Dans les années précédentes, on avait ouvert franchement, et sans préambule, la discussion sur la liberté de la presse; mais cette année, le ministère étant tombé à des hommes supérieurs, on a posé des principes. On a découvert que la presse ne faisait pas de mal, mais qu'elle pouvait devenir la cause du mal, ce qui éclaircit prodigieusement la question. Tout étant devenu si lumineux, il en est résulté trois lois embrouillées, renforcées de quelques amendements obscurs, sans compter ceux qui ont été rejetés. Jadis on faisait peu de lois, et seulement dans le cas d'une nécessité absolue; on ne songeait alors qu'à les approprier au besoin du moment, et l'on s'abstenait de tout raisonnement superflu. Venaient ensuite les magistrats et les jurisconsultes qui, chargés d'appliquer ces lois, en développaient les principes. Aujourd'hui nous sommes bien plus habiles : nous commençons par faire l'esprit d'une loi qui n'est pas faite; et, d'après cette opération théorique élaborée dans notre cerveau, nous créons la loi pratique. Ainsi nous disons gravement à l'écrivain : « Savez-vous ce que vous faites quand vous écrivez ? — J'écris. — Ce n'est pas cela. Votre écrit est-il coupable, ou donne-t-il occasion d'être coupable ? — Je n'en sais rien. — Ne voyez-vous pas que la presse n'est que l'instrument d'un crime, et n'est pas le crime lui-même ? — Et qu'est-ce que cela prouve ? — Qu'est-ce que cela prouve ! ne sentez-vous pas que cela change tout *l'esprit de la loi ?* »

M. Jourdain aurait été un grand ministre de nos jours. « Sais-tu ce que tu fais, dit-il à Nicole, quand tu dis un U ? — Je dis U, répond Nicole. — Oui, réplique M. Jourdain; mais quand tu dis U, qu'est-ce que tu fais ? — Je fais ce que vous me dites. — Oh! l'étrange chose que d'avoir affaire à des bêtes ! U, vois-tu ? je fais la moue, U. »

On est fâché, comme M. Jourdain, de n'avoir pas étudié plus tôt pour apprendre tout cela.

La discussion, commencée d'une manière si brillante dans la Chambre des députés, s'est terminée d'une manière plus éclatante encore. L'orateur du gouvernement, niant les principes généreux dont il est ordinairement le champion, a dit : « Que la révo-
« lution nous ayant légué une société toute nouvelle, il est résulté de l'égalité intro-
« duite dans les replis de l'ordre civil, qu'il n'y a plus aujourd'hui en France que le
« gouvernement et des individus; que d'un côté la puissance publique est la seule qui
« soit réelle et forte, parce qu'il n'y a plus de puissances intermédiaires, de patro-
« nages aristocratiques, de corporations, de priviléges particuliers; et que de l'autre
« cette puissance publique, si réelle et si forte, sera singulièrement exposée par la
« liberté de la presse, vu que cette puissance est partout vulnérable dans une multi-
« tude d'agents dont on ne saurait raisonnablement espérer que la conduite ne don-
« nera lieu à aucun reproche légitime. » De sorte que de la constitution nouvelle de l'ordre social, qui doit produire de si beaux développements, il résulte que le peuple n'a aucun moyen de défendre sa liberté contre le gouvernement, ni le gouvernement son existence contre l'opinion. Était-ce ce que l'orateur voulait prouver ?

Après la discussion de la presse est venue la discussion du budget. Celle-ci s'est ouverte avant-hier, tant par un rapport sur le règlement des comptes des exercices de 1815, 1816 et 1817 que par la réponse de M. le commissaire du roi à un précédent rapport relatif au budget définitif de 1815, 1816 et 1817. Il ne se trouvait qu'une petite différence de cent quatre-vingt-onze millions entre les calculs du ministre et ceux de la commission de la Chambre des députés. M. le commissaire du roi pense que cette inconcevable disparité tient à ce qu'on n'a pas bien entendu une phrase du ministre; il réduit, par un éclaircissement, la différence entre les calculs du ministre et ceux portés dans le rapport à cinquante-huit millions quatre cent soixante et un mille francs. Cette différence, a-t-il ajouté, n'est qu'apparente, et tient seulement à des opinions diverses en matière de comptabilité. Ces opinions sont un peu chères.

Un membre de l'opposition de gauche a parlé contre le projet de loi d'une manière piquante et spirituelle; mais comme le budget est matière pesante pour les contribuables, nous ne voulons pas le discuter légèrement, et nous nous proposons d'y revenir.

Avant qu'on s'occupât de cet objet principal de la session, des pétitions avaient amené des questions importantes. Deux ex-substituts près le tribunal de première instance de Paris ont demandé le paiement de leur traitement pendant les Cent-Jours.

Un membre de la minorité de gauche, soutenant les pétitionnaires, et combattant les adversaires de la pétition, a avancé que ceux qui blâment ce qui s'est fait à l'époque des Cent-Jours auraient été bien malheureux si ces honnêtes gens ne s'étaient chargés de conduire la France. Ce fut sans doute cette nécessité de conduire la France qui porta un député de la Chambre des Cent-Jours à demander avec tant de chaleur l'élévation de Napoléon II au trône de Louis XVIII. Mais, en vérité, les hommes des Cent-Jours eussent-ils été mieux traités sous l'usurpation que sous la légitimité? De quoi se plaint-on? Il n'y a pas jusqu'aux musiciens du Champ de Mai dont on n'ait payé les gavottes et les rigodons arriérés.

Ceux qui appuieront les pétitions pour le rappel des bannis seront également bons logiciens. Il est bizarre en effet que des hommes soient bannis, tandis que d'autres hommes, qui ont eu une conduite toute semblable, occupent les premières places de l'État, et sont comblés de pensions et d'honneurs. Si l'on eût suivi le premier système, les bannis auraient eu tort de réclamer : ils auraient dû attendre, en un respectueux silence, les effets toujours certains de la miséricorde royale; mais dès lors que les hommes des Cent-Jours sont préférés aux amnistiés de Gand et aux compagnons de La Rochejaquelein; dès lors qu'on rappelle, par une décision ministérielle, les régicides éloignés par une loi, un système de rigueur, qui n'est suivi que pour quelques individus, devient une sorte d'injustice. Il y aurait une chose raisonnable à faire; ce serait d'envoyer les royalistes prendre la place des bannis : ils ont l'habitude de l'exil et du malheur; leur présence est un contre-sens et un reproche au milieu du système ministériel.

La minorité de droite s'est tue pendant le cours de toutes ces discussions, ou du moins elle n'y a pris part que rarement, et toujours pour proposer des choses justes et généreuses. A la diminution des idées saines et des bonnes raisons, on s'est bien aperçu de son silence. En revanche, si elle a peu parlé, elle a écrit. Les opinions imprimées de M. Bellart sont pleines de sens et de chaleur. M. de Bonald a répandu un petit écrit intitulé *Réflexions sur la séance de la Chambre des députés du 17 avril 1819*. C'est là qu'on trouve, non une métaphysique obscure et stérile, mais une métaphysique féconde et lucide, qui prend sa source dans la morale et sa lumière dans le ciel. M. de Bonald, homme de génie, est de plus un homme de bien : c'est une chose fâcheuse pour *la bonne vieille cause* de la révolution que la minorité royaliste renferme tant de nobles caractères, de talents et de vertus.

Cette minorité peut maintenant reprendre la parole : elle a prouvé ce qu'elle a voulu prouver : l'expérience est faite. On ne cessait de dire : Ce sont les discours des royalistes qui aigrissent la minorité opposée, et qui forcent les ministres à s'appuyer sur cette minorité. Maintenant que l'on juge. Le calme est-il revenu? les ministres ont-ils été moins ardents dans la poursuite des royalistes? ont-ils fait moins de concessions à l'opinion démocratique? a-t-on entendu professer des principes moins opposés à ceux de la monarchie légitime? Un très-grand bien a donc été obtenu, puisque la France a été éclairée : cette nouvelle manière d'instruire la patrie par le silence a réussi au delà de ce qu'on pouvait espérer.

Les *correspondances privées* qui vont enfin être détruites par la suppression de la censure, parce qu'elles perdront leur autorité lorsqu'elles seront traduites et flétries dans nos journaux, les *correspondances privées* font aujourd'hui l'éloge de l'assassin de Kotzebüe; elles le comparent à Charlotte Corday, d'où il résulte que Kotzebüe est Marat. Cependant Marat était un grand ennemi des rois et des prêtres, ce qui devait le faire chérir des *correspondances privées*; et Kotzebüe était le défenseur du trône et de l'autel. Mais dans les premiers transports de la reconnaissance pour Sand, on a sacrifié la mémoire de Marat par une comparaison injurieuse à ce demi-dieu, quitte à rétablir ses statues quand la religion des frères et amis aura relevé les échafauds fraternels.

Les mêmes *correspondances privées* crient contre les Suisses et insultent nos tribunaux : c'est dans l'ordre. Elles annoncent des épurations dans notre armée : c'est dans l'ordre. Elles s'épuisent à dire que nos ministres vivent dans la meilleure intelligence : c'est encore dans l'ordre. Les jacobins en France tiennent les mêmes discours : ils invitent surtout M. le ministre de l'intérieur à ne pas se ranger du côté des royalistes, qui, disent-ils, ne lui pardonneront jamais l'ordonnance du 5 septembre. Les royalistes, à qui l'on n'a jamais pardonné leurs malheurs, ont toujours oublié le mal qu'on leur a fait. Les mêmes hommes qui appellent à leur secours M. le ministre de l'intérieur lui ont-ils pardonné les lois d'exception, le bannissement des régicides, et ces fameuses lettres que nous avons, où M. le ministre de l'intérieur s'exprime avec tant d'énergie, et donne des ordres si sévères contre ces hommes *auxquels le remords est étranger, que le pardon ne peut ramener, que la clémence offense, que l'on ne peut rassurer, parce qu'il est des consciences qui ne sauraient l'être ?* C'est à lui d'examiner, l'histoire de la révolution à la main, de quel côté on oublie et l'on pardonne.

Il est vrai de dire pourtant que les divisions qui semblaient exister dans le ministère ont cessé, du moins momentanément. On en assigne plusieurs causes, et en particulier celles qui peuvent naître de l'affaire de Bruxelles : dans le danger on serre les rangs.

Juste retour des choses d'ici-bas : l'année dernière, quelques-unes des personnes qui se sont dévouées à l'établissement du *Conservateur* virent leur nom compromis dans la prétendue *conspiration du bord de l'eau ;* et voilà que l'ancien chef de cette police où retentissent tant de conspirations se trouve à son tour impliqué dans une de ces conspirations; il est obligé aujourd'hui de se défendre dans le *Moniteur*, comme nous nous défendions dans le *Conservateur*.

Tels sont les graves inconvénients que produit notre police générale, née, comme on l'a dit, dans la fange révolutionnaire, de l'accouplement de l'anarchie et du despotisme. Tous les mauvais sujets de l'Europe, tous les espions se croient obligés de s'adresser à cette police quand ils méditent quelque crime : ils déposent dans son sein leurs abominables secrets. Si la justice déjoue leurs complots, alors, pour se sauver, ils sont obligés de compromettre le nom et la dignité de la France.

Il est temps que les ministres qui n'ont point été élevés à une école de délation et de turpitude cessent d'accorder leur confiance aux anciens agents de la police du Directoire et de Buonaparte. Ces hommes qui réussissaient sous le despotisme, parce que la puissance absolue servait à cacher leurs trames, ces hommes ont cru qu'ils pouvaient suivre leur marche accoutumée sous le règne de la liberté et de la légitimité. Ils étaient trop bornés pour s'apercevoir qu'avec des jugements publics et la liberté de la presse, toutes leurs machinations seraient déjouées; ils n'ont pas songé qu'appartenant à la révolution, et ne voulant pas inventer de conspirations révolutionnaires, ils seraient obligés de continuer à faire comme sous Buonaparte des conspirations royalistes, ce qui, sous le roi, deviendrait une odieuse absurdité. Qu'est-il résulté de ces menées? on n'a trompé personne, et partout on n'a trouvé de conspirateurs que ceux qui avaient imaginé des conspirations.

Veut-on savoir jusqu'à quel point la manie de faire et de découvrir des conspirations a été portée? Tandis que M. le ministre de la police était compromis dans une conspiration à Bruxelles, un autre personnage grave était également compromis en Bretagne : l'histoire est curieuse.

A quelques lieues de Dinan, sur les bords de la Rance, s'élève un château gothique. M. de ***, ancien seigneur de ce château, avait dans toutes les occasions périlleuses pris les armes pour la cause royale. Longtemps chef des chouans, et connu comme tel dans le pays, il était par conséquent devenu suspect depuis le retour de la légitimité. Son manoir, flanqué de tours féodales, était surveillé par ces hommes qui, depuis l'an 1793 jusqu'à ce jour, ont dénoncé les royalistes à la Convention, au Directoire, à Buonaparte, et qui continuent à les dénoncer au gouvernement royal, par habitude. Le château depuis longtemps semblait tout à fait abandonné; cependant on avait entendu dans ses cours, ses jardins et ses bois, une voix qui criait : *Vive le roi! aux armes! marche! en avant les gars!* Il faut remarquer que ce dernier commandement des chefs de la Vendée était jadis celui de Duguesclin, et que le cœur du héros breton était déposé dans un couvent de bénédictins à Dinan. *En avant les gars!* était donc un vieux cri de loyauté et de victoire, connu de toute antiquité dans les bois des Côtes-du-Nord.

Grande dénonciation, rapport circonstancié, rassemblement de chouans dans le château, exercice à feu, évolutions, cocardes vertes, telles que celles indiquées à la Chambre des pairs, et niées par M. le ministre de l'intérieur. Le jour est pris pour attaquer la forteresse. On marche avec précaution la nuit, par des sentiers déserts. On arrive au lever du jour au pied du donjon. On somme le gouverneur d'abaisser le pont-levis; rien ne paraît. On se disposait à donner l'assaut, lorsqu'une porte vient à s'ouvrir, et l'on voit sortir un paysan avec sa charrue et ses bœufs. Arrêté par les assiégeants, il est conduit à leur capitaine, qui l'interroge sur le cri séditieux de *vive le roi!* entendu dans le château. Le chouan, démêlant l'affaire, répond, dans son langage breton : « Mes biaux messieurs, vous ne trouvarez pas les gars; mais si vous « voulaz entrer, vous prendraz le général. » On se jette dans le château, on se saisit des passages. Au milieu de tout ce bruit, un vieux corbeau effarouché prend sa volée; et le paysan de crier : « Le général s'envole, vous avaz fait trop de tapage. » C'était un corbeau privé à qui M. de *** avait appris à répéter : « Vive le roi! en avant les gars! » On ne put jamais forcer le général à descendre de l'arbre où il s'était réfugié : il avait la prudence de sa race; et, quoiqu'il fût blanc comme neige de toute cette conspiration, il savait bien que la calomnie s'obstinerait à le noircir.

TABLE DES MATIÈRES

CONTENUES DANS CE VOLUME.

Pages.

POLITIQUE. — OPINIONS ET DISCOURS.

Préface des ouvrages politiques, 1826. 1
Discours prononcé le 22 août 1815 à l'ouverture du collège électoral, à Orléans. . . 5
Opinion sur la résolution relative à l'inamovibilité des juges, prononcée à la Chambre des pairs, le 19 décembre 1815. 7
Opinion sur la résolution de la Chambre des députés relative au deuil général du 21 janvier, prononcée à la Chambre des pairs, le 9 janvier 1816. 20
Opinion sur la résolution relative au clergé, prononcée à la Chambre des pairs, le 10 février 1816. 23
Discours prononcé à l'occasion des communications faites à la Chambre des pairs par M. le duc de Richelieu, dans la séance du 22 février 1816. 32
Opinion prononcée à la Chambre des pairs le 12 mars 1816, sur la résolution de la Chambre des députés, relative aux pensions ecclésiastiques dont jouissent les prêtres mariés. 33
Opinion sur le projet de loi relatif aux élections, prononcée à la Chambre des pairs, séance du 3 avril 1816. 40
Proposition faite à la Chambre des pairs dans la séance du 9 avril 1816, relative aux puissances Barbaresques. 46
Proposition faite à la Chambre des pairs, dans la séance du 23 novembre 1816, et tendante à ce que le roi soit humblement supplié de faire examiner ce qui s'est passé aux dernières élections, afin d'en ordonner ensuite selon sa justice; suivie des pièces justificatives annoncées dans la proposition. — Avertissement. 47
Proposition faite à la Chambre des pairs. 49
Analyse des pièces justificatives 49
Opinion sur le projet de loi relatif aux journaux, prononcée à la Chambre des pairs, dans la séance du 22 février 1817. 59
Opinion sur le projet de loi relatif aux finances, prononcée à la Chambre des pairs, dans la séance du 24 mars 1817. 69
Opinion sur le projet de loi relatif à la liberté de la presse, prononcée à la Chambre des pairs, dans la séance du 19 janvier 1818. 81
Opinion sur le projet de loi relatif au recrutement de l'armée, prononcée à la Chambre des pairs, dans la séance du 2 mars 1818. 90
Discours sur une proposition de M. le comte de Castellane, tendante à supplier Sa Majesté de proposer une loi portant révocation de celle du 9 novembre 1815, sur les *cris et écrits séditieux*, mars 1819. 100

TABLE DES MATIÈRES.

	Pages.
Opinion sur le projet de loi relatif à la suspension de la liberté individuelle.	104
Opinion sur l'article 2 du projet de loi relatif aux journaux et écrits périodiques, prononcée à la Chambre des pairs, le 24 juillet 1821	108
Discours sur la loi relative à l'emprunt de cent millions, prononcé à la Chambre des députés, le 25 février 1823.	111
Discours sur la loi relative à l'emprunt de cent millions, prononcé à la Chambre des pairs, le 15 mars 1823.	122
Discours prononcé à la Chambre des députés, dans la séance du 7 avril 1823, sur le budget du département des affaires étrangères	126
Opinion sur l'article 4 du projet de loi relatif au sacrilége, prononcée à la Chambre des pairs, le 18 février 1825.	132
Opinion sur le projet de loi tendant à indemniser les anciens propriétaires de biens fonds confisqués et vendus au profit de l'État, en vertu des lois révolutionnaires, prononcée à la Chambre des pairs, le 11 avril 1825.	135
Opinion prononcée à la Chambre des pairs, dans la séance du 15 avril 1825, sur l'amendement proposé par M. le comte Roy, à l'article 1er de la loi d'indemnité.	155
Développement d'un amendement proposé à l'article 5 du projet de loi d'indemnité. Chambre des pairs, séance du 28 avril 1825.	160
Opinion sur le projet de loi relatif à la dette publique et l'amortissement, prononcée à la Chambre des pairs, dans la séance du 26 avril 1826	161
Discours sur l'intervention, prononcé dans la Chambre des pairs, en mai 1823.	174
Discours sur les débats du parlement d'Angleterre, prononcé à la Chambre des pairs le 26 décembre 1826	179
Discours prononcé à la Chambre des pairs, dans la session de 1827, sur la loi des postes	184
Discours prononcé à la Chambre des pairs contre le budget de 1828.	187
Réponse à un amendement	200
Discours prononcé le 10 mars 1829 devant le Conclave	202
Discours sur la déclaration faite par la Chambre des députés, le 7 août 1830, prononcé à la Chambre des pairs le même jour, dans la séance du soir.	203
DOCUMENTS GÉNÉRAUX	208
POLÉMIQUE	225

FIN DE LA TABLE.

LAGNY. — IMPRIMERIE DE VIALAT ET Cie.

www.ingramcontent.com/pod-product-compliance
Lightning Source LLC
Chambersburg PA
CBHW070751170426
43200CB00007B/740